NALRC
African Language Publication

Wolof Lexicon and Grammar

Sana Camara

NALRC PRESS
Madison, Wisconsin
2006

Wolof Lexicon and Grammar
Antonia Folárìn Schleicher, General Editor

© 2006 NALRC

The development and the publication of the Wolof Lexicon and Grammar textbook is made possible through a grant from the U.S. Department of Education and the National Security Education Program.

NALRC Publications Office
Antonia Folárìn Schleicher, Series General Editor
Adedoyin Adenuga, Assistant Editor
Andrew Gurstelle, Assistant Editor
Cynthia Sjoquist, Assistant Editor
Matther H. Brown, Production Editor
Brittany VandeBerg, Production Editor
Charles Schleicher, Copy Editor
Adedoyin Adenuga, Cover Designer

Library of Congress Cataloging-in-Publication Data

Camara, Sana, 1959-
  Wolof lexicon and grammar / by Sana Camara.
    p. cm.
  Includes bibliographical references.
  ISBN 978-1-59703-012-0 (softcover : alk. paper)
  1. Wolof language--Grammar. 2. Wolof language--Dictionaries--English. 3. English language--Dictionaries--Wolof. I. Title. PL8785.1.C36 2006 496'.321482421--dc22
                    2006039761

Published and Distributed by:
National African Language Resource Center
4231 Humanities Building
455 N. Park St.
Madison, WI 53706
Phone: 608-265-7905
Email: nalrc@mailplus.wisc.edu
http://lang.nalrc.wisc.edu/nalrc

WOLOF LEXICON AND GRAMMAR

By:

Sana Camara

© 2006 The National African Language Resource Center
University of Wisconsin-Madison
Madison, Wisconsin
USA

To Alioune Badara Ndiaye, a scholar of excellence, and to his late wife Awa Cheikh Guèye, a paragon of virtue.

TABLE OF CONTENTS

Preface	ix
Acknowledgments	xii
Biography	xiii
Abbreviations Used in this Dictionary	xiv

Wolof Spelling and Pronouciation Rules ... 1

Elements of Wolof Grammar ... 7

I. Nouns	7
A. Gender	7
B. The Plural of Nouns	7
C. Articles	8
D. Noun Formation	14
E. The Possessive Determiners	18
II. The Pronouns	19
A. The Personal Pronouns	19
B. The Disjunctive Pronouns	20
C. The Object Pronouns	21
D. Pronouns for "one", "another", and "each"	24
III. The Possessive Case	25
A. Possessives of Nouns	25
B. Possessives of Pronouns	26
IV. Verbs	27
A. Classifications	27
V. Verb Conjugations	42
A. The LA Congujation	43
B. The NA Conjugation	46
C. The A Conjugation	48
D. The DA Conjugation	50
E. The NGI Conjugation	51
F. The MU Conjugation	53
G. The DINA Conjugation	54
H. The Imperative	56
I. The Past Tense	59
VI. Clauses	64
A. Independent Clauses	64
B. Main Clauses	64
C. Subodinate Clauses	64
D. Relative Clauses	65

VII. Numbers 71
    A. Cardinal Numbers 71
    B. Ordinal Numbers 73
VIII. Time Telling 74
    A. How to Ask the Time 74
    B. How to Tell the Time 75
IX. Prepositions 76
X. Adverbs 79
    A. Placement 80
    B. Frequency, Sequence, Time 80
XI. Question Words 85
    A. Ana and Naka (Wh- words) 85
    B. Mbaa and Xanaa (Yes/No Questions) 86

Wolof-English Dictionary 89

French Borrowings in Wolof 207

English-Wolof Dictionary 227

References 387

Preface

As the most widely spoken language in Senegal, Wolof is used not only in the regions of Bawol, Kajoor, Jolof, Waalo, Njàmbur, and Saalum, but is also employed by an important segment of the Gambian population. Today the language has spread far and wide, and is indeed spoken by more than ten million people in countries such as Guinea, Guinea-Bissau, Mali, and Mauritania. In Senegal it is the principal language used in the mass media as well as by many other ethnic groups. Wolof is both a spoken and a written language. In fact it is the only Senegalese language which enjoys written literature.

The first linguistic studies on Wolof date back to the eighteenth century, done mostly by European missionaries and anthropologists. In their bibliography, Gabriel Manessy and Serge Sauvageot (1963) mention the efforts in this regard by a certain Mrs. Kilham. In that same bibliography, one can also note that the Bible was translated into Wolof and Seereer (another Senegalese language) in the nineteenth century. The translation of the Bible laid the foundations for a Wolof literature written in the Latin alphabet. However, this literature had little interest for the majority of Senegalese, who, as Muslims, preferred Wolof literature written in Arabic script - a literature generically called *a'jami* and whose inspiration is above all religious. The origins of the *a'jami* literature go back to the period of the Islamization of the Wolof people in the seventeenth century. Through Islam was born a class of scribes who could read the Koran in Arabic and whose task was the teachings of the Holy Book. Quite rapidly, however, these Koran schoolmasters appropriated Arabic, not only for the purposes of reading and teaching the sacred scriptures, but also for using its alphabet to put the Wolof language in written form. Wolof *a'jami* literature dates, then, from that era. Such renowned writers as Mbaye Diakhaté, Moussa Ka, Samba Diarra Mbaye and many others have written extensively in Wolof, and shown the richness of this language.

It is important today to revive the Wolof language through the study of the *a'jami* texts. To that effect I propose two ways. First, we need to transliterate the *a'jami* alphabet to the Roman alphabet using the alphabet by the Dakar Center for Applied Linguistics (C.L.A.D.) in order to make these texts accessible to a large number of readers. Second, it is necessary to produce a dictionary that would enable us to define the words and expressions found in these writings, in order to better understand them.

The early studies of the Wolof language carried out by the French colonial administrators (J. Barbot, 1732; Mrs. Kilham, 1829; J. Dard, 1825) still remain a source of great inspiration to the modern linguist. These authors laid the foundation of what has now become a comprehensive development of the Wolof language. However, their studies included a few dictionaries with limited entries, and their theories about Wolof were oftentimes deficient if not incorrect. Only Jacques Rambaud's book, *La langue wolof*

(1903), produced a rich lexicon of entries that made him a great master of the language. Jacques Rambaud avoided hasty conclusions, unlike the majority of his peers who precipitately and deliberately attributed rules to the language. Nonetheless his work remains incomplete. Indeed, none of these scholars ever thought of using the written literature available at the time, or even analyzing the categories of Wolof oral discourse (i.e., *taaxuraan, bàkk, taas, baawunaan*, etc.) They rather elected to rely on the information they gathered from a few Wolof speakers and determined rules for the language based on their own interpretation. As a result, their works remain incomplete and sometimes unreliable.

Today the contribution of Senegalese linguists such as Cheikh Anta Diop, Pathé Diagne, Mallafé Dramé and Omar Ka has helped to shed light on the effective usage of the language. To my knowledge, the only complete dictionary in the market is a Wolof – French dictionary by Arame Fal (1990): *Dictionnaire wolof-français*.

Wolof is one of the main African languages studied in American universities. This is because of the interest that the language has generated among scholars for centuries. For instance, in the University of Illinois, Wolof has been taught for twenty years. Other universities such as Central State University, University of California, Georgetown University, etc., also teach Wolof.

The Wolof-English dictionary is a comprehensive reference work which addresses an important area of scholarship that is long overdue. It consists of three sections. The first section is a grammar section which includes:

- **Abbreviations**
- **Wolof Spelling and Pronunciation Rules**
- **Elements of Wolof Grammar**

The second section is a:
- **Wolof-English Dictionary**

The third section is an:
- **English-Wolof Dictionary**

The "Abbreviations" section follows the standard system that is acceptable to most dictionaries.

The "Spelling and Pronunciation" section deals with Wolof phonology and morphology. I provide all the possibilities of spelling and pronunciation in the language. They are in accordance with the rules adopted by the C.L.A.D. with the exception of a few modifications. I elect not to include the mute (x) used by the Senegalese *a'jami* writers in their poems, even though I am aware of its existence and consider that it is a specifically regional phenomenon.

Although I title the second section "Elements of Wolof Grammar" I take it to be a complete unit of Wolof grammar, shedding light on the formation and structure of nouns, verbs, adverbs, and so on. The reader can find almost all the rules that apply to the syntactic structures of Wolof.

The "Wolof-English Dictionary" section presents the following alphabetical arrangement:

> a, aa, à
> e, ee, é, éé, ë
> i, ii
> o, oo, ó, óó
> u, uu

Each word is followed by all its grammatical functions. I provide, for almost every entry, sentence examples which help to understand the significance of the word, given the context of the sentence. For entries that I deem obscure to modern Wolof speakers, I provide examples drawn from the poetry of Moussa Ka or Mbaye Diakhaté. At the end of this section I include a translation of Wolof words borrowed from French and used in everyday language. I mainly want to emphasize in this sub-section the phonological autonomy of Wolof. In other words, I try to show that Wolof speakers often borrowed words that were easy to transliterate. In each section and for each entry I also give examples which enable the reader to understand the basic meaning and the derived meaning of a given word. For each given sentence, and when necessary, I provide the applicable grammatical rule and the orthographical change that took place. I progressively repeat comments on grammatical rules throughout the book in order to facilitate the reader's comprehensive approach to the language.

The "English – Wolof Dictionary" section has not been indexed because I want to produce a *Learner*'s dictionary. For that reason I provide meanings and corresponding entries for each English word. The dictionary also contains a comprehensive bibliography.

The dictionary contains over 8,000 entries. This number would have increased twenty times if the nominal and verbal suffixes had been added to each entry. The research and the work that led to this dictionary started several years ago. It involved a comprehensive and intensive study of Wolof texts and songs. The dictionary also contains scientific words provided by a group of renowned Wolof professors such as Cheikh Anta Diop and Sakhir Thiam. It can therefore be stated that this dictionary is today one of the most accessible and the most comprehensive on the market.

Acknowledgments

I wish to express my appreciation to Eyamba Bokamba, Mallafé Dramé and Omar Ka for allowing me to teach Wolof for the first time at the University of Illinois in Urbana-Champaign. I would like to extend this appreciation to Dean Edwin Carpenter and Dean Heinz Woehlk of the Division of Language and Literature at Truman State University. Their support and encouragement in the project have been deeply appreciated. I also wish to acknowledge with gratitude the contributions of my colleagues here at Truman State University who have offered valuable comments on parts of this study. Gregory Richter has gone far beyond the norm of collegiality and deserves special recognition for giving generously of his time and knowledge. He read several drafts of the work and provided constructive criticisms and suggestions. Jonathan Smith and Daniel Coate deserve special mention for taking a keen interest in the work and providing expert assistance. I also owe a great debt of gratitude to Michael Echeruo and Mbye Cham for their support and suggestions. I am deeply grateful to Mouhamadou Mara Gningue, Dame Ndiaye and Elhadji Guèye for sharing their knowledge of Wolof culture with me. Warmest thanks to Antonia Folarin Schleicher, Director of the National African Language Resource Center at the University of Wisconsin and her assistants, Sookyung Cho and Adedoyin Adenuga for making this project a reality. Finally, I would like to express my sincere appreciation to Abiola Irele, Ruthmarie Mitsch, John Conteh-Morgan, Seymour Patterson and Ery Camara for their valued support in my scholarly endeavors. The Baobab picture on the cover is drawn by Ery Camara, a curator and the author's brother.

Biography

Sana Camara is Associate Professor of French at Truman State University. He received his doctoral degree from Ohio State University and teaches courses both in French and Wolof languages and literatures. He has contributed to professional publications on African literature, including "A'jami Literature in Senegal: The example of Sëriñ Muusaa Ka, Poet and Biographer", "Birago Diop's Contribution to the Ideology of Negritude", "Léopold Sédar Senghor ou l'art poétique négro-africain", and "Ibrahima Sall: La Génération Spontanée". He has taught Wolof at the University of Illinois at Urbana-Champaign under the supervision of Eyamba Bokamba and at Truman State University.

Abbreviations Used in this Dictionary

adj.	*adjective*
adv.	*adverb*
Ar.	*Arabic*
a. v.	*active verb*
aux.	*auxiliary*
card. numb.	*cardinal number*
comm.	*commerce*
comp.	*comparative*
cond.	*conditional*
conj.	*conjunction*
def.	*definite*
dem.	*demonstrative*
det.	*determiner*
emph.	*emphatic*
Eng.	*English*
esp.	*especially*
etc.	*et cetera*
excl.	*exclamation*
fam.	*familiar*
fig.	*figurative*
Fr.	*French*
imp.	*imperative*
impf.	*imperfect*
ind.	*indicative, indefinite*
indef.	*indefinite*
inter.	*interrogative*
i.v.	*intransitive verb*
lit.	*literal*
m.	*masculine*
math.	*mathematics*
n.	*noun*
neg.	*negative*
onom.	*onomatopoeia*
ord. numb.	*ordinal number*
pers.	*person*
phys.	*physics*
pl.	*plural*
poss.	*possessive*
pref.	*prefix*

prep.	*preposition*
pron.	*pronoun*
ref.	*reference*
rel.	*religion*
rel. pron.	*relative pronoun*
sci.	*science*
sg.	*singular*
s.o.	*someone*
sth.	*something*
suff.	*suffix*
sup.	*superlative*
s. v.	*stative verb*
trv.	*transitive verb*
v.	*verb*

Wolof Spelling and Pronunciation Rules

A. The reader can easily familiarize himself with the Wolof orthographic and pronunciation systems if he is aware of the following: a/ each symbol always represents the same sound. The following consonants have approximately the same phonetic values as in English. Thus, they are to be pronounced the same way as in English.

b /b/	bon [*to be bad*]	sab [*to scream*]
d /d/	daw [*to run*]	bind [*to write*]
f /f/	fal [*to elect*]	këf [*thing*]
g /g/	gan [*stranger*]	dag [*King's subject*]
k /k/	kan [*pit*] [not aspired, in contrast with /k/ in English]	sik [*eel*]
l /l/	lam [*bracelet*]	fal [*to elect*]
m /m/	man [*me*]	lam [*bracelet*]
n /n/	nal [*to squeeze*]	tan [*vulture*]
p /p/	paaka [*knife*] [not aspired, in contrast with /p/ in English]	domp [*to pinch*]
s /s/	saan [*worm*]	fas [*horse*]
t /t/	tur [*name*] [not aspired, in contrast with /t/ in English]	wut [*search*]
w /w/	waañ [*kitchen*]	meew [*milk*]
y /y/	yar [*to rear*]	looy [*owl*]
j /ĵ/	jant [*sun*]	tëj [*to close*]
r /ř/	ru [*soul*] [alveolar trill]	mar [*to be thirsty*]

B. Geminate consonants are doubled in writing. In pronunciation, they are held approximately twice as long as normal before release. Then a fading **ë** may be heard if no final vowel appears in the orthography. The **ë** will be devoiced after /**pp**/, /**tt**/, /**kk**/.

bb /b:/	dëbb [*to pound*]	
dd /d:/	médd [*carrion*]	
gg /g:/	dagg [*to cut*]	
jj /ĵ:/	mbàjj [*blanket*]	
kk /k:/	lakk [*fire*]	
ll /l:/	yall [*reptile*]	
mm /m:/	tàmm [*to be used to*]	
nn /n:/	tànn [*to choose*]	
pp /p:/	tàpp [*to geld*]	
tt /t:/	bett [*to surprise*]	
ww /w:/	tàwwi [*to stretch*]	
yy /y:/	bàyyi [*to leave*]	

f, **r** and **s** do not geminate However we hear in one of Sëriñ Musaa Ka's poems: *Taax yaa ngi nee* **werr***, alt yaa ngi fépp.*

C. The following consonants can also be prenasalized.

mb /mb/	mbon [*evil*]	tëmb [*to float*]
nd /nd/	ndënd [*drum*]	randu [*to move*]
ng /ŋg/	ngoon [*evening*]	jàng [*to learn*]
nj /ñj/	njaay [*sale*]	kànj [*okra*]
nk /ŋk/	[not in initial position]	lànk [*to refuse*]
mp /mp/	[not in initial position]	làmp [*lamp*]
nt /nt/	[not in initial position]	sant [*thank*]

D. The following symbols represent sounds that exist in English, but are represented in that language by a combination of letters.

<u>English resemblance</u>

c [c] (voiceless palatal stop) ceeb [*rice*] *ch*ild, *ch*est (but palatal)
  conc [*elbow*] lat*ch*, *ch*ur*ch* (but palatal)
ŋ [ŋ] (velar nasal) ŋeeñ [*to nibble*] ki*ng*, si*ng*
  raŋale [*to line up*] ba*ng*ing

E. The following consonants may be unfamiliar, as they are not found in English.

x [x] (voiceless velar fricative)

x xóót [*deep*] sax [*worm*]

ñ (voiced palatal nasal) as in the Spanish word: **señor**.

ñ ñaw [*to sew*] sañ [*to dare*]

q (voiceless uvular stop) as in the Arabic word: **furqan**. It is not an initial but a final consonant. **qq** is simplified in the orthography as **q** /q:/.

q séq [*rooster*] dàq [*to dismiss*]
  làq [*to hide*] làqatu [*to hide oneself*]

F. The consonants listed below can also be geminated, as in the following:

cc /c:/ sàcc [*to steal*] tëccu [*to be bruised*]
ŋŋ /ŋ:/ faŋŋe [*to be toothy*] doŋŋ [*only*]

q /q:/	làqarci [*to disentangle*]		wàqi [*to unearth*]
ññ /ñ:/	wàññi [*to reduce*]		ràññe [*to distinguish*]

G. The Wolof vowel system is as rich as those of French and English. One can distinguish two categories of vowels: oral vowels (short vs. long vowels) and nasal vowels. They are all illustrated here with their approximate match in French and English.

a. Short Vowels

	Wolof	French	English
a /a/	at [*year*]	<u>a</u>thée	<u>a</u>t
e /ɛ/	mer [*anger*]	t<u>ê</u>te	s<u>e</u>t
i /i/	biti [*outside*]	sort<u>i</u>e	b<u>i</u>t
o /ɔ/	po [*game*]	v<u>o</u>te	p<u>o</u>lish
u /u/	tur [*name*]	p<u>ou</u>r	p<u>u</u>t

b. Long Vowels

aa /a:/	laaj [*to ask*]	<u>â</u>tre	f<u>a</u>st
ee /ɛ:/	teel [*early*]	m<u>e</u>r	f<u>ai</u>r
ii /i:/	biir [*inside*]	l<u>i</u>re	f<u>ee</u>d
oo /ɔ:/	moom [*to own*]	p<u>o</u>rt	b<u>o</u>rn
uu /u:/	tuur [*to pour*]	t<u>ou</u>r	p<u>oo</u>l

c. Short Vowels Written with Diacritics

é /e/	réy [*to be big*]		
ë /ə/	Pël [*Fulbe*]	s<u>eu</u>l	b<u>u</u>t
ó /ɔ/	tóx [*to smoke*]	pot<u>eau</u>	v<u>o</u>te

d. Long Vowels Written with Diacritics

à /a:/	làmmiñ [*tongue*]		
éé /e:/	tééré [*book*]	d<u>é</u>lier	d<u>ay</u> (without offglide)
óó /ɔ:/	póót [*laundry*]	p<u>ô</u>le	p<u>o</u>ll

The vowel **à** is phonologically a long low vowel /a:/. It is either followed orthographically by an oral geminate (*làkk*), including **q** (*làq*), or a nasal geminate consonant (*jàmm*).

e. **Vowels before Nasal**

Vowels may sound slightly nasalized before a nasal consonant. Here is a small sample which should help the listener or reader to distinguish the open [à] from the regular [a].

am /am/	lamb [*to remain in stock, unsold*]	namm [*to feel nostalgic*]
an /an/	bant [*woodstick*]	bann [*superlative*]
añ /añ/	sañse [*to get dressed up*]	
aŋ /aŋ/	raŋ [*line*]	
em /ɛm/	Demba [*name*]	nemm [*quiet, motionless*]
en /ɛn/	dendoo [*to be close to each other*]	
im /im/	dimbale [*to help*]	
in /in/	bind [*to write*]	
om /om/	bomb [*to scrub*]	wommat [*to lead*]
on /on/	tontu [*to answer*]	tonni [*to scoop up*]
oñ /oñ/	koñse [Fr., *leave*]	
um /um/	gumba [a *blind person*]	lumm [*entire*]
un /un/	tund [*mound*]	Bunna [*name*]
àm /a:m/	làmb [*a/wrestling, b/to touch*]	nàmm [*to sharpen*]
àn /a:n/	kànj [*okra*]	tànn [*to choose*]
àñ /a:ñ/		ràññe [*to distinguish*]
àŋ /a:ŋ/		fàŋŋ [*to be visible*]
ëm /əm/	gëm [*believe*]	gëmm [*to close one's eyes*]
ën /ən/	jënd [*to buy*]	bënn [*to drill*]

1. **a** before **m, n, ŋ**, indicates /a/
2. **n** before **g** or **k** indicates /ŋ/, e.g. *tànk, lànk, lonk, jàng, tàng*.
3. **n** before **c** or **j** indicates /ñ/, e.g. *conc, tanc, donj*.

f. **Phonetic Substitution for *a***

The low vowel **a** is pronounced as **ë** when it is in the last syllable of the word, with the preceding syllable containing a tense (+ ATR) vowel. This does not occur when a low-mid or low vowel occurs in the preceding syllable. In a two-syllable word starting with **é, éé, ë, i, ii, ó, óó, u,** or **uu**, the short vowel **a**, is pronounced like **ë**:

réyal	[*réyəl*]		
bégal	[*bégəl*]		
rééral	[*re:rəl*]		
fééxal	[*fe:xəl*]		
gësam	[*gəsəm*]	mëlfa	[*məlfə*]
ndigal	[*ndigəl*]	biral	[*birəl*]

biiral [bi:rəl]
diisal [di:səl]
ñówal [ñówəl]
tóxal [tóxəl]
nóóxal [no:xəl]
fóóxal [fo:xəl]
musal [musəl]
dugal [dugəl]
duural [du:rəl]   buural [bu:rəl]

Orthographic representations such as **dërëm**, **xërëm**, **nërëm**, are sometimes seen. However **dëram**, **xëram**, **nëram** are preferable as forms of the paradigms show underlying /a/.

g. Arabic Loan Words and Their Transcription

auliya	lawliyaa [saint]
anbiya	lanbiyaa [prophet]
autad	lawtaad/lawtaat [saint]
ayah	laaya [verse]
Anfal	Lanfaal [chapter of the Koran]
Islam	Lislaam [Islam]
Injil	Linjiil [Bible]
iman	liimaan [faith]
usul	wusóól [illumination]
Rasul	Rasóól [prophet Muhammad]
shakur	sàkkoor [thanks]
Harun	Aaróóna [Aaron]
Abu	Abóó [father]
Aiyub	Aayooba [Aiyub]
arsh	arsi [throne]
Ashura	Aasooraa [religious event]
Badr	Badar [Badr]
fajr	fajar [dawn]
din	diine [religion]
dirham	dëram [coin]
Misr	Misra [Egypt]
jinn	jinne [jinn]
Jalut	Jaalóóta [Jalut]
Dawud	Dawóóda [David]
qabr	xabru [grave]
Hajar	Ajara [Hagar]

hadiya	àddiya [*dues to the Marabout*]
Hamzah	Amsatu [*Hamzah*]
Ibn	Ibnu [*son of*]
A̱mina	Aminata [*A̱mina*]
Zu̱l'kifl	Sóól-kifli [*prophet Zul'kifl*]

Elements of Wolof grammar

I. NOUNS

A. GENDER

Wolof nouns are not gender-marked morphologically. However, there are two non-morphological gender identification methods. One group consists of nouns with a fixed gender (which is nothing more than the sex distinction) among humans and animals.

góór [*male*]	jigéén [*female*]
jëkkër [*husband*]	jabar [*wife*]
séq [*rooster*]	ginaar [*hen*]
kuuy [*ram*]	xar [*sheep*]
yëkk [*zebu*]	nag [*cow*]
sikket [*he-goat*]	béy [*goat*]

This helps distinguish the male animal from its female counterpart. The second method consists in adjoining either of the adjectival phrases "bu góór" (male) or "bu jigéén" (female) to the non gender-marked noun.

xaj bu góór [*dog*]	xaj bu jigéén [*bitch*]
xale bu góór [*boy*]	xale bu jigéén [*girl*]

In both cases the noun remains invariable.

B. THE PLURAL OF NOUNS

Wolof nouns generally remain unaffected by number variation. However there are a few cases where nouns starting with **mb**, **nd**, **ng** lose their initial consonant in the plural to become respectively **b**, **d**, **g**.

mbaam mi [*the donkey*]	baam yi [*the donkeys*]
mbër mi [*the champion*]	bër yi [*the champions*]
ndono li [*the heir*]	dono yi [*the heirs*]
ndab li [*the utensil*]	dab yi [*the utensils*]
ngàttaan mi [*the short one*]	gàttaan yi [*the short ones*]

In some nouns, initial **b** and **k** become **w** and **y** in the plural.

        borom [*owner*]   worom [*owners*]
        buur [*king*]   wuur [*kings*]
        këf [*thing*]   yëf [*things*]
        kem [*equal*]   yem [*equals*]

Irregular spelling changes are also noted in words like:

        bët [*eye*]   gët [*eyes*]
        waa [*guy*]   gaa [*guys*]
        pan [*day*]   fan [*days*]

C. ARTICLES

1. The Definite Articles

a) Wolof counts up to ten definite articles, also called determiners. Each determiner is assigned to a certain noun class according to its initial consonant. There are eight singular determiners and two plural. Each definite article has two forms, one for closeness and another for distance. Here are the singular forms:

    (the object is near)   (the object is far)

        bi   ba
        gi   ga
        ji   ja
        ki   ka
        li   la
        mi   ma
        si   sa
        wi   wa

The plural articles are:

        yi   ya
        ñi   ña

b) bi

The particle **bi** accounts for the majority of Wolof nouns. It naturally occurs with /**b**/- or /**p**/-initial nouns.

baat bi [*the voice*]   buur bi [*the king*]
bunt bi [*the door*]   baay bi [*the father*]
beykat bi [*the farmer*]   bataaxal bi [*the letter*]

With a few exceptions, borrowed foreign words are automatically put in the /**bi**/ class.

lamp bi [*the lamp*]   furno bi [*the furnace*]
baas bi [*the tarpaulin*]   miir bi [*the wall*]
boyat bi [*the box*]   surnaal bi [*the journal*]

The following foreign nouns can accept determiners other than **bi**:

kees gi [*the box*]   kanu gi [*the cannon*]
galaas gi [*the ice*]   noos gi [*the revelry*]
kafe gi [*the coffee*]   gerees gi [*the fat*]
wago wi [*the wagon*]   walis wi [*the suitcase*]
limoŋ ji [*the lemon*]   soraas ji [*the orange*]
limoŋ gi [*the lemon-tree*]   soraas gi [*the orange-tree*]

Words like *soodaan si*, *salaat si*, *tamaate ji* are morphologically reanalyzed as compounds (refer to discussion of /**si**/.)

c) gi

Nouns with **k**, **c** and **g** as initial consonants accept the determiner **gi**:

koor gi [*lent*]   kanam gi [*the face*]
karaw gi [*the hair*]   kër gi [*the house*]
gaal gi [*the boat*]   góór gi [*the man*]
gënn gi [*the mortar*]   gune gi [*the lad*]
caaf gi [*the grilling*]   coono gi [*the pain*]
cant gi [*the thanks*]   ceen gi [*the necklace*]

The following nouns accept **gi** irrespective of their initial consonant:

dex gi [*the river*]   masar gi [*the she-camel*]
nafa gi [*the purse*]   xas gi [*the bark*]
ngoon gi [*the afternoon*]   tiir gi [*the palm-tree*]
sabar gi [*the drum party*]   Màggal gi [*the Màggal*]
ngoro gi [*the engagement*]

d) ji

Nouns starting with **c** and **j** take **ji**:

    cere ji [*the couscous*]   caabi ji [*the key*]
    cuuraay ji [*the incense*]   caaya ji [*the pants*]
    jigéén ji [*the woman*]   jaan ji [*the snake*]
    jabar ji [*the wife*]   jëkkër ji [*the husband*]

The following nouns also accept **ji**:

    làmb ji [*the wrestling*]   daa ji [*the ink*]
    daara ji [*the school*]   Yàlla ji [*mother nature*]
    nijaay ji [*the uncle*]   wax ji [*the talk*]

The article **ji** also makes the plural of the following nouns:

    jànq ji [*the young girls*]   jeeg ji [*the ladies*]

e) ki

Probably, only two nouns accept **ki** as a determiner:

    këf ki [*the thing*]   nit ki [*the person*]

f) li

Nouns starting with **nd**, **ng** and **c** have **li** as a determiner:

    ndam li [*the victory*]   ndaa li [*the canary*]
    ndaw li [*the dispatcher*]   ndab li [*the dish*]
    ngelaw li [*the wind*]   ngente li [*the baptism*]
    ngemb li [*the breech*]   ngërëm li [*the thanks*]
    cin li [*the cooking pot*]   cat li [*the summit*]
    coow li [*the noise*]   céét li [*the wedding party*]
    njaay li [*the sale*]   njëmbat li [*the harvest*]

g) mi

Nouns starting with the bilabial nasal **m** (i.e. **m** and **mb**), usually take **mi** as a determiner:

    meew mi [*the milk*]   muus mi [*the cat*]

meññet mi [*the bud*] méddmi [*the carrion*]
mbind mi [*the form*] mbaxane mi [*the hat*]
mbir mi [*the thing*] mburu mi [*the bread*]
njaay mi [*the sale*] soow mi [*the buttermilk*]
sëng mi [*the wine*] ndox mi [*the water*]
rééw mi [*the country*] ngooñ mi [*the hay*]

h) si

Nouns with **s** as an initial consonant accept **si** as a determiner:

saa si [*the moment*] soxna si [*the lady*]
suuf si [*the earth*] saxaar si [*the smoke*]

The determiner **si** may serve as a diminutive marker to the object or person named:

nag si [*the little cow*] ngawar si [*the little rider*]
pas si [*the little horse*] ndaw si [*the young girl*]

It also pluralizes some nouns and offers a collective meaning (i.e., the group of…):

sëriñ si [*the marabouts*] soodaan si [*Blacks*]
sàmm si [*the shepherds*] soble si [*the onions*]

i) wi

Nouns starting with **w** generally accept **wi** as a determiner:

waañ wi [*the kitchen*] we wi [*the nail*]
waar wi [*the path*] weñ wi [*the fly*]
wund wi [*the wild cat*] woññ wi [*the count*]

Since *wuur*, *worom*, *wunt* are plural nouns from *buur*, *borom* and *bunt* they cannot have **wi** as a determiner.

j) ñi

Ñi serves as a plural marker to about five nouns, all representing people:

gaa ñi [*the guys*] góór ñi [*the men*]
jigééñ ñi [*the women*] nit ñi [*the people*]
mag ñi [*the elderly*]

It can also determine numbers like:

> ñaar ñi [*(the) two*] ñett ñi [*(the) three*]
> ñent ñi [*(the) four*]

k) yi

The vast majority of Wolof nouns pluralize with the determiner **yi/ya**.

> xale yi [*the children*] wuur yi [*the kings*]
> yëf yi [*the things*] kër yi [*the houses*]

One can observe from many of the above examples that the consonant of the determiner corresponds to the first consonant of the noun. Yet not all nouns are governed by the same pattern, so it is not an absolute rule.

In rapid speech, the consonant part of the plural determiners **yi** and **ñi** is not clearly pronounced. It sounds as if it is deleted. The vowel **i** sounds as if it is directly attached to the noun:

ndab yi	becomes	ndabi
jaad yi	becomes	jaadi
laaf yi	"	laafi
dag yi	"	dagi
xaj yi	"	xaji
bël yi	"	bëli
jaam yi	"	jaami
jaan yi	"	jaani
xar yi	"	xari
bis yi	"	bisi
jat yi	"	jati
baax yi	"	baaxi
rééw yi	"	rééwi
pééy yi	"	pééyi

2. The Indefinite Article

Whereas the definite articles are placed after the nouns, the indefinite articles come before. The most commonly used are:

> ab, am, as, aw [*a, an*]
> ay [*some*]

ab taalibe [*a pupil*]
am ndox [*water*]
ay fan [*days*]

3. Other Noun Determiners

Just like the definite articles, the determiners indicating "one/some", "another/other", "each/all" are also noun determiners and applied in the same way. (Relative clauses will be discussed on page 62.)

One	**Another**	**Each**	**Which/Who**
benn	beneen	bépp	bu/bi/ba
genn	geneen	gépp	gu/gi/gi
jenn	jeneen	jépp	ju/ji/ja
kenn	keneen	képp	ku/ki/ka
lenn	leneen	lépp	lu/li/la
menn	meneen	mépp	mu/mi/ma
senn	seneen	sépp	su/si/sa
wenn	weneen	wépp	wu/wi/wa
Some	**Others**	**All**	**Which/Who**
ñenn	ñeneen	ñépp	ñu/ñi/ña
yenn	yeneen	yépp	yu/yi/ya

Benn, beneen, bépp, etc. are usually placed before the noun.

    genn góór [*one man*]   beneen baat [*another voice*]
    bépp bunt [*each door*]   yenn xale [*some children*]

However if **bépp** [*each*] is placed after the noun, it translates "the whole (of)".

    àddina bi bépp [*the whole world*]
    àll bi bépp [*the whole of nature*]

Ñépp [*all*] is usually placed after the noun.

    nit ñépp [*all people*]   xale yépp [*all children*]

4. Demonstratives

The following demonstratives appear before or after the noun.

> Bis boobu la agsi.
> Boobu bis la agsi.
> [*He arrived that day.*]

this	that	that (1)	that (2)
bii/bile	bee/bale	boobu/boobule	booba/boobale
gii/gile	gee/gale	googu/googule	googa/googale
jii/jile	jee/jale	jooju/joojule	jooja/joojale
kii/kile	kee/kale	kooku/kookule	kooka/kookale
lii/lile	lee/lale	loolu/loolule	loola/loolale
mii/mile	mee/male	moomu/moomule	mooma/moomale
sii/sile	see/sale	soosu/soosule	soosa/soosale
wii/wile	wee/wale	woowu/woowule	woowa/woowale
these	**those**	**those (1)**	**those (2)**
ñii/ñile	ñee/ñale	ñooñu/ñooñule	ñooña/ñooñale
yii/yile	yee/yale	yooyu/yooyule	yooya/yooyale

Synonyms for (2) can be boobee, ñooñee, foofee, etc. There is a semantic distinction between **that (1)** and **that (2)**: the former indicates "just mentioned", and the latter "mentioned a while ago".

D. NOUN FORMATION

Nouns refer to humans, animals and objects. They fall into different categories such as simple, proper or collective. Proper nouns, for example, designate the name of a particular person, region, river, etc., and following commonly accepted practice, they will be written with a capital letter. Collective nouns designate a class or group of people or things. Nouns can also be concrete or abstract. Some nouns have forms to show whether they are singular or plural whereas abstract nouns and concrete nouns often remain invariable. In Wolof there are four main classes of nouns:

1. Independent Nouns

Independent or simple nouns are root morphemes to which no affix is attached. They can have one or more syllables.

>we [*nail*]
>re [*laughter*]
>waañ [*kitchen*]

2. Nouns with a Suffix

Jacques Rambaud (1903) in his vigorous and progressive study of Wolof grammar observed that nouns in that language may have been prefixed in the past. He poses that hypothesis in order to explain the noun class system whereby there is often a correspondence between the noun's initial consonant and that of its determiner. Nevertheless Wolof agentives (like the English word "dancer" formed from "dance") can only be derived by attaching a suffix to the corresponding verb stem.

-aay The suffix **-aay** defines the character of the verb.

>rafet [*to be beautiful*]   rafetaay [*beauty*]
>njool [*to be tall*]   njoolaay [*tallness*]
>gudd [*to be long*]   guddaay [*length*]
>ñuul [*to be black*]   ñuulaay [*blackness*]

-eef This suffix plays the same role as **-aay** for some verbs. Some verbs take the suffix **-teef**.

>namm [*to be nostalgic*]   nammeef [*nostalgia*]
>ñaaw [*to be ugly*]   ñaawteef [*ugliness*]
>roy [*to imitate*]   royteef [*imitation*]

-eel This suffix turns the verb into an abstract or general noun.

>nob [*to love*]   nobeel [*love*]
>jur [*to give birth*]   njureel [*delivery*]
>bëgg [*to like*]   mbëggeel [*love*]

The same suffix **-eel** is added to all ordinal numbers except *benn (one.)*

-in The suffix **-in** shows the manner in which something is done.

>wax [*to talk*]   waxin [*way of talking*]

dox [*to walk*]   doxin [*manner of walking*]
lekk [*to eat*]   lekkin [*way of eating*]

-it This suffix is used to designate a piece of the whole.

dagg [*to cut*]   daggit [*a slice*]
dog [*to slice*]   dogit [*a slice*]
xolli [*to peel*]   xollit [*peeling(s)*]
buub [*to pick*]   buubit [*refuse*]

-kat -kat is the agentive suffix. It generally designates the social or official position of someone.

ligééy [*to work*]   ligééykat [*worker*]
daw [*to run*]   dawkat [*runner*]
bëre [*to wrestle*]   bërekat [*wrestler*]
jàngale [*to teach*]   jàngalekat [*teacher*]

-ukaay This suffix defines the place where something is performed or what something is used for.

suul [*to bury*]   suulukaay [*cemetery*]
ligééy [*to work*]   ligééyukaay [*workplace*]
tëj [*to close*]   tëjukaay [*locking*]
lakk [*to burn*]   lakkukaay [*grill*]

There are other less productive inflections:

toq [*to drip*]   toqen [*drop*]
aar [*to protect*]   kaaranga [*protection*]
teral [*to host*]   teranga [*hospitality*]
takk [*to wear accessories*] takkaay [*jewelry*]

3. Verb Repetition

Another noun formation consists in repeating the verb stem.

xam [*to know*]   xam-xam [*knowledge*]
sañ [*to dare*]   sañ-sañ [*courage*]
mën [*can*]   mën-mën [*capability*]
bënn [*to perforate*]   bën-bën [*hole*]

4. Nouns Derived Through a Consonant Change

Verbs starting with a vowel become nouns when the consonant **k** is affixed to them word-initially:

    àddu [*to speak to*]   kàddu [*spoken word, term*]
    añaan [*to be jealous*]   kañaan [*jealousy*]
    àttan [*to be able to*]   kàttan [*power*]
    araw [*to make wheat balls*]   karaw [*wheat balls*]
    ëmb [*to wrap*]   këmbaay [*volume*]
    iñaan [*to be jealous*]   kiñaan [*jealousy*]
    ub [*to close*]   kubéér [*cover*]
    ump [*to ignore*]   kumpa [*mystery*]

Some verbs starting with **y** correspond to **k**-initial nouns:

    yilif [*to rule*]   kilifa [*ruler*]
    yéém [*to admire*]   kéémaan [*admiration*]
    yem [*to be equal*]   kem [*equal*]

When **m** is affixed before a **b**-initial verb, it becomes a noun.

    bon [*to be bad*]   mbon [*evil*]
    baax [*to be good*]   mbaax [*goodness*]
    bëre [*to wrestle*]   mbër [*wrestler*]
    bég [*to be happy*]   mbégte [*happiness*]
    bedd [*to isolate*]   mbedd [*street*]
    bey [*to harvest*]   mbey [*farming*]

A similar process is observed with **d**-initial verbs becoming **nd**-initial nouns.

    daje [*to meet*]   ndaje [*meeting*]
    daw [*to run*]   ndaw [*messenger*]
    déy [*to give a secret*]   ndéy [*secret*]
    dééy [*to give a secret*]   ndééy [*secret*]
    dimbali [*to help*]   ndimbal [*help*]

A similar process is observed with **g**-initial verbs becoming **ng**-initial nouns.

    ganale [*to welcome*]   nganale [*hospitality*]
    gàntu [*to refuse*]   ngànt [*refusal*]
    gëm [*to believe*]   ngëm [*belief*]
    gore [*to be honest*]   ngor [*honesty*]

Verbs starting with **f** derive corresponding nouns by changing their intial consonant into **p**.

fas [*to knot*]	pas [*knot*]
fàdd [*to trip s.o.*]	pàdd [*tripping*]
fal [*to elect*]	pal [*function*]
farlu [*to be active*]	parlu [*activity*]
fóót [*to do laundry*]	póót [*laundry*]
fey [*to pay*]	pey [*payment*]

Verbs starting with **s** derive corresponding nouns by changing **s** into **c**.

saf [*to taste*]	cafte [*taste*]
saaf [*to grill*]	caaf [*grilling*]
sàggan [*to be careless*]	càggan [*carelessness*]
sawar [*to be industrious*]	cawarte [*industry*]

Some verbs starting with **w** derive corresponding nouns by changing **w** into **k**.

woor [*to fast*]	koor [*lent*]
wóólu [*to trust*]	kóólu [*trust*]
wodd [*to dress*]	koddaay [*dress*]

E. THE POSSESSIVE DETERMINERS

1. The Possessive Adjectives

sama yaay [*my mother*]	seen toogu [*your bench*]
sa garab [*your drug*]	sunuy doom [*our children*]

The Wolof possessive "adjective" has two forms: the singular and plural. With the exception of the third person singular, Wolof possessive adjectives are placed before the noun they modify. The third person attaches the suffix **-am** to the noun being modified. The plural possessives end with a high vowel sound conventionally marked **y** and **i** for the first, second and third persons plural (other than the context, there is no overt differentiation between the second and third person plural.) Gender distinction, nonexistent in nouns, is inexistent here too.

Singular	Plural
sama [*my*]	samay [*my*]
sa [*your*]	say [*your*]
(noun + am) [*his, her*]	(noun + am) [*his, her*]
sunu [*our*]	sunuy [*our*]

seen [*your*] seeni [*your*]
seen [*their*] seeni [*their*]

Third person plural possessives are expressed either as:

(1) *(ay + noun) + am*   or   (1) ay doomam [*some of his/her children*]
(2) *(noun) + am + (yi)*   (2) doomam yi [*his/her children*]

Note: The suffix **-am** attached to the noun translates *his*, *her* or *its*. It follows any noun ending with a consonant. However, as shown below, its spelling changes in vowel-final nouns due to an assimilation rule:

[C + am]	mbokk [*relative*]	mbokkam [*his realtive*]
[a + am]	paaka [*knife*]	paakaam [*his knife*]
[é + am]	tééré [*book*]	tééréém [*his book*]
[e + am]	xale [*child*]	xaleem [*his child*]
[ó + am]	guró [*kola nut*]	guróóm [*his kola nut*]
[u + am]	kuddu [*spoon*]	kuddóóm [*his spoon*]
[o + am]	loxo [*hand*]	loxoom [*his hand*]
[i + am]	tali [*street*]	taleem [*his way*]

2. The Possessive Pronouns

The following are equivalents of the English possessive pronouns:

<u>Singular</u> <u>Plural</u>

sama bos [*mine*]   samay yos [*mine*]
sa bos [*yours*]   say yos [*yours*]
bosam [*his, hers, its*] yosam [*his, hers, its*]
sunu bos [*ours*]   sunuy yos [*ours*]
seen bos [*yours*] seeni yos [*yours*]
seen bos [*theirs*] seeni yos [*theirs*]

II. THE PRONOUNS

A. The Personal Pronouns

The meaning of English emphatic personal pronoun is obtained in Wolof through a periphrastic construction made up of the possessive adjective + the noun *bopp (head.)*

sama bopp [*myself*]
sa bopp [*yourself*]
boppam [*himself, herself*]
sunu bopp [*ourselves*]
seen bopp [*yourselves*]
seen bopp [*themselves*]

In many instances the emphatic pronoun is reinforced by a disjunctive pronoun and the particle **ci**.

Man ci sama bopp duma fa dem.
[*I myself will not go there.*]
Wax ko ko, moom ci boppam!
[*Tell him!*]

B. The Disjunctive Pronouns

The disjunctive pronouns are:
man [*me*]
yow [*you*]
moom [*him, her*]
nun [*us*]
yeen [*you*]
ñoom [*them*]

Disjunctive pronouns are used for subject or object emphasis:

Man, maa ko def.
[*I did it.*]

- as the object of a preposition:

Ñówal ak man!
[*Come with me!*]
Ci moom la jóge.
[*It came from him.*]

- in compound objects and subjects:

Man ak moom, nooy séy.
[*She and I are getting married.*]

> Yónnee naa leen xaalis, moom ak njabootam.
> [*I sent them money, to him and his family.*]

- after **Cu** + **dul** [*except, apart from*]:

> Keneen ku dul moom jaaru fii.
> [*No one except him came over.*]

- as the object of the **LA** conjugation:

> Man la.
> [*It's me.*]
> Yow laay waxal.
> [*I am talking to you.*]

- as the subject of a non-verbal sentence:

> Kan moo def loolu? Moom!
> [*Who did that? -Her!*]

- when followed by an adverb such as **rekk**, **kenn** [*alone*]:

> Ñoom rekk a xam fu mu nekk.
> [*They alone know where it can be found.*]
> Moom kese warul jël lépp.
> [*He alone shouldn't take everything*]

C. The Object Pronouns

The object pronouns are:

> ma [*me*]
> la [*you*]
> ko [*him, her, it*]
> nu [*us*]
> leen [*you*]
> leen [*them*]

Object pronouns are placed before or after the verb form, depending on the tense and conjugation.

LA: The disjunctive pronoun occurs with the **LA** conjugation in the affirmative. In the negative, the object pronoun occurs post-verbally:

> Moom laa gis.
> [*I saw him.*]
> Gisuma ko.
> [*I didn't see him.*]

With **di**-transitive verbs, the following word order is obtained:

> Yeen la ko jox.
> [*She gave it to you.*]
> joxu leen ko.
> [*She didn't give it to you.*]

That is when the **di**-transitive verb has two object pronouns, the one with the feature [+ human] comes first.

NA: With the **NA** conjugation, object pronouns occur after the verb:

> Woo nanu la démb.
> [*We called you yesterday.*]
> Jox naa leen ko tey ci suba.
> [*I gave it to them this morning.*]
> Waxuma ko mu ñów.
> [*I didn't ask him to come.*]

A: With the **A** conjugation, the object pronoun comes before the affirmative verb:

> Usmaan a ko def.
> [*Usmaan did it.*]
> Usmaan defu ko.
> [*Usmaan didn't do it.*]
> Yaayam a leen ko bëgga jëndal.
> [*His mother wants to buy it for them.*]

DA: With the **DA** conjugation, object pronouns are preverbal in the affirmative:

> [Dama ko gis tey ci suba muy doxantu.]
> [*I saw him this morning walking.*]

DINA: With the **DINA** conjugation the object pronoun is placed before the verb in both affirmative and the negative sentences. **DU** marks the negative of the **di** conjugation:

>Dina leen ko jox
>[*She will give it to you.*]
>Du leen ko jox
>[*She won't give it to you.*]

MU: With the **MU** conjugation, the object pronoun comes after the affirmative verb:

>Wax ko mu jox leen ko!
>[*Tell her to hand it over to them!*]
>Wax ko bu mu leen ko jox!
>[*Tell her not to hand it over to them!*]

With a sentence-initial infinitive phrase functioning as a subject, the object pronoun is placed after the verb in the affirmative, and before the verb in the negative with the auxiliary **bañ** plus the particle **a** attached to the pronoun.

>Def ko du la gaañ.
>[*To do it won't do you any harm.*]
>Bañ leen(a) woo lu mu lay jëriñ?
>[*What do you gain in not calling them?*]

In an affirmative imperative sentence, the object pronoun comes after the verb. If the suffix of the imperative is combined with that of the benefactive, the order is benefactive suffix followed by imperative suffix. If the sentence contains an object pronoun, the singular imperative suffix -**al** is deleted because of the following object pronoun:

>Jox ko ko!
>[*Give it to him!*]
>Bu ko ko jox!
>[*Don't give to him!*]

The –**al** suffix remains only if the intended meaning is that of an imperative doubled by a benefactive (for me, you, him, etc):

>Joxal ma ko ko!
>[*Give it to him for me!*]
>Bu ma ko ko joxal!
>[*Don't give it to him for me!*]

The ongoing action markers **y** and **di** come after the object pronoun instead of the verb determiner. The particle **y** is attached to the pronoun and **di** is placed before the verb. If the sentence contains two object pronouns, the particles come after the second object pronoun:

>Maa ngiy gis Musaa.
>[*I can see Musaa.*]
>Maa ngi koy gis.
>[*I can see him.*]
>Usmaan ay jëlsi Faatu ak Soxna.
>[*Usmaan will come to pick up Faatu and Soxna.*]
>Usmaan a leen di jëlsi.
>[*Usmaan will come to pick them up.*]
>Maa ngi leen koy yónnee suba.
>[I *will send it to you tomorrow.*]
>Maa la leen di dencal.
>[*I will keep them for you.*]

D. Pronouns for "One", "Another" and "Each"

The determiners *one* vs. *some*, *another* vs. *other*, *each* vs. *all* can be used as pronouns:

kenn nit [*one person*]	kenn [*one*]
kenn nit ki [*the one person*]	kenn ki [*the one*]
ñenn nit [*some people*]	ñenn [*some*]
ñenn nit ñi [*some specific people*]	ñenn ñi [*some specific ones*]
keneen nit [*another person*]	keneen [*another person*]
keneen nit ki [*the other person*]	keneen ki [*the other one*]
ñeneen nit [*other people*]	ñeneen [*others*]
ñeneen nit ñi [*the other people*]	ñeneen ñi [*the others*]
képp nit [*each person*]	képp [*each one*]
nit ñépp [*all people*]	ñépp [*all*]

Somewhere	**Somewhere else**	**Everywhere**
fenn	feneen	fépp

Someway	**Another way**	**Any way**
nenn	neneen	népp

Fenn: (also) *Nowhere* (in a negative construction)
Nenn: (also) *In no way* (in a negative construction)

III. THE POSSESSIVE CASE

To mark the possession of one object by a person, or a possessive or genitival relationship between two objects, Wolof adds the suffixes **-u** or **-i** to the object possessed.

The suffix **-u** is attached to singular nouns ending in a consonant.
>ndoxu naan [*drinking water*]
>këru Usmaan [*Usmaan's house*]
>taaru Ndey [*Ndey's beauty*]
>boyatu suukar [*a box of sugar*]

The suffix **-i** is attached to plural nouns ending in a consonant.
>doomi Usmaan [*Usmaan's children*]
>këri taax [*concrete buildings*]
>nooni Musaa [*Musaa's foes*]
>bunti kër [*house doors*]

Singular nouns ending with a vowel are generally not suffixed.
>diine Lislaam [*Islamic religion*]
>tamaate loqati [*concentrated tomato*]

The suffix **-y** is attached to plural nouns ending in a vowel.
>donoy Usmaan [*Usmaan's heirs*]
>saabay Yonnent bi [*the Prophet's apostles*]

A. Possessives of Nouns

The singular form of the possessive (**-u**) can accept the initial consonant of the noun's determiner or the determiner itself after the second noun.
>a. këru Usmaan [*Usmaan's house*]
>b. kërug Usmaan [*Usmaan's house*]
>c. këru Usmaan gi [*the house of Usmaan's*]

The difference between *b* and *c* is that the suffixed consonant in *b* is not necessary whereas in *c* the definite article is used to put an emphasis on one of the two nouns. Here is another example:

>a. boyatu suukar [*a box of sugar*]
>b. boyatub suukar [*a box of sugar*]
>c. boyatu suukar bi [*the box of sugar*]
>d. boyatu suukar si [*the sugar's box*]

In *c* the article determines **boyat** and in *d* **si** determines **suukar**.

For joint possession there is no particular change:

>doomu Usmaan ak Ami [*Usmaan and Ami's child*]

If there is more than one possessor, the suffix is attached to each noun that bears the relationship.

>doom**i** nijaay**u** xarit**am** [*The child of his friend's uncle*]

The following example may be used, but is redundant:

>seenug njaboot [*their family*]

B. Possessives of Pronouns

1. The Singular Form

The possessives of personal pronouns have already been studied. However there are cases where the possessee may be replaced by a pronoun with a consonantal portion (agreeing in class with the noun), followed by **-u** or **-i**.

>néégu(b) Usmaan [*Usmaan's room*]
>bu Usmaan [*that of Usmaan*]
>bu Usmaan bi [*the one of Usmaan's*]
>
>këru nijaayam [*his uncle's house*]
>bu nijaayam [*that of his uncle*]
>bu nijaayam bi [*the one of his uncle*]

In the following example quoted from Serigne Moussa Ka's "*xarnu bi*", the initial consonant *w* is repeated three times when one would be enough:

>Sa**w** làmmiñ ay **w**u**w** xarnu bi
>[*Your voice is that of the century*]

2. The plural form

With a plural possessee, or when a noun is modified by a second and plural noun, the possessee is pluralized by adding **-i** to it.

>këri nijaayam [*his uncle's houses*]
>njiiti rééw mi [*the country's leaders*]

The suffix **-i** is often added to plural numbers (*two* and above), and to **junni** (*one thousand*) in particular.

>ñaari yoon [*two times, twice*]
>juróómi xale [*five children*]

It stands separately when followed by a plural noun.

>Koo xam ne daa' na am i taax… (S. M. Ka)
>[*Whoever used to have houses…*]

It stands separately from the preposition **ak** (*with*) when followed by a plural noun:

>Defal nga baadoolo ak i buur.
>[*You served laymen and kings.*]

IV. VERBS

A. Classification

Verbs in Wolof fall into two categories: active verbs and stative verbs. Active verbs designate an action of the subject. They are dynamic, whereas stative verbs appear in the form of what would be called an adjective in English or in French. Verbs appear in general in their simple form but they can be modified by an additional suffix. In some instances the verb stem can be doubled.

1. Active Verbs

bind [*to write*]	baral [*to accelerate*]
daw [*to run*]	dox [*to walk*]
dellu [*to go back*]	dugg [*to enter*]
jooy [*to cry*]	jéggi [*to cross over*]
wal [*to flow*]	wuutu [*to replace*]
yan [*to load*]	yemale [*to make even*]

2. Stative Verbs

baax [*to be good*]	bon [*to be bad*]
diis [*to be heavy*]	dof [*to be crazy*]
jafe [*to be hard*]	yomb [*to be easy*]
xonx [*to be red*]	weex [*to be white*]
wow [*to be dry*]	tooy [*to be dry*]

Examples:

rafet (s. v.), to be pretty; *rafet na*, it's pretty
beautiful (adj.), lu, ku rafet; *she's beautiful*, ku rafet la; dafa rafet.

3. Passive/Reflexive Verbs

Passive/reflexive verbs are stem verbs which take the suffix -**u** when they end in a consonant, or -**wu** when they end in a vowel:

bàkku [*to praise oneself*]	banku [*to bend over*]
bànneexu [*to take pleasure*]	bindu [*to matriculate*]
sangu [*to take a shower*]	sàngu [*to cover oneself*]
watu [*to cut one's hair*]	sëlamu [*to wash one's face*]
peñewu [*to comb one's hair*]	wonewu [*to show oneself*]

If the verb ends with a geminate and **i**, the suffix becomes -**ku** or -**eeku**. These two suffixes are passive reflexives.

sàggi	sàggiku [*to turn hopeless*]	sàggeeku
rekki	rekkiku [*to come off*]	rekkeeku
wànni	wànniku [*to decrease*]	wànneeku
teppi	teppiku [*to get unstitched*]	teppeeku

4. Verbs with a Double Stem

Most of these verbs end with the particle **i** (corresponding to the idea of a forward motion or physical activity) or are separated by the emphatic particle **a,** which translates the superlative *very*.

walwali [*to flow*]	pelpeli [*to speak fast*]
yox-yoxi [*to show fear*]	telteli [*to walk fast*]
gaaw-a-gaaw [*to be very fast*]	xóót-a-xóót [*to be very deep*]
baax-a-baax [*to be very good*]	bon-a-bon [*to be very bad*]
tuutee-tuuti [*to be very small*]	jafee-jafe [*to be very hard*]

5. Verbal Phrases

a. Onomatopoeia

These are compound verbs that start with the expression *nee (to say, to utter.)* These verbal phrases are onomatopoeic and tend to describe the action by the sound effect. They are not easy to translate.

    nee tareet [*the sound of a fabric being torn*]
    nee wóów [*to scream*]
    nee waaw [*to say yes*]
    nee cunduŋ [*to be dead quiet*]
    nee selaw [*to be dead silent*]
    nee fàppit [*to cut*]
    nee jaŋ-jaŋ [*to fall*]
    nee daŋ-daŋ [*to fall*]
    nee jàkk [*to face*]
    nee nuut [*to hush*]
    nee temm [*to be quiet*]
    nee nemm [*to be motionless*]
    nee miig [*to hush*]
    nee yereet
    nee corom
    nee xareet
    nee sareet
    nee téppét

b. The Absolute Superlatives of Some Verbs

Many stative or adjectival verbs in Wolof are attached to specific superlative adverbs, which expand their meaning to the extreme. These adverbs translate the superlatives *very, extremely,* or *completely.* However, each verb phrase tends to find an idiomatic match in English.

    dëgër këŋŋ [*to be solid as a rock*]
    diis gann [*to weigh a ton of bricks, to be very heavy*]
    fees dell [*to be full to the brim*]
    forox toll [*to be sour as a lemon*]
    lëndëm kurus [*to be dark as night*]
    leer nàññ [*to be as light as the sun*]
    mat sëkk [*to be up to the limit*]
    nooy nepp [*to be soft to the touch, slack*]
    ñor xomm [*to be well done, ripe*]
    ñuul kukk [*to be pitch dark*]

saf sàpp [*to be exquisite*]
sedd guy [*to be freezing cold*]
set wecc [*to be squeaky clean*]
sew ruuj [*to be emaciated, thin as a rail*]
suur këll [*to be stuffed, to eat one's full*]
tàlleeku ñareet [*to be flat as a pancake*]
tàng jir [*to be steaming hot, scalding hot*]
tooy xepp [*to be soaking wet, dripping wet, drenched*]
weex tàll [*to be white as snow, white as a sheet*]
wex xàtt [*to have bitter taste*]
wóór peŋŋ [*to be dead sure*]
wow koŋŋ [*to be dry as a bone, dry as a desert*]
woyof toll [*to be light as a feather*]
xasaw xunn [*to stink to high heaven, to be foul-smelling*]
xeeñ mbann [*to be very balmy*]
xees pecc [*to be lemony-skinned*]
xonq coy [*to be deep red, blood red*]
wër ceŋŋ [*to be perfectly healthy*]

6. Double verb construction

These are verbs that can introduce an infinitive. They take the particle **a** (or its equivalent **di**) when followed by an infinitive except in the **NA** conjugation where the particle is optionally added to another word. Some of these verbs are:

àttan [*to be likely to*]
bañ [*to refuse to*]
door [*to begin to*]
fàttaliku [*to remember to*]
gaaw [*to be fast in*]
gën [*to be or do better*]
jéém [*to try to*]
jot [*to manage to*]
mujje [*to be last*]
nangu [*to agree to*]
ñaan [*to beg to*]
soog [*to have just started*]
tàmm [*to be used to*]
waaj [*to get ready to*]
wóór [*to be safe*]

bànneexu [*to enjoy doing*]
bëgg [*to want to*]
faral [*to be accustomed to*]
fàtte [*to forget to*]
gëj [*to stay a long time without*]
jafe [*to be hard to*]
jomb [*to renounce*]
mos [*to experience*]
namm [*to feel like*]
njëkk [*to be first*]
sañ [*to dare to*]
sopp [*to like*]
tàmmal [*to accustom to*]
war [*must, to have to*]
xalaat [*to think of*]

xaw [*to be a near thing, to have almost*]   yaakaar [*to hope*]
yàgg [*to be long in*]   yééx [*to be slow to*]
yomb [*to be easy to*]

As an auxiliary verb, **të** (*to prevent from, to refuse to*) is more commonly followed by the particle **wa**, variant of **a**:

Dafa tëwa dem.
[*He refuses to go.*]
Mu taa weddi, gaa ya far ko rendi.
[*He refused to recant, and they killed him.*]

The particle **a** in the **NA** conjugation is optionally added to the **NA** form itself, or to an object pronoun if one is present.

Danu ko war**a** def [*we must do it*]
War nanu ko**o** def [*we must do it*]

7. Opposites

The following verbs illustrate how antonyms are derived in Wolof. Antonyms are generally obtained by doubling the final consonant in consonant-final verbs, and adding **-i**. As you can see below, smaller additional adjustments sometimes occur.

aj [*to hang*]   àjji [*to unhang*]
daaj [*to make, to build*]   dàjji [*to demolish, to undo*]
dee [*to die*]   dekki [*to resuscitate*]
fal [*to elect*]   folli [*to reject*]
fas [*to knot*]   fecci [*to untie*]
ji [*to implant*]   jukki [*to extract*]
lal [*to display*]   làlli [*to conceal*]
lem [*to wrap*]   lemmi [*to unwrap*]
nas [*to card*]   nocci [*to pull out (thread)*]
raw [*to pass*]   roppi [*to surpass*]
roof [*to stuff in*]   rocci [*to pull out*]
saf [*to be tasteful*]   sàppi [*to be tasteless*]
sol [*to wear*]   summi [*to take off (clothes)*]
sol [*to fill up*]   sotti [*to empty, pour*]
suul [*to bury*]   sulli [*to unearth*]
tay [*to paste*]   tayyi [*to unglue*]
tëj [*to close*]   tijji [*to open*]
ub [*to close*]   ubbi [*to open*]

wax [*to say*]　　　　weddi [*to deny*]
wékk [*to hang*]　　　wekki [*to unhang*]
xëm [*to faint*]　　　　ximmi [*to recover*]
yeb [*to load*]　　　　yebbi [*to unload*]
yeew [*to tie*]　　　　yewwi [*to untie*]
yen [*to load*]　　　　yenni [*to unload*]

The addititonal syllable created by doubling the verb-final consonant plays a key role in differentiating the antonym and the corresponding forward-motion. The idea of *"to go to"* is expressed when the suffix **-i** (or **-ji** or **-wi**) is attached to the verb stem. The difference between the two suffixes is illustrated in the following examples.

aj [..]　　　aji [*to go to hang*]　　àjji [..]
lal [..]　　　lali [*to go to display*]　làlli [..]
lem [..]　　lemi [*to go to wrap*]　　lemmi [..]
suul [..]　　suuli [*to go to bury*]　　sulli [..]
tay [..]　　tayi [*to go to paste*]　　tayyi [..]
ub [..]　　　ubi [*to go to close*]　　ubbi [..]
yeb [..]　　yebi [*to go to load*]　　yebbi [..]
yeew [..]　yeewi [*to go to tie*]　　　yewwi [..]

Lali na njaayam mi.
[*She went to display her goods.*]
Ñu ngiy suuli nééw bi.
[*They are going to bury the corpse.*]
Bunt bi la ubi.
[*He went to close the door.*]

Sometimes a second suffix **-ji** is added to the **-i** ending, as if **-i** were a component of the verb stem.

ajiji Màkka [*to go to Mekka for the pilgrimage*]
laliji njaay mi [*to go to display the goods*]
lemiji yere yi [*to go to wrap the clothes*]
suuliji nééw bi [*to go to bury the corpse*]

Though it may sound redundant most of the time, the suffix **-i** can be retained in the sentence, even with the verb "dem" (*to go.*)

Maa ngiy dem jàngi.
[*I am going to school.*]

Ñu ngiy dem suuli nééw bi.
[*They are going to bury the corpse.*]
Dem nañu lemi seeni yere.
[*They went to wrap their clothes.*]

8. The Verbal Suffixes

"Inflected forms differ from the main entry form by the addition of suffixes or by changes in the stem form." (Webster's) There are no prefixes in contemporary Wolof; suffixation is the only affixation process allowed in this language. Suffixes often serve to derive a new meaning while preserving the part of speech. Here the verb "**am**" is a perfect example:

> am [*to have*]
> amaat [*to have again*]
> amati [*to have once*]
> amal [*to have for*]
> ameel [*to owe*]
> ameelaat [*to owe again*]
> ameelante [*to owe each other*]
> ameelantewaat [*to owe each other again*]
> amee [*to get (manner, place)*]
> Fan la ko amee?
> [*Where did he get it from?*]
> Nan la ko amee?
> [*how did he get it?*]
> amalante [*to have for each other*]
> amalantewaat [*to have for each other again*]
> amatul [*he no longer has*]
> amul [*he doesn't have*]
> amsi [*to begin to have*]
> amoon [*had*]
> am-amlu [*to act like having*]
> amagul [*he doesn't have yet*]
> amloo [*to help s.o. have*]
> amle [*to help to get*]

-aale This suffix expresses the idea of *doing something at the same time or along with someone*. If the verb ends with a vowel, the suffix becomes **-waale**:

> dem [*to go*]   demaale [*... at the same time*]
> def [*to do*]   defaale [*...*]

    ñibbi [*to go home*]   ñibbiwaale [...]
    sangu [*to bathe*]   sanguwaale [...]
    xulóó [*to argue*]   xulóówaale [...]

-aan This is a very productive suffix, showing up in some instances as **-taan**:

    dox [*to walk*]   doxaan [*to court*]
    woy [*to sing*]   woyaan [*to sing for money*]
    wax [*to talk*]   waxtaan [*to chat*]
    ree [*to laugh*]   reetaan [*to laugh*]

-aat This suffix indicates a repeated action. If the verb stem ends in a vowel, the suffix becomes **-waat**:

    def [*to do*]   defaat [*to do again*]
    ree [*to laugh*]   reewaat [*to laugh again*]
    fo [*to play*]   fowaat [*to play again*]
    nekk [*to become*]   nekkaat [*to become again*]

-aate This suffix serves to indicate that the subject *spends time doing the same thing*:

    jëw [*to backbite*] jëwaate [*to spend one's time backbiting*]
    fenal [*to lie about s.o.*]   fenalaate [*to lie a lot about people*]

-aatu This suffix indicates frequency. It sometimes carries a pejorative meaning:

    for [*to pick*]   foraatu [*to pick at random*]
    siit [*to leak*]   siitaatu [*to sip the last drops*]
    mar [*to lick*]   maraatu [*to lick here and there*]

-adi This suffix derives the opposite meaning of the primary verb stem:

    dégg [*to hear*]   déggadi [*to be stubborn*]
    xam [*to know*]   xamadi [*to be ignorant*]
    ñor [*to be ripe*]   ñoradi [*to be unripe*]

-ag This serves to indicate an action which has not yet been performed. It is usually followed by the negative form of the **NA** conjugation, in which case it functions technically as an infix.

    <u>Woy</u> [*to sing*]:
    woy-ag-uma [*I haven't sung yet*]
    woyaguloo [*you haven't sung yet*]

woyagul [*he hasn't sung yet*]
woyagunu [*we haven't sung yet*]
woyaguleen [*you haven't sung yet*]
woyaguñu [*they haven't sung yet*]

There is a spelling change with verbs ending with a vowel. This is a minor vowel assimilation.

[i + a, ee]	ñibbi [*to go home*]
	ñibbeegul [*he hasn't returned home yet*]
[u + a, óó]	nuyu [*to greet*]
	nuyóógul [*he hasn't greeted yet*]
	sangu [*to bathe*]
[u + a, oo]	sangoogul [*he hasn't bathed yet*]
[a + a, aa]	saaga [*to insult*]
	saagaagul [*he hasn't insulted yet*]
	maye [*to give*]
[e + a, ee]	mayeegul [*he hasn't offered yet*]
	nuyóó [*to greet somebody*]
[ó + a, óó]	nuyóógul [*he hasn't greeted yet*]

If the verb is not followed by a *human* object, its final vowel will change from **u** into **ó**: the suffix **-e** "objective" stands for an object that is not specified, e.g., "people":

nuyu [*to greet*]	nuyóó [*to greet (people)*]
niru [*to resemble*]	niróó [*to resemble (someone)*]
nuru [*to resemble*]	nuróó [*to resemble (someone)*]

These vowel changes should of course be generalized to all other cases where a verb ending in a vowel is in contact with the suffix **-e**, resulting in the predictable agglutinations:

i + -e > ee
e + -e > ee
u + -e > oo
a + -e > aa

-al This suffix is simply the benefactive suffix. It must be distinguished not only from the imperative singular suffix **-al**, but also from the causative suffix **-al** below (see discussion in Ka, 1994):

tàng [*to be hot*]   tàngal [*to make hot, to heat*]

jàng [*to learn*]   jàngal [*to teach*]
sedd [*to be cold*]   seral [*to cool down*]

The suffix **-al** marks the singular imperative and the benefactive verbal extension (an action accomplished on behalf of / for someone.) The physical resemblance is a simple coincidence. The imperative **-al** is a tense marker, whereas the benefactive **-al** is a verbal extension. Vowel-final verb stems add only a final **-l**. Both functions of this suffix are illustrated below:

Imperative:

taxaw [*to stand up*]   taxawal! [*stand up!*]
ñibbi [*to go home*]   ñibbil! [*go home!*]
ree [*to laugh*]   reel! [*laugh!*]

Benefactive:

taxaw [*to stand up*]   taxawal [*to represent*]
dem [*to go*]   demal [*to run (errands) for*]
jënd [*to buy*]   jëndal [*to buy for*]

Kan moo la tabaxal sa kër gi?
[*Who built your house?*]
Na nga ma wutal dàll yu baax.
[*Please try to find me some nice shoes.*]

Benefactive imperative:

If the imperative verb also carries the benefactive affix, we obtain a double occurrence of the **-al** ending.

taxaw [*to stand up*]   taxawalal! [*represent!*]
dem [*to go*]   demalal! [*run for!*]
jënd [*to buy*]   jëndalal! [*buy for!*]

With the benefactive suffix, the indirect imperative can accept up to three object pronouns.

Na ngeen ma ko ko waxal.
[*Tell him on my behalf.*]

If the benefactive imperative is followed by an object pronoun, the imperative suffix is dropped.

> Demalal Astu marse!
> [*Go to the market for Astu!*]
> Demal ko marse!
> [*Go to the market for her!*]

In the plural, both suffixes are maintained.

> Feyalleen ko mbubbam mi!
> [*Pay for her dress!*]
> Buleen ko feyal mbubbam mi!
> [*Don't pay for her dress!*]

-ale This suffix is used when more than one object is involved.

> teg [*to set*]   tegale [*to stack up*]
> yem [*to be even*]   yemale [*to make even*]
> toll [*to measure*]   tollale [*to balance*]

-andoo This suffix expresses the idea of *doing something at the same time*. In this case the action involves more than one person.

>   dem [*to go*]
>   demandoo [*to go together (with)*]
>   wax [*to talk*]
>   waxandoo [*to talk at the same time*]
>   ñibbi [*to go home*]
> [i + a] ñibbeendoo [*to go home together*]
>   joxe [*to give*]
> [e + a] joxeendoo [*to give at the same time*]
>   nuyu [*to greet*]
> [u + a] nuyóóndoo [*to greet at the same time*]
>   sangu [*to bathe*]
> [u + a] sangoondoo [*to bathe at the same time*]

-ante This suffix designates *mutual actions* "to each other".

> wax [*to talk*]
> waxante [*to talk to each other*]
> woo [*to call*]

woowante [*to call each other*]
xam [*to know*]
xamante [*to know each other*]
joxe [*to give*]
joxante loxo [*to shake hands*]
nuyu [*to greet*]
nuyóónte [*to greet each other*]
dimbali [*to help*]
dimbaleente [*to help each other*]

-antu This suffix often describes *an action being performed at length*.

dox [*to walk*]	doxantu [*to go for a walk*]
fo [*to play*]	foontu [*to idle*]

-ati This suffix means "once more".

def [*to do*]	defati [*to do once more*]
dem [*to go*]	demati [*to go once more*]
dimbali [*to help*]	dimbaleeti [*to help once more*]
nuyu [*to greet*]	nuyóóti [*to greet once more*]
joxe [*to give*]	joxeeti [*to give once more*]

-at This suffix is that of the negative conjugation, and means "no longer". (See **-ag-** for the vowel transformations occurring when the suffix follows verbs ending in a vowel. Am [*to have*]:

am-at-uma [*I no longer have*]
amatuloo [*you no longer have*]
amatul [*he no longer has*]
amatunu [*we no longer have*]
amatuleen [*you no longer have*]
amatuñu [*they no longer have*]

-e This suffix forms verbs from nouns, and means "*full of, covered with*".

ndox [*water*]	ndoxe [*waterlogged*]
xob [*leaf*]	xobe [*full of leaves*]
kaw [*up*]	kawe [*to be high*]

The suffix **-e** can also be called an instrumental suffix; it links the verb directly to the object. The suffix **-e** is added to verbs ending with a consonant which in turn show how something is done or the tool that was used to do it. There is a word-final vowel assimilation subsequent to the suffixation of **-e** to the vowel-final verb:

	naan [*to drink*]
	naane [*to drink in a certain manner*]
	naane kaas [*to drink in a cup*]
	lekk [*to eat*]
	lekke kuddu [*to eat with a spoon*]
	dox [*to walk*]
	doxe ginnaaw [*to walk backward*]
	raxasu [*to clean*]
[u + e, *oo*]	raxasoo saabu [*to clean (one's hand) with a soap*]
	nuyu [*to greet*]
[u + e, *óó*]	nuyóó loxo [*to shake hands*]
	dellusi [*to return*]
[i + e, *ee*]	dellusee loxoy neen [*to return empty-handed*]

Finally the third suffix **-e** is the 'objective' suffix. In some verbs, adding the -**e** suffix induces no meaning change. It stands for an object that is not specified, e.g., "people":

> May na Musaa ñaari junni.
> [*He offered Musaa ten thousand francs.*]
> Maye na fa ñaari junni.
> [*He offered ten thousand francs.*]
> Jox na ma sama xaalis.
> [*He gave me my money.*]
> Joxe na alalam gépp.
> [*He gave away his wealth.*]
> Won na nu wotoom bu bees bi.
> [*He showed us his new car.*]
> Wone na wotoom bu bees bi.
> [*He exhibited his new car.*]

-eeku This suffix is a variant of the suffix **-ku** (itself a variant of **-u**.)

-ees This suffix gives an impersonal meaning to some auxiliary verbs.

> Warees na koo def.
> [*It should be done.*]

The negative suffix **-u** can be added to the impersonal suffix **-ees**.

> Wareesu koo wax ku xamul baatin ba (S. M. Ka.)
> [*It should not be told to a profane person.*]

In S. M. Ka's poetry the suffixes **-ees** and **-eesu** are interchangeable with **-eef** and **-eefu**.

-i This suffix has two variants:
  -ji, if the verb ends in a vowel and contains more than one syllable.
  -wi or **-yi**, if the verb ends in a vowel and contains one syllable.

suul [*to bury*]	suuli [*to go to bury*]
gub [*to cut (grass)*]	gubi [*to go to cut*]
julli [*to pray*]	julliji [*to go to pray*]
nuyu [*to greet*]	nuyuji [*to go to greet*]
talaata [*to slap*]	talaataji [*to go to slap*]
fo [*to play*]	fowi [*to go to play*]
yee [*to wake up*]	yeewi [*to go to wake up*]

The verb "yeew" [*to tie*] can also give "yeewi" [*to go to tie.*]

-ku The suffix **-ku** "reflexive-passive" is a variant of the suffix **-u** (see above), and appears after polysyllabic verbs ending with the vowels **-i**.

ubbi [*to open*]	ubbiku [*to be open*]
wàññi [*to decrease*]	wàññiku [*to decrease*]
teppi [*to unstitch*]	teppiku [*to be unstitched*]
ubbi [*to open*]	ubbeeku [*to be open*]
wàññi [*to decrease*]	wàññeeku [*to decrease*]
teppi [*to unstitch*]	teppeeku [*to be unstitched*]

The consonant **s** and **r** cannot be geminated. Therefore a verb like **diri**, "to drag" will give **direeku**, "to drag oneself"; **xosi**, "to scratch", **xoseeku**, "to get scratched".

-loo This is the applied suffix with the general meaning of "making someone do something".

dof [*to be crazy*]	dofloo [*to make crazy*]
daw [*to run*]	dawloo [*to make run*]
wow [*to be dry*]	wowloo [*to make dry*]
am alal [*to be rich*]	amloo alal [*to make rich*]

-lu This suffix is attached to a reduplicated stem and translates "to pretend to".

dof [*to be crazy*]	dof-doflu [*to act crazy*]
xam [*to know*]	xam-xamlu [*to pretend to know*]
feebar [*to be sick*]	feebar-feebarlu [*to play hypochondriac*]

When the suffix **-lu** is attached to a single stem, it indicates that the subject is the beneficiary of the action or the state expressed by the stem.

fééx [*to be cool*]	fééxlu [*to take fresh air*]
jub [*to be straight*]	jublu [*to go straight*]
teey [*to be sedate*]	teeylu [*to calm down*]
fóót [*to do laundry*]	fóótlu [*to have someone do laundry for you*]
taw [*first-born child*]	taawlu [*to have your first child*]

-oo This suffix indicates "a reciprocal action with more than one participant":

sédd	séddoo [*to share*]
mer	meroo [*to be angry with each other*]
wor	woroo [*to betray each other*]
mar	maroo [*to make peace*]

-si This suffix is the opposite of **-i** or **-ji** or **-wi** in sense of direction and means "to come to". It also means "to begin to, to be about to".

lekk [*to eat*]	lekksi [*to come to eat*]
ñibbi [*to go home*]	ñibbisi [*to come back home*]
dellu [*to go back*]	dellusi [*to come back*]
am [*to have*]	amsi [*to begin to have*]
siiw [*to be famous*]	siiwsi [*to begin to be famous*]

-tu This suffix implies that the action of the verb is done to the benefit of the subject.

wax [*to speak*]	waxtu [*to soliloquize*]
sarax [*to give alms*]	saraxtu [*to ask for alms*]
moy [*to sin*]	moytu [*to be careful*]
xul [*to murmur*]	xultu [*to grumble*]
xeeñ [*to smell*]	xeeñtu [*to sniff*]

-u This suffix is the reflexive-passive suffix. If the verb ends with a vowel, the suffix becomes **-wu**.

gaañ [*to hurt*]	gaañu [*to get hurt*]
wone [*to show*]	wonewu [*to show oneself, to show off*]
peñe [*to comb*]	peñewu [*to comb one's hair*]

-ul. This negative suffix is in fact an allomorph of the negative inflectional suffix **-u**. It is always followed by specific personal pronouns.

Dem [*to go*]:

>dem-uma [*(1) I'm not going, (2) I didn't go*]
>dem-uloo [*you're not going, ..*]
>dem-ul [*he's not going, ..*]
>dem-unu [*we're not going, ..*]
>dem-uleen [*you're not going, ..*]
>dem-uñu [*they're not going, ..*]

-wul This suffix is an allomorph (i.e. morphological variant) of the negative marker **-u**. It is suffixed to verbs ending with a vowel.

Ñibbi [*to go home*]:

>ñibbi-wuma
>ñibbi-wuloo
>ñibbi-wul
>ñibbi-wunu
>ñibbi-wuleen
>ñibbi-wuñu

In the third person singular, **-ul** becomes **-u** before an object or locative pronoun:

>xamu ko [*she doesn't know him*]
>nekku fi [*he's not in*]

V. VERB CONJUGATIONS

In traditional grammar books, the terms "form", "mood", "number", "person", "tense" and "voice" are often used to describe the verbal and conjugation systems. Since Wolof does not always operate along the same lines, not all of these will necessarily be perceptible in the Wolof verbal system. Verb stems never undergo morpheme internal changes. They always remain in their plain form. As such, they are nonfinite and need to be affixed to become full-fledged sentence predicates. In other words, they are accompanied by markers indicating form (affirmative vs. negative), mood (indicative vs. imperative), focus (on subject, verb, object, situation, etc.), tense (past vs. future), aspect (incomplete vs. completed), number (singular vs. plural), person (first vs. second vs. third.) In Wolof, tense is best described as psychological time. The reader often needs more than the sentence predicate to compute the time frame and other meaning-related forms. In other words, the whole syntactic structure is accountable for time reference.

In Wolof the aspectual values serve best to designate the appropriate tense for meaning. Finite verbs, namely verbs with auxiliary markers, show that the action is either incomplete or has been completed before another action took place. The following conjugations are the basic elements for verbal construction in Wolof.

LA	NA	A	DA	A NGI	A NGA
LAA	NAA	MAA	DAMA	MAA NGI	MAA NGA
NGA	NGA	YAA	DANGA	YAA NGI	YAA NGA
LA	NA	MOO	DAFA	MOO NGI	MOO NGA
LANU	NANU	NOO	DANU	NOO NGI	NOO NGA
NGEEN	NGEEN	YEENA	DANGEEN	YEENA NGI	YEENA NGA
LAÑU	NAÑU	ÑOO	DAÑU	ÑOO NGI	ÑOO NGA

MU	DINA	NEGATIVE -U-	DU
MA	DINAA	…UMA	DUMA
NGA	DINGA	…ULOO	DOO
MU	DINA	…UL	DU
NU	DINANU	…UNU	DUNU
NGEEN	DINGEEN	…ULEEN	DUNGEEN
ÑU	DINAÑU	…UÑU	DUÑU

A. The LA Conjugation

The **LA** conjugation is used to lay emphasis on the object. The object can be a noun or a pronoun. It should be distinguished from the predicator **LA**. When the predicator **LA** is not followed by a verb in a sentence, it translates *to be*. These are some examples:

1. The Interrogative Pronouns:

    ban la? [*which one is it?*]
    fan la? [*where is it?*]
    kan la? [*who is it?*]
    kañ la? [*when is it?*]
    lan la? [*what is it?*]
    naka la? [*how is it (done)?*]
    nan la? [*how is it (done)?*]
    ñan la? [*who (pl.) is it?*]
    ñan lañu? [*who are they?*]

ñaata la? [*how much is it*]
ñaata lañu? [*how many are they?*]

In the examples given above, the question words are the focus of the sentence. Otherwise the **LA** conjugation is replaced by another marker as in the following examples.

Kan la? Usmaan la.
[*Who is it? It's Usmaan.*]

2. The Disjunctive Pronouns:

Man la.
[*It's me.*]
Moom laa leen doon wax.
[*I was telling you about her.*]
Man ak moom nga gis.
[*You saw me with her.*]

3. The Demonstratives

Kii kan la? kii, sama nijaay la.
[*Who is he? (Him), he's my uncle.*]
Kookule la waa rééw mi di sargal.
[*He is being honored by his country.*]
Bile laa taamu.
[*I chose this one.*]

4. The Aspectual Values of the LA Conjugation

The action of the finite verb with the predicator **LA** can be described as complete or incomplete. For an incompleted action, the particle **y** (or one of its allomorphic variants) is attached to the conjugation marker or the object pronoun. But that occurs only with the auxiliary **LA**.

Complete:

Ndar la fanaan.
[*He spent the night in Ndar.*]
Yow la ko wax.
[*He told you.*]
Ñaata lanu jënd waat?
[*Again, how many did we buy?*]

Loolu laa defewoon.
[*That's what I thought.*]

Incomplete:

Ndar laay fanaan.
[*I'm going to spend the night in Ndar.*]
Loolu **la** lay wax saa boo ko laajee.
[*He always says that when you ask him.*]
Suba laa fay dem.
[*I'm going there tomorrow.*]

One can see that for the incomplete action the particle **y** is attached to the conjugation marker or the object pronoun.

Kañ la céét gi? Tey la.
[*When is the wedding ceremony? It's today.*]
Kañ la làmb jiy door? Tey ci ngoon lay door.
[*What time is the wrestling? It starts this afternoon.*]

5. The Negative Forms of LA

There are two negative forms of **LA**. One is the negative **DU** which is conversely placed before the noun, the disjunctive and demonstrative pronouns. **DU** negates the whole sentence when **LA** is the conjugation marker.

DU

(1) Usmaan, sama mag la. [*Usmaan is my older brother.*]
Usmaan du sama mag. [*Usmaan is not my brother.*]
(2) Moom la. [*It's him.*]
Du moom. [*It's not him.*]
Kii la. [*That's the one.*]
Du kii. [*That's not the one.*]
(3) Yow laay waxal. [*I'm talking to you.*]
Du yow laay waxal. [*I'm not talking to you.*]

The negative **DU** can be replaced by the negative suffix **-ul** when **LA** is the conjugation marker. **-ul** is attached to the verb.

(1) Moom la gis. [*He saw her.*]
Du moom la gis. [*He didn't see her.*]
Moom la gisul. [*He didn't see her.*]

(2) Ndar lanu bëgga dem. [*We want to go to Ndar.*]
Du Ndar lanu bëgga dem. [*We don't want to go to Ndar.*]
Ndar lanu bëggula dem. [*We don't want to go to Ndar.*]

In the second sentence of (1) and (2), there is such a heavy emphasis on the object that its literal translation would be something like:

Moom la gisul.
[*She's the one that he didn't see.*]
Ndar lanu bëggula dem.
[*It is Ndar especially that we don't want to go to.*]

The **a** ending of *bëgg* is an excrescent vowel added to auxiliary verbs when followed by the main verb.

B. The NA Conjugation

Unlike the **LA** conjugation, in the **NA** conjugation the **NA** marker is placed after the verb and before the object.

NA Naa
Nga
Na
Nanu
Ngeen
Nañu

Dem na.
[*He's gone.*]
Man, wax naa la li ma xam.
[*I told you what I knew.*]
Nee nañu nga agsi.
[*They are asking you in.*]
Xale yi dellusi nañu.
[*The children are back.*]

In the last sentence the conjugation marker remains even if a subject noun is present.

Sama mag yónnee na ma xaalis.
[*My brother has sent me some money.*]
Astook Ramu wax nañu ko ko.
[*Astu and Ramu have already told him.*]

With active verbs, the **NA** conjugation renders the English perfect tenses indicating a completed action or one that took place prior to another action or a specific time.

> Indi naa li nga ma laajoon.
> [*I brought what you asked me to.*]
> Defoon ngeen ko ba noppi.
> [*You had already done it.*]

With stative verbs, what is described will be either a present action or a permanent state of affairs.

> Rafet na.
> [*It's pretty.*]
> Nob nga ko?
> [*Do you love her?*]
> Asamaan si xiin na.
> [*It's cloudy.*]

1. The Negative Form of NA

The negative form of **NA** consists of the verb followed by the suffixes:

> **-uma**
> **-uloo**
> **-ul**
> **-unu**
> **-uleen**
> **-uñu**

If the verb ends in a vowel, a **w** precedes the negative suffix.

> Jàngi na.
> [*He went to school.*]
> Jàngiwul tey.
> [*He didn't go to school today.*]
> Màggaliwunu ren jii.
> [*This year we don't go to the Màggal.*]
> Defuma loolu.
> [*I didn't do that.*]

C. The A Conjugation

The **A** conjugation is used to add emphasis to the noun or pronoun subject. The **-a** marker is placed before the verb. Its variants are:

A   Maa
            Yaa
            Moo
            Noo
            Yeena
            Ñoo

Maa would literary translate *I am the one / I was the one who*.

> Maa la mujjee woo.
> [*I was the last who called you.*]
> Nooy jàngale ci daara jii.
> [*We are teaching in this school.*]
> Nee na yeena nu yónne warga wi.
> [*He said that you sent us the tea.*]

The different forms of the **A** conjugation can be replaced by the particle **a**.

(1) Man, maa ko def.
    Man a ko def.
    [*I did it.*]
(2) Yow, yaa wax loolu.
    Yow a wax loolu.
    [*You said that.*]
(3) Usmaan, moo ma woolu.
    Usmaan a ma woolu.
    [*Usmaan called for me.*]
(4) Man ak yow, noo ko digé.
    Man ak yow a ko digé.
    [*You and I had a deal.*]

When a noun or a determiner is followed by the **a** marker, it undergoes the following vowel assimilation rules:

[a + a, *aa*]   Ñaaña a ko wax [*Ñaañaa ko wax*]
[i + a, *ee*]   Idi a ko wax [*Idee ko wax*]
[e + a, *ee*]   Kolle a ko wax [*Kollee ko wax*]

| [o + a, *oo*] | Mawdo a ko wax [*Mawdoo ko wax*] |
| [u + a, *oo*] | Astu a ko wax [*Astoo ko wax*] |

When the **A** conjugation describes an incomplete action, it only takes the **y** marker (or **di** in very rare cases.)

> Maay sa mag, maa la wara yedd.
> [*I'm your old brother, I should advise you.*]
> Moom mooy fey sama njàgum ekool.
> [*He's paying for my school tuition.*]
> Yeenay seet ñaata ngeen mëna joxe.
> [*You decide how much you can contribute.*]

When an object pronoun is used in the sentence, **-y** is suffixed to that pronoun.

> Moo may jëlsi bës bu nee.
> [*He comes to pick me up every day.*]
> Yeena ma koy dencal bile yoon.
> [*This time you will keep it for me.*]

Just like **LA**, **A** and its allomorphs can serve as predicates when they are not followed by a verb. For instance, when they are followed by a noun, a disjunctive pronoun or a demonstrative pronoun, and end with the imperfective marker **y**, they translate the verb "to be".

> Maay Musaa. [*I'm Musaa.*]
> Mooy sama nijaay. [*He's my uncle.*]
> Ñooy ñee. [*They are the ones over there.*]

In this particular case **A** can follow the interrogative pronouns, *kan, ñan, ban, kañ*, etc., or the disjunctive pronouns:

(1) kan a? [*who is it?*]
     kañ a? [*when is it?*]
     fan a? [*where is it?*]

(2) man a [*it's me*]
     ñoom a [*it's them*]

1. The Negative of A

The negative of **A** consists of adding the suffix **-ul** to the verb without changing the form of the conjugation.

Man, maa mënul loolu.
[*I can't do that.*]
Usmaan a nàndul li nga wax.
[*Usmaan didn't understand what you told him.*]

When an affirmative verb bears the ongoing action marker **y**, the negative marker **dul** is placed before the verb. If **A** is a predicate, its negative forms are the same as those of the **LA** predicate:

duma	doo
du	dunu
dungeen	duñu

Man maa dul mën loolu.
Duma mën loolu
[*I won't be able to do that.*]
Usmaan a dul nànd li nga ko nara wax.
Usmaan du nànd li nga ko nara wara.
[*Usmaan won't understand what you're going to tell him.*]
Kan a dul lekk yàpp ci yeen?
[*Who among you doesn't eat meat?*]

The negative of a simple **A** sentence is obtained with **du**.

Maay Usmaan	Duma Usmaan
[*I'm Usmaan*]	[*I'm not Usmaan*]
Yaay sama xarit	Doo sama xarit
[*You are my friend*]	[*You are not my friend*]

D. The DA Conjugation

DA is used to add emphasis on the action of the verb. Yet it is less emphatic than the auxiliary **do** in English. It comes before the verb.

DA

(first sg.)	Dama
(second sg.)	Danga
(third sg.)	**Dafa** (**Daa**, *reduced*)
(first pl.)	Danu
	Dangeen
	Dañu

Daa fàtte ay dëbësam kër ga.
[*She left her things home.*]
Lu ko jot? Dafa tawat.
[*What's wrong with him? He's sick.*]
Damaa agsi rekk sàcc bi daw.
[*I just arrived and the thief run away.*]
Suba damay wuti ligééy.
[*I'm going to look for a job tomorrow.*]

1. The Negative Form of DA

The negative form of **DA** is the same as that of **NA**. However, in order to preserve the stress laid upon the verb, one can simply attach the suffix **-ul** to the verb in the **DA** conjugation.

(1) Fàttewul ay dëbësam kër ga.
[*She didn't leave her things home.*]
Suba duma wuti ligééy.
[*I'm not going to look for a job tomorrow.*]

(2) Dafa fàttewul ay dëbësam kër ga.
[*She didn't leave her things home.*]
Suba dama wutiwul ligééy.
[*I'm not going to look for a job tomorrow.*]

Conjugated with **DA**, a stative verb conveys an imperfective or incompleted action. An active verb is imperfective, or ongoing, if it bears the **-y** suffix or when **di** is added to **DA**. Without these markers, active verbs convey a perfective (completed) meaning.

Dafay fen.
[*He's lying.*]

E. The NGI Conjugation

NGI is really a compound marker made up of ***a + ngi***. It typically precedes the verb. It indicates the subject's present state. As a progressive marker, it indicates an ongoing action taking place at the time one is speaking. It is also used to describe or to indicate a location. It is common in Wolof idioms.

Because it can be a locative, **NGI** has two semantic variants: **NGI** for closeness and **NGA** for distance, that is when the subject is far.

	NGI [*here*]	**NGA** [*there*]
(1)	[*here it is*]	[*there it is*]
	mu ngi	mu nga
	mu ngii	mu ngee
	mu ngile	mu ngale
	mu ngi nii	mu nga nee
	mu ngi nile	mu nga nale
(2)	[*it is (in) here*]	[*it is (in) there*]
	mu ngi fii	mu nga fee
	mu ngi file	mu nga fale

The following are idiomatic expressions:

mu ngi fi [*he's fine (close)*]   mu nga fa [*he's fine (far)*]
mu ngi ci [*he's at it*]   mu nga ca [*he's at it*]

Because **NGI** usually describes an action in progress, it is often followed by active verbs and takes the markers **y** or **doon** (past.)

(1)   Maa ngiy ñibbisi lééegi.
        [*I'm coming home soon.*]
        Yaa ngiy ndékki.
        [*You are eating breakfast.*]
        Mu ngi lay yónnee sa xaalis suba.
        [*He's sending your money tomorrow.*]

(2)   Maa ngay ñibbi.
        [*I'm going home.*]
        Noo ngay dellu kër.
        [*We're going back home.*]
        Maa ngay doxaani.
        [*I'm going to work*]

1. The Negative of NGI

The negative form of **NGI** is the same as that of **DA** and **NA**. The **-ul** suffix is the negative counterpart of the perfective **NGI**. It is added to the verb stem to make it negative.

        -uma
        -uloo
        -ul

-unu
-uleen
-uñu

Maa ngi ko gis démb.
[*I saw him yesterday.*]
Gisuma ko démb.
Maa ngi ko gisul démb.
[*I didn't see him yesterday.*]
Mu ngi neex be.
[*It is very good.*]
Neexul dara.
[*It's not good at all.*]

When the verb indicates a present continuous action, to obtain its negative, we use the negative of the verb **nekk** (*to be*), plus **di** and *the verb*.

[***nekk (ul) di verb***]:

Nekkuma di jàng.
[*I'm not studying.*]
Nekku fi di la toggal guddeeg bëccëg.
[*She's not here to cook for you day and night.*]

F. The MU Conjugation

The conjugation marker **MU** lays no particular emphasis on the subject, verb or object.

MU Ma
   Nga
   Mu
   Nu
   Ngeen
   Ñu

MU is often used when a text is narrated in a sequence of events:

"Dama agsi *mu* duggal ma ci néég bi. Bi *mu* ubbee palanteer bi *ma* séén ab fetal cików taabal bi. Boobu laa xam ne waa ji ci li *mu* nekkoon leerul dara."
"*I came and he ushered me in. When he opened the window I saw a pistol on the table. That is when I knew that he was not in a fine business.*"

G. The DINA Conjugation

DINA is the form used to indicate the future tense in Wolof. It is placed before the verb.

DINA	Dinaa
	Dinga
	Dina
	Dinanu
	Dingeen
	Dinañu

The future tense describes an action which will take place at a later date or simply a later time.

> Dinaa la woo.
> [*I will call you.*]
> Faatu dina la ko indil.
> [*Faatu will bring it to you.*]
> Bu nu demee Banjul dinanu la seetsi.
> [*When we go to Banjul we'll come to visit.*]
> Saa bu noppee rekk dinaa la ko yónnee.
> [*As soon as she's finished I'll send it to you.*]

When the **-y/di** imperfective marker is affixed to **DINA**, the meaning obtained is that of a habitual action.

> Dina fiy jaar yenn saa yi.
> [*He stops by sometimes.*]
> Dinaa ko faral di gis ca jàngu ba.
> [*I usually see him at school.*]
> Dingeen di dégg xibaari seen doom?
> [*Do you often hear from your son?*]

The near future is sometimes expressed by other conjugation markers followed by the imperfective **y** (or **di**.)

[DA]	Damay dem Senegaal suba.
	[*I'm going to Senegal tomorrow.*]
[A]	Yaay togg suba.
	[*You'll cook tomorrow.*]

[A NGI]	Maa ngiy agsi lééngi.
	[*I'll be there soon.*]
[LA]	Gannaaw suba laa lay woo.
	[*I'll call you after tomorrow.*]
[MU]	Tey ma lay ngëj.
	[*I'm going to spank you.*]

1. The Negative of DINA

In the future negative, **DINA** is replaced by the marker **DU**:

DINA	DU
Dinaa dem	Duma dem
Dinga dem	Doo dem
Dina dem	Du dem
Dinanu dem	Dunu dem
Dingeen dem	Dungeen dem
Dinañu dem	Duñu dem

Duma la woo.
[*I won't call you.*]
Faatu du la ko indil.
[*Faatu won't bring it for you.*]
Bu nu demee Bànjul dunu la seetsi.
[*When we go to Banjul we won't come to see you.*]
Duma fay jaar lu bare.
[*I don't pass by there very often.*]
Duma ko faral di gis ca jàngu ba.
[*I don't see him a lot at school.*]
Dunu koy dégg lu bare.
[*We don't hear from him a lot.*]

The marker **DU** may be followed by the suffix **-at-** followed by the different forms of the negative **-u** (see section on the suffix **-at-**):

Du-at-uma	Dootuma
Du-at-uloo	Dootuloo
Du-at-ul	Dootul
Du-at-unu	Dootunu
Du-at-uleen	Dootuleen
Du-at-uñu	Dootuñu

Dootuma ko defati.
[*I will no longer do it again.*]
Nee na dootu fi jaar ndegam doo ko seeti.
[*He said he won't stop by any longer, since you don't go to visit him.*]

H. THE IMPERATIVE

1. The direct imperative

The imperative is used to express a command, give a direction or make a suggestion. There are two forms of the direct imperative in Wolof: the second person singular and plural.

The second person singular is generally formed by adding the suffix **-al** to the verb. This accounts for verbs ending in a consonant.

dem [*to go*]	demal! sg.	demleen! pl.
tëj [*to close*]	tëjal! sg.	tëjleen! pl.
dugg [*to enter*]	duggal! sg.	duggleen! pl.

Single syllable verbs ending in a vowel take either **-wal** or **-l** as a suffix in the singular form. The only exception to this general rule is **nee** [*to say*], which becomes:

nee –al neel!
nee –leen neeleen!

infintivite	2ⁿᵈ pers. sing.	2ⁿᵈ pers. plur.
woo [*to call*]	woowal! / wool! sg.	wooleen!
ree [*to laugh*]	reewal! / reel!sg.	reeleen!
fo [*to play*]	fowal! / fool! sg.	foleen!
ji [*to plant*]	jiwal! / jiil! sg.	jileen!

Verbs with more than one syllable ending in the vowels **i** or **u** take **-l** as a suffix.

ñibbi [*to leave*]	ñibbil!	ñibbileen!
sangu [*to bathe*]	sangul!	sanguleen!
tàggu [*to say good bye*]	tàggul!	tàgguleen!

If they end in other vowels, the regular agglutination rules apply between those vowels and the suffix **-al**:

nuyóó [*to say hi*]	nuyóó -al	nuyóól!	nuyóóleen!

maye [*to give*]	maye -al	mayeel!	mayeleen!
saaga [*to cuss*]	saaga –al	saagaal!	saagaleen!

The following irregular verbs do not bear the singular imperative suffix. And apart from **am** (*have*), none of the others can be negated with **bul / buleen** or even be considered as having a viable infinitive stem.

singular	plural
kaay! [*come!*]	kaayleen!
am! [*take!, here!*]	amleen!
ayca! [*get started!, beat it!*]	aycaleen!
aywa! [*id.*]	aywaleen!

The second person plural of all verbs ends with the suffix **leen**.

i. The Negative Imperative

The negative imperative is indicated by a pre-verbal particle: **bul** for singular, and **buleen** for plural.

bul ñów! [*don't come!*]	buleen ñów!
bul dugg! [*don't enter!*]	buleen dugg

ii. Position of the Object Pronoun in the Imperative Sentence.

In the negative imperative, the object pronouns are placed between the verb and the imperative marker. Object pronouns are inserted after the verb, if the sentence is in the affirmative. Special attention is to be paid to the word order.

ma (*me*)
la (*you*)
ko (*him, her*)   ko (*it*)   ci (*some*)   fi, fa (*there*)
nu (*us*)
leen (*you, them*)

When the imperative verb is followed by an object pronoun, the singular verb bears no suffix. In the plural it remains **leen**.

Joxal Musaa paakaam! [*Give musaa his knife!*]
Jox ko ko! [*Give it to him!*]
Woowal sa mag! [*Call your older brother!*]
Woo ko! [*Call him!*]
Tëjleen bunt yi! [*Close the doors!*]
Tëjleen leen! [*Close them!*]

Jëlleen ci yàpp wi! [*Take some of the meat!*]
Jëlleen ci! [*Take some!*]

In a negative imperative sentence, the object pronoun is inserted between the negative marker and the verb stem. In this case, the verb is preceded by the indirect imperative, which has the following forms.

Bul woo Musaa! [*Don't call Musaa!*]
Bu ko woo! [*Don't call him!*]
Bul dugg ci coow li! [*Don't be part of the dispute!*]
Bu ci dugg! [*Don't be part of it!*]
Buleen dem ca ndaje la! [*Don't go to the meeting!*]
Buleen ca dem! [*Don't go there!*]

2. The Indirect Imperative

The indirect imperative is used to indicate a wish or suggestion that a person do something. In this case the verb is preceded by a pronoun subject which is one of the following.

Naa
Nanga
Na
Nanu
Nangeen
Nañu

Naa dem njëkk ba xam luy xew.
[*Let me go first to find what will happen.*]
Nanga ligééysi suba ci juróóm ñetti waxtu.
[*Come to work tomorrow at eight.*]
Nangeen ko wax loolu.
[*Tell him that.*]

i. The Negative of the Indirect Imperative

Both imperative types negate in the following paradigm:

Buma	Bul
Bumu, Bum	Bunu
Buleen	Buñu

Bum ko def.
[Don't let him do that.]
Bunu ko woo su dara xewulee.
[Let's not call him if nothing happens.]
Buma dem wallaay balaa mu may sikk.
[I'd better not go before she puts the blame on me.]

I. THE PAST TENSE

Wolof verbs have a verbal past tense base obtained by adding the **-oon/-woon** suffix to the verb in different conjugations (**-woon** is affixed to vowel-final verb stems.) This suffix describes an action which took place in a remote past, whether complete or incomplete. Even with its additional suffix the verb is conjugated in the same past tense paradigm as simple non-past verb stems.

[LA]	Booba Ndakaaru laa jógewoon.
	[I came from Dakar then.]
	Fan nga demoon?
	[Where have you been? Where did you go?]
[NA]	Demoon na ca ndaje la.
	[She went to the meeting.]
	Xamoon naa loolu bu yàgg.
	[I knew that a long time ago.]
[DA]	Dafa waxoon ne dina fi agsi ci lu teel.
	[He said he would be here soon.]
	Dangeen fàttewoon fey lamp yi.
	[You forgot to switch the lights off.]
[A]	Usmaan a ma ko waxoon.
	[Usmaan had told me that.]
	Man maa njëkkoona agsi.
	[I was first to be there.]
[A NGI]	Noo ngi demoon marse.
	[We went to the market place.]
[MU]	Maa ngi ko xam bi mu nekkoon taalibe.
	[I knew him when he was a pupil.]
	Bi nga rééraloon sa xaalis, ko ko waxoon?
	[Whom did you talk to when you lost your money?]

1. The Negative of the Past Tense

The **-oon/-woon** past tense marker is not always suffixed to the verb. If the verb is in the negative and followed by an object pronoun, it is separated from the verb by the object pronoun. In that case it has to be considered as an independent morpheme and be written separately as **woon**.

(a)	Xamu ma woon.
	[*She didn't know me.*]
(b)	Xamuma woon.
	Xamumawoon.
	[*I didn't know.*]
	Deful woon li nga ko wax.
	Defuloon li nga ko wax.
	[*He didn't do what you told him.*]
[LA]	Du Ndar laa demoon.
	[*I didn't go to ndar.*]
	Ndar laa demuloon.
	[*I didn't (especially) go to Ndar.*]
[NA]	Xamuma woon loolu.
	[*I didn't know that.*]
[DA]	Dafa yàkkamtiwuloon ci li mu doon def.
	[*He was not in a hurry in what he was doing.*]
	Dangeen meluloon ni seen mag bu góór.
	[*You were not like your older brother.*]
[A]	Du Usmaan a la woowoon.
	[*Usmaan did not call you.*]
	Du ñoom ñoo sàccoon xaalis bi.
	[*They didn't steal the money.*]

Note that (*a*) and (*b*) are homophones, yet they have different spellings and meanings.

2. The Imperfective Marker in the Past: *Doon*

The imperfective marker **doon** serves to indicate an ongoing action in the past.

[LA]	Usmaan laa doon waxal.
	[*I was talking with Usmaan.*]
	Seen yaay lañu doon jooy.
	[*They were mourning their mother.*]
[DA]	Dafa doon daw fakastalu.
	[*He was running and tripped over.*]
	Dama doon fo rekk.
	[*I was only joking.*]
[A]	Mustaf a la doon woo.
	[*Mustaf was calling you.*]

	Ñoom ñoo doon awu.
	[*They were singing in the background.*]
[**A NGI**]	Maa ngi doon waaja génn.
	[*I was about to go out.*]
	Bi ma ko fa bàyyee mu ngi doon nelaw.
	[*When I left he was still sleeping.*]
[**MU**]	Jàng naa tééré bi ngeen ma doon wax.
	[*I read the book you were talking about.*]
	Gis nanu ko mu doon ñibbi.
	[*We saw him going home.*]
[**DINA.**]	Combined with **DINA**, the imperfective **doon** is generally referred to as *the past future* or *conditional*.

        Su amoon fayda dina doon jeexal ligééy bi ci waxtu.
        [*Had he been serious he would have finished the work on time.*]
        Soo amoon xaalis dinga doon jënd kër ga?
        [*Would you have bought that house if you had had money?*]

The marker **doon** can also translate the habitual past when combined with the **a** paradigm.

        Maa doon njiitu rééw mii.
        [*I used to be the leader of this country.*]

3. The Negative of *Doon*

The suffix -**ul** attached to **doon** makes the negative of the past.

<u>doon (ul.)</u>	doonuma
	doonuloo
	doonul
	doonuleen
	doonunu
	doonuñu

        Doonuloo ñów waxtu.
        [*You did not use to come on time.*]
        Moom moo doonul yëkkati loxoom.
        [*He would not raise his hand.*]

The negative past progressive is best rendered by:

> [**nekk** + **ul** + **woon** followed by ***di***]

> Nekkumawoon di sangu.
> [*I wasn't taking a shower.*]
> Usmaan la nekkuloon di waxal.
> [*He wasn't surely talking to Usmaan.*]

4. The Habitual Past Marker *Daan*

The Wolof habitual past is expressed by the marker **daan**. Like **doon,** it is a free morpheme, i.e. not suffixed to the verb. It can combine with other tense-aspect markers, as illustrated below:

[**LA**]	Foofu laa daan jànge.
	[*I used to go to school there.*]
[**NA**]	Daan ngeen jot ay xibaaram.
	[*You used to hear from him.*]
[**DA**]	Dafa daan jàngale.
	[*She used to teach.*]
[**A**]	Nogay a daan defar bopp bi.
	[*Nogay used to do her hair.*]
[**A NGI**]	Usmaan a ngi daan julle jumaa ja.
	[*Usmaan used to pray at the grand mosque.*]
[**MU**]	Moo fi mënoon bi mu daan jàng.
	[*He used to be the best of all at school.*]
[**DINA**]	Dina daan wax loolu.
	[*He used to say that.*]

The habitual past marker is sometimes read by Wolof speakers as **daa'**.

> Dama daa' lekk njëkk sooga sàngu.
> [*I used to eat first before taking a shower.*]
> Daa' nañ' ko caw téémééri yar subaag ngoon. (S. M. Ka.)
> [*They used to flog him a hundred times morning and afternoon.*]

5. The Negative of *Daan*

The suffix -**ul** is added to **daan** to make it negative. Because **daan** is sometimes read as **daa'** its negative can also take the suffix -**wul**:

Daan(ul)	**Daa**(wul)
Daanuma	Daawuma
Daanuloo	Daawuloo
Daanul	**Daawul**
Daanunu	Daawunu
Daanuleen	Daawuleen
Danuñu	Daawuñu

Daanuma ko gis lu bari.
[*I didn't use to see him often.*]
Daawuleen ma dégg.
[*You wouldn't listen to me.*]

6. The Marker *Kon*

Sentences in the conditional are introduced by **su** or (**bu**) and the past tense markers. The conditional marker **kon** may appear in the main clause.

Su ma			Bu ma		
Soo			Boo		
Su	**+**	**Past**	**Bu**	**+**	**Past**
Su nu			Bu nu		
Su ngeen			Bu ngeen		
Su ñu			Bu ñu		

Su ma amoon xaalis dinaa jënd kër.
Su ma amoon xaalis kon dinaa jënd kër.
[*If I had money I would buy a house.*]

Su xamoon kon du ñów.
Su xamoon du ñów.
[*If he knew he would not come.*]

Su xamoon lii kon du ñów.
Su xamoon lii du ñów.
[*If he had known this he would not have come.*]
[*Had he known this he would not have come.*]

Su doon ñów, ñów na ba léégi.
Su doon ñów kon ñów na ba léégi.
[*Were he to come, he would have been here by now.*]
[*If he were to come, he would have been here by now.*]

Wolof speakers frequently add the conditional marker **kon** in sentences to express or emphasize the result of the hypothesis they formulate. It means: *as a result, in that case.*

VI. CLAUSES

A clause is a sentence unit comprised of at least a subject and a verb. An independent or main clause can stand alone as a complete sentence but a subordinate clause remains a fragment of a whole unit. The conjunctions **te** [*and*] and **waaye** [*but*] can join more than one clause.

A. Independent Clauses

Independent clauses are simple sentences which contain a subject, a verb and sometimes another group of words. Together, they express a complete thought.

> Xale bi lekk na.
> [*The child has eaten.*]
> Maa ngiy dem marse.
> [*I'm going to the market.*]
> Usmaan a ngi ko doon waxal.
> [*Usmaan was advising him.*]
> Noo ngi leen yaakaarewoon loolu.
> [*We expected that from them.*]

B. Main Clauses

Just like independent clauses, main clauses are complete sentences within complex sentences.

> Xam na ne mënu koo def.
> [*He knows that he can't do it.*]

C. Subordinate Clauses

Subordinate clauses are dependent clauses. They are subsidiary clauses to a main clause and are introduced by relative pronouns and subordinating conjunctions. They can be adjectival, adverbial or take the place of a noun.

[...]   Yaakaar nanu ne dina fééx ci kanam.
         [*We hope that it may be cool later.*]

[*adv.*]   Mu ngi nu ko wax bi mu fi jaaree.
             [*He told us when he stopped by.*]
[*noun*]   Képp ku ko jël war na wonewu.
             [*Whoever took it should show up.*]

In a complex sentence the subordinate clause can be the subject or object:

[*subject*] <u>Li ma gis</u> rafetul.
             [*What I saw was not pretty.*]
[*object*] Def na <u>li war</u>.
             [*He did what was right.*]

Subordinate clauses are used to emphasize cause, condition, time, identification, or purpose. They are introduced by relative pronouns or subordinating conjunctions.

D. Relatives Clauses

Adverbial clauses introduced by **bi/ba** (*when*) accept the subject pronoun **MU**. Verbs introduced by the temporal adverb *when* additionally bear the **-ee** suffix. The verb generally indicates an action which has been completed at the time of speaking. The vowel in the final syllable may change when the -**ee** suffix is added.

maye [*to give*]	mayee
nuyu [*to greet*]	nuyóó
dellu [*to return*]	delloo
ñibbi [*to return home*]	ñibbee
maroo [*to make peace*]	maroo
saaga [*to insult*]	saagaa

Bi nga agsee laa yeewu.
[*I woke up when you arrived.*]
Bi mu ndekkee ba noppi la ligééyi.
[*He went to work after eating breakfast.*]
Bi ngeen koy gis lu mu yorewoon?
[*What did he have with him when you saw him?*]

MU appears in clauses introduced by the object relative pronouns. Each relative pronoun takes the determiner of the antecedent. They are of three categories:

bi	ba	bu
gi	ga	gu
ji	ja	ju

ki	ka	ku
li	la	lu
mi	ma	mu
si	sa	su
wi	wa	wu
ñi	ña	ñu
yi	ya	yu

Nit ka mu tuddoon nekku fa woon.
[*The person that she named was not there.*]
Xale bi nu wax loolu léégi la fi romb.
[*The child who told us that has just left.*]
Dama xamul ku la defloo loolu.
[*I don't who made you do that.*]

The determiner **bi** shows that the antecedent is clearly defined and is close to the speaker.

(1) Xale bi ma yónni agseegul.
[*The child that I sent hasn't arrived yet.*]
Li mu wax du dëgg.
[*What he said was wrong.*]
Dàll yi ngeen jënd rafet na.
[*The shoes you bought were pretty.*]

The determiner **ba** plays the same role as **bi** but occurs when the antecedent is located far from the speaker.

(2) Néég ba ñu duggoon dafa lëndëmoon.
[*The room they entered was dark.*]
Waxtu wa ngeen agsee la pecc ma door.
[*The dance started at the time you arrived.*]

The determiner **bu** is more of an indefinite pronoun. These relative pronouns are either subject or object of the subordinate clause.

(3) Nee ko bu mu am rekk baax na.
[*Tell him that anyone will do.*]
Ku ngeen yónni marse?
[*Whom did you send to the market place?*]
Amuleen lu nu soxla.
[*You don't carry what we need.*]

- in sentences introduced by the demonstrative pronouns.

> Nit ñii muy tudd defuñu dara.
> [*The people he's naming didn't do anything.*]

The **MU** subject pronoun form is used after certain conjunctions introducing a clause: **balaa, ba, te, xanaa, ndax,...**

> Balaa ngay agsi dinaa pare.
> [*I will be done before you arrive.*]
> Bul toog xaar ko ba mu agsi.
> [*Don't wait till he arrives.*]

> Lu tax nga dem foofu te ma neewoon la bul génn.
> [*Why did you go there when I forbade you.*]
> Xanaa ngeen laaj ma, sooleen ma laajul duma ko def.
> [*Unless you ask me, I won't do it.*]

- after verbs expressing likes, dislikes, wishes, feelings, etc.

> Ñaan naa mu jàll.
> [*I wish him to pass.*]
> Ragal naa ngeen yeexa ñów.
> [*I'm afraid for you to be late.*]
> Laaj na nu def ko ci teel.
> [*It is necessary that we do it early.*]

- doubt, possibility.

> Gëmuma mu mëna tane ci ñaari fan.
> [*I doubt he will recover in two days.*]
> Xej na ñu fàttalikoo indi ko.
> [*Maybe they will remember to bring it with them.*]

When a relative pronoun or demonstrative pronoun is the antecedent of a subject pronoun or noun, it cannot be juxtaposed to an additional subject pronoun.

> Nit ki sàcc xaalis bi réér na.
> [*The man who stole the money has disappeared.*]
> Ku wax loolu?
> [*Who said that?*]

Most English noun phrases made up of an adjective and a noun are rendered in Wolof as a head followed by an adjectival relative clause. In actuality, they are sentence fragments with parts of the main clause missing.

>xale bu góór [*a child who is male*]
>nit ñu mag [*people who are old*]
>fas wu weex [*a horse which is white*]

>Mbubb mu rafet laa jënd.
>[*I bought a dress that is pretty.*]
>Togg gu neex la togg démb.
>[*She prepared a meal [that was exquisite] yesterday.*]

The locatives **fi**, **fa**, **fu** are used for idenfication of the subordinate element.

>Kenn xamul fu mu jóge.
>[*No one knows where he's from.*]
>Fa mu leen nëbb ump na ma.
>[*I don't know where he hid them.*]
>Wax nañu ma fi nga demoon démb.
>[*I've been told where you were yesterday.*]

The subordinating conjunction **ne** embeds subordinating clauses into certain verbs of mental state. It is optional.

>Yaakaar naa ne dina jàll.
>[*I hope that he may pass.*]
>Yëg na ne jaaroon nga fi.
>[*He knows that you stopped by.*]
>Gëm na ne mun nga koo def.
>[*She believes that you can do it.*]
>Xam ngeen ne loolu mënula nekk.
>[*You know that it can't be.*]
>Mën naa am ne gisuleen ko woon.
>[*It may be that you did not see him.*]
>Giiñ nanu ne du sàcc bi.
>[*We swear that he's the thief.*]
>Danga bëgga wax ne damay fen.
>[*You want to say that I'm lying.*]

1. Interrogatives

>Xam nga ban la jël?
>[*Do you know which one he took?*]
>Gisuma fan la ko mëna jaarale.
>[*I don't know where he can get it through.*]
>Yëg nga kañ lañu agsi?
>[*Do you when they arrived?*]
>Won ma naka lañuy tëjee bunt bi.
>[*Show me how the door is closed.*]

2. Other Subordinating Conjunctions

a. Time

The temporal conjunctions **bi**, **ba** and **bu** are the equivalents of the following: *when, until, while*. The conjunction **bi** indicates a recent action, **ba** a remote action. The conjunction **bu** is temporal and conditional as well. Only **MU**-paradigm subject pronouns are allowed in their subordinate clauses. They frequently refer to past actions, and in doing so they change the form of the verb with an additional suffix. Verbs ending with a consonant take the suffix -**ee**.

plain form	inflected form
bàyyi	bàyy*ee*
bàyyeeku	bàyyeek*oo*
pare	par*ee*
soxla	soxl*aa*
nuyóó	nuy*oo*
meroo	mer*oo*

>Bi ma agsee lanu door ligééy bi.
>[*We started the work when I arrived.*]
>Ba mu gisee yaayam la xolam dal.
>[*He felt relieved when he saw his mother.*]
>Bi ñu la soxlaa lañu la woo.
>[*They called you when they needed you.*]

Bu is used to introduce subordinate *when*-clauses that will occur in the future.

>Bu ñu ñówee dinaa leen xaarlo.
>[*I'll make them wait when they get here.*]
>Bu nu yeggee dinanu leen woo.
>[*We'll call you when we get there.*]

If **bi**, **ba**, **bu** co-occur with the pre-verbal imperfective marker **y** (or **di**), the verb retains its plain form.

Bi ngay wax la telefon bi sab.
[*The telephone rang when you were talking.*]
Ba ñuy ñów lañu ko indiwaale.
[*They brought it when they were coming.*]
Bu ngeen di lekk buleen ma fàtte woo.
[*Don't forget to call me when you are about to eat.*]

[balaa, *before*]　　Def ko balaa muy yééx.
　　　　　　　　　　[*Do it before it's too late.*]
[ba, *until, till*]　　Dinaa xaar ba mu agsi.
　　　　　　　　　　[*I'll wait till he's here.*]

b. Condition

The conditional conjunctions **bu** and **su** are synonyms. In everyday speech, they are used interchangeably in the following manner:

(If + subj.)	(If + subj.)
Bu ma	Su ma
Boo	Soo
Bu	**Su**
Bu nu	Su nu
Bu ngeen / Booleen	Su ngeen / Sooleen
Bu ñu	Su ñu

Soo ma joxee lu ko jar dinaa la ko jaay.
[*If you make a sound offer I'll sell it to you.*]
Booleen bëggee nanu door léégi.
[*We can start now if you want.*]

Su may jënd bii laay taamu.
[*If I'm about to buy I'll pick this one.*]
Bu nuy ñibbi tey laaj na nu defar sunuy dëbës.
[*We're better off packing up if we leave today.*]

c. Cause

The following connectors link one idea to another in a narrative or description. They express causality.

[ndaxte, *because*]

[ndegam, segam, *since*]
[ngir, *because*]

> Def naa ko ndegam yaa ma ko sant.
> [*I did it since you asked me to.*]
> Ñibbi na ndaxte munul woona muñ loolu.
> [*He left because he could not stand it.*]

d. Purpose

The following connectors show the purpose behind the preceding action.

[ndax, *so that, in order to*]
[ngir, *so that*]

> Dinaa la yee ndax nu mëna demandoo.
> [*I'll wake you up so that we can go together.*]

VII. NUMBERS

Wolof has two forms of numerals: cardinal and ordinal numbers. Cardinal numbers are used in counting and indicating a quantity. Ordinal numbers indicate position, rank, or order of occurrence. They are formed by adding the suffix **-eel** to cardinal numbers with the exception of **benn** [one.]

> juróómi góór [*five men*]
> juróómeel góór gi [*the fifth man*]

A. Cardinal Numbers

Wolof cardinals from one to five are independent morphemes. The first five numbers are the basic numbers.

1	benn	2	ñaar
3	ñett	4	ñent, ñenent
5	juróóm	6	juróóm-benn
7	juróóm-ñaar	8	juróóm-ñett
9	juróóm-ñent	10	fukk

In addition to these five, five other numbers are independent morphemes.

1	benn	5	juróóm
2	ñaar	10	fukk

3	ñett		100	téeméér
4	ñent		1000	junni
0	tus		30	fanweer

The word *fanweer* is composed of **fan** [*days*] and **weer** [*moon*.]

The remaining numbers are compounds constructed by combining the above simple cardinals. The cardinal for 0 is the only one that never begins a compound.

6	juróóm-benn	8	juróóm-ñett
7	juróóm-ñaar	9	juróóm-ñent
20	ñaar fukk	40	ñent fukk
50	juróóm fukk		

Double, triple or quadruple compounds connect their various unit components with the conjunction **ak** [*and, plus*.] The noun is placed immediately after the first digit.

(1)
11 fukk ak benn
13 fukk ak ñett
15 fukk ak juróóm
17 fukk ak juróóm-ñaar
19 fukk ak juróóm-ñent
12 fukk ak ñaar
14 fukk ak ñent
16 fukk ak juróóm-benn
18 fukk ak juróóm-ñett
21 ñaar fukk ak benn

(2)
101 téeméér ak benn
103 téeméér ak ñett
108 téeméér ak juróóm-ñett
109 téeméér ak juróóm-ñent
201 ñaari téeméér ak benn
202 ñaari téeméér ak ñaar
208 ñaari téeméér ak juróóm-ñett
209 ñaari téeméér ak juróóm-ñent

(3)
1,001 junni ak benn [*junneek benn*]
1,002 junni ak ñaar [*junneek ñaar*]
1,203 junni ak ñaari téeméér ak ñett
1,304 junni ak ñetti téeméér ak ñent
2,001 ñaari junni ak benn
2,002 ñaari junni ak ñaar

Apart from the conjunction **ak** (**ag**) the suffix **-i** is attached to preceding multipliers of **téeméér** and **junni** except **benn** [*one*] and **junni** [*one thousand*]:

200	ñaari tééméér
300	ñetti tééméér
600	juróóm-benn tééméér
3,000	ñetti junni
6,000	juróóm-benn junni
10,000	fukki junni
60,000	juróóm-benn fukki junni
100,000	tééméeri junni
1,000,000	junni junni

The loan words **milyoŋ** [*million*] and **milyaar** [*billion*] have already been incorporated into the Wolof lexicon and are no exception to the rules.

As in the possessive case, the relationship between a number and an object requires that the suffix -**i** be added to all numbers preceding the noun except **benn** [*one*] and **junni** [*one thousand*]:

ñetti xale [*3 children*]	ñenti waxtu [*4 hours*]
fanweeri xalima [*30 pens*]	ñaari wet [*2 sides*]

When the number is not a direct multiple of ten, and is higher than ten (10), the noun it counts is inserted after the multiple of ten (10), thus splitting the construction in two:

11 chapters [*fukki saar ak benn*]
182 days [*tééméeri fan ak juróóm-ñett fukk ak ñaar*]
350 buildings [*ñetti tééméeri taax ak juróóm fukk*]
714 benches [*juróóm-ñaari tééméeri toogu ak fukk ak ñent*]
2,016 shoes [*ñaari junni(y) dàll ak fukk ak juróóm-benn*]

B. Ordinal Numbers

Ordinal numbers are used to show ranking or order. In Wolof they consist of adding the suffix -**eel** to the cardinal number with the exception of **benn** [*one*] which becomes **njëkk** [*first*]:

(1)
Def ko njëkk [*do it first*]
Moo (n)jëkka agsi [*he arrived first*]
Man lañu (n)jëkka taamu [*I was first to be chosen*]

(2)
ñaareel [*second*]	ñetteel [*third*]
ñenteel [*fourth*]	juróómeel [*fifth*]
fukkeel [*tenth*]	fanweereel [*thirtieth*]
tééméereel [*hundredth*]	junneel [*thousandth*]

(3) fukkeel ak benn [*eleventh*]   fukkeel ak ñaar [*twelfth*]
     fukkeel ak ñett [*thirteenth*]   fukkeel ak ñent [*fourteenth*]

     ñaar fukkeel [*20th*]   ñent fukkeel [*40th*]
(4) juróóm fukkeel [*50th*]   juróóm benn fukkeel [*60th*]
     juróóm ñaar fukkeel [*70th*]   juróóm ñett fukkeel [*80th*]
     juróóm ñent fukkeel [*90th*]

When ordinal numbers are followed by a noun they take the possessive suffixes **-u** (sg.) and **-i** (pl.) in the same way the cardinal numbers do.

                fukkeelu fan ak benn [*eleventh day*]
                fukkeelu fan wi ak benn [*the eleventh day*]
[i + a, *ee*]   fukkeelu fan week benn [*the eleventh day*]

The ordinal number *njëkk* as a noun determiner is placed after the noun preceded by the relative pronoun *bu* (sg.) or *yu* (pl.):

                fan wu njëkk [*first day*]
                fan wu njëkk wi [*the first day*]
                fan yu njëkk yi [*the first days*]

VIII. TIME TELLING

A. How to Ask the Time

The list of expressions below summarizes the way to ask the time in Wolof. There are basically two types of construction expressing time of day questions. These are introduced by **ban** and **ñaata** respectively.

        Ban waxtu a jib?   [*What time is it?*]
        Ban wax*too* jib (or jot)?   [*What time is it?*]
        Ñaata wax*too* jib (or jot)?   [*What's the time?*]
        Ñaata waxtu nga yore?   [*What time do you have?*]
        Ban waxtu nga yore?   [*What time do you have?*]
        Ñaata waxtu nga ame?   [*What time do you have?*]
        Ban waxtu nga ame?   [*What time do you have?*]

B. How to Tell the Time

1. Top of the Hour

The suffix **-i** is added to numbers placed before the nouns **waxtu** [*hour*] and / or **minit** [*minute*] except for **benn** [*one.*]

>Benn waxtoo jot. [*It's one o'clock.*]
>Ñaari waxtoo jot. [*It's two o'clock.*]
>Ñenti waxtoo jot. [*It's three o'clock.*]
>Ñaari waxtoog juróóm ñetti minit a jot. [*It's 3:08.*]

2. Minutes Past the Hour

The verbs **weesu** or **tegal** are used to express *minutes past the hour*:

>Ñetti waxtu weesu na ñaari minit.
>Ñetti waxtu tegal na ñaari minit.
>[*It's two minutes past three.*]
>Juróóm benn waxtu weesu na fukki minit ak juróóm.
>Juróóm benn waxtu tegal na fukki minit ak juróóm.
>[*It's fifteen minutes past six.*]

The coordinating conjunction **ak** can also be used with the **A** conjugation:

>Ñetti waxtook ñaari minit a jot.
>[*It's two past three.*]
>Juróóm benn waxtu ak fukki minit ak juróóm a jib.
>[*It's fifteen past six.*]

3. Minutes Before the Hour

The verb **des** is used to express *minutes before the hour*:

>Ñaari waxtu des na juróómi minit.
>[*It's five minutes to two.*]
>Fukki waxtu des ñaar fukki minit.
>[*It's twenty minutes to ten.*]

4. Half Past the Hour

The phrase **ak/ag genn wall** (literally *and half*) is used to express *half past the hour*.

>Ñaari waxtu ak genn wàll a jib.
>Ñaari waxtook genn wàll a jib.
>[*It's half past two.*]

IX. PREPOSITIONS

Many Wolof verbs do not require a preposition to indicate the location of a named object even though in English they would require one.

>Ndakaaru laa dëkk.
>[*I live in Dakar.*]
>Senegaal la jóge.
>[*He's from Senegal.*]
>Mu ngiy dellu rééw ma.
>[*He's going back to his country.*]
>Dégg naa ñu koy coow.
>[*I heard about him.*]
>Waxal na la lu baax.
>[*She said good things about you.*]
>Dee ma xalaat yenn saa yi.
>[*Think about me sometimes.*]
>Sama mag a jënd kër gii.
>[*My older sibling bought this house.*]

The most common prepositions are the following:

ba, *till, until, as far as, up to*

>Xaaral ba suba.
>[*Wait until tomorrow.*]

ndax, *because, so that, because of*

>Dama ko def ndax mu mën laa noppal.
>[*I did it so that you can relax.*]

ngir, *in order to, so that, for the sake of*

> Def ko ngir Yàlla.
> [*Do it for the sake of God.*]

gannaaw, *besides, apart from*

> Gannaaw moom gisuma fa keneen.
> [*Apart from him I didn't see anyone else.*]

diggante, *between*

> Diggante bi mu tukkéég léégi lu bari xew na fi.
> [*Much has happened between the time he left and now.*]

The most frequent preposition closely linked to a verb in Wolof is the **ci/ca** pair. Its meaning varies with the context. It generally renders the English *at*, *in*, *on*, or *to*. As one might expect, **ci** indicates closeness, whereas **ca** is used to indicate remoteness.

> Mu ngi ci waañ wi.
> [*He's in the kitchen.*]
> Maa ngay àgg ca kër ga.
> [*I'm heading home.*]
> Teg na ko ci boppam.
> [*He set it on his head.*]
> Man ci sama bopp.
> [*I, myself; I, for one.*]
> Ci lan?
> [*What about?*]
> Ci fan?
> [*Where exactly?*]

For additional precision on the location of an object, Wolof links the locative **ci** (or **ca**) to the following nouns. Some of these nouns take the marker **-u** (or **-i**) before a noun:

ci kaw, *above, on top of, beyond,*

> Maa ngi ko teg ci kaw siis bi.
> [*I set it over the chair.*]

ci suuf(u), *under, beneath, below, down*

> Seetal ci suufu garab gi.
> [*Check under the tree.*]

ci ron, *under, beneath*

> Fàttewuloo ko ci ron lal bi?
> [*Didn't you leave under the bed?*]

ci kanam(u), *in front of, before*

> Ci kanamu waa ji la taxaw wax ko dëgg.
> [*He stood in front of the guy and told him the truth.*]

ci gannaaw, *behind, in back of*

> Buleen di tàmma fo ci gannaaw kër gi.
> [*You should stop playing in the backyard.*]

ci biti, *out, outside,* is usually not followed by an object, i.e. it is usually an adverb, but it can stand as a sentence fragment, such as the following:

> Ca bitim rééw
> *Abroad*

ci biir, *into, in, inside of,*

> Maa ngi ko nëbb ci biir néég bi.
> *I hid it in the room.*

ci wet(u), *beside, by, next to, near*

> Moo ngi toogoon ci wetu xaritam.
> *She sat by her friend.*

ci boor(u), (Fr. [bord]), *next to, around*

> Maa ngiwoon ci booru gééj.
> *I was by the beach.*

ci ndeyjoor(u), *on the right of*

> Kër gaa nga ca ndeyjooru juuma ja.
> *The house is on the right of the grand mosque.*

ci càmmoñ(u), *on the left of*

> Toogal ci càmmoñu Asan.
> *Sit on the left side of Asan.*

ci diggante, *in between*

> Ci diggante ñaari xarit kenn xaju ci.
> *No one can stand (in) between two friends.*

ci digg(u), *in the middle of*

> Ci diggu waxtaan la jog ñibbi.
> *He left in the middle of the converstaion.*

ci cat(u), *at the summit, at the apex of, on top of*

> Ci catu garab gi am na ay doom.
> *There is some fruit on top of the tree.*

The expressions **ci kaw** and **ci kanam** are also used as adverbs:

> Waxal ca kaw [*speak loudly*]
> Demal ba ca kanam nga ñów [*come back later*]

X. ADVERBS

Adverbs are words which help modify the meaning of a verb. They can also be modifiers for clauses, phrases, adjectives, other adverbs, or complete sentences. In Wolof adverbs form a very restricted class. Their roles are limited, and because of this, not all English adverbs would have exact equivalents in Wolof. The most common are:

rekk [*only*]	ci dëgg [*actually*]	dëgg-dëgg [*actually*]
it [*also*]	itam [*also*]	tamit [*also*]
moos [*indeed*]	kañ [*for sure*]	kon [*so*]
ndànk [*slowly*]	lool [*very*]	daanaka [*almost*]
ci [*in, at*]	ca [*in, at*]	balaa [*before*]
ndokk [*so much the better*]		

The word *indeed* has all the following equivalents: **moos, sax, de, kañ, daal, gaa, kat, nak.**

The word *only* has the following equivalents: **rekk, kese, doŋŋ**.

A. Placement

The general rule is that the adverb follows the word it modifies. The exception is in the **LA** conjugation when the adverb is emphasized.

>Démb la agsi.
>[*He arrived yesterday.*]
>Foofu lanu ko fore.
>[*We picked it from there.*]
>Léégi la agsi.
>[*He just got here.*]
>Agsi na léégi.
>[*He just got here.*]
>Dinaa ko ko wax njëkk.
>[*I'll tell him first.*]

B. Frequency, Sequence, Time

Adverbs and adverbial phrases fall into different categories depending on how they modify the verb in a given sentence. There are adverbs of place, time, quantity, sequence, etc.

1. Time

Adverbs of time denote the time of events. The most common ones in Wolof include the following:

tey [*today*]	suba [*tomorrow*]
démb [*yesterday*]	balaa [*before*]
booba [*then, at that time*]	léégi [*now, nowadays*]
woon [*formerly, in the past*]	xaat [*already*]
keroog [*the other day*]	tey [*while*]
ci kanam [*later*]	balaa loolu [*previously*]
léégi [*soon*]	léé [*soon*]

>Maa ngi ko xamoon booba.
>[*I knew him then.*]
>Jaar nanu fa keroog.
>[*We stopped by the other day.*]

Many frozen phrases which are headed by the prepositions **ci**, **ca**, **ba**, **bu**, can be listed as expressions of time. These prepositions do not occur in all adverbials:

    ci teel [*early, soon*]   ba noppi [*then*]
    bu njëkkoon [*formerly*]   ci saa si [*at once*]

2. Place

Adverbs of place tell where an action or event occurs. Some of the most common include the following:

    fi, fii, file [*here, in here*]
    fa, fee, fale [*there, in there*]
    foofu, foofule [*there (just mentioned)*]
    foofa, foofale [*there (mentioned a while ago)*]

    fenn [*somewhere, nowhere*]   fépp [*everywhere*]
    feneen [*somewhere else*]   fan [*where*]
    ci biir [*inside*]   ci kaw [*above*]
    ci suuf [*below*]   ci biti [*outside*]

                Demuma fenn.
                [*I'm going nowhere.*]
                Feneen laa ko xame.
                [*I knew from somewhere else.*]
                Seetal ci biir.
                [*Look inside.*]

3. Quantity

    lu bari [*a lot*]
    tuuti [*a little*]

4. Frequency

Adverbs of frequency denote frequency of events. Some of the most common include the following:

        yenn saa yi [*sometimes*]   faral(a) [*usually*]
        mukk [*never*]   waat [*again*]
        (li ko dale) léégi [*from now on*]   ci saa si [*at once*]
        saa yu nekk [*every time*]   teg ci rekk [*suddenly*]
        leeg-leeg [*sometimes*]   lee-lee [*sometimes*]
        nakajekk [*usually*]   ñaare [*in general*]

> Yenn saa yi nu def ko.
> [*We do it sometimes.*]

5. Opinion

Adverbs of opinion include the following:

> xej-na [*maybe, perhaps*] mën-na-am [*maybe*]
> ñàkkul [*no doubt*] amaana [*maybe, perhaps*]

6. Manner

Adverbs of manner show the way in which something is done. They include the following:

> nii, nile [*this way*]
> nee, nale [*that way*]
> noonu, noonule [*that way (just mentioned)*]
> noona, noonale [*that way (mentioned a while ago)*]
>
> noonu [*thus*] nan [*how*]
> naka [*how*] balaa caag [*(I'd) rather*]
> ci lu gaaw [*quickly, fast*]

> Won na ma nan lañu koy defe.
> [*He showed me how it's done.*]
> Noonu la jóge foofu jënd kër.
> [*That is how he ended up buying a house.*]

7. Conjunctions Used to Introduce Subordinate Clauses

Conjunctions are linking words opposing or juxtaposing two ideas.

> noonu [*then*] ndaxte [*because*]
> ndaxam [*by the way, however*] waaye [*but*]
> teewul [*all the same*] konbook [*so, therefore*]
> wànte [*but, however*] ndegam [*since*]
> bi [*when*] teg ci [*then*]
> ndeem [*since*] faf [*rather*]
> komka [*Fr.,* comme que*; since*]

> Def nga ko teewul du la jëriñ.
> [*You did it, although it won't benefit you.*]

Ndegam xamuloo ko jarul ma lay laaj.
[*There's no need to ask you since you don't know him.*]

8. Fi and Fa

The **fi/fa** particle pair is an adverb of position which is no different from the other object pronouns in terms of usage.

a. In most conjugations, adverbs of the pair **fi/fa** occur between the conjugation marker and the verb, as in the following examples:

[**DA**]   Dama dem Ndar démb.
         [*I went to Ndar yesterday.*]
         Dama fa dem démb.
         [*I went there yesterday.*]
[**A NGI**] Maa ngi dawe [ca] ndaje la.
         [*I run from the meeting.*]
         Maa ngi fa dawe.
         [*I run from there.*]
[**A**]   Moo jiitu ci làmb ji.
         [*He was first to come to the wrestling ground*]
         Moo fi jiitu.
         [*He was first to come here.*]
[**DINA**] Dina la ko waccal ci néég bi.
         [*He will leave it in the room for you.*]
         Dina la ko fi waccal.
         [*He will leave it here for you.*]
[**MU**] Bi mu àggee ca kër ga.
         [*When he got home.*]
         Bi mu fa àggee.
         [*When he got there.*]

b. With the **NA** conjugation and the affirmative imperative, the adverbs are placed after the verb. With **LA**, the locative comes before the conjugation marker and the verb:

[**NA**]   Dem na Marse Ngelaw.
         [*He went to Marse Ngelaw.*]
         Dem na fa.
         [*He went there.*]
[**Imp.**] Duggal ci kër gi !
         [*Go inside the house!*]
         Dugg fi!

	[*Go inside!*]
[LA]	Ndakaaru la bàyyeeko.
	[*He comes from Dakar.*]
	Fa la bàyyeeko.
	[*He comes from there.*]

c. In the Past, the locatives **fi** and **fa** are also inserted between the conjugation marker and the verb.

[Daan]	Daan naa fa dem.
	Dama fa daan dem.
	[*I used to go there.*]
[Doon]	Doon na fa dem.
	Doon na fa dem.
	[*I used to go there.*]

d. When **fi** and **fa** are used in a sentence describing an ongoing or habitual action, the imperfective marker **y** (or **di**) is usually attached to the locative adverb, even when the sentence contains more than three object pronouns.

	Dinaay jaar ci kër gi yenn saa yi.
(1)	Dinaa fiy jaar yenn saa yi.
	[*I usually stop by here.*]

	Maa ngi koy bàyyi ci kaw taabal bi.
(2)	Maa ngi ko fiy bàyyi.
	[*I'm leaving it here.*]

	Maa ngi la koy dencal ci néég bi.
(3)	Maa ngi la ko fiy dencal.
	[*I'm keeping it here for you.*]

9. Ci and Ca

Ci and **ca** can also function adverbially. With their variable meaning, they can serve to indicate time or place.

a. **Time**

Ca waxtu woowa la agsi.
[*He arrived at that time.*]

Ca la agsi.
[*He arrived then.*]
[*That is when he arrived.*]

b. **Place**

Bul dem ca ndaje la!
[*Don't go to the meeting!*]
Bu ca dem!
[*Don't go to it!*]
[*Don't go there.*]

10. The Synonyms of *Lool*

The absolutive adverb **lool** [*very*] can modify any verb in an appropriate context. However it has a variety of synonyms only fit for one word (see "**The absolute superlatives of some verbs**".) Idioms are created by combining these adverbs with specific verbs. Nonetheless, **lool** can replace any of these adverbs.

diis gann, diis lool [*to be extremely heavy*]
fees dell, fees lool [*to be full to the brim*]

IX. QUESTION WORDS

A. Ana and Naka: (Wh- Questions)

Ana and **Naka** are question words which are directly followed by a noun or a pronoun without a verb being used.

1. **Ana** lays emphasis on the location of people or objects, and means *where is, where are?* It can also be followed by a whole sentence as its object.

Ana Usmaan?
[*Where is Usmaan?*]
Ana mu?
[*Where is he?*]
Ana fan la Usmaan dem?
[*Where did Usmaan go?*]
Ana mu?
[*Where is he?*]
Ana dab yi ma wara raxas?
[*Where are the dishes I should wash?*]

Ana ñu?
[*Where are they?*]

2. **Naka** asks about people's state or how things are done, and means *how is, how are?* As a question word, **Naka** appears usually in the **LA** conjugation. Naka also appears in some narratives as a conjunction meaning "just when, just after".

(1)   Naka sa xarit?
       [*How is your friend?*]
       Naka moom?
       [*How is he?*]
       Naka la sa yaay def?
       [*How is your mother doing?*]
       Naka nga wax?
       [*How did you say?*]

(2)   Naka mu duggsi rekk Abdu jóg taxaw.
       [*Just after he entered, Abdu stood up.*]

B. Mbaa and Xanaa: (Yes/No Questions)

1. **Mbaa** introduces questions for which the speaker expects an answer to his liking. It is not a rhetorical question, but the speaker's intent is to satisfy his hope. It can be placed at the beginning or the end of a sentence.

       Xale yi, mbaa yeena ngiy jàng?
       Xale yi, yeena ngiy jàng, mbaa?
       [*I hope you are studying, children.*]
       Mbaa waxuloo ko li ma la wax rekk?
       [*I hope you didn't tell him what I told you.*]

The expression **mbaadu** (from **mbaa** and the negative **du**) is often used independently as a tag question. As a conjunction **mbaa** means *or*. Its synonyms are **walla** and **am**. The conjunction **am** usually appears in an interrogative sentence.

       Ndax waxuma dégg am déét?
       [*Am I not telling the truth?*]

       Moom la mbaa xaritam.
       [*It's either him or his friend.*]

2. **Xanaa** is an emphatic question word used in negative interrogative sentences. As a tag marker, its clause is separated from the rest of the affirmative sentence by a comma. It occurs either at the beginning or the end of a sentence. In an affirmative sentence **xanaa** has an adverbial meaning "unless, provided, rather".

(1) Xanaa doo jàngi?
     Doo jàngi, xanaa?
     [*Aren't you going to school?*]
     Xanaa du moom la séén démb?
     [*Didn't I see him yesterday?*]

(2) Xam nga loolu, xanaa?
     [*You know tha,t at least!*]
     [*You know that, don't you?*]

(3) Xanaa mu ñów fii. Su dul loolu duma ko jox xaalisam.
     [*Unless he comes here, I will not give him his money.*]

Wolof – English Dictionary

a, 1. det., 3rd pers.; (also called the **a** conjugation) *Asan a ko def*, Asan did it; *Moodoo (**u** + **a** = **oo**) agsi*, Moodu is here; (**a** is also the equivalent of the 3rd pers. det. **moo**) *Moodu moo agsi*, Moodu is here; **ay**, det. for ongoing action, *Usmaan ay jàngale fii*, Usmaan teaches here; (**ay** is the equivalent of the 3rd pers. det. **mooy**.) See the agglutination rules applying to vowels. 2. sup. det., deep, far; *ca biir-a-biir*, in the deep end 3. when two verbs are in a row they are usually linked by the particle **a** attached to the auxiliary verb. With the **na** conjugation the particle **a** is optional. Such auxiliary verbs can be *bañ, bëgg, door, gëj, gën*, etc.; *dama wara dem kër ga*, I must be heading home

ab, ind. art., a, an; *ab seetu la fi jëlee*, he took a mirror from here; **ay**, pl., some; *ay tééré laa soxla*, I need some books

abadan, n., eternity; *ba* **abadan**, till eternity, forever, perennial

abadaa, n., eternity

abal, a. v., to lend; *abal ma ñaari dëram!*, can you spare two dollars for me? **abalaate**, a. v., to lend here and there; **abalkat**, n., a lender

-adi, suff., gives the verb an opposite meaning; *xam*, to know; **xamadi**, to be ignorant, stubborn; *ñor*, to be ripe; **ñoradi**, to be unripe

ag, prep., with, against; *maa ngiy waxtaan ag sama xarit*, I am talking with my friend.

agsi, a. v. to come in, to arrive (inward motion); *kañ nga agsi?* when did you come in?

-agul, v. suff. (3rd pers.), suggests that the thing has not been done yet; *ñówagul*, he is not here yet.

-agum, v. suff., already (as opposed to not yet); *waxagum na li ñu ko laaj?* has he already confessed?

aj, n., Mth., ordinate

aj, a. v., 1. to hang; *fan laay aj samay yeré?* where should I hang my clothes? 2. Ar., to perform the pilgrimage; *mosula aj*, he never performed the pilgrimage; **aji**, a. v., to go on a pilgrimage; *aji na Màkka*, he went to Mecca for the pilgrimage; **ajal**, a. v., to hang for; **ajjeeku**, a. v., to unhang oneself; **aju**, a. v., to depend; *mu ngi aju ci yow*, it's up to you

aji, pref., prefix for noun formation; **aji**-*dëggal*, the truthful

ajagjag, adv., *ba ajagjag*, till eternity; undetermined time limit

ajaratu, n., Ar., female pilgrim

aju, n., Mth., function; *lu ajuwul*, independent

ak, prep., with, against (can also be a suffix); *Faatu ak Musaa* becomes *Faatook Musaa*, Faatu and Musaa

aka, 1. excl., how; *aka rafet!* how beautiful; *aka moo neex*, how tasty it is! 2. conjunction; implies that the actions are simultaneous; *mu ngiy dem aka (ak a) ñów*, he's going back and forth

akk, n., callousness of the body

-al, suff., 1. can change a passive verb into an active one; *sotti*, to be over; **sottal**, to end 2. suggests an idea of doing sth. for someone; *def*, to do; **defal**, to do for; *fen*, to lie; *fenal kenn*, to lie about someone

alag, a. v., to punish, to cast a spell on; *Yàlla dina leen **alag** ndax seen coxorte*, God will punish them for being wicked

alal, n., fortune; *borom **alal** yi*, the haves, the rich

alamaan, a. v., to fine; ***alamaan** nañu la téémééri dëram*, you've been fined 500 FCFA

alaaji, n., Ar., male pilgrim

alaaxira, n., heaven, *bu **alaaxiraa***, on judgement day

-ale, suff., gives an active meaning to neutral verbs; *em*, to be even; **emale**, to make even

alkaati, n., police officer

alku, s. v., to be doomed, to be cursed

altiné, n., Monday

alxamés, n., Thursday

alxuraan, n., Ar., the holy Koran; *Yàllaa wàcce **alxuraan***, God sent down the Koran

-am, 1. suff. (3rd pers.) expresses possession, **alalam**, his fortune; *kuddóóm*, his spoon (a + am = aam, e + am = eem, i + am = eem, u + am = óóm, o + am = oom) 2. a. v., to have, to get; *am naa ñaari woto*, I have two cars; **amal**, to get for s.o., *amal naa ko li mu bëggoon*, I got him what he wanted; **am-am**, n., property, fortune; **amel**, a. v., to owe; *amel nga bànk bi fukki dolaar*, you owe the bank 10 dollars; **amelkat**, n., debtor; **amekaltu bor**, n., debtor

am, 3. conj., or; *ñu naan ko "yow mdindeef nga **am** ka bind?"* (S. M. Ka), and they were asking him: are you a creature or the creator?

amaana, s.v., perhaps, maybe, it may be that, it's probable; n. Sci., probability

amiin, interj., amen

an, a. v., to pick up (garbage or sand); *Seex **anal** mbalit mi*, Seex, pick up the garbage!

ana, interr. pron., usually followed by a noun or pron., where; *ana ngeen?* where are you? (pl.)

and, n., clay pot, earthenware; **andu** *curaay*, incense pot

andal, a. v., to move sth. from, *kan moo **andal** samay tééré?* who moved my books?

andaar, n., instrument for measurement; *sorob **andaari** xam-xamam*, the scope of his knowledge

-ando, v. suff., describes an action done by many people at the same time, *def*, to do; **defando**, to do together; *nanu **àndando***, let's go together

-ante, suff., each other; *nanu **woowante***, let's call each other

-antu, suff., to spend one's time doing sth.; *lekk*, to eat; **lekkantu**, to spend one's time eating

añ, n., & a. v., to eat lunch; *waxtu **añ** jot na*, it's lunch time

añaan, s. v., (from kañaan, selfishness), to be selfish, egotistical, discriminatory

araam, s.v. 1. to be immoral, sinful; *njaaloo lu **araam** la ci diine yu bare*, incest is not tolerated in many religions; 2. to isolate oneself from; *Bàmba **araam** na safara*, Hell is not worthy of Bàmba; **araamal**, a. v., to inhibit, to forbid

araf, n., letter (alphabet), word

arafaat, n., the town of Arafaat in Saudi Arabia, place of pilgrimage

aras, n., God's kingdom

araw, a. v., to make small wheat or millet balls
armel, n., cemetery
arminaat, n., calendar
-arñi, suff., gives the idea of undoing; *fat*, to pull together; **fatarñi**, to get rid of (ref. Rambaud)
artu, a. v., to warn s.o. against sth.
as, a. v., to water, to spread with water
asaka, n., alms, charity recommended as one of the five pillars of Islam
asamaan, n., sky (weather by extension); *asamaan si neexul tey*, the weather is bad today; *asamaan si ñuul na kukk*, the sky is deep blue
asaalóó, a. v., to scatter (grains), to throw over
aseer, n., Saturday
askan, n., sect
askar, n., Ar., military
at, n., year; *ban at nga juddu?* what year were you born?
-ati, suff., again; *def*, to do; **defati**, to do again; *mu ngay* ***woyati***, he's singing again
aw, 1. ind. art., a, an 2. a. v., to pass by; *léégi la fi* ***aw***, he just passed by
awra, n., part of the body Islam forbids from showing in public
awu, 1. n., relay, 2. a.v., a/ to repeat; ***awuleen*** *kàddu gi*, repeat please! b/ to relay, to sit for, c/ to catch a falling object; **awukat**, n., a vocalist
ay, 1. n., trouble, fuss; *ku bare* **ay**, a troublemaker; ***ay*** *gépp dara!* all this fuss for nothing 2. n., turn, round, revolution; *ayu bës*, week 3. some; ***ay*** *xalee fi jaar yobbaale ko*, some kids stopped by and took him with them
ayca, interj., serves as a command to start sth.; *ayca, ca biti!* out!
aye, a. v., to be one's turn to do sth.; *yaa* ***aye*** *togg*, it's your turn to cook
aywa, interj., see **ayca**
ayib, s. v., *nit ku* **ayib**, s.o. blameworthy, reproachable
aabit, n., Ar., Islamic scholar
aada, n., custom, habit; *lii ci sunu* ***aada*** *la bokk*, this is part of our tradition
aafis, n., Ar., Islamic scholar
aajo, n., business, need, problem; *gaaw na ci faj* ***aajo***, he is very good at solving problems
aal, n., ecstasy; **aalu**, a. v., to go into ecstasies
aal, a. v., (from **abal**) to lend; *a'al ma say dàll*, can you lend me your shoes?
-aale, suff., along with, together with; **woyaale**, to sing together; **yóbbuwaale**, to take along with
aalim, n., Ar., religious scholar
-aan, suff., suggests a recurrence in doing sth; *dox*, to walk; **doxaan**, to go for a walk; *woy*, to sing; **woyaan**, to have a habit of serenading
aar, a. v., (from kaaranga, protection) to protect, to guard; *ku mëna* ***aar*** *njabootam la*, he protects his family well
aaréén, n., peanuts, groundnuts
aasoona, n., rel., referred to as a non-believer

-aat, suff., again; **defaat**, to do again; **dellusiwaat**, to come back again

-aate, suff., to have a habit of doing sth.; *nax*, to deceive; *ku mëna* **naxaate** *la*, he is very deceitful

aatu, idea of doing sth. habitually; *for*, to pick; **foraatu**, to have a habit of picking things

aawo, n., first wife

aay, s. v., 1. to be a wrong thing to do; *li nga def* **aay** *na kat*, what you did was actually wrong 2. to be good at something; *Musaa ku* **aay** *la ci bëre*, Musaa is very good at wrestling

aay, v., **aay** *gaaf*, to be ominous

aaye, a. v., to forbid, to prevent from; **aaye** *naa la futbal ba tàyyi*, I have always forbidden you to play football

àbb, a. v., to borrow; *ku mëna* **àbb** *nga*! you borrow a lot! **àbbkat**, n., a borrower

àddina, n., the world, the universe, life; *génn* **àddina**, to leave the world, to die

àddis, rel., text, paragraph, psalm

àddiya, n., charity; *joxe* **àddiya**, to give charity

àddu, a. v., to speak to, to refer to

àgg, a. v., to reach, to arrive (forward motion); **àgg** *na fa mu doon jëm*, he arrived at his final destination

àggale, a. v., to finish up

àjjana, n., paradise, heaven

àjji, a. v., to bring down, to drop (from above)

àjjuma, n., Friday; *tey la* **àjjuma**, today is Friday

àll, n., bush, forest

àllarba, n., Wednesday

àlluwa, n., slate (in Koranic school)

ànd, a. v., to go along, to be in conformity (with), **ànd** *ak*, to go along with, to agree; *kaay nu* **ànd**, let's go together; **ànd** *naa ci*, I agree with you.

àndando, 1. n., companion; 2. a. v., to go together

àntan, v., to be able to support sth. heavy (see **àttan**)

àpp, a.v., to have patience for, to limit; **àpp** *naa ko fileek déwan*, I can wait till next year; **àppal**, to give extra time to s.o. for sth. to be done; **àppal** *naa la ba suba*, I'll give you till tomorrow

àq, n., sin, fault, *balu Yàlla* **àq**, to ask the Lord for mercy

àttan, a. v., can, may, to be able to support sth. heavy; **àttan** *na def lu ñu ko waxul*, he might do sth. he is not supposed to

àttaaya, n., tea; **àttaaya** *ji neex na lool*, the tea is very good; a. v., to make tea

àtte, a. v., to judge, to part; *suba lañuy* **àtte** *Musaa*, Musaa will be judged tomorrow; **àtte** *leen*, pull them apart; **àttekat**, n., judge, attorney

ba, 1. a. v., (from *bàyyi*), to let, to leave; ***ba*** *ko mu dem*, let him go; ***ba*** *naa jàng*, I quit school; 2. noun det., the (far); *taabal **ba** nekku fa*, the table is not there; (pl., **ya**) 3. adv., a/ when, ***ba*** *mu ñówee laa dem*, I left when he arrived; *ba ngay wax loolu kan moo fa nekkoon?* who was there when you were saying such a thing? b/ till, until, *xaaral **ba** mu agsi*, wait until he arrives; ***ba*** *suba*, till tomorrow, see you tomorrow; c/ ***ba*** *mu laata ñibbi la lekk*, he ate before he went home

baboor, n., tea-pot, kettle; "*ku mosa xéy taal **baboor**/ di xelli àttaaya ju foor,*" Everyone who woke up would set the tea-pot on the fire/ and make strong tea. (lines by S. M. Ka)

bagaan, n., big container

bajantu, a. v., to rear, to bolt (horse)

baj-baji, a. v., to shake, to tremble, to quiver

bakkan, n., nose, life (in extension)

bal, a. v., to grasp or seize by the waist

balaa, 1. adv., prep. & conj., before; *def ko **balaa** muy ñów*, do it before he arrives 2. n., prevailing plague, wrath of God

bale, dem., that, that one

bamtu, a. v., to speak, to talk

ban, 1. inter. pron., what, which; ***ban*** *mooy sa bos?* which one is yours?

ban, 2. n., clay; rel., creature; **bani** *Israyel*, children of Israel

banaana, n., banana

banjóóli, n., ostrich

bank, a. v., to bend, to fold; **banku**, a. v., to bend, to fold oneself; ***bankul*** *ci taabal bi*, bend over the table

bansar, n., a brave, courageous person

bant, n., wood, (pl., want); *laalal **bant**!* knock on wood!

bañ, a. v., to refuse, to disagree

bañ, n., foes, enemies

bar, 1. n., lizard, iguana, 2. grasshopper

bar, 2. a. v., to speak fast and unclearly, to stutter, to mumble; *danga **bar**; kenn xamul li ngay wax*, no one can understand your mumbling; **baral**, a. v., to accelerate

baral, a. v., to accelerate; ***baralal*** *say tànk!* hurry up!

baram, n., locks (hair); a.v., to braid

barastiku, a. v., to knock against, to bump into; *dafa **barastiku** ci xeer bi; tuuti mu daanu*, he almost fell knocking the stone

baraada, n., tea-pot

baraag, n., wood (house)

baraay, 1. n., Sci., frequency; 2. semolina

barbatóór, n., iguana, lizard

bare, s. v., to be a lot, plenty, too much; **bareel**, a. v., to multiply

bareñ, n., white horse

barke, n., blessing, success, recognition; *ku am* **barke** *la*, he's well liked; **barkeel**, a. v., to bless
bari, s. v., to be plenty; **baril**, a. v., to multiply; **bari** *giir*, to be heterogeneous; **bariwaay**, frequency
barle, n., mule
barmool, n., calf
barsàq, n., place or state in which people will be after death and before judgement; partition
basaŋ, n., mat
basi, n., big grain millet
batale, a. v., to send on a mission
batañsé, n., eggplant
bataaxal, n., letter, news
baw, a. v., to bark (at)
bawoo, a. v., to come from, to originate
bax, a. v., to boil, boiling; *ndox maa ngiy* **bax**, the water is boiling
baxar, n., jay
baxaw, n., weeds, vegetation
baxaay, n., material
bayaal, n., open space, playing ground
bayaat, a. v., to weed, to hoe, to harrow
bayit, n., text, paragraph
baa, n., ostrich (see **bànjóóli**)
baabun, n., baboon
baadoolo, n., 1. person of little wealth, pauper 2. person of no good manners; s. v. to be poor; **baadoolo** *nga*, you have no sense of decency
baag, n., bucket (to get water from the well)
baak, n., (see **baag**)
baal, a. v., 1. to forgive; *danga ma baña* **baal**, you refuse to forgive me
baamu, a. v., to talk, to speak
baaraam, n., finger
baaru, a. v., to pitch one's voice lower
baarunjël, n., dawn, early morning
baat, n., neck, voice, tone; *xàmmewumawoon sa* **baat**, I did recognize your voice; *xeeru* **baat**, Adam's apple
baatin, n., hidden knowledge, sth. religious as opposite to secular; **baatin** *bu raw na saayıram*, his knowledge goes far beyond the profane
baawan, n., (the remote) past, ancient time
baawaan, a. v., to spread over, to expand
baawu, a. v., to implore for water
baawunaan, n., a sort of traditional performance to invoke the rain

baax, s. v., to be good, *nit ku* **baax** *lawoon*, he was a good man; **baax** *na*, all right; **baaxal**, a. v., to make better, to embetter; **baaxoo**, a. v., to have the good habit of doing sth.

baax, n., ethos, customs, tradition; *sunuy* **baaxi** *maam*, the customs of our grandfathers; **baaxantal**, a. v., to follow one's culture

baaxoñ, n., crow, raven

baay, n., father, *kuy sa* **baay?** who's your father?

baayo, n., fatherless child, orphan

bàcc, a. v., to do a small laundry

bàddi, a. v., to remove the fence, the enclosure

bàjjen, n., aunt (your father's sister), *maa ngiy seeti sama* **bàjjen**, I am going to visit my aunt

bàjjo, n., 1. only son 2. the unrivaled, the unique, the unparalleled; **bàjjo** *bi, amoo morom*, you have no match

bàkkaar, n., sin

bàkku, a. v., to praise oneself in songs and dances

bàll, n., spring, source

bàmmel, n., tombstone, grave; **bàmmeelu-biir**, n., secrets

bàngoor, n., 1. flattened hood of the cobra 2. expanded mane of a lion

bànk, v., to be short of money, (dead) broke

bànneex, n., pleasure, delight; *mënoo boole ligééy ag* **bànneex**, you cannot mix business and pleasure; **bànneexu**, a. v., to take pleasure, delight

bànqaas, n., branch (of a tree)

bàqaar, n., a scared, fearful person

bàyyeekoo, a. v., to originate, to come from; *foo* **bàyyeeko?** where are you arriving from?

bàyyeeku, a. v., to relax, to rest

bàyyi, a. v., to leave, to let, to abandon; **bàyyi** *naa tóx póón*, I quit smoking tobacco

bàyyima, n., (domestic) animal

bedd, a. v., to isolate; **beddeeku**, a. v., to isolate oneself

bejjaaw, n., grey hair; v., to have grey hair

bekkoor, n., drought; "**bekkoor** *bi tax na xol yi tiit*" (S. M. Ka), the drought has stricken everyone's heart

bengéér, a. v., to show off, to exhibit one's strength, to be pompous

beneen, pron., another one, another ; *bu beneenee*, next time

benke-ñenke, n., difficulty, intricacy; *bul nu fi indil benn* **benke-ñenke**, do not try to confuse us

benn, card. numb., pron., one; *benn yoon*, once; **bennkeseel**, Sci., unit

ber, a. v., to quarantine, to put aside, to save for; *maa ngiy* **ber** *lii ba suba*, let me save this for tomorrow; **beru**, a. v., to isolate oneself

berkelle, n., mule

bernde, n., treat; **berndeel**, a. v., to give s.o. a treat, to cater for guests

bett, a. v., to surprise; *bett nga ma ci li nga def*, I was very surprised at what you did
bettex, n., lead, *esaas bu amul* **bettex**, unleaded gas
bew, a. v., to act unscrupulously, to conduct oneself like a go-getter
bey, a. v., to plant, to farm; *ren gerte laa* **bey**, this year I planted peanuts; **beykat**, n., farmer
bee, dem., that, that one
beec, a. v., to flirt, to embrace
beeke, n., crutches; *mu ngiy doxe* **beeke**, he's walking on crutches
beeñ, n., beach sand, fine sand
bees, 1. s. v., to be new 2. a. v., to winnow in order to get rid of the dust
beexal, a. v., to dye, to bleach
bég, s. v., to be happy; *bég naa lool ci li ma la gis*, I am very happy to see you
béjjin, n., horn (animal)
bépp, each
béréb, n., location, place; *toogal benn* **béréb**, be quiet!
bés, n., day; **bés-o-bés**, each day; **bés bu nekk**, every day
béy, n., goat
béér, a. v., to express joy over sth.
bëccëg, n., daytime
bëgëj, n., spinach (paste)
bëgg-bëgg, n., need, request; **bëgg**, a. v., to want, to be in need of, for something; *bëgg nga ligééy?* do you want to work?
bëkknéég, n., manservant, valet
bël, n., beach
bëmb, a. v., to roar, to pitch a loud voice
bëmëx, a. v., to push someone (from the back or the chest)
bën-bën, n., hollow
bënn, 1. n., well, confinement, dungeon; *fukki at ak juróóm la am ciig* **bënn**, he spent fifteen years in custody
bënn, 2. a. v., to drill, to make a hole; *sa cin li dafa* **bënn**, your cooking pot is leaking
bëñ, n., tooth, *sama bëñ day metti*, my tooth is aching
bëre, a. v., to wrestle, to struggle; *kan ay bëre tey?* who's wrestling today?
bërëŋ, a. v., to roll over; *bërëŋ ko ci suuf si*, roll it over the ground; **bërëŋu**, a. v., to roll oneself over
bërka, prep. (only used with *démb* and *biig*); **bërka démb**, the day before yesterday; **bërkaati démb**, two days before yesterday; **bërka biig**, the night before last night
bës, 1. n., day; *tey la ban bës?* what day is today?
bës, 2, a. v., to push, to press, to squeeze, to massage; *bësal bu baax*, press hard
bët, n., eye (pl., **gët**); Sci., scope; **bëtumbej**, n., electroscope
bëtt, a. v. to drill, to create a big hole
bëttal, a. v., to postpone, to delay; *bëttal nanu ndaje li*, the meeting has been delayed

bi, 1. def. art., the (close); *taw* **bi**, the rain 2. adv., when; *bi mu demee ñépp a doon jooy*, everyone was crying after he left; *bi ma lay wax loolu waroon nga déglu*, you should have listened when I was telling you that 3. rel. pron., which, that; *bi nga yor laa soxla*, I need the one that you have

biddanti, a. v., to sleep in, to sleep beyond the expected time, to oversleep

biddaa, n., lies, nonsense, (rel.) blasphemy

biddééw, n., star; *bidééw yaa ngi fees asamaan si*, the stars are covering the sky

bif, a. v., to strip away; *dafa ko bif ci sama loxo*; he stripped it off my hand

bile, dem., this, this one

bind, n., form, shape; **binduwaat**, transformation; **bindaat**, a. v., to transform

bind, a. v., to write, to create; *Yàllaa nu bind*, God created us; *mën nga ma bindal leetar?* can you write a letter for me? **bindkat**, n., writer

bindu, a. v., to matriculate, to register

bir, a. v., to be certain of one thing; *loolu bir na ma*, I'm sure of that; **biral**, a. v., to demonstrate

bis, n., (see **bës** or **bés**)

bisaab, n., spinach; **bisaab bu xonq**, sorrel

bisbisi, a. v., to shed tears

bitarñi, a. v., to overturn (someone who has his head down)

biti, adv., outside; *demal ca biti*, go outside; *biti bi fééx na*, it's cool outside

bii, dem., this, this one

biig, n., yesternight; *biig la agsi*, he arrived yesterday evening

biiñ, n., wine

biir; n., stomach; *sama biir dafay metti*; I have a stomach ache; v., to be pregnant

biis, a. v., to turn (knob of a radio); *bàyyil rajo bi ngay biis*, stop turning the radio back and forth

biiw, a. v., to buzz, to make a lot of noise; *yamb yaa ngiy biiw ci sama boop*, the bees are buzzing over my head

bodde, a. v., to discriminate, to keep out of reach

bojj, a. v., to slash, to beat (in order to separate the grain from the bunch)

bokk, a. v., to share, to partake of; *nanu bokk ñam li*, let's share the food; **bokkwet**, to be adjacent; **mbokk**, n., relative, relationship

bolde, n., heavy pestle

bomb, a. v., to scrub; *bombal ma sama ginnaaw!* scrub my back

bon, 1. s. v., to be bad; *ku bon la*, he's evil

bon/bonte, 2. conj., therefore, so, then; *bon bu ko def*, so don't do it

bopp, n., head; **sama bopp**, myself, **sa bopp**, yourself, **boppam**, himself, herself, **sunu bopp**, ourselves, **seen bopp**, yourselves, themselves

bor, n., debt

bori, a. v., to bleed from the nose

borom, n., owner; **borom sago**, n., a wise person

bos, n., property; **sama bos**, mine, **sa bos**, yours, **bosam**, his, hers, **sunu bos**, ours, **seen bos**, yours, **seen bos**, theirs

bot, a. v., to hold s.o. and trip him down

botti, a. v., see **bot**

boqu, a. v., to hide, to take cover, to cover oneself

boy, a. v., to catch fire; **boyal**, a. v., to make a fire; ***boyalal*** *furno bi*, start making the fire

boy, n., jackal

boob, n., straw

booba, dem., that (mentioned a while ago);

boobale, dem., that (mentioned a while ago)

boobu, dem., that (just mentioned);

boobule, dem., that (just mentioned)

boole, a. v., 1. to denounce; ***boole*** *na laak alkaati yi*, he denounced you to the police 2. to put in touch with, to recommend to; ***boole*** *naa laak njiit li*, I recommended you to the boss 3. to include; ***boole*** *nanu la ci sunu bopp*, you are a member of our group now 4. to put together; **boolekat**, a denouncer, an undercover agent

boot, a. v., to support, to hold (a baby on one's back); **mboot**, n., support, protection; **mbootu**, n., apron to support a baby

booy, a. v., to get heat or sun burn, burning caused by friction; (of plants) to dry up, to fade

bóli, n., throat

bóóf, a. v., to sit (on eggs), to hatch, to incubate

bóóli, n., big bowl

bóóm, a. v., to kill; **bóómu**, a. v., to kill oneself, to commit suicide

bóót, n. pl., knowledge, metaphysical sciences

bu, 1. rel. pron., which is, whichever; *baat* ***bu*** *neex*, a fine voice ; ***bu*** *mu mëna nekk rekk bëgg naa*, I'll take whichever one it is 2. if clause; ***bu*** *ñówee nee ko jaaroon naa fi*, if he comes tell him that I stopped by 3. neg. imp., do not; **bul**, don't; **bum**, don't let him; **bu nu**, let's not, **buleen**, don't (pl.); **bu ñu**, don't let them

bucci, a. v., to stab

buddi, a. v., to remove from the foundation (tree); *bul* ***buddi*** *garab yu ndaw yi*, don't remove the little trees

buftan, n., bladder

bugg, a. v., (see **bëgg**)

bukki, n., hyena

bunt, n., door, (pl., **wunt**)

buruxlu, a. v., to thread, pick one's way, to sneak in among people

butit, n., guts, bowels

butti, a. v., to disembowel, to rip open (with a weapon)

buqi, a. v., to open widely (eyes)

buy, n., fruit of the baobab tree

buub, a. v., to pick, to clean up (see **an** and **tonni**)

buubit, n., trash
buuj, n., sea mollusc
buum, n., rope; **buumdigg**, n., Sci., diameter
buun, n., great appetite for meat
buur, n., king, queen; (pl., **wuur**); **buural**, a. v., a) to make s.o. a king, a queen b) to stuff in, to fill; ***buuralal*** *saaku yi*, fill up the sacks
buur, a. v., to rush toward
buusu, a. v., to throw out water from one's mouth
buux, a. v., to push

ca, prep., in, about (far); *mu nga ca kër ga*, he's at home; *def ko ca*, put it in there
cabb, n., bunch
caddaay, n., inflection
cafaay, n., taste
cakkaay, a. v., pop., to have fun, to enjoy oneself
calgeen, n., tail (fish)
cam, n., individual; *cam si ñu naa Usmaan*, the man they call Usmaan
canal, n., dowry
cangaay, n., act of bathing
cant, n., thanks
caŋ, a. v., to get stuck, jammed; *danu caŋ ci suuf su tooy si*, we got stuck in the mud
capp, a. v., to dip in (pen)
cappaandaw, n., limit, extent, bound; *nan ko topp ba ca cappaandaw ga*, let's push it to the limits
caq, n., necklace
car, n., extension, limb; *caru garab*, branch, bough
carax, n., sandals, shoes; *abal ma say carax*, lend me your sandals
cas, onom., *nee cas*, to disappear, to take by surprise
cat, n., 1. summit, top 2. bad talk, bad spell; *cat a ko dugg*, he is doomed
caw, a. v., to whip, to flog, to horsewhip; *soo toogul benn béréb dinaa la caw de!* if you don't remain quiet I'll spank you, ok?
cax, a. v., to question, to quiz, to challenge; *kaay ma cax la*, allow me to quiz you
caaf, n., grilling; *gerte caaf*, grilled peanuts
caageen, n., lack of care, attention; *du caageen ne bëguma ko def*, it's not because I don't want to do it
caar, n., basket
caas, n., string for fishing; nerve
caat, n., last child
caax, n., net for goalkeeping
caaxaan, to kid, to joke, to fail being serious
caaxoñ, n., fin of fish
caaya, n., local pants
caay-caay, n., crookedness, knavery
càggan, n., lack of attention, distraction
càkkaaba, n., stilts
càllal, n., chain, liaison; **càllalu**, a. v., to be tied, linked with
càmmoñ, n., left; *loxo càmmoñ*, left hand
càngaay, n., clothing, wardrobe
càqaar, v., to pull up a hamstring, to feel stiff pain between one's upper legs
ceddo, n., pagan, gentile
cell, a. v., *nee cell*, to be quiet
cellantu, a. v., to calm down, to be quiet

ceneer, n., ray, (sun)-beam

cere, n., couscous

ceeb, n., rice, *ceebu jën*, fish and rice (national dish of Senegal)

ceen, n., necklace

céy, interj., is used to express regret or appreciation; *céy lii moo ka metti*, ah, how painful this is!

céébu, n., proof, evidence; *buleen di weddi am céébu*, you cannot deny a piece of evidence.

cééli, n., raven

céét, n., marriage ceremony; *céét gi suba la*, the wedding is for tomorrow

cëm, interj., serves to appreciate or blame s.o.; *cëm, yaa tilim*, how dirty you are!

cëppéélu, a. v., to jump over

cër, n., 1. share, part, portion 2. respect; a. v., to give a share, a part of, to divide; *cër nga ko ci li nga ñoddi?* did you give him part of what you earned?

cër, n., limb (body)

cërcëraat, n., proportion; trv., to divide proportionately

ci, prep., in, about (close); *ci biir*, inside; *ci suba si*, in the morning

cibeel, n., hatred, contempt

cifaay, n., milk, curd milk

cin, n., big cooking pot; *cin lu mag ay togg dëxin*, dëxin can only be made out of a big pot

ciiftu, a. v., to emit a sound of disgust, contempt; *ciipatu*, id.

ciiñ, n., gum (mouth), smile

cof, a. v., to peck at (birds)

cofeel, n., love; *cofeel gi moo ma ko xamal*, he made me appreciate love

cokkaas, a. v., to taunt, to tease

cokkeer, n., partridge

coll, n., summit

como, n., fam., *moom du como de!* he's not anybody, mind you!

conc, n., elbow; v., to elbow

conkom, n., palm wine

copte, n., lack of self-discipline, curiosity

cor, a. v., to knock down, to pull down

coro, n., fiancée

corom, a. v., *nee corom*, to gulp

coroxaan, a. v., to swallow water accidentally; *dafa coroxaan bay buusu*, he spit the water out of his mouth from choking

cosaan, n., origin, tradition, history

cox, n., hull of millet

coqotaan, a. v., to tickle

coy, 1. n., budgerigar, 2. adv., very (only used with *xonq*); *xonq coy*, to be deep red

coobare, n., goodwill, good intentions; *kàttan gu ànd ak coobareem*, willpower

coof, n., big fish, gruper

coolal, n., steaming; **coolo**, n., steam
coono, n., pain, affliction; fatigue, tiredness
coor, n., heart (card games)
coow, n., noise, gossip; to gossip, to blabber; *danga mëna* **coow**, you are a blabbermouth
cu, n., (beef) stew
cumburu, n., young pig
cumwaar, n., skimming ladle
cunduŋ, s. v., to be solitary, lonely
cuq, a. v., to excite; to cause to react, to catalyze; *cuqkat*, catalyst
cuub, n., act of dyeing
cuuj, n., 1. chick, (2, a. v.) to sting
cuuné, n., person of no skill, s.o. who lacks experience
cuuraay, n., incense
cuuy, adv., *suba cuuy*, early in the morning

da, det., (also called the **da** conjugation); *dama xiif*, I am hungry; **da** represents the following dets., **dama** (1ˢᵗ pers), **danga** (2ⁿᵈ pers.), **dafa** (3ʳᵈ pers.), **danu** (1ˢᵗ pers. pl.), **dangeen** (2ⁿᵈ pers. pl.), **dañu** (3ʳᵈ pers. pl.); **da** is placed before the verb; the **y** marker is attached to the det. when an ongoing action occurs, *dafay jàng*, he's studying; in the 2ⁿᵈ pers. pl. the **di** marker follows the det., *dangeen di àttaaya?* are you making tea? the 3ʳᵈ pers. **dafa** can be abbreviated in **da'a**; *da'a dem marse*, he went to the market place; for an ongoing action: **day**; *day wax rekk*, he's only talking

dab, 1. a v., to join, to catch up with, to come up to the same level as; *dab naa ko ci njàng mi*, I caught up with him in school 2. n., pl., utensils

dag, n., subject; *buur ak i dagam*, the king and his subjects

dagan, s. v., to be legal to perform, to be allowed; *naan sëng daganul ci Lislaam*; drinking wine is not allowed in Islam; **daganal**, a. v., to make legal, feasible

dagaan, a. v., to request, to ask for, to appeal to s.o. for sth.

dagdagi, a. v., to shake, to quiver, to be in trance; *mu ngiy dagdagi ni kuy daanu ndëpp*, he is shaking like a voodoo dancer

dagg, a. v., to cut; *dagg ay taraas*, to slice, to cut in pieces; **daggit**, n., slice, piece

daj, a. v., 1. to undergo, to experience pain, fatigue; *mënuma la wax li ma daj ci feebar bii*, I can't tell you the afflictions I experienced from this disease 2. to touch, to feel sth.; **dajnekk**, universe

dajale, a. v., to put together, to join, to amass

dajé, a. v., to meet, to come across; *dajé naak Maalik ca marse ba*, I met Maalik at the market place

dajnekk, n., universe

dakk, a. v., to be over, to end; *dakkleen làmb ji!* stop the wrestling; **dakkal**, a. v., to put an end to

dal, to lodge, to stay somewhere; *ci kan nga dal ci dëkk bi?* with whom are you staying in town? **dalal**, a. v., to lodge someone; **dalal sa xel**, v., to appease one's mind, to keep one's temper, to calm down; **lu dal**, calm

dal, aux., to move to do sth. else as a result of the first action; *mu jóge fa dal di ñibbi*, from there he went home

dale, prep. v., from (place or time); *dale fii weesu Faas*, from here up above Fes

dalu, a. v., to wear fine clothes

damm, a. v., to break; *sama loxo dafa damm*, I broke my arm; **damm-damm**, n., a fracture, a breach; **dammate**, a. v., to break into pieces; **dammit**, n. a broken piece

damp, a. v., to wrap (one's clothes); *dampal say yerë ci pañe bi*, wrap your clothes and put them in the basket

damu, a. v., to glorify oneself

dandale, a. v., to remove sth. a little bit; **dandu**, a. v., to move a bit; *dandul file*, go away! **dandusi**, to come nearer

dank, a. v., to press, to cover within the palm of the hand; *xoolal bulet bi ngay dank!* watch out for the meatball you are holding

dankaloo, a. v., to gather very tightly

danq, n., fruit

daŋ, s.v., to be tight; *geño gi dafa* **daŋ**, the belt is tight; **daŋal**, a. v., to make tight, to clench

daŋar, n., venom, poison; *jaan tuuti na waay motul ma* **daŋar** *ga*, the snake is small but beware of his poison

daŋ-daŋ, a. v., to fall heavily

dañ, a. v., **dañ kumpa**, v., to be curious, a pry; *danga* **dañ** *kumpa lool*, you are very curious

daqaar, n., tamarind

dar, a. v., to escort, to follow close on one's heels

dara, adv., nothing, anything; *bul ko jox* **dara**, don't give him anything; **dara** *nekku fii*, nothing is here to be found

daraja, n., popularity, God's gift

darale, a. v., to complete

darkase, n., cashew, *xooxu* **darkase**, cashew nut

dastandiku, n., Sci., support

datt, n., trunk (tree)

daw, a. v., to run; **dawkat**, n., runner; **dawal**, a. v., to drive, to ride; **dawalkat**, n., a driver, rider

dawalin, n., Sci., conductivity

dawaan(e), n., Sc., current

dawdawaan, n., liquid, fluid

dax, n., top of the milk, buttermilk

day, a. v., to be of a certain size, to measure; *nu mu* **day?** what size is it?

dayoo, n., dimension; **dayu**, n., quantity

daa, 1. n., Ar., ink pot, ink, 2. v. det., abbrev. of **daan**

daaba, n., animals

daagu, a. v., to walk slowly, to belate oneself on the road, to stroll about; *yeexal waay; looy* **daagu** *nii?* come on, why are you lagging behind?

daaj, a. v., to nail, to strike (hammer)

daakànde, n., gum Arabic; v., to starch

daal, adv., indeed; *moom* **daal** *li mu nekke jaaduwul*, indeed he's not on the right track

daamar, n., car, automobile

daamina, n., embroidery; v., to embroider

daamsaan, n., demijohn

daan, 1. a. v., to win, to throw s.o. on the ground; **daanel**, a. v., to throw s.o. or sth. on the ground; *nguur gi* **daanel** *na tabax yu màgget yépp*; the government has destroyed all the old buildings; **daanu**, a. v., to fall on the ground 2. det., hab. past, used to; **daan** *naa fa dem*, I used to go there

daanaka, adv., almost; **daanaka** *loolu la*, it looks like it

daar, n., corn (on foot), callosity, callus

daara, n., school; *ca* **daara** *ju mag ja lay jànge*, he's going to college

daas, a. v., to sharpen (a knife)
daaw, last year; **daaw *lawoon*,** it was last year; **daaw *jéég*,** the year before last year, two years ago; **daawaati *jéég*,** two years before last year, three years ago
daax, a. v., to patch (clothes), to repair
daay, n., bush fire
daayu, a. v., to swing, to sway, to rock
dàggiku, a. v., to lose one's function as a king's subject
dàjji, a. v., to break, to destroy; *nanu **dàjji** bunt bi*, let's break the door; **dàjjeeku**, a. v., to be broken
dàkkantal, a. v., to nickname sth.
dàkku, a. v., to protect, to deter from
dàmb, n., big basket; ***dàmbu** màngo*, a basket of mangoes
dàmbale, a. v., to assemble, to tie together, to put together
dàmbe, a. v., to put together, to assemble
dàmm, n., blood
dàmp, a. v., to massage, *mënuma di la **dàmp** bës bu nekk*, I can't massage you every day
dàngin, n., gorilla
dànkaafu, a. v., to warn against
dàq, 1. s. v., to be better (than), to surpass; *Fatoo **dàq** Ami*, Faatu is more beautiful than Amy; *looloo **dàq***, that's better
dàq, 2. a. v., to expel, to dismiss, to chase, to run after; **dóór dàqe**, hide and seek
de, adv., indeed; *wax nga dëgg **de***, you are actually telling the truth
def, a. v., to do; *lan ngeen di **def** fii?* what are you doing here?
defar, a. v., to make; *lan la sama yaay ay **defar**?* what is my mother making?
defe, a. v., to believe, to be under the impression; *dama **defewoon** ne moom la*, I was under the impression it was him; *loo **defe**?* what do you think?
dekkal, a. v., to restore to life, to resuscitate; **dekki**, a. v., to come back to life, to resuscitate
dell, sup., *fees **dell***, full up to the top
delloo, a. v., to return sth., to turn in sth. (2, n.) output, performance
dellu, a. v., to return, to go back; **dellu ginnaaw**, v. to move backward
dem, a. v., to go, to leave; ***dem** gi (Yàlla)*, the late
denc, a. v., to keep watch over sth., to retain, to keep; **dencukaayu tàngaay**, n., Phys., heat insulation
dend, a. v., to be close to each other; *ñoom ñaar a **dend***, the two of them are neighbours; **dendal**, to move close to each other, to move sth. closer
denxalen, n., palate
deñ, n., tent
deñ, a. v., to come off, to peel off
deñal, a. v., to remove
der, n., skin, leather; **deru *xar***, sheepskin

deret, n., blood; fam., *neex* **deret**, to have good character; *naqari* **deret**, to have bad character

des, a. v., to remain, to stay; *ñaata moo* **des?** how much is left?

desit, n., remnant, residue

detteel, a. v., to slither, to fall on the back

dex, n., river; *maa ngiy sanguji ca* **dex** *ga*, I am going to bathe in the river

deqi, a. v., to weigh anchor, to set sail

dee, a. v., to die, to pass away; *ñaanuma mu* **dee** *léégi*, I don't wish him to die now

deebal, s. v., to be huge, stout

deeg, a. v., to avoid challenging the champion

dees, imp. det., (equivalent of **dina**); **dees** *na ko def*, it is done

deeti, det., (**di + ati = deeti**), suggests doing sth. once more

dég, n., thorn

dégg, a. v., to hear, to understand; **dégg** *naa la*, I hear you, I understand what you're saying; **dégg** *nga coow li?* did you hear the noise? **déggadi**, v., to be stubborn, disobedient

déggkat, n., Math., determiner

dékk, a. v., to stretch sth. (arm, bucket in order to get sth.)

démb, adv., yesterday; **démb** *la agsi*, she arrived yesterday; *bërka* **démb**, the day before yesterday

dénd, n., universe, planet

dénk, n., wood, piece of wood

dénk, a. v., to ask s.o. to keep sth. for you; **dénk** *naa la sama xaalis*, I entrust you with my money; *loo ko* **dénk?** what did you ask him to keep for you?

déq, n., stomach, tummy, **déq** *lu réy la yore*, he has a protruding tummy

déwén, adv., next year

déy, a. v., to entrust s.o. with a secret, to tell s.o. sth. in confidence

déédéét, adv., no; **déét** (reduction of **déédéét**)

déég, n., stagnant water

dëbb, a. v, to pound, to crush; **dëbbukaay**, n., pestle, tool used to pound sth.

dëbës, n., luggage, things, belongings; *fabal say* **dëbës**, put your things away

dëddu, a. v., to give up on sth., to abandon (a project); *nanu jééma* **dëddu** *àddinaak bonam gii*, we should endeavour to rid ourselves of the evil of the earth

dëfal, a. v., to appease

dëféénu, a. v., to lie, fall upon the chest

dëg, n., thorn

dëgër, s. v., to be hard, tough, solid, resilient; *ku* **dëgër** *bopp la*, he's a bonehead; **dëgër** *këŋŋ*, very tight; **dëgërlu**, a. v., to be resilient

dëgg, n., truth; *wax* **dëgg**, to tell the truth; *ci* **dëgg**, in truth, actually; **dëgg-dëgg**, actually, really

dëgg, a. v., to step on, to stomp, to trample

dëgmal, v., to plan to do sth., to intend to, to project

dëj, n., mortuary ceremony, decease

dëj, a. v., to set sth. somewhere; *dëj ko fii!* put it here; **dëju**, a. v., to sit rooted to a place; *dëjul fii!* sit down here

dëkk, a. v., to defy, to challenge

dëkk, n., town, city; *ci dëkk bii laa juddóó*, I was born in this town; a. v., to live, to dwell; *Senegaal laa dëkk*, I live in Senegal; **dëkkando**, n., neighbor

dëkkuwaay, n., neighborhood, borough, district

dëll, s. v., to be thick, dense

dëng, s. v., to be oblique, slanting, bevelled (a line); (of pers.) to be of dubious repute

dënn, n., chest

dënnu, n., thunder

dëpp, 1. a. v., to cover (a pan) 2. to return, to go back

dëppnéég, n., cycle, period

dër, 1. s. v., to stammer; *dafa dër*, he stammers, 2. n., concrete

dëram, n., curr., five francs CFA

dërkiis, s. v., to be tough, resilient, stubborn

dëtëm, a. v., to drink right from the mouth (river)

dëtt, n., pus, wax (ear)

dëxin, n., Senegalese dish

dëy, a. v., to dry up, to run dry; *mband ma musta dëy*, her container never ran dry

dibéér, n., Sunday

dig, a. v., to promise; *lan nga digoon xale yi?* what did you promise the children?

digaale, a. v., to have to deal with, to have to do with s.o.; *moom nga ko digaalel*, you are dealing with her

digal, a. v., to advise, to order, to recommend; *sunu seriñ a nu ko digal*, we were asked by our spiritual leader

digé, a. v., to promise each other, to promise oneself to do sth., to have to do with; *maa digé loolu*, I vow to do that

digg, n., middle, center; *ci diggu guddi*, in the middle of the night

diggante, 1. n., reaction, interval

diggante, 2. prep., between; *xeju ma seen diggante*, I cannot come between you two; *dox diggante*, to mediate, to attempt to reconcile

diggel, n., axis

diglé, a. v., to recommend that sth. be done

dijj, s. v., to be big, stout, heavy, corpulent

dikk, a. v., to become, to come, to arrive; *Astu dikk na*, Astu has arrived; **dikkdara**, a. v., to become efficient

dikkale, a. v., to have a sudden change of mood, to fall into a bad mood

dimbali, a. v., to help, to assist; *dimbali ma ma àggali ligééy bi*, help me finish the job

dina, det., (expresses the future tense) **dinaa**, I will, **dinga**, you will, **dina**, he, she will, **dinanu**, we will, **dingeen**, you will, **dinañu**, they will

dindi, a. v., to take out, to wipe off, to remove; *maa ngiy* **dindi** *samay bagaas*, I am removing my stuff
dinga, n., mountain mass, massif
diŋŋat, a. v., to contradict, to be at variance with, to disagree
dippi, a. v., to uncover, to remove the cover, to turn over
dirééku, a. v., to lag behind, to limp
diri, a. v., to drag, to pull, draw sth. along
diriyànke, n., lady
diw, n., 1. lotion, oil; a. v., to rub with oil lotion 2. n., Mr. X.
diwlin, n., cooking oil
diwtiir, n., palm oil
diig, a. v., to sink into (mud), to go deep into; *sunu gaal gi daa* **diig** *ci dex gi*, our boat sank into the river
diiju, n., irony
diiné, n., religion
diir, a. v., to aim, to take aim; *diiral bu baax*, make sure you aim well
diir, n., duration, span of time; *ci* **diirug** *ñaari at la xewee*, it happened for two years
diis, s. v., to be heavy, *saaku bi* **diis** *na gann*, the sack is very heavy
diis, a. v., to confess to s.o.; *diisoo*, a. v., to talk, to converse (with)
diismbir, s.v., to be complex
diiwaan, n., locality, region
dof, s. v., to be mentally handicapped, crazy; n., crazy person
dof-doflu, a. v., to act crazy
dog, a. v., to cut; *bul ko* **dog** *ak paaka bii*, don't cut it with this knife; *dafa* **dog** *loxoom*, he cut his fingers; **dogaale**, a. v., to reach, to catch s.o. on the road, to cut short; *ab sàcc a ma* **dogaale** *ci yoon wi*, I was stooped by an impostor; **dogaalekat**, n., impostor, highwayman; **dogal**, a. v., a/ to cut for s.o. b/ to pass a law; **dogat**, a. v., to cut by slices; *dogatal mburu mi!* slice the bread; **dogit**, n., slice
dogal, a. v., to legislate, to authorize
dogoo, a. v., to be tied by sth.; *ñoom ñaar a* **dogoo** *geño*, they have the same father
doj, n., stone
dolli, a. v., to add, to increase; **dolli** *naa la ñaari junni*, I am giving ten thousand francs more
domp, a. v., to pinch, to nip; *àyya! kan moo ma* **domp**? ouch! who pinched me? **dompat**, id.
domodaa, n., Senegalese dish (stew with flour)
dongo, n., pl., disciples
donj, n., cubes (of ice, sugar), bubbles (suds)
donn, 1. a. v., to inherit, to take from; *ñaata la* **donn**? how much did she inherit?
  2. n., the heirs
dono, n., heirs
donte, v. phr., it would have been

doŋŋ, adv., only, alone; *loolu* **doŋŋ** *la wax*, that's the only thing he said; *moom* **doŋŋ?** him alone?

doppal, a. v., to hurt

doq, 1. n., top of the back 2. concavity

dot, n., pole; **dot** *mbëj Gànnaar*, North Pole; **dot** *mbëj Saalum*, South Pole

dotom, a. v., to be speech impaired

dox, a. v., to walk; **doxantu**, a. v., to go for a walk; **doxkat**, n., a walker, pedestrian; **doxin**, n., way of walking; **doxal**, trv., to make work; **doxalkat**, n., Phys., engine, motor

doxandéém, n., adventurer, immigrant

doxaan, a. v., to court, to woo

doy, a. v., to be enough; **doyal**, v., to have enough, to eat one's fill

doog, a. v., to have just started; *mu ngi* **dooga** *ñów*, he has just arrived

dooj, n., portion of harvesting imposed upon the farmer

dooj, a. v., to be wiser than one's years (speaking of a child)

doole, n., force, strength; **dooleel**, a. v., to strengthen; Phys., **doole** *randatub kàttan (u) ferñent,* quantum mechanics; **doolerandu**, mechanics

doom, n., child; **doom bu góór**, n., son, **doom bu jigéén**, n., daughter, **doomu jiitle**, n., step-child

doon, 1. s. v., to become, to be; *lu mu* **doon?** what's the matter? *moom, lu mu* **doon** *léégi?* what is he now?

doon, 2. v. det., verbal det. for the ongoing action in the past; *loo* **doon** *def foofu?* what were you doing there?

door, a. v., to start, to begin, *maa ngi* **doora** *agsi*, I've just arrived

dóóm, n., ashes

dóór, a. v., to beat, to knock

du, det., (negative form of **la, dina**); **duma**, (I, not); **doo**, (you, not); **du**, (he, she, not); **dunu**, (we, not); **dungeen**, (you, not); **duñu**, (they, not); **du** is placed before the verb

dugalal, a. v., to make s.o. enter

dugg, a. v., to enter, to go in; **dugg** *na ci néég bi*, he entered the room; **duggi** *marse*, to go shopping; **ndugg**, n., 1. entrance 2. groceries

duggalkat, n., Elec., inductor

dukkat, a. v., to waddle, to wobble (person)

duma, a. v., 1. to beat, to spank 2. (see **du**)

dummóóyu, 1. a. v., to turn one's back on s.o.; to have one's back turned to s.o. 2. n., hyperbolic

dund, a. v., to live

dundyaram, n., sci., biochemistry

dunq, n., feather

durus, n., Ar., chapter; v., to lecture, to study

duy, a. v., to tap, to draw liquid from; **duy** *ndox ci teen bi*, to get water from the well

duuf, s. v., to be very heavy, plump; *jën wu **duuf** la*, it's a very big fish
duun, s. v., to be plenty, a lot
duus, n., surf, shower; ***duus*** *bi yàgg na baawaan*, the water has long been flowing

-e, suff. added to verbs ending with a cons., to explain the means of doing sth.; ***lekkee** kuddu*, to eat with a spoon; ***doxe** tànki neen*, to walk barefoot

ekkëtal, a. v., (see **ërtal**)

-eef, suff., for a word like **mbindeef**, creature

-eesu, neg. suff, expresses the impersonal pron., ***wareesu** koo def*, it shouldn't be done

ëb, a. v., to close at the top; *ëb koog kubéér gi!* close it with the cover

ëf, a. v., to blow; *bul ëf sondeel si*, don't blow off the candle

ëfal, a. v., to make s.o. comfortable

ëlam, a. v., to become mysterious

ëllëg, adv., tomorrow, **gannaaw ëllëg**, n., the day after tomorrow, **gannaawaati ëllëg**, n., two days after tomorrow

ëmb, n., bundle; a. v., to wrap in a bundle; *maa ngiy ëmb samay dëbës*, I am putting my stuff together; **lu ëmbu**, potential

ënn, v., to be rotten, to be fermented; *ñam li ënn na*, the food is rotten

ëpp, v., to be a lot; *loolu ëpp na*, that's too much; *loolu ëpp naa def*, it had better not be done; *lu ëpp daytal*, to be beyond limits

ëppal, a. v., to overdo, to go beyond the limits, to exaggerate; *danga **ëppal** ci li ngay def*, you are overdoing it

ërtal, a. v., to give s.o. a hard time; *yaa ngi may ërtal*, you are bugging me

ës, v., to be tough, strong, rough

ëtt, n., patio

ëw, a. v., to encrust, to inlay with (leather, cowries, gold)

fa, pron., there, where; *fa mu dem kenn xamu ko*, no one knows where he went; *teg ko fa,* put it there

fab, a. v., to pick up s.o. or sth.; *fabal say tééré!* pick up your books

faf, adv., instead, rather, when; *maa ngi doon waaja génn faf mu dikk*, I was about to leave when he came

fagaru, a. v., to get ready for or against

faj, a. v., to cure, to remedy; *garab gi ma naan moo ma faj*, the medication I took cured me; **fajkat**, a physician

fajar, n., dawn; *julli fajar jot na*, the early morning prayers are up

fakastalu, a. v., to have one's foot knock against sth., to stumble (as a consequence)

fal, a. v., to elect, to elect to do sth.; *fal na toog*, he elected to stay; **falkat**, n., elector, voter, constituent

fal, adv., instead

fale, dem., there, over there

fan, n., day, days; *ñaata fan nga fiy def?* how long are you going to stay here?

fanaan, a. v., to stay overnight, to spend the night

fande, v., to spend the night with an empty stomach

fanweer, numb., thirty, the extent of the month

faŋŋe, s. v., to be toothy, to have protruding teeth

faŋŋ-faŋŋaaral, s. v., *nee* **faŋŋ-faŋŋaaral**, to be wide open, ostensible

faqir, n., Ar., pauper, religious beggar

far, 1. adv., instead, rather (see **faf**)

far, 2. s. v., to be thick (of liquid)

far, 3. a. v., to eliminate, to wipe off (dust, sins)

far, 4. a. v., to side with

faral, 1. to be on the side of, to support 2. to be used to, to be accustomed to; *kan nga faral?* whom do you support? *foofu laa faraloon di lekkee*, I used to eat there

faramfàcce, 1. a. v., to account for, to give a summary, to explain; *dama bëgg nga faramfàcce mbir mi*, I want you to give all the details, (2, n.) theory

farañse, n., French

farata, n., rel., recommendation

farba, n., military advisor, leather worker

fari, n., title of the king or queen

farlu, a. v., to be active, to be serious in what one is doing

farñent, n., spark

fas, 1. n., knot; a. v., to tie, to knot; *fasukaayu dàll,* lace

fas, 2. n., horse; **fasu àll**, n., wild horse; **fasu naarugóór**, n., thoroughbred; **fasu wajan**, n., marc, foal; **fasu jàkkeer**, n., bay horse; **fasu gélembu**, n., sorrel, red-brown horse from the south, **fasu par**, n., red horse (not a thoroughbred); **fasu xëcc**, n., grey horse

faseere, n., menstruation, period

fat, 1. a. v., to lodge s.o., to keep; *mën naa la fat tey ci guddi*, I can lodge you tonight 2. to provide security, to give cover, *fatal yere yi balaa muy taw*, go get the clothes before it rains

fatt, a. v., to cover a gap, a flaw; *wax ko mu fatt ko*, tell him to cover it; **fatt-fatt**, n., covered flaw

fattarñi, a. v., to clear (choked pipe), to uncork (bottle)

faww, 1. aux., to have to, must; *faww nga ñów*, you have to come; *faww mu def ko balaa ma koy nangu*, he has to do it before I can accept it 2. *ba faww*, forever, permanently; *lu nee faww*, sth. permanent

faxasu, a. v., to clean up the dust off of oneself

fayda, n., charisma; *ku bare fayda la*, he is very charismatic

faale, a. v., to care about, to pay attention to; *ku la faale*, who cares about you?

faar, n., 1. ribs; *faar wi dafa damm*, he has a broken rib 2. Fr., headlight; *taalal say faar*, turn your headlights on

faatu, v., to die, to be dead

faax, a. v., *nee faax*, to sit flat on the floor

fàcc, a. v., to rip open, to tear open, to slit open (sack); *saaku bi dafa fees dell ba fàcc*, the sack was so full that it split open

fàdd, a. v., to trip s. o. up; *da koo fàdd mu daanu*, he tripped him and he fell

fàggu, a. v., to do research, to look for assistance

fàkk, a. v., to clear away (earth)

fàkktaal, n., small area, rest area

fàllare, n., croup, rump (of horse), scruff of the neck

fàllay, n., thread; v., fam., *fu mu fàllayoo?* who is he?

fàndaŋ-fàndaŋi, a. v., to bolt, to be carried away (horse); *fas waa ngiy fandaŋ-fandaŋi*, the horse is bolting

fànn, n., part, portion, section

fàppit, a. v., to cut off, to cut

fàq, a. v., to uproot, to pull away, to lift

fàttali, a. v., to remind; *maa ngi lay fàttali ne suba ngay tàmbalee ligééy*, I remind you that you start working tomorrow; **fàttaliku**, a. v., to remind oneself, to remember; *maa ngi fàttaliku waxtu yooya*, I still remember those moments

fàtte, a. v., to forget; *dafa la fàttee yee*, he forgot to wake you up

fecc, a. v., to dance; *ni mu bëggee fecc*, he really enjoys dancing

feccali, a. v., to fill up; *feccalileen neen yi*, fill up the blanks

fecci, a v., to untie, to empty, to disentangle

feg, a. v., to isolate; **fegal**, a. v., to move sth. away from s.o.

fegu, a. v., to protect oneself from

fekk, a. v., to find; *kan nga fa fekk?* whom did you find there? *fekk na may waaja génn*, it was when I was about to go out; **fekke**, a. v., to be a witness of sth., to preside over; *fekke naa ko*, I was there when it happened

fel, n., flea

felasu, n., Sci., tangent
fell, a. v., to crack
fen, a. v., to tell a lie; *bàyyil **fen**!* stop lying; **fenal**, a. v., to tell lies about s.o.; **fenkat**, n., a liar
fendi, a v., to be drained
feneen, adv., somewhere else; *nanu dem **feneen**,* let's go somewhere else
fenk, a. v., to set, to couch; *dina gëna fééx bu jant bi **fenkee**,* it will be cooler after sunset; **fenku** jant, sunset; **fenkal**, id. (tr. v.)
fenn, adv., somewhere; *dëj ko **fenn**,* set it somewhere
fent, a. v., 1. Mus., to compose; 2. Fr., to feint
feŋŋ, s. v., *nee **feŋŋ**,* to become visible
fepp, n., grain (sand)
fer, n., beads, pearls; **feri** ndigg, waistbeads
fer, a. v., to be calm; *géej gi **fer** na,* the sea water is low
fer, a. v., 1. to stop nursing (baby); **feral**, a. v., to wean; ***feral** na liir bi,* she stopped nursing the baby 2. to master; ***fer** baa,* to know how to read in Arabic; ***fer** ijji,* to know the science of rhetoric
fere, n., people, companions
ferenkulaayu, a. v., to sit crossing one's legs
ferferi, a. v., to flutter; *njanaaw yaa ngiy **ferferi**,* the birds are fluttering
ferñent, n., spark
fetal, n., rifle; a. v., to shoot, to kill with a rifle; *gak **fetal**,* to arm a rifle
fete, a. v., to press hard (when doing laundry)
fett, a. v., to sparkle (fire)
fett, n., arrow
fexe, a. v., to do one's best, to see to it that; *dinaa **fexe** ba mu ñów,* I will convince her to come
fey, a. v., to show marital dissatisfaction by temporarily leaving one's husband
fey, a. v., to pay; ***fey** naa ko,* I paid him; **feyeku**, a. v., to get paid
fey, a. v., to turn off, to switch off (light); ***fey** kamaj,* to black out
feyu, a. v., to get revenge, to avenge oneself, to fight back
fee, adv., there, over there; *xoolal **fee**!* look over there
feeñ, p. v., to be found, to be in the open, to become visible; *weer wi **feeñ** na,* the moon is out; ***feeñ** na demb,* he was found yesterday; **feeñal**, a. v., to find; *kan moo ko **feeñal**?* who found it? **feeñ-feeñ**, n., phenomenon
fees, 1. s. v., to be full 2. a. v., to peel, to skin an animal
feela, n., barley, sorghum
fégal, a. v., to take time off, to finish one's chores; *jaaral kër ga bes boo **fégalee**,* come by whenever you are off
fél, a. v., to strike, to hit; *ab wotoo ko **fél**;* he was hit by a car
fépp, adv., everywhere; ***fépp** foo dem ñu nga fa,* they are everywhere you go
féppr̈ecc, n., Sci., ion

féq; a. v., to strip away; *dafa ko féq sama loxo*; he stripped it off my hand

féété, a. v., to be located; *fan la féété?* where is it located? **féétéél**, a. v., to orient, to place in a certain direction; **féétéwu**, a. v., to orient oneself, orientation

féewale, a. v., to divide, to divide and rule, to separate

fééx, s. v., 1. (of weather) to be fair, mild 2. (of pers.) to be carefree; **fééxlu**, a. v., to take some fresh and cool air

fëgg, a. v., to knock; *soo àggee, bul fëgg bunt ba bu baax*, when you get there, don't knock at the door hard; **fëgg-jaay**, n., secondhand clothing

fënëx, s. v., to be rotten (wood), worm eaten, old; *yow ak sa yere yu fënëx yi*, you and your dirty old clothes

fër, a.v . to become intoxicated; **fërlóó**, to intoxicate

fët, a. v., coll., to beat up, to spank, to whoop

fi, part., *fi mu nee nii*, at this point; *ku koo fi gis na ma ko yëgal*, if you see him around just let me know

fidal, a. v., to bother, to bug, to overwhelm

file, adv., here

firawna, n., Pharao

firi, a. v., to untie (braids, knot)

firi, a. v., to translate, to interpret; *mën nga firi saar wii?* can you translate this chapter? **firikat**, translator, interpreter

firnde, n., evidence

fit, 1. n., breath, vital breath; *àndal ak sa fit*, calm down 2. courage

fitna, n., temper, activity

fitnaal, a. v., to cause s.o. to worry too much

fitt, n., sling; a. v., to stone (a bird) with a slingshot; **fittukaay**, n., slingshot

fii, adv., here; *fii la dugg*, he entered here

fiir, 1. a. v., to trap; **fiirukaay**, sth. used for trapping 2. to hit, to run over; *wotoo ko fiir ba noppi rëcc*, a car hit him and ran away; n., snare

fiir, s. v., to be jealous

fo, a. v., to play, to entertain; *danuy fo rekk*, we are just playing; **fokat**, n., player, entertainer; **fowantu, fontu**, a. v., to spend one's time playing

fobeere, a. v., to mop, to mop up

fofalnaaw, n., plane

fokki, a. v., to dilate, to expand; n., dilation

folli, a. v., to reject, to dismiss; *noo la faloon; léégi folli nanu la*, we elected you, now we don't want you anymore

fomm, a. v., to cancel, to postpone, to proscrastinate, to repeal; *nanu ko fomm ba suba*, let's put it off for tomorrow; *fomm nañu ndaje li*, the meeting has been cancelled

fomp, a. v., to clean; *fompal taabal bi balaa ngay wàcc*, clean the table before you leave; **fompu**, to clean oneself

fonk, a. v., to esteem, to respect, to admire; *ku fonk jabaram la*, he really esteems his wife

fontu, a. v., to do nothing but play, to play a lot (implies a lack of seriousness); **fontoo**, a. v., to mock s. o.

foñ, n., enemy, adversary

fopp, superl., by far; *moo ko gën fopp*, he's far better than him

foqati, a. v., to grab by force, to pull from s.o.'s hand by force

for, a. v., to pick; **foraatu**, a. v., to pick up here and there

forox, s. v., to be bitter, to be rotten; **foroxal**, a. v., to make bitter; **forox toll**, v., to be very bitter

fortu, n., hearsay, unsubstanciated information

fot, a. v., to suffocate, to stifle, to smother

foww, aux., (see **faww**)

fowxa, a. v., to overhang, to surpass

foxoj, a. v., to have a sprained, strained limb; *sama baaraam dafa foxoj*, I have a sprained finger; **foq**, a. v., to crack one's fingers

foofa, adv., there, that place (mentioned a while ago)

foofale, adv., (see **foofa**)

foofu, adv., there, that place (just mentioned)

foofule, adv., (see **foofu**)

foog, 1. aux., have to, must; *foog ma woo ko*, I've got to call her

foog, 2. a. v., to think, to believe; *foog naa ne léégi la waxoon*, I believe he talked about now

foog, 3. a. v., to prepare oneself against sth.

fóón, a. v., 1. to kiss; *mu ngi ma fóón ci lex*, she kissed me on my cheek 2. to sniff, *xaj baa ngiy fóón tànk yi*, the dog is sniffing his feet

fóóre, n., scholar, theologian (of the Koran)

fóót, a. v., to do laundry; **fóótukaay**, n., laundry machine; **fóótuwaay**, n., laundromat

fóóxal, a. v., to deceive, to lure, to delude

fu, int. pron., where; *fu mu nekk?* where is he? adv., *fu mu mëna nekk feñal ko*, find it wherever it is

fuddën, n., henna

fuddu, a. v., to stretch one's limbs

fukk, card. numb., ten; **fukki** *fan*, ten days; *ñaar* **fukk**, twenty

ful, a. v., (see **fél**)

fulla, n., charisma, pride; **fullawu**, n., principal, fundamental

funki, a. v., to swell, to dilate; n., dilation

fuq, a. v., (see **foqati**)

fur, adv., very, only used with *weex*; *weex fur*, very pale, snow white

furi, a. v., to lose one's color, to become pale, to become livid

futt, a. v., to have a blister

futti, a. v., to undress (int. v.); **futtiku**, a. v., to undress, to take off one's clothes

fuukare, a. v., to show off, to boast about

fuur, 1. a. v., to foam; *gemmiñ gaa ngiy **fuur***, he's foaming at the mouth; **fuural**, a. v., to create foam 2. n., Fr., oven
fuux, a. v., to give s.o. sth. precious
fuuy, v., to overestimate oneself

ga, noun det., the (far); *gaal* **ga** *mu jënd rafet na lool*, the boat he bought is very pretty

gag, n., gullet, throat

gag, a. v., to falter (voice), to choke in one's speech, to lose one's train of thought; *dafa doon tari saar bu gudd far* **gag**, he was reciting a long chapter and lost his line

gajfal, n., moistness, sweatiness

gajji, a. v., to pinch, to nip; **gajjit**, n., scars from pinching

gak, a. v., to trigger, to arm; **gak fetal**, a. v., to pull the trigger

galaxndiku, a. v., to rinse one's mouth

galbandi, a. v., to put together, to mix, to mingle

gale, dem., that, that one

galejaane, a. v., to mix up, to mingle

galen, n., drumstick; Math., diagonal

gamb, n., gourd, calabash

gamgamle, a. v., to compare (*ak*, with); **gamgamlu** *(ak)*, to compare oneself with

gamo, n., local taxes usually paid to the king

gan, n., stranger, visitor

ganale, a. v., to show hospitality; *bi ma agsee dañu ma* **ganale** *bu baax*, when I got there they showed me great hospitality

gangunaay, n., throne; "*mu jàll toog ca* **gangunaay** *ba Buur Yàlla ran kooy midaay*" (S. M. Ka), he sat on the throne and God crowned him

ganj, n., firewood

ganjar, n., ornaments, set of jewels

gann, adv., very (only used with diis); **diis gann**, very heavy

gannaaw, n., back; *lu nekk sama* **gannaaw**? what's on my back? adv., **ca gannaaw**, prep., behind a/ apart from; **gannaaw** *loolu, loo am looy wax?* apart from that what do you have to say? b/ after; **gannaaw** *ëllëg*, after tomorrow

gap, n., Math., limit; **gàppoodiku**, infinite

gar, 1. n., game played by children in a circle; consists of resisting attempt by the crowd to get you out of the circle

gar, 2. a. v., to sow, to harvest, *yaa ngi doora* **gar** *sa tool bi?* you just started harvesting? *loo ci góóbee* **gar** *ko*, you sow what you reap

gar, 3. n., rick; 4., dragon

garab, n., tree; drug, medicine; *damay naan* **garab**, I'm taking some medication

garay, n., thread that the weaver uses to make a fabric; fam., *fu mu* **garayoo**? where is he from? where did it originate?

gargamboosé, n., cactus

gas, a. v., to dig (a hole), to harvest

gasax, n., worm

gat, 1. n., behind (vulg.); *tëjal sa* **gat**, be quiet; *maa* **gat**, I flatly refuse 2. excl., good for you!

gatandu, a. v., to welcome, to break (fall), to absorb (shock); *ban njüitum réëw lañuy* **gatandu** *tey?* which president are they welcoming today?

gattax, n., dry sticks (liana)
gaw, a. v., to encircle, to fence in, to surround
gawar, n., equestrian, horse rider, jockey
gayndé, n., lion; **gayndé gééj**, n., shark; **gayndéég ñalóór**, n., giant male lion
gaa, 1. n., (always pl.), people, guys; **gaa ñi dem nañu**; the guys have left. 2. excl. indeed
gaaf, n., augur; **aay gaaf**, v., to be of bad augur, to have a jinx, **rafet gaaf**, v., to be of good augur
gaajo, n., drums
gaal, n., boat; **gaal** *gu ndaw*, canoe; *dugg* **gaal**, to travel by boat; **gaal** *jééri*, any vehicle running on land
gaana, n., leper, s.o. affected by leprosy
gaanuwaay, n., toilets
gaañ, a. v., to hurt, to injure; **gaañ** *nga ko ci tànk*, you hurt him in the foot; **gaañu-gaañu**, n., injury
gaañu, a. v., 1. to hurt oneself 2. to die, to pass away; *demb la* **gaañu**, he died yesterday
gaar, a. v., to patch (garment)
gaaral, a. v., to perjure, to backbite, to calumniate
gaaruwaale, a. v., to backbite, to calumniate; n., calumny
gaas, n., beauty, elegance, graciousness; *"yaa gën waa Senegaal yaadi seen* **gaas**" (S. M. J.), you are the most gracious man in Senegal
gaaw, a. v., to hurry, to hasten, to be fast; *Yaa* **gaaw***! Kañ nga agsi?* How fast! When did you get here?
gaawe, a. v., to pass information right on time; **gaawe** *ma*, tell me now
gaawu, n., Saturday
gaax, a. v., to bray
gaay, n., people, guys (**gaa** goes with the art. *ñi*, but **gaay** goes with the pers. pron., *samay* **gaay**, my people); *"diwaan ba jox ko seeni* **gaay**" (S. M. Ka), the whole community surrendered to him
gàcc-ngaalaama, phr., congratulations
gàcce, n., modesty, sense of decency, timidity; *ku bare* **gàcce** *la*, he cares too much about his conduct
gàddam, n., liver
gàddaay, a. v., to emigrate, to go into exile
gàddi, n., assembly, group (of people)
gàddu, a. v., to hold, to take, to carry; **gàddul** *taabal bi, ma gàddu siis bi*, hold the table and I'll hold the chair
gàgganti, a. v., to help s.o. recover his train of thought, to recover one's lost lines
gàkk, n., spot, stain
gàkkal, a. v., to spot, to stain; *"muneesu la* **gakkal***, araam nga safara"* (S. M. Ka), you are a true Mister Clean; no one can accuse you of being an evil person
gàllankoor, a. v., obstacle, obstruction; *dangaa am ay* **gàllankoor**? are you experiencing some difficulties?

gàllaaj, n., traditional belt for self-protection, juju
gàlli, a. v., to be unfamiliar with one's mother tongue
gàmbe, a. v., to align side by side, to be parallel
gàmmo, n., religious ceremony marking the birthday of Prophet Muhammad
gàncax, n., weeds, buds; **gàncax** *gu ndaw gi*, the small grass, the weeds
gàngoor, n., a group (of people)
gànnaar, n., Mauritania; *mbëj*-**Gànnaar**, north
gànnaay, n., armory, armament, munitions; **gànnaayu**, a. v., to be armed; *mu ngi* **gànnaayoo** *fetal*, he is armed with a gun
gàntu, a. v., to refuse, to contradict, to say no to
gàññ, v., **gàññ** *la fi*, there's bag of it
gàtt, n., sheep
gàttal, a. v., to make short, to reduce by size, to abbreviate; *jéémala* **gàttal** *sa wax ji*, try to make your speech short
gàttaay, n., width, **gàtt**, v., to be short
geg, n., stake, long wood bar serving as a ladder
gejaf, v., to be damp (clothes, bread); **gejafal**, a. v., to dampen, to moisten
gejj, n., dry fish
gemb, n., alveole
gemb, a. v., to poke up (fire)
gemmiñ, n., mouth
genn, card. numb., one; **genn** *góór yabu la*, no man dares challenge you
gent, 1. v., to disappear, to desert, 2. n., desert, abandoned area; **gental**, a. v., to make disappear, to eliminate
ger, n., rottenness, element of corruption
gerte, n., peanut; **gerte** *caaf*, roasted peanuts
gee, dem., that, that one
gee, n., evening prayer (between 4:00 and 6:00); *julli* **gee** *jot na*, it's time for the evening prayer
geestu, a. v., to turn around; **geesu**, id.
gélembu, n., *fasu* **ngélembu**, a brown horse
génn, a. v., to be out, to go out; *Musaa dafa* **génn**? is Musaa out?
gént, n. dream; *sama* **géntug** *démb gi neexul dara*, I had a nightmare last night; a. v., to dream
géño, n., belt
gépp, each; *xar* **gépp**, a pair of pants, trousers
gétan, a. v., to bother, to bug, to get on s.o.'s nerves; *yaa ngi koy* **gétan**, you are bothering him
gétt, n., animal shelter; **géttu** *xar*, sheep pen, **géttu** *fas*, mews
géwal, n., griot
géej, n., sea
géér, n., noble person

géewal, a. v., to form a circle for; **géewalal** *mbër yi*, make room for the wrestlers

géex, a. v., to belch, to eruct, to burp

gëj, a. v., to stay a long time without (doing sth.); **gëj** *naa fa dem*, I haven't been there for a while

gëlam, a. v., to be blind, to become blind, to lose sight; **gëlamal**, a. v., to blindfold

gëléém, n., camel

gëm, a. v., to believe; **gëm** *naa la*, I believe you; *xanaa yow* **gëmuloo** *Yàlla?* don't you believe in God? **gëm-gëm**, belief

gëmm, a v., 1. to close (one's eyes); **gëmmleen** *te ñaan*, close your eyes and pray 2. to quench

gëmmentu, a. v., to feel drowsy, to be sleepy, to feel sleepy; *dama* **gëmmentu**, *maa ngiy tëddi*, I am sleepy, I am going to bed

gën, s.v., to be better; *dund a* **gën** *dee*, it's better to live than to die

gëndoo, a. v., to assemble, to get together

gënn, n., 1. mortar 2. pipe

gëram, a v., to thank, to praise; *maa ngi lay* **gërëm** *ci sa teranga*, I thank you for your hospitality

gërbal, a. v., to yell at, to reprimand

gësam, a. v., to shake

gëstu, a. v., to reflect upon, to do research on sth.; **gëstukat**, researcher, scholar

gët, n. (always pl.), eyes

gi, noun det., the (close); *gan* **gi**, the stranger

gile, dem., this, this one

gilit, n., fire brand

gilli, a. v., to throw out, to spit up (talking of a baby)

ginaar, n., chicken; *merum* **ginaar** *saful tusuñe*, a chicken's tantrum does not bother the cook at all

ginnaaw, n., (see **gannaaw**)

gis, a. v., to see; **gis** *naa Abdu tey ci suba*, I saw Abdu this morning; **gis-gis**, n., insight, view

gii, dem., this, this one

giif, a. v., to be quiet, calm, to fade (anger); *muñal ba meram mi* **giif**, wait till his anger is gone

giil, n., Chem., gas

giim, a. v., to quench, to die out (fire)

giiñ, a. v., to swear, to ascertain; **giiñ** *naa ci Yàlla ne defuma ko*, I swear to God that I didn't do it

giir, n., local taxes; *genn* **giir**, n., homogeneous

giir, a. v., to besiege, to lay siege; **giiró**, besieging

gobar, n., dagger

gog, n., saddle (horse), leash

goj, n., thicket

golo, n., monkey
gongo, n., incense, aphrodisiacs
gont, a. v., to set out for afternoon shift, to go to work (in the afternoon)
goŋ, n., chimpanzee
gopp, n., hoe; math., limit
gor, a. v., to cut (tree)
gor, n., honest person
gore, a. v., to be honest; *njiit lu gore la*, he's a leader of integrity
goredi, v., to be dishonest, to lack integrity
goro, n., in-law
goroŋ, n., drums
got, n., grove, thicket
gotti, a. v., to knock s.o., sth. over
gox, n., neighbourhood, countryside
googa, dem., that one (mentioned a while ago)
googale, dem., (see **googa**)
googu, dem., that one (just mentioned)
googule, dem., (see **googu**)
gool, n., restricted area, place
goor, a. v., to fall flat, to fall heavily; *dafa ko xët mu goor*, he knocked him out
gooy, a. v., to become wasted, withered (plants)
góób, a. v. to farm, to plant, to reap
góóm, n., injury, wound, sore, cut
góór, n., male; *xale bu góór*, a boy; *góór gi!* Sir!
góórgóórlu, a. v., to put an effort on what one is doing, to show positive efforts, to endeavour
gu, pron., which is, that; *gune gu yaru*, a well behaved kid
gub, n., ear (of grain)
gub, a. v., to cut, to reap (the grass, the weeds)
guddaay, n., length, **gudd**, v., to be lengthy, lofty; **guddaayub** *gëweelu*, wave length
gudde, a. v., to be a night owl, to be late at night; *lu tax biig nga gudde?* why did you come late at night?
guddi, n., night; *tey ci guddi*, tonight
gulaagulé, n., blackbird
guléét, interj., for the first time!
gum, n., ulcer
gumba, n., blind person
gune, n., child
gungé, a. v., to escort s.o., to see s.o. off
guró, n., kola nut
guy, adv., very (only used with sedd); *sedd guy*, very cold
guy, n., baobab tree

guus, n., damp peanut; **guusal**, a. v., to dampen

guutambaay, a. v., to rock, to swing s.o. (a game that consists of swinging s.o. and letting him fall)

guux, a. v., to gulp, to drink; ***guuxal*** *ci ndox mi*, drink some water

-i, suff., 1. verb. suff. expressing a forward motion; *maa ngiy* **naani**, I'm going to get sth. to drink (the suff. is attached to verbs ending with a cons.) 2. to express possession or identification in the plural form the suff. -i is attached to the object of possesion; **dàlli** *Tom*, Tom's shoes; **ñaari** *fiftin*, two francs; the suff. -i usually turns into -**y** when the object of possession ends with a vowel; **donoy** *Waseynu*, the heirs of Hossein

iblis, n., Satan; *jëfu* **iblis**, satanic

iddaaya, n., Ar., the Guide (one's religious duty)

ijji, a. v., to learn, to interpret (the Koran)

ilimaan, n., the Imam, the prayer leader

illeer, n., hoe

illeyin, n., Ar., the place the Register of the Righteous is kept

-in, suff., noun suff. showing the manner of doing sth.; **doxin**, way of walking; **waxin**, way of talking

inde, n., steamer (used for rice or couscous)

indi, a. v., to bring; **indil** *ma sama tééré saa booy dellusi*, bring me my book whenever you are coming back

iñaan, v., to be egotistical, selfish; **iñaane**, a. v., to discriminate against

isra, n., Ar., journey of the Prophet

-it, suff., noun suff. for verbs like *dog*; **dogit**, slice, cut

it, adv., also, too; *moom* **it** *wax na ko*, he too said so

itam, adv., (see **it**)

itt, a. v., to cut (flowers), *bul* **itt** *garab gi ba mu jeex*, don't cut all the leaves

itte, n., need, business

ja, a. v., to face s.o.

ja, 1. n., display, show (of goods), market place; *ca ja ba*, at the market place; a. v., to display, to amass, to heap up, to pile 2. noun det., the (far)

jabar, n., wife; **jabarloo**, a. v., to have s.o. as a wife

jabaraan, a. v., to indulge in witchcraft

jabb, a. v., **nee jabb**, v., to hold, to seize

jafal, a. v., to light up, to fire up

jafandu, a. v., to hang on sth., to cling on sth., to grab sth. (branch, to avoid falling); **jafandiku**, id.

jafe, v., to be hard, to be expensive, to be rare; *njëg li **jafe** na lool*, the price is very high; **jafe-jafe**, hardship, complication, difficulty

jag, v., to work fine (after being repaired)

jagal, a. v., to repair, to mend; *ndax mën na ma **jagal** sama woto?* can he really repair my car?

jagle, n., make, brand

jagoo, a. v., to make use of

jal, a. v., to amass, to heap up, to pile

jalambaan, n., ebony (wood)

jalax, a. v., to transfer, to dispatch, to throw over

jalaañoo, a. v., to cascade, to stream

jale, dem., that, that one

jaljalaat, n., Elec., propagation

jaljali, n., waistbeads

jaloore, n., prowess, feats

jam, a. v., to shoot, to hit one's target; *mu ngi **jam** gayndé gi ci faar*, he hit the lion on the rib

jamaj, n., error, mistakes

jamano, n., epoch, era, time

jamb, a. v., to mix in, to soak in (in order to make marmalade)

jamu, a. v., to nip one's lips with a needle and coal powder to make blacker

jamuj, n., spots on the face

janeer, a. v., to imagine

jank, n., roof

janoo, a. v., to face each other, to be face to face with each other; *tey la njüti ñaari parti yi di **janoo***, the leaders of the two parties will face each other today; **janook-koñjub**, Math., hypotenuse

jant, n., sun; *sowu* **jant**, sunrise

jaŋ, a. v., to set sth. upright again, to mend

jaŋ-jaŋ, onom., *nee **jaŋ-jaŋ***, to fall hard over the chest

jar, v., to be worth, to be (already) sold; *mbubb mii **jar** na ba pare*, this dress has already been sold

jarab, n., small glassware

jarag, n., sick person, patient

jarbaat, n., **j. bu góór**, n., nephew; **j. bu jigéén**, n., niece
jareñ, n., fish species
jargandal, n., Math., revolution
jargoñ, n., spider; *lëndu* **jargoñ**, cobweb
jartu, a. v., to comb one's hair
jasig, n., crocodile
jat, 1. a. v., to hypnotize, to mesmerize; *mu ngiy jééma* **jat** *gayndé simb gi*, he's trying to hypnotize the false lion 2. n., indigenous short
jataŋ, a. v., to tether (horse)
jataay, n., assembly, get-together, organization
jatt, a. v., to stifle, to throttle
jawwu, n., atmosphere, air
jax, v., to be flourishing, abundant, full of (fish, sea); *gééj gi niró naak lu* **jax** *tey*, the sea looks abundant with fish today
jaxase, a. v., to mix, to mingle, to blend; *lu nekk nga* **jaxase** *ko*, you mingle everything; **jaxasekat**, a gossip who creates disturbances between people
jaxaay, n., eagle
jay, a. v., to flatter, to delude s.o.; *xaritam a ngi ko doon* **jay**, he was being flattered by his friend
jayaxu, a. v., to doze, to drowse
jaab, a. v., to trot (of horse); **jaabal**, a. v., to trot, to ride
jaabante, a. v., to walk back and forth
jaad, n., shaft of stretcher, bars that hold up the coffin
jaadu, v., to be correct, to be right, to be normal; *loolu* **jaadu** *na*, that was correct
jaajëf, excl., thanks, thank you
jaaju, a. v., to prepare for, to make arrangements for
jaal, v., to lose a tooth
jaale, a. v., to offer one's sympathy, to condole with; *maa ngiy dem* **jaale** *Aminata*, I'm going to express my sympathy to Aminata
jaam, n., slave; *mu ngi mel ne sa* **jaam** *la*, he's like your slave
jaan, n., snake
jaar, a. v., to pass by, to stop by; *dinga fi* **jaar** *suba?* are you going to stop by tomorrow?
jaardigg, n., Math., medium, middle
jaar-jaar, n., experience, the events of one's life
jaaro, n., ring; **jaaro baaraam**, n., finger ring; **jaaro nopp**, n., earring
jaaru, a. v., to warm up near the fireside; *taalal furno bi nu* **jaaru**, make some fire for us to warm up; **jaarukaay**, heater
jaas, n., light wind; sth. inevitable; **nee jaas**, v., to arrive, to show up briskly
jaasi, n., hatchet, sword
jaasir, v., to be sterile (woman)
jaawale, a. v., to confound, to mistake, to mingle, to confuse; *teyuma ko, dama leen* **jaawale**, I didn't do it on purpose, I confounded them

jaax, a. v., to worry, to be anxious; *xol bee jaax ndax feebar bi ko topp*, he's depressed about his disease; **jaaxal**, a. v., to worry, to astonish, to amaze, to surprise; *lan moo la jaaxal, Asan?* what's the surprise, Asan? **jaaxle**, a. v., to be worried, amazed, *man de jaaxle naa*, I'm worried indeed

jaaxa, n., boar, warthog

jaaxaan, a. v., to lie on one's back, to recline, to prone; **njaaxaanaay**, n., reclining

jaay, a. v., to sell; *aywa batañsé maa jaay!* come and try my eggplants; **fëgg jaay**, n., secondhand clothing

jàdd, a. v., to veer, to fork, to turn off, to branch off (road); *fan laa waara jàdd njëkk?* where do I have to turn first?

jàggi, a. v., to lift up

jàkk, *nee jàkk*, to stare at, to glare at

jàkka, n., mosque

jàkkaarloo, a. v., to face each other, to have a tête-à-tête (with); **jàkkaarle**, n., Sci., opposition

jàkkeer, bay; *fasu jàkkeer*, bay horse

jàll, a. v., to pass, to go beyond

jàllarbi, a. v., to invert, to overturn, to overset; **jàllarbiku**, n., inversion

jàmbat, a. v., to complain, to pretend, to whine; *mu ngiy jàmbat feebar*, he complains about being sick; 2. to be a rumor; *ñu ngi koy jàmbat ci dëkk bi*, the rumor is running around town

jàmbaar, n., brave person

jàmbu, a. v., to defect; **jàmbukat**, defector; *danga noo jàmbu*, you abandoned us

jàmbur, n., free person

jàmm, n., peace, **jàmmalante (ak)**, a. v., to make peace (with)

jàng, a. v., to study, to learn; *Farañse laay jàng*, I'm studying French; **jàngale**, a. v., to teach; *lan ngay jàngale?* what do you teach? **jàngalekat**, n., teacher; **jangkat**, n., student, studious person; **jàngu**, n., study office, learning place

jàngoro, n., disease

jàngu, 1. a. v., to wash the upper part of one's body, 2. n., study, office

jànj, n., mountain, hill

jànni, a. v., to answer contemptuously, with arrogance, to refuse

jànq, n., young girl, virgin; **jànq** *bi!* miss

jàpp, a. v., 1. to wash, to do one's ablutions 2. to hold, to catch (thief); **jàppal** *bu baax*, hold it tight; **jàppukaay**, n., handle (of basket, bucket)

jàq, a. v., to be overwhelmed, perplexed; to feel contradicted

jege, a . v., to be near, close, to draw nearer; *jege na fii?* is it nearby? **jegeñ**, id.; **jegeñal**, a. v., to bring close

jekk, v., to be elegant, to be well set, to have a good shape; *jigéén ju jekk la*, she is a fine lady

jekki, 1. a. v., to reorder, to reshape, to reform; **jekkil** *sa kolu mbubb mi*, fix up your collar; 2. to be motionless

jeneen, pron., another, another one
jeneer, v., to imagine, to dream up
jeng, 1. n., manacles, handcuffs; *"ñenti **jeng** lañu defoon ca yeel ya"* (S. M. Ka), they doubled the handcuffs on his legs 2. v., to be unbalanced, to veer
jengadi, n., equilibrium
jenganti, a. v., to balance
jenj, a. v., to gobble, to cluck
jenn, card. numb., one
jeñ, n., head of hair, mop of hair
jeqi, a.v., to turn sth. inside out, to turn over
jee, dem., that, that one
jeeg, n., lady
jeego, n., strides, big steps
jeele, a. v., to be out sth. (syn. of **jeexle**)
jeex, 1. to be over, to end, to be finished; *jeex na*, it's over 2. to lose weight; **jeexal**, a. v., to end, to finish up; **lu jeexul**, infinite, unfinished
jeexu, a. v., to become finite
jébbal, a. v., to put in the hands of, to hand over; **jébbalu**, a. v., to surrender to , to convert oneself , to give up for; **jébbaliku**, a. v., to turn oneself into
jéggal, a. v., to excuse, to provide (s. o.) more time; *jéggal naa la ba suba*, I give you until tomorrow
jéggi, a. v., to cross, to go across, to pass through; *nga ne ma jéggi pom bi?* did you say that I should cross the bridge?
jéll, 1. n., action of falling off the ground; a. v., to fall over, to turn over; *da koo yenu jéll ko ci suuf*, he picked him up and threw him on the ground 2. to squint, to have a squint in the eye, to be slant-eyed
jémbe, n., big drum
jépp, each, each one
jéppi, a. v., to abhor, to despise
jéég, prep., *daaw jéég*, the year before last year; *daawaati jéég*, two years before last year; a. v., to precede, to come before
jéém, a. v., to try, to attempt; *jéém naa lu nee*, I tried everything
jééri, n., earth (as opposed to sea), hinterland
jééx, 1. a. v., to search, to look into, to ransack (drawer), to rummage; *jééxal fii, mën na am nga gis sa xaalis*, look here, you may find your money 2. n., Sci., analysis
jééxkat, n., radar; **jééxkatu** *jawwu ji*, radar
jë, n., threshold, forehead
jëf, n., action
jëkk, v., to be first (in doing or saying sth.); *maa jëkk agsi*, I arrived first; *lu jëkk*, primary, primitive
jëkkër, n., husband
jëlëm, n., flame

jëm, 1. a. v., to go, to head to; *foo jëm?* where are you going? 2. n., Math., direction; **jëmkanam**, positive

jëmb, a. v., to plant, to set seeds; *jëmb nanu ñaar fukki garab*, we planted twenty trees; **jëmbat**, id.

jëmbéélu, a. v., to rotate, to gyrate, to turn around and around

jëmm, n., face, visage, forehead

jëmu, n., Math., vector

jën, n., fish

jënd, a. v., to buy, to purchase

jëpp, sup., *tàng jëpp*, to be ablaze

jërëjëf, excl., thanks, thank you; *am nga jërëjëf*, you have my thanks

jëri, a. v., to winnow in order to cool

jëriñ, v., to be useful, to serve, to be fit for; *lu muy jëriñ?* what's it for? **jëriñoo**, to make use of

jëw, a. v., to vilify, to backbite, to speak on the back of; *jëwaate*, to spend one's time backbiting

ji, 1. noun det., the (close); *yaay ji*, the mother 2. a. v., to plant, to set (seeds); *kañ lanuy tambali ji dugub ji?* when do we start planting the millet? 3. suff., forward motion showing that the subject is on his way to do sth.; the suff -ji is attached to verbs ending with a vowel; *maa ngiy sanguji*, I'm going to take a shower

jib, a v., to strike (the hour), to be; *ñaata waxtoo jib?* what time is it?

jiba, n., (local) pocket

jig, a. v., to be a lucky charm for, to bring good luck; *Yàlla na ma jig!* may it bring me luck!

jigadi, a. v., to bring bad luck, to jinx

jigéén, n., female; *xale bu jigéén*, a young girl

jikkó, n., habit, behavior, conduct, characteristic; *jikkó ju baax*, good habit; *jikkó ju bon*, bad habit; *rafet jikkó*, to have a good character; *ñaaw jikkó*, to have a bad character

jinax, n., rat

jinaan, n., paradise, heaven

jinjeer, n., ginger

jinné, n., devil, evil spirit

jirim, n., orphan

jii, dem., this, this one

jile, dem., this, this one

jiin, a. v., to vibrate, to sound (drums)

jiiñ, a. v., to accuse, to charge, to incriminate; *yow lañu ko jiin*, you were charged guilty; **jiñaate**, to accuse s.o. and another

jiiró, a. v., to make a rush upon (in group)

jir, adv., very (only used tàng); *tàng jir*, very hot

jiit, n., scorpion

jiital, a. v., to guide, to direct

jiité, a. v., to lead, to govern, to manage, to be at the forefront; *Musaay* **jiité** *julli ji*, Musaa is leading the prayer; **jiitu**, a. v., to be first, to go first; **jiitul** *ma topp ci*, go first and I'll follow

jofalsi, a. v., to return home

joggi, a. v., to step over s.o.

jolu, a. v., to drink sth. at one gulp

jolli, a. v., to rise up, to arise

jom, n., pride, vanity; *yow, amoo* **jom**, you have no pride

jomb, v., to have a horror of doing sth., to feel ashamed of doing sth., to respect one's pride

jombas, n. cantaloupe

jommal, a. v., to exorcise, to enchant; **jommi**, a. v., to be enchanted, exorcised, to be amazed

jongal, a. v., to circumcise; **jongu**, a. v., to be circumcised

jongama, n., lady, elegant lady

jonkan, a. v., to kneel down

joŋe, s. v., *ku joŋe*, an attractive person

jort, v., to think, to believe

jot, v., 1. to be (telling time); *waxtu wi jot na*, time is up 2. to fit; *sa tubéy bi jot na la bu baax*, your trousers fit you well

jote, 1. v., to argue, to be in disagreement, to fight over sth.; *loo leen* **jote**? what are you fighting about? 2. n., relation

jottali, a. v., to transmit; **jottali** *ma samay dàll*, reach me my shoes; *mën nga maa* **jottali** *góór gi Jóób?* would you connect me with Mr Diop?

jox, a. v., to give; **jox** *ma sama xaalis*, give me my money

joxañ, a. v., to point a finger at, to show; *lu tax nga may* **joxañ**? why are you pointing at me?

joxoñ, a. v., (see **joxañ**)

joobe, a. v., to praise, to glorify

joof, a. v., to go straight

jooja, dem., that (mentioned a while ago)

joojale, dem., (see **jooja**)

jooju, dem., that (just mentioned)

joojule, dem., (see **jooju**)

jooñ, a. v., to provide a small place for farming; to give s.o. an odd job

joor, n., sandy plain

joote, n., misfortune, calamity

joow, a. v., to paddle (canoe); *mën naa* **joow** *gaal ni yow*, I can paddle like you **joowkat**, n., paddler, oarsman

joox, a. v., to show up unexpectedly

jooy, a. v., to cry, to scream, to weep; *naxal xale bi, mu ngiy* **jooy**, rock the baby, she's crying

jóólóóli, n., whistle, bell

jóór, a. v., 1. to display (disorderly)   2. to ebb, to fall off; **jóóru**, fam., to digress, to wander off the subject

ju, rel. pron., which, that

jub, s. v., 1. to be right (line, answer), to be adroit; **jub** *xocc*, to be thoroughly straight   2. to face, to be face to face with   3. to be honest

jublang, s. v., to be parallel

jubadi, v., to be dishonest

jubbanti, a. v., to straighten up, to make upright, to redress

jubóó, a. v., to make peace

jubóóle, a. v., to reconcile; **jubóólekat**, n., peacemaker

jubb, n., tuft (hair)

jublu, 1. a v., to make one's way toward, to head for, to orient, to proceed; *léégi, nanu jublu ci meneen mbir*, let us now proceed to another matter   2. n., direction

juddu, v., to be born; *kañ nga* ***juddu?*** when were you born? ***juddóó***, to be born in

jukki, a. v., 1. to extract   2. to turn inside out, to turn over

julli, a. v., to say one's prayers; **jullit**, n., Muslim; **jullite**, v., to be faithful

jullikaata, n., scorpion-like animal (in the order of the arachnids)

jumaa, n., Ar., grand mosque

jun, n., seal, stamp, mark

junj, n., extract (text), summary, synopsis

junni, numb., thousand, *ñaari* **junni,** two thousand; **junni junni**, one million

junxóób, n., crab

jumbax, n., navel, belly button

jur, n., cattle

jur, a. v., to give birth to, to be the result of

jurgóótu, a. v., to clean, to shake one's ears

juróóm, n., five; **juróóm** *fukk*, fifty; **juróómi** *téémééer*, five hundred; **juróómi** *junni*, five thousand

juug, a. v., to heap up, to amass, to put together

juum, a. v., to be mistaken, to be wrong; *ñépp ay* ***juum***, to err is human

juutal, a. v., to turn upside down

juuti, n., Eng., sales tax; **juutikat**, n., tax collector

juuwaloo, a. v., to miss each other's way, to fail to meet half way; **juuwóó**, id.

juux, a. v., to pile up, to heap up

juuy, a. v., to dodge, to duck, to evade (blow); to deceive, to disappoint

ka, noun det., the (far); is used only with *nit* and *këf* and their derivatives
kabar, n., goat
kabla, a. v., to handcuff, to manacle
kajji, a. v., to kick hard, to punt
kale, dem., that, that one; *kale moo ko def*, that one did it
kalifa, n., Ar., chief, leader (rel.)
kalima, n., statement
kalpe, n., wallet, *sama kalpe réér na ma*, I lost my wallet
kaluur, n., calf (of leg)
kamaj, a. v., to black out, to go off (lights)
kamaal, n., mature person, wise person
kan, 1. n., pit, *nanu gas kan*, let's dig up 2. inter., who; *kan moo ko def?* who did it?
kanam, n., face; *ci* **kanam**, in front; *ba ci* **kanam**, later
kannasu, s. v., to be crazy, to be out of one's mind
kañ, 1. inter., when, *kañ lay ñów?* when will he come?
kañ, 2. a. v., to praise, to glorify; **kañu**, to praise oneself
kaña, n., mouse
kar, a. v., to deter, to block, to stop
karaw, n., hair
karaama, n., God's blessing, good manners
kasag, n. & v., songs and dances performed for circumcision matters
kasar, n., mess, damage, sth. that has fallen apart
kasara, n., loser, rascal
kat, 1. suff., attached to the verb to indicate a function; *ligééykat*, worker; *jaaykat*, vendor,   2. adv., indeed, in fact (follows the noun or pronoun in use)
kaw, n., top, summit
kawas, n., sock; *dàlli* **kawas**, (referred to as) dressing shoes
kawdiir, n., big cooking pot
kayit, n., paper
kaabal, n., champion, giant, "*mbër yi yépp suq lañu Bambaay kaabal*" (S. M. Ka.), Bamba tops all the champions
kaabaab, n., jaw; *dafa damm kaabaab gi*, he broke his jaw
kaaf, n., cage (birds)
kaala, n., veil, headkerchief; **kaalawu**, to cover one's face, to veil oneself
kaamus, n., Ar., dictionary
kaani, n., hot pepper; **kaani salaat**, n., green or red pepper
kaanu, a. v., to express one's joy; *jooy ba* **kaanu**, to cry for joy
kaaŋ, n., profane person, s.o. whose knowledge of the Koran is superficial as opposed to a *foore*
kaar, interj., superstitious expression used to mean: knock on wood; **kaar ràppit**, n., Fr., coach, mini bus
kaaranga, n., protection

kaaw, n., dungeon, prison

kaay, imp., come (sg.); **kaayleen**, come (pl.)

kàbbar, a. v., to raise one's arms for prayers

kàcc, a. v., to lie, tell a lie; *dangay* **kàcc**, you are lying

kàccoor, n., knave

kàddu, 1. n., word, sentence, message, voice; **kàddu** *gi yaa leen ko dégg*, you heard the message

kàddu, 2. n., lightning

kàggu, n., library

kàkkataar, n., chameleon

kàll, a. v., to speak in riddles, to play pun (may be the inversion of **làkk**)

kàmb, n., pit

kànd, n., harmony, concord, agreement

kàngam, n., notable, high official

kànj, n., okra

kàttan, n., power, *boromi* **kàttan** *la*, he's a powerful person; **kàttan ferñentu**, n., quantum; **kàttan imbiku**, n., kinetic energy

kàttaneef, n., Sci., power

kebetu, a. v., to babble

keccax, n., smoked fish

kekk, n., hard surface, hard floor; *fii* **kekk** *la nen du fi bondee*, an egg doesn't bounce on a hard surface

kekkantu, a. v., to poke fun at s.o., to laugh at s.o.'s expense

kekku, a. v., to burst out laughing, to laugh to death

kelaŋ, n., the one and only, champion

kelawteew, n., bird species

kelkeli, a. v., to become tasteful

kem, 1. n., equal; "*amuloo ab* **kem**; *yëgal ne sab* **kem** *jafe na yow mii*" (S. M. Jaxate), you don't have an equal for it is hard to find one; 2. comp; as well as, as much as; *kenn du fi def* **kem** *li nga def*, no one will do as much as you did; **kemtulaay kàttan**, n., at the utmost of one's power

kemb, n., charcoal

keneen, pron., another, another one

kenn, card. numb., one; someone

keno, n., pillar, column

kenu, n., pillar

kepp, 1. a. v., to pinch, to nip, to jam (drawer); *bunt bi dafa ma* **kepp**, I was caught by the door 2. adv., only; *loolu* **kepp** *la ma wax*, that's the only thing he told me

keppaar, n., shade; **keppaaru**, a. v., to stay in the shade

keppu, a. v., to jam, to stick, to catch (one's finger in the door)

keppu, n., tweezers, clothes pegs

ker, n., shadow; **keru**, a. v., to take cover, to sit in the shadow

kerkeraan, n., ladder, gateway to
kersa, n., scruples, modesty; *ku bari* **kersa** *la*, he's very modest
kes, onom., used to scare the poultry away
kese, adv., only, alone; *moom* **kesee** *ko am*, he's the only one to have it
kew, n., kaolin
kee, dem., that, that one
képp, each, each one
kéwal, n., antelope, doe
kééfar, n., non-believer
kéémaado, n., cheese topping, grated cheese
kéémaan, n., heroism, marvel; **kéémtaan**, n., accomplished fact, fait accompli
kééné, n., wish
kééw, n., country (from rééw)
këf, n., thing, object
këf, a. v., to strip off, to snatch, to steal; *dafa ko* **këf** *ci sama loxo*; he stripped it off my hand
këfalu, a. v., to wear different layers of clothes
këfin, n., unnamed matter, material, phenomenon
këll, n., shell; **këllu** *mbonaat*, turtle shell
këmbaay, n., Math., volume
këpp, a. v., to pour, to fall off; *xale bi* **këpp** *na ndox mi*, the child let the water fall off her head
kër, n., house, home
këriñ, n., charcoal
kërkër(i), a. v., to contrive, to make an effort to do sth.
ki, noun det., the (close); only used with *nit* and *këf* and their derivatives
kibaar, n., Ar., old person
kile, dem., this, this one
kilifa, n., chief, leader (rel.)
kiló, n., Fr., kilogram
kirigééj, n., sea gull
kii, dem., this, this one
kiimaan, n., heroism, marvel
kiiraay, n., shelter, cover
kiiru, a. v., to take cover, to take shelter from
kiituwaale, a. v., to tease
ko, pers. pron., him, her, it
koddaay, n., women's clothes
kok, n., individual, person
koko, n., coco
koll, n., stomach, tummy

kom, adv., Fr., like; ***kom*** *man*, like me; **komka**, adv., since; ***komka*** *yaa ko wax gëm naa ko*, since you said it I believe it

konte, adv., so, therefore

kon, auxiliary marker for the conditional

konbook, adv., so, therefore, consequently

koñ, n., 1. corner, part of town 2. Math., angle; **koñjub**, n., rectangular (triangle)

koŋ, n., fish species (catfish)

koŋ-koŋ, onom., knock-knock

kopp, n., cup

koppar, n., Eng., copper, money (in extension)

kor, 1. onom., used to attract the sheep 2. n., young man enamoured of a lady; ***kor*** *Marem*, Marem's darling

koraay, n., cotton grain

koroŋ, n., bed made of light wood

kott, a. v., to grasp, to seize, to grip (the neck); *dafa ma* ***kott*** *ba may xala xëm*, he grasped me so hard that I was about to faint

koyoŋ, n., puny person

kooba, n., antelope

kooj, n., Chem., title

kooka, dem., that (mentioned a while ago)

kookale, dem., (see **kooka**)

kooku, dem., that (just mentioned); ***kooku?*** who is it?

kookule, dem., (see **kooku**)

koom, n., wealth, capital; "*Sàmba yàqoo sam* ***koom***" *(S. M. Ka)*, Samba, you did squander your wealth; **koom-koom**, n., economics, wealth management

koor, n., lent, fasting period

kooraa, n., musical instrument (21 strings)

kóllaré, n., good and extended relationship

kóppin, n., turkey

ków, n., top, summit, north, *ci* ***ków***, on, on top; **ków-ków**, n., northerner

kówé, v., to be high, lofty

kóólu, n., confidence, reliance

ku, 1. rel. pron., who is, which is, that 2. inter. pron, who

kubal, n., taxes

kubéér, n., lid

kuddu, n., spoon; **kuddu** *luus*, ladle; **kuddu** *cumwaar*, skimming ladle, skimmer

kukk, 1. n., weaver's shuttle 2. adv., very (only used with *ñuul*); *ñuul* **kukk**, pitch black

kumba, n., loincloth, sarong; fam., *waaw* **kumba**, very well, congratulations

kumpa, n., curiosity, mystery; *dañ* **kumpa**, to be curious

kun, n., irrefutable voice; *Yàllaa di borom* ***kun***, God is omniscient; *borom* **kun**, God Almighty, the Creator (**kun!** be!)

kunde, n., shoemending, leatherwork

kuntaaba, a. v., to slap, to strike (s.o. in the face)
kurel, n., association, assembly
kurpeñ, n., punch
kursiyu, n., Ar., God's throne
kurus, 1. n., rosary
kurus, 2. adv., very; only used with *lëndëm*; *lëndëm* **kurus**, extremely dark
kutt, a. v., to strangle; n., lamb, ewe, kid
kuuñ, n., one-armed, one-handed person
kuur, n., pestle
kuus, n., dwarf, elf, midget
kuutaay, n., successor, heir to a seat, succession
kuuy, n., ram

la, 1. noun det., the (far) 2. also called the **la** conjugation: **laa** (1st pers.), **nga** (2nd pers.), **la** (3rd pers), **lanu** (1st pers. pl.), **ngeen** (2nd pers. pl.), **lañu** (3rd pers. pl.); the **la** det. follows the object and is generally placed before the verb; *Wolof **laay** jàng*, I'm studying Wolof; *NDakaaru **laa** juddoo*, I was born in NDakaaru; *yow **la***, it's you 3. pers. pron., you; *wax naa **la** li ma xam*, I told you what I know

lab, a. v., to drown oneself

labaj, a. v., to shuffle, to mingle, to mix up; *danga **labaj** kart yi*, you shuffled the cards; you cheated

laccax, s. v., to be thin, puny, slim

laf, n., Sci., mass

lafañ, v., to be crippled, lame

lagaj, n., crippled, lame

lagg, a. v., to clear off, to go away; ***laggal** laa wax*, I said beat it!

laggu, a., v., to walk ostentatiously, to parade proudly

lakk, n., fire; a. v., to burn; **lakk** *mburu*, to bake; **lakk** *yàpp*, to grill, to barbecue

lakkal, a. v., to nag, bug; **lakkale,** to be nagging

lal, n., bed; a. v., to do the bed, the mat; to put, to set over the sheet; **làlleeku**, a. v., to be undone; *lal bi làlleeku na*, the bed was undone; **làlli**, a. v., to undo the bed, the mat

lal, n., Math., abcissa

lale, dem., that, that one

laltaay, n., baby's garment, diapers

laltu, n., mat

lam, n., bracelet

lamb, v., to remain unsold, to fail in attraction

lamburde, n., amber

lan, inter., what; ***lan** nga wax?* what did you say?

lang, a. v., to hang, to hold sth. in the air; **langal**, a. v., to hang sth.

lañset, n., razor blade, blade

lañ̃, s. v., *lu nee **lañ̃***, to be obtuse (angle)

laŋ, a. v., to stay, remain behind; *"ña tukkiwoon far nañu **laŋ**"(S. M. Ka)*, those who travelled have declined to come back

lar, n., (God's) creature, individual

lax, v., to fade, to wilt, to wither up (flower); **laxal** (fam.), a. v., to loosen up

laxab, n., bit (horse); a. v., to put the bit between the horse's teeth

laxas, a. v., to gird, to encircle, to wrap, to roll, to envelop

laxasaay, n., waistband, girdle, belt

lay, 1. n., dew

lay, a. v., 2. to deny, 3. to follow behind; *"goroŋ yi **lay** nañ sa ginnaaw" (S. M. Ka)*, the drums are following your steps

layu, n., piece of basketwork used to ventilate or dry food

layu, v., to plead; **layook** *Yàlla*, to plead before God

laab, n., harness; v., to harness; **laabal,** to ride, to trot (horse)

laab, a. v., to clean; *ndox mu* **laab**, clean water

laabir, s. v., to be prodigal, lighthearted, beneficent, charitable, affable

laaf, n., wing

laafa, n., hat

laaj, a. v., to ask, to question; *danga am looy* **laaj**? do you have a question? **laaj** *gi nga ma* **laaj** *jafe na lool*; the question you asked me is very tough

laal, a. v., to touch, to feel; *kan moo* **laal** *ñam li?* who touched the food?

laalo, n., powdered leaves of the baobab used to make the couscous smooth

laata, prep., before; **laata** *nga ñów la dem*, he left before you arrived

laaw, interj., **laaw** *la ma cat!* God protect me from bad spells! (can also have a positive meaning)

laaw, n., lasso; v., to lasso

laax, n., rice, wheat or flour pudding

laaxaan, a. v., to remain thoughtful, to be in deep thought

làbbali, a. v., to whip (horse)

làbbe, n., vicar, abbot

làggi, v., to be lame, limping

làkk, n., language, a. v., to speak a language; *Wolof laa lay* **làkk**, I'm speaking Wolof to you; *dégguma* **làkk** *googu*, I don't understand that language; **làkkat**, n., a foreigner, someone who speaks a foreign language

làlleeku, v., (see **lal**)

làlli, a. v., (see **lal**)

làmb, 1. n., wrestling 2. v., to touch, to feel

làmb, 3., n., drum

làmmiñ, n., tongue

làng, a. v., to form a circle, a stage; **làngal**, a. v., to form a circle, a stage for; **làngal** *leen ñu bëre*, make room for them to wrestle

lànk, a. v., to refuse, to disagree; **lànk** *naa*, I say no

làppatoo, a. v., 1. to transcribe, to translate other people's thoughts 2. to manoeuvre

làq, to hide, to put aside; *lan la* **làq** *fii?* what did she hide here?

làqarñi, a. v., to untie; *na nga* **làqarñi** *buum gi balaa muy dagg*, untie the rope before it's torn; **làqarci**, id.

làqatu, a. v., to hide oneself; *fii laay* **làqatu**, I'm going to hide here

leb, a. v., to borrow, to make a loan (money); *tàmm nga di* **leb**, you are used to borrowing; **lebal**, to lend, to loan

leber, n., hippopotamus

leket, n., calabash

lekk, a. v., to eat; *kaay* **lekk** *ak man*, come and eat with me

lelli, a. v., to detach, to peel off; **lelleeku**, a. v., to flake off, to break off

lem, n., honey

lem, 1. a. v., to wrap, to envelop, to pleat; *wax ko mu* **lem** *yere yi*, tell him to wrap the clothes; **lemmeeku**, to be unwrapped; **lemu**, 2. a. v., to be enveloped, tied into

lemmi, a. v., to unwrap
lemu, a. v., to wrap, roll oneself; *dafa bañ ba* **lemu**, he flatly refused
leneen, pron., another, another one, another thing
lenge, n., short stick used by the circumcised
lenn, card. numb., one; something
lenxali, a. v., to rinse (dishes)
lew, v., to be earned fairly, honestly; *lii lu ma lew la*, I earned this fairly
lewet, s. v., to be insipid, tasteless, dull
lewwi, a. v., to remove the top, the surface, to clip (nails); *doo **lewwi** sa we yi?* aren't you going to clip your nails? **lewwikaayu** *we*, nail clippers
lex, n., cheek
lee, dem., that, that one
leeg-leeg, adv., sometimes; **leeg-leeg** *mu jaar fii*; he stops by sometimes; **lee-lee**, (reduction)
leel, 1. a. v., to provide with food, to feed, 2. to be bald, 3. please; *leel defal li ma la wax*, please, do what I said
leeñ, n., big hole
leer, n., light, illumination
légét, n., dry wound
lél, n., circumcision, initiation
lépp, adj, each, everything
létt, a. v., to braid, to plait
lééb, n., tale; a. v., to tell tales
léébu, a. v., to speak in riddles, to speak with a proverbial tone, to be proverbial, axiomatic
léé, adv., soon (see **léégi**)
lééj, v., to be stubborn
léégi, adv., now; **léégi-léégi**, adv., pretty soon, at once
léému, a. v., to join one's hands to say some psalms
lééwoo, a. v., to swing one's arms (wrestlers); **lééwtoo**, id.
lëf, n., thing (abstract)
lëg, n., hare
lëj, v., to be intricate, inextricable, ambiguous, puzzling; *mbir mi lëj na de*, the case is a tough one indeed; **lëjal**, a. v., to bother, to annoy, to bug; **lëjal** *nga ma*, you are bugging me; **lëj-lëj**, n., intricacy, puzzle
lëk, n., hare
lëkkaay, n., sheet, blanket; **lëkkaayu**, to cover one's body with a sheet (ref. to Ghandi)
lëm, n., 1. hole (of a tree) 2. sth. confidential, secret, a. v., to seal
lëmbaaje, a. v., to create confusion, a mess
lëmës, a. v., to wrap, to fold
lënd, n., web; **lëndu** *jargoñ*, cobweb

lëndëm, s. v., to be dark; **lëndëm** *kurus*, very dark; **lëndëmal**, a. v., to make dark, to darken

lëng, a. v., to hold s.o. by the shoulders; **lëngoo**, a. v., to hold each other by the shoulders

lëpalëpp, n., butterfly

lëslësi, a. v., to search, to ferret, to rummage

li, noun det., 1. the (close) 2. pron. what

ligééy, n., work, job; Phys., work; a. v., to work; *lan ngay* ***ligééy?*** what kind of job are you doing

lijaasa, n., diploma; *mu ngi boq ay **lijaasaam***, he is well educated

lijjanti, a. v., to solve (problem), to amend, to disentangle

lile, dem., this, this one

lim, 1. a. v., to name, enumerate; *ndax **lim** naa la ci ñiy bokk?* did I name you among the participants? 2. n., number

limbari, n., statistics

limoη, n., lemon

linjiil, n., New Testament

listixaar, a. v., to foretell, to portend, to predict

liw, n., cold; s. v., to be cold

liyaar, a. v., to mime

lii, dem., this, this one

liif, n., whip, horsewhip

liifantu, a. v., to read the alphabet

liimaan, n., faith

liit, a. v., to blow (the horn)

lonk, a. v., to hang on; ***lonkal** say yere fii*, hang your clothes here; *bul ko **lonk** ci ków mantó bi*, don't hang it over the coat rack; **lonkarñiku**, a. v., to be hooked, claw-like

lonk, a. v., to tow (car)

loqati, a. v., to poke (in the eyes)

lor, a. v., to condemn s.o. to an unhappy situation, to doom; **loru**, a. v., to find oneself in an unhappy situation

lott, v., to be dead tired, exhausted

lottal, a. v., to tire s.o. to death

lox, a. v., to shake, to quiver, to tremble; *maa ngiy **lox** ndax sedd*; I'm freezing

loo, n., bullock

-loo, v. suff., to make (s.o.) do sth.; **gëmloo**, to make believe; **jooyloo**, to cause to cry

loof, v., to be exhausted, tired

lool, adv., very

loola, dem., that (mentioned a while ago)

loolale, dem., (see **loola**)

loolu, dem., that (just mentioned)

loolule, dem., (see **loolu**)

loos, n., neck

looy, n., owl

lu, 1. v., to be deaf and dumb 2. rel. pron., which is, that, (only for things)

-lu, v. suff., 1. is used with verbs that are doubled to express how one is acting; ***dof-doflu***, to act crazy; ***muus-muuslu***, to play clever; ***dëgër-dëgërlu***, to play tough 2. to have sth. done for (you); ***ñawlu*** *ñaari simis*, to have two shirts made; ***woolu*** *fajkat bi*, to call for the doctor

lugat, a. v., to apply an antidote (to a snake bite)

lumm, v., *(bu nee) lumm*, in its entirety; wholly

lump, a. v., to swallow (balls of sth.)

lupp, n., thighs

lut, prep., except

luxus, a. v., to play magic; **luxuskat**, magician

luubal, a. v., to deceive, to do wrong

luubu, s. v., to become cantankerous

luum, s. v., to become confused

luuré, a. v., to vanquish, to beat

luus, n., *kuddu* **luus**, ladle

ma, 1. first pers. det. of the **mu** conjugation (*ma, nga, mu, nu, ngeen, ñu*); **ma** *nee, mën nga ma lebal ñaari dolaar?* I say, can you lend me two dollars? **ma** *may la tuuti?* you want me to give you some? 2. pron. obj., me; *jottali* **ma** *sama caabi*, pass me my key; *nee na* **ma** *munul ñów tey*, he told me he could not make it today 3. noun det., the (far); *muus* **ma**, the cat

macc, a. v., to lick (ice-cream), suck (candy)

maccaat, a. v., to lick again; to lick the rest of the food (fish bones)

mag, v., to be big; 1. n., older sibling; **mag bu góór**, n., older brother; **mag bu jigéén**, n., older sister; *maa la* **mag**, I'm older than you; 2. n., wisdom

malastiku, a. v., to lick one's lips

malaaka, n., angel

malaama, n., Ar., advice

malaan, n., loincloth; **malaanu**, a. v., to cover oneself with a cloth

male, dem., that, that one

man, 1. emph. pron, me, I; **man** *la*, it's me; **man**, *maa ko wax*, I was the one who said it

man, 2. a. v., can, to be able to (see **mën**)

manóóre, n., capability, capacity

manq, a. v., to pump, to put air in, to blow up (a balloon); n., balloon

mandarga, n., scar, sign, emblem

mar, n., thirst; v., to be thirsty

mar, a. v., to lick; **maraatu**, to lick one's tongue here and there; to have a habit of licking

marale, a. v., to reconcile, to make peace between

marax, n., twilight

maraakiis, n., Moroccan slippers

maroo, a. v., 1. to call a truce 2. to be in good terms, to get along well

mariñeer, n., woman's dress

marwa, n., site of pilgrimage in Saudi Arabia (Marwah)

masaa, a. v., to do one's ablutions, to rub one's body parts

masdalifa, n., site of pilgrimage in Saudi Arabia (Muzdalifah)

maslaa, a. v., to have a dialogue, to compromise, to attempt to find a common ground

mat, v., to be equal, to be proportional, to mature, to be worth; **mat** *na njëgam*, it's worth the price; **mat** *sëkk*, to be complete

mata, n., measuring tool (grain)

matal, a. v., to come up with the expected amount

matu, a. v., to labor (pregnant woman)

max, n., white ant, termite

maxe, v., to be rotten (wood)

maxfóón, n., Ar., book

maxtume, n., wallet

may, a. v., to give, to offer; **may** *leen ndox ñu naan*, give some water to drink

maye, n., 1. gift; 2. joke

maymaado, n., cayman, caiman

maa, det., first pers. det. of the **a** conjugation; *maa ko def*, I did it; *maa leen wara yóbbu*, I'm supposed to take you; *maay woy njëkk*, I sing first; *maa ngi nii rekk*, I'm doing fine

maaj, a. v., Eng., to march; *soldaar yaa ngiy maaj*, the soldiers are marching

maaliforo, n., *ci maaliforo*, in a precarious situation; to do sth. for nothing in return

maalo, n., rice

maam, n., grandparent; **maam bu góór**, n., grandfather; **maam bu jigéén**, n., grandmother; **maamaati-maam**, n., forefather(s)

maamoomu, a. v., to line up behind the leader of the prayer

maanaa, n., importance

maanaam, adv., namely, in other words

maare, a. v., to express joy, satisfaction, to exult

maas, n., equal; **maasale**, to make even, to level; s. v., to become flat

maasa, interj., expression used to soothe s.o.'s pain; take it easy!

maase, v., to be even, to have the same age; *Abdu ak Xadi ñoo maase*; Abdu and Xadi are of the same age

maawo, n., sea turtle

màbb, 1. a. v., to collapse, to tumble down, to cave in; *ngelaane gi tax na garab gi màbb*, the tornado caused the tree to fall; 2, n., scree

màgg, a. v., to grow old, to grow up; *garab gaa ngiy màgg*, the tree is coming up; *maa ngi màgge Medina*, I grew up in Medina

màgget, v., to grow old, to be obsolete; **màggetsi**, to become old

màkka, n., Mecca

màkkaaral, n., Math., normal

màmm, a. v., to bolt (horse)

màndal, a. v., to water (horses, people)

màndi, a. v., to be drunk, to get drunk

màndikat, n., drunkard, alcoholic

màndiŋ, n., forest

màndu, s. v., to be sincere, honest

manduwaar, n., big boat

màngaan, a. v. to emigrate

màngo, n., mango; *garabu màngo*, mango-tree

mànkoo, a. v., to agree on a term

màqaama, n., prestige, God's favor to the Prophets

màtt, n., bug

màtt, a. v., to bite; *ab fel a ma màtt*, I was bitten by a flea

mbagg, n., shoulder

mbalag, a. v., to tease

mbalit, n., litter, trash

mbalka, n., watering trough, tunnel

mbamb, a. v., to criticize, to blame
mbana, n., 1. big pot 2. pontoon bridge
mband, n., big (water) container
mbandkat, n., bard, town crier
mbann, adv., very (only used with *xeeñ*); *xeeñ* **mbann**, very balmy, aromatic, fragrant
mbaq, n., sth. that is shapeless; **mbaq** *mi yor ngelaw li*, the trumpet
mbar, n., sheath, handle of a knife
mbartal, n., Phys., steepness
mbas, a. v., to avoid, to dodge, evade (blow), to duck
mbas, n., plague, epidemic; **mbaslu**, a. v., to suffer deeply from sth. (loss)
mbaxal, n., Senegalese meal (boiling rice)
mbaxane, n., hat
mbayaar, n., *fasu* **mbayaar**, horse of short height (not a thoroughbred)
mbaa/mbaate, 1. conj., or; *nile* **mbaa** *nale amul solo*; either this way or that way, it doesn't matter
mbaa, 2. excl., *mbaa waxuloo ko ko!* I hope you didn't tell him
mbaadu, tag quest., is it?, isn't it? etc.,
mbaal, n., net, fishing net; a. v., to catch with a net; *ñaata jën ngeen* **mbaal** *tey?* how many fish did you catch today?
mbaam, n., **mbaam àll**, n., warthog, boar; **mbaam sëf**, n., donkey; **mbaam xuux**, n., pig
mbaanik, n., buttermilk
mbaar, n., 1. shading tent, (work)shop, workroom; **mbaaru** *bët*, eyelids 2. initiation place for the circumcised
mbaaru, a. v., to pitch one's voice lower
mbaate, conj., or
mbaax, n., goodness, kindness, bounteousness
mbàjj, n., blanket
mbàmbulaan, n., giant, sth. gigantic
mbàq, n., stomach, guts
mbebetu, a. v., to stammer, to mumble; *looy* **mbebetu** *nii?* what are you mumbling for?
mbedd, n., street, road; *soo jëlee* **mbedd** *mi dina la fa yóbbu*, this street will take you there
mbege, n., hoop, circle; **mbegetàppandaaral**, n., ellipse
mbej, 1. a. v., to slap, to smack s.o.'s face (cheek)
mbej, 2. n., Phys., electricity; **mbejeel**, n., electricity; **mbejféppal**, n., electron; **mbejféppeel**, n., electronics
mbell, a. v., to castrate, to geld
mbellar, n., swallow
mbee, onom., sound of a sheep bleating
mbeem, n., urine
mbeex, n., bleach, salty substance, sea salt, calcimine, snow white
mbég, n., happiness, satisfaction

mbégté, n., happiness, satisfaction
mbéér, n., pus
mbëggeel, n., love
mbëkk, a. v., to gore s.o.; *kuuy gee ko* **mbëkk** *mu xëm*, the ram gored him and he fainted; to run into, to collide with; *saxaar see* **mbëkk** *xale bi*, the child was run over by the train
mbëllee, a. v., to tease (with one's tongue in the open)
mbëŋ-mbëŋ, n., drum
mbëpp, n., resin of the fig tree
mbër, n., wrestler, champion
mbëtt, n., iguana, snapdragon
mbindaan, n., maid
mbicc, n., fringe
mbill, n., doe
mbind, n., writing, form, shape
mbindeef, n., individual, creature
mbir, n., matter, business, case; **mbir** *mi lëj na*, the matter is intricate
mbirit, n., dawn, break of the day
mbiib, n., whistle, horn; a. v., to whistle, to blow (instrument)
mboccoor, n., young camel
mbokk, n., share, relative; *Lamin sama* **mbokk** *la*, Lamin is my relative
mbombu, n., scrubber
mbon, n., evil; **mbon** *gi ci moom*, the evil in him
mbonaat, n., turtle, tortoise
mboq, n., maize, corn; **mboqe**, v., yellow
mboté, n., lamb, ewe
mbott, n., frog
mbooleem, n., each and everyone
mbooloo, n., assembly, group, gathering
mboor, n., breath, breeze
mboot, n., protection, cover, guardianship
mbootaay, n., group, organized committee
mbootu, n., apron used by women to hold their babies
mbooyoo, n., east wind (hot and dry)
mbów, onom., sound of a dog barking, *xaj baa ngiy nu* **mbów**, the dog is barking at us
mbóót, 1. n., roach
mbóót, 2. n., the secret of sth., the hidden part of sth.
mbugaan, n., mangrove
mbuggel, n., love
mbumbaay, a. v., to entertain oneself, to enjoy oneself, to party
mbuqat, n., s.o. full of fear, a timorous person
mburtu, n., lamb

mburu, n., bread
mbuxri, a. & s.v., to be, to become fat, round
mbuus, n., plastic bag
mel, a. v., to resemble, to look like; *mu ngi* **mel** *ni sama rakk bu jigéén*, she looks like my younger sister; *nu mu* **mel**? how does it look?
melas, a. v., *nee* **melas**, to disappear, to evaporate in the air
melax, n., lightning; a. v., to shine, to glitter; *jant baa ngiy* **melax**, the sun is shining
melentaan, n., ant
melo, n., appearance, color, resemblance
melokaan, n., resemblance, identification
meneen, pron., another, another one
menn, card. numb., one
menteñ, a. v., *nee* **menteñ**, to be out of sight, to disappear
meññ, v., to be fruitful (tree)
meññet, n., root, bud
meŋŋ, s. v., *nee* **meŋŋ**, to be out of sight, to disappear
mer, v., to be angry, unhappy; n., anger
meroo; a. v., to be angry with each other
mes, a. v., *nee* **mes**, to disappear all of a sudden
mesey, n., fine rain, drizzle; v., to drizzle
metteel, n., scarf
metti, v., to be hard, painful; **mettit**, pain, tribulation
mey, a. v., to give, to offer
mee, dem., that, that one
meeb, n., bait; a. v., to trap a fish, to throw the bait
meem, a. v., to bleat (sheep)
meen, n., sap (of plant)
mébét, v., to imagine, to muse on, to brood over the future, to ruminate
médd, n., carrion; (of pers.) swine
méngale, a. v., to make even
méngó, v., to be equal, commensurate, equivalent; **méngóók**, to be tantamount to
mépp, each, all (sg)
métit, n., pain, affliction
mëlfa, n., veil
mëll, a. v., *nee* **mëll** *génn ci biti*, to rush outside
mën, a. v., can, to be able to; **mën** *ngeen ligééy suba?* can you work tomorrow? **mën-mën**, n., capacity, capability
mëq, a. v., to swallow (powder); to chew (tobacco); *lu la xiir ci* **mëq** *dóóm?* why do you chew tobacco?
mës, a. v., to have once experienced
mi, noun det., the (close); *muus* **mi**, the cat; rel. pron., that, which; *moom* **mi** *nga wax*, the one that you mentioned

mile, dem., this, this one
minna, n., site of pilgrimage in Saudi Arabia (Mina)
misaal, n., example, symbol, sign, image, metaphor
miskin, n. layman, person of low wealth
mii, dem., this, this one
miik, a. v., (also **miig**) *nee* **miik**, to hush, to be quiet, silence
miikar, n., person whose look is not trustworthy, crafty person
miim, a. v., to deny; *bu ko* **miim**, don't deny it
miin, a. v., to be familiar with, to know better, to get used to; **miin** *na dëkk bi léégi*, now he knows the town well
miir, a. v., to feel dizzy, giddy
miiraas, n., inheritance
mocc, a. v., to massage the joints
mokk, v., to be well ground, to be powdered; *suukar su* **mokk**, powdered sugar
mokkal, a. v., 1. to mash, to make a powder of 2. to know well (one's lessons), to master
monte, adv., indeed, actually
morom, n., equal; *amoo* **morom**, you are great, you have no equal
mos, a. v., to taste, to have once experienced; **mosal** *ba xam ndegam neex na*, taste to see if it is good; **mos** *nga dem NDakaaru?* have you ever been to NDakaaru?
mosal, a. v., to make s.o. taste sth.
moslukat, n., needy person, pauper
mott, a. v., *nee* **mott**, to beat it, to go away
moy, a. v., to miss one's target; to avoid, to miss (doing sth.), to be a near thing; *lu ko* **moy**, otherwise, if not
moy, a. v., to sin, to deviate from the right way; *bul* **moy** *sa borom*, don't sin before the Lord
moytu, a. v., to avoid, to be warned against; **moytul** *ma safara si*, be careful with the fire
moo, 1. third pers det. of the **a** conjugation; **moo** *ma bind leetar bi*, he (is the one who) wrote me the letter 2. excl., well; **moo**, *looy def nii?* well, what are you doing?
mool, n., fisherman
moom, emph. pron., him, her, it; **moom** *la*, it's him (her)
moom, a. v., to own; *Majaw a ko* **moom**, it's Majaw's
mooma, dem., that (mentioned a while ago)
moomale, dem., (see **mooma**)
moona, adv., indeed
moomu, dem., that (just mentioncd)
moomule, dem., (see **moomu**)
mooñ, a. v., to prepare the couscous semolina (in balls)
móól, n., brick; a. v., to edit
móólu, a. v., to curse, to fume
móómin, n., animal

mu, 1. det., also called the **mu** conjugation; *mu nee nga agsi*, he asked for you to come in; *bi mu demee laa dem*, he left and I followed 2. third pers. det. of the **a** conjugation; *mu ngiy ñów léégi*, he's coming soon 3. rel pron, that, which; *meew mi mu naan*, the milk (that) he drank

mucc, v., to be safe, to be rescued; *kan moo mucc ci kasara gi?* who survived the accident?

mujj, a. v., to be last; *yow yaa mujj*; you were last; **mujje**, a. v., to be the last; *mujje gi*, at the end, finally

mukk, adv., never

mun, a. v., can, to be able to (see **mën**)

muñ, a. v., 1. to have patience, to wait 2. to withstand

mus, a. v., to have once experienced

musal, a. v., to spare s.o.; *musal ma ci sa jiñaate gi!* spare me your accusation; *musal sa bopp*, to spare oneself

muskàllaf, n., respectable person, notable, personality

musiba, n., misfortune, something fatal; *wax nga musiba!* don't tell me

muslu, n., to protect oneself from bad things

musóór, n., headkerchief; **musóóru**, to cover one's head (women)

musta, v., form of *musula*, he never...

musu, a. v., to sip, to suck up, to inhale, to breathe in

muumin, n., Ar., faithful person

muuñ, a. v., to smile; *ku muñ muuñ*, if you have patience you will be happy one day

muur, n., 1. religious charity offered during the month of Ramadan, charity; **muurum koor**, dues for Ramadan, 2. luck, fate, fortune

muur, a. v., to cover, to veil; **muuru**, a. v., to veil oneself mourning one's deceased husband

muus, 1. n., cat

muus, 2. v., to be clever, cunning

na, 1. v. det., also called the **na** conjugation: **naa** (1st pers.), **nga** (2nd pers.), **na** (3rd pers.), **nanu** (1st pers. pl.), **ngeen** (2nd pers. pl.), **nañu** (3rd pers. pl.); the **na** det is placed after the verb and before the object; *def* **naa** *ko ba noppi*, I have already done it; *ñów* **na**, he's here; *jàpp* **nañu** *sàcc bi*, they caught the burglar, 2. imp. tone: **naa** (let me), **na nga**, (2nd pers.), **na** (let him, let her), **nanu** (let us), **na ngeen** (2nd pers. pl.) **nañu** (let them); **na** *nga dellusi suba*, come back tomorrow; **na** *nu ñibbi*, let's go home; **na** *leen ko wax moom ci boppam*, let him tell them, 3., adv., how, the manner in which (far), **na** *mu def?* how is he? **na** *nga def?* how are you? **na** *mu ko defee moo ma neexul*, I did not like the way he acted 4. adv., like (far); **na** *moom*, like him

nafar, a. v., to review, to revise, to study (lessons)

nafa, n., purse

nag, n., cow

nagam, a. v., to pull a hamstring, to have a cramp

naj, a. v., to hold, to hold tight, to press; **najal** *loxo xale bi balaa muy réér*, hold the child's arm tight before she gets lost; **najub** *ngelaw li*, atmospheric pressure

naka, inter., how, **naka** *nag def?* how are you? **naka***?* how? what?

nakajekk, adv, usually, in general, very often; **nakajekk** *meluloon noonu*, he wasn't usually that way

nal, a. v., to press, to squeeze to get the juice out

nale, dem., like that, that way

namm, a v., to feel homesick, to be nostalgic; **namm** *naa la*, I miss you; **nammeel**, n., homesickness

nammjotul, n., Math., asymptote

nangu, a. v., to accept, to agree, to approve of, to consent to, to say yes; **nangu** *naa li nga wax*, I accept your proposal

nañax, s. v., to be clear, bright

napp, 1. a. v., to fish; **nappkat**, n., fisherman 2. fam., to henpeck s.o., to try to scare s.o. by using harsh words or facial expressions

nappaaje, a. v., to smash, to crush

naqar, n., pain, affliction, suffering; **naqaral**, a. v., to make it hard, to make feel painful, to worsen; **naqari**, v., to be hard, difficult, painful; *loolu de* **naqari** *naa gëm*, that indeed is hard to believe

nar, a. v., 1. to lie, to tell a lie 2. to be about to, to intend to; *lu mu nar?* what's his plan? *dafa* **nara** *ñów fii léégi*, he should be coming here soon

narmeelu, a. v., to fall

nas, a. v., to card, to spin (thread)

nasaraan, n., French (as a language)

nataal, n., picture, photograph

natt, a. v., to measure; **natt** *nga ko ba xam?* did you come up with an evaluation? **nattukaay**, measuring tool, **nattangaay**, thermometer, **nattukaayu** *tàngaay*, thermometer; **natt** *dayoo tàngaay*, calorie measurer

nattu, n., test; a. v., to put someone to the test

nattuwaay, n., Phys., unit
naw, 1. n., throbbing, beating (heart), 2. a. v., to look after s.o.
nawet, n., rainy season
nawle, n., person of the same social status, peer
nax, a. v., to deceive, to mislead, to be unfaithful to; *nax sa jabar du ndam*, it's no big success to deceive one's wife
nay, v., to be miserly, avaricious; *nay ci xaalis*, to be mean with one's money
naab, a. v., to advise (s.o.) to do, to encourage a woman who is ready to wed
naaféq, n., hypocrite
naafila, n., Ar., complementary prayers performed during the month of Ramadan; a. v., to perform the prayer
naaga, n., she-camel
naagu, v., to be overconfident; *yow gaaw nga **naagu** kat*, it's too soon (for you) to be that optimistic
naaj, n., clear sky, sun; *naaj na*, the sun is already out; it's late (in ext.)
naaje, a. v., to be late in waking up (in the morning); *dama **naajee** dem marse*, I was late going to the market place
naajo, n., pumpkin
naal, a. v., to intend to, to project, to plan; **naal**, n., plan, scheme, project
naam, excl., yes! (answering a call), present
naan, n., drink; a. v., to drink, *naanal ci ndox mi*, drink some water
naana, n., garden mint
naanal, a. v., to make s.o. drink, to water (horse); *naanal na xar yi?* did he water the sheep?
naar, n., Moor; **naaru góór** n., (horse), thoroughbred
naat, 1. n., guinea fowl
naat, 2. a. v., to flourish, to be prosperous, flourishing; *tool yi **naat** nañu ren*, the crops have been abundant this year; **naatal**, a. v., to make flourish, to extend, to expand; **naatange**, n., abundance, affluence
naat, 3. a. v., to step on
naaw, a. v., to fly, to fly away, to become invisible; *sama picc mi **naaw** na*, my bird flew away
naax, a. v., to forget by being carried away, to be senile
naaxis, n., Ar., an incomplete work
naaxsaay, a. v., to disappear
naay, a. v., (*mbaar*, roof) to be slanty, sloping
nàcc, a. v., to bleed; **nàcc-nàcc**, n., bleeding
nàkk, n., sweet rice ball (given for charity)
nàmm, a. v., to sharpen (knife); *gobar gi **nàmmuñu** ko bu baax*, the dagger hasn't been well sharpened
nàmp, a. v., to suck milk (of baby); *ku ñàkk yaay day **nàmp** maam*, babies who lost their mothers should seek their grandmothers for help; **nàmpal**, a. v., to feed a baby with

milk, to breastfeed; *bes bu nekk dinaa ko* **nàmpal** *ñenti yoon*, I feed him four times a day

nànd, v., to be intelligent, clever, smart, bright

nàndal, a. v., to give s. o. a liquid medication, to give to drink

nàngam, n., *nàngam ak nàngam*, so on and so forth, whatnot, x number

nàññ, adv., very, (only used with *leer*); *leer* **nàññ**, very clear

nàññ, a. v., (of cow) to bellow, to moo, to low

ndab, n., utensil

ndafaliŋ, n., canoe

ndagaan, n., request, petition; *seriñ bi nangul nu sunu* **ndagaan** *li*, please accept our plea, sir!

ndajé, n., meeting; **ndajé** *li tas na*, the meeting is over

ndalal, n., consolation, comfort

ndam, n., victory; *kan moo yóbbu* **ndam** *li?* who won? who was the champion?

ndamndam, n., parrot

ndanjaama, n., something gigantic

ndap, n., utensils, kitchen utensils; *Antaa ngiy raxas* **ndab**, Anta is doing the dishes

ndaraan, n., tractor

ndare, n., envoy

ndaw, 1. v., to be small

ndaw, 2. n., (accepts two art., li and si); **ndaw si**, n., the young girl; **ndaw li**, n., the messenger; **ndawal buur**, n., king's messenger; **ndaw njombe**! talk about a calamity!

ndawal, n., fish, meat (placed on top of the rice)

ndawtal, n., premium, gift offered or received during big celebrations (wedding, baptism)

ndax, 1. prep., so, because, so that; **ndax** *lan?* why? for what reason? **ndax** *li nga wax*, because of what you said 2. prep. phrase, for the sake of; **ndax** *Yàlla*, for the sake of God

ndaxam, adv., actually, by the way, indeed, **ndaxam** *moom nit ku yaru lawoon de*, he was indeed a good person

ndaxte, prep., because

ndaa, n., big water jar

ndaare, 1. n., drum 2. last (in a race)

ndànk, adv., softly, slowly; *dawalal* **ndànk**, drive slowly; *defal* **ndànk**, be careful

ndàmpaay, n., compensation; *am lii* **ndàmpaay** *ci coono gi*! take this in compensation for your effort!

nde, conj., since, seeing that

ndefo, n., contempt, scorn

ndegam, 1. prep., if; *laaj ko* **ndegam** *bëgg na ñów ak nun*, ask her if she wants to come with us 2. conj., since; **ndegam** *xam nga loolu lu tax nga def ko?* since you are aware of that, why did you do it?

ndego, n., breakfast

ndeke, adv., rather, however, on the contrary; *danu foogoon ne yaa doon njiiñ gi,* **ndeke** *moom la*, we were fooled to believe you were the culprit; **ndekete**, id.

ndekki, n., breakfast; a. v., to have breakfast; *bëgg nga* **ndekki** *léégi?* do you want to have breakfast now?

ndekkoon, adv., otherwise, if not

ndem, n., **ndem** *si Yàlla si*, the late

ndete, n., yellow fever

ndewu, n., meal

ndey, n., 1. mother 2. Comm., purchase price

ndeyjoor, n., right, *loxo* **ndeyjoor**, right arm

ndeysaan, phr., Lord have mercy! praise the Lord!

ndeem, prep., reduction of **ndegam**

ndeer, 1. n., last but one; fam., *yóbbu* **ndeer** *ak lestek*, to win it all

ndeer, 2. n., drum

ndéf, n., cow dung, cow pat

ndéwanal, n., gift of the year (received during the celebration of the sheep sacrifice)

ndéy, n., secret

ndééy, n., secret

ndënd, n., drum, tom-tom

ndëng, n., curve, diagram

ndëpp, n., Senegalese voodoo ceremony

ndës, n., mat

ndig, n., promise; **ndig** *loo gis bor la*, to promise is to owe

ndigal, n., advice, recommendation

ndigg, n., waist

ndimbal, n., help, assistance; *nu ngi lay gërëm ci* **ndimbal** *gi nga nu indil*, we appreciate your assistance; thank you for your help

ndimó, n., 1. material, fabric 2. white horse

ndof, n., folly, mental handicap

ndogal, n., decision, preconceived will

ndogu, snack, break of fasting; v., to break one's fasting

ndoket, n., bodice (of dress), blouse

ndokk, adv., so much the better

ndokkale, n., congratulations; a. v., to congratulate

ndokku, v., to express joy over someone's misery

ndomba, 1. n., belt for spiritual protection; circuit, 2. **ndombab tànk**, n., title conferred to notables

ndongo, n., lad, young man, disciple

ndono, n., inheritance, will

ndoŋ, n., back of the head, occiput

ndox, n., water; **ndoxe**, watery, full of water

ndoxaan, n., courtship

ndoxteef, n., everything that walks

ndóbin, n., blackbird

ndóól, n., pauper, necessitous, poverty-stricken

ndugg, n., 1. groceries, shopping; *sa **ndugg** li jar na tey*, you have had a good deal with your groceries 2. entrance; ***ndugg** li ñaari dëram la*, the entrance is for ten francs

ndull, onom., way of falling; *nee **ndull** ci suuf*, to fall heavily on the ground

nebon, n., fat

nekk, 1. n., Sci., physics; **nekktuutil**, n., microphysics

nekk, 2. a. v., to be, to become, to be located; *fan la **nekk**?* where is it? *lan nga **nekk** léégi?* what are you now?

nekkin, n., state of being

nel, n., scalp, bald head; ***nel** fondoŋ*, hairless head, bald head; **nelu**, a. v., to shave off one's hair

nelaw, a. v., to sleep; to die

nelawaan, n., sleeping disease

nemm, v., *nee* **nemm**, to be dead quiet, still, motionless

nemmali, 1. a. v., to beat hard, to whip, to flog 2. n., incense

nemmiku, a. v., to discern, to resume

nen, n., egg; fam.; *amoo **nen***, you have nothing

neneen, adv., another way, differently

nenn, 1. n., Phys., matter

nenn, 2. adv., one way, singularly

nenne, n., baby

nennu, a. v., to take s.o. for granted after putting a lot of pressure upon him; to treat s.o. as one's punching bag

nepp, adv., very (only used with *nooy*); *nooy* **nepp**, very soft, mild

netetu, n., fermented sea mollusc

nettali, a. v., to tell, to narrate, to relate, to recount; *bàyyil di **nettali** loo xamul*, stop talking about things you don't know

nettalikat, n., narrator, storyteller, storywriter; (fig.) liar

newwi, a. v., to swell, to puff out (one's cheeks), to dilate; **newwi-newwi**, n., swelling

ne(e), rel. pron., that; *danga bëgga wax **ne** loolu jaaduwul*, you want to say that it was not the right thing to do

nee, a. v., to tell, to say; *yaa **nee** mu def ko*, you told him to do it; ***neewuma** ko loolu*, I didn't tell him that

neen, n., vacuum; *loolu waxu **neen** la*, that is absolute nonsense

neer, a. v., to feel qualmish, sick

neex, s. v., to be good, pleasant, to taste good

neexal, a. v., to try to make feel good, to try to please s.o. by flattering him, to coax, to coy; *bu ko **neexal**, góór la*, don't coax him, he's a grown up

nég, a. v., to wait, to await s.o.; ***négleen** ba mu ñów*, wait till he get here

népp, adv., whichever way, every way

néég, 1. n., room 2. s. v., to be wicked

nééw, v., to be very small, to be of little significance; **nééwal**, a. v., to dwindle, to decrease; *dafay jééma **nééwal** li nu def*, he's trying to minimize what we did; **nééwlóó**, a. v., to minimize, to reduce, to make little; **nééwdoole**, n., feeble, weak person; **nééwxel**, n., simpleton; v., to be of a small mind

nééw, n., corpse

nëb, v., to be rotten, bad, fermented

nëbb, a. v., to hide, to take out of sight, to obscure; *fan ngeen **nëbb** samay dàll?* where did you hide my shoes? **nëbbu**, a. v., to hide (oneself), to take cover; *may ma ma **nëbbu** fii, góór gi!* please sir, allow me to hide here; **nëbbatu**, id.

nëgani, adv., now; *nëgani daaw*, last year on this date; *ba **nëgani***, up to now

nëq, n., abdomen

nëq, a. v., to attempt to drown s.o., to sink s.o. into the water

nërëm, a. v., to prostrate oneself, to bow down

nëx, v., to be troubled, muddy (water); **nëxal**, a. v., to trouble (water); to cloud s.o.'s mind

nga, 1. v. det., 2nd pers. det. of the **na** conj.; *dem **nga** fi ma la waxoon?* did you go where I told you? 2. 2nd pers. det. of the **la** conjugation; *marse **nga** demoon*, you went to the market place, 3. 2nd pers. det. of the **mu** conjugation; ***nga** nee lan?* what did you say? 4. also attached to the **a** conj.: **a ngi/a nga** (far); *mu **nga** doon nelaw waxtu woowa*, he was sleeping at that time

ngak, n., trigger

ngalla, excl., please; ***ngalla** bul jooy*, please don't cry

ngand, n., giant, (see **ngande**)

ngande, s. v., to be huge, big; *bari **ngande***, to be too showy

nganj, n., big firewood

ngaana, n., leprosy

ngàdd, a. v., to hit (s.o.'s neck) very hard, to knock s.o. very hard; *dama ko **ngàdd** muy xalangu*, I hit him so hard that he was rolling all over the ground

ngànk, a. v., to hold sth. between one's teeth

ngàndi, n., indigo (-blue)

ngànt, n., refusal, rejection

ngàttaan, n., short person

ngegenaay, n., pillow

ngelaane, n., tornado; ***ngelaane** biig gi tas na dëkk bi*, yesterday's tornado put the whole town in shambles

ngelaw, n., wind, gas; ***ngelaw** a ko dugg*, he was hit by the invisible (supers.); **ngelawu gééj**, monsoon

ngelembu, n., brown horse

ngemb, n., shorts (wrestlers'); **ngembu**, to wear shorts

ngeen, 1. 2nd pers. det. (pl.) of the **na** conj. 2. 2nd pers. det. (pl.) of the **la** conj. 3. 2nd pers det. (pl.) of the **mu** conj.; (see **nga** for ex.)

ngeer, n., bush, shrub, short squatty shrub covered with small whitish leaves
ngénté, a. v., to celebrate the birth of one's child
ngéwal, n. compound of the griots, *maa ngiy dem kër* **ngéwal**, I'm going to visit the ngéwal family
ngééj, a. v., *nee* **ngééj**, to aim, to take aim at
ngën, n., best; **ngën** *ji mbindeef*, the best of all mankind
ngëj, a. v., to spank, to punish; *danga namm* **ngëj?** are you in for another spanking?
ngëm, n., belief, faith
ngërëm, n., thanks
ngi, part., with **a** gives the **a ngi** conj.; **maa ngi, yaa ngi, mu ngi/moo ngi** etc.; *maa ngi fi rekk*, I'm all right
ngir, n., road, path
ngir, prep., because of, for the sake of; **ngir** *Yàlla*, for the sake of God; *dama ko def* **ngir** *bëgg mu jëriñ leen*, I did it so that it can be useful to you
ngolngoleet, n., riding pillion
ngor, n., honesty, integrity; *"moo nàmp yaari weeni* **ngor***"* (S. M. Ka), he comes from an honest family
ngoro, n., engagement, **ngoro** *li tas na*, the engagement has been broken
ngoonal, a. v., obs., evening courtship
ngooñ, n., hay
ngóóm, n., hound (dog)
ngóóra, n., power
ngulu, n., poultry
ngung, n., Math., coefficient
ngunu, n., poultry, cage bird
nguri, n., wasp
nguunu-ngaana, n., eunuch
nguur, n., government, reign
ni, adv., like, the same as, as; **ni ki**, id.; *day woy* **ni** *magam*, he sings like his older sibling
nijaay, n., uncle (mother's brother)
nile, adv., this way, like this
niróó, v., to look alike, to resemble; *dangeen* **niróó**, you look alike; **niróówaay**, n., resemblance
nit, n., human being, person; **nit nit** *ay garabam*, a man's remedy is man
nitt, card., twenty; **nitt** *ak juróóm*, twenty-five
niw, n., top of the milk's butter
nii, adv, this way; *noo mel* **nii?** why arc you this way?
niim, n., Senegalese tree
niin, v., to be oily, greasy; *raxasal sa loxo yi ak saabu ndax dañoo* **niin**, wash your hands with soap, they are greasy
niis, n., mist, fog, haze, *biti bi dafa* **niis** *tey*, it's misty today

niit, a. v., to light, to scrutinize; **niital**, a. v., to light the way for s.o.; **niital** *ma balaa may fakastalu*, put the light on before I bump over sth.
njabar, n., witchcraft; **njabarkat**, n., witchcraft
njaccaar, n., s.o. who is not destitute of vision; "**njaccaar** *gënul gumba gu taar*" (S. M. Ka), a man of sight is no better than a handsome blindman
njadan, n., calamity
njafeel, n., captivity
njagamaar, n., girl (between 15 and 17)
njalbéén, n., at the very beginning, early; *waxoon naa la ko ca* **njalbéén**, I told you right at the very beginning
njall, n., halfbreed, colored
njamala, n., giraffe
njambaan, a. v., to mix some fruits with water and sugar or salt, to make a marmalade
njanaaw, n., birds
njañ, n., mop of hair, head of hair
njar, a. v., to mix water to a thick substance like buttermilk
njaxas, n., mixing, mixture, alloy
njatt, n., action of throttling
njaxlaf, a. v., to be active, industrious, hardworking
njaaloo, a. v., to live in adultery
njaatigi, n., host
njaax, anxiety, disquiet, uneasiness
njaaxum, n., blunder, big mistake; *wax nga* **njaaxum**, what a disaster!
njaay, n., items for sale; **njaay** *mi yomb na lool tey*, things are cheap today
njàmbal, n., acne
njàmbat, n., rumor; **njàmbat** *li ci dëkk*, the rumor of the town
njàmbataan, n., seraglio
njàmbaar, n., courage, bravery
njàmbur, freedom, liberty
njàng, n., education, instruction; **njàngaan**, id.
njàq, n., anxiety, disquiet, uneasiness
njegenaay, n., pillow
njébbal, n., delivery, dispatching
njéndi, n., country, county
njééréér, n., grasshopper
njël, n., 1. dawn 2. (in polygamous families) one's turn to cook (see **jël**)
nji, n., plantation, farming
njistal, n., ostentation, boasting, pretension
njiin, 1. n., sound of the drums 2. a. v., to trip
njiiñ, n., accusation
njoccu, a. v., to get scarred
njogonal, n., afternoon snack

njolle, a. v., to pitch one's voice higher
njolloor, n., middle of the day
njombe, n., calamity, catastrophe
njonkóór, n., mane
njot, n., 1. spare time 2. fitness 3. projection, extension, representation; *"yonnent bi di nelaw maadi **njot** gi tey jii"* (S. M. Jaxate), today I represent the late prophet
njool, v., to be tall, to be lofty; ***njool*** *Màkka*, nickname of prophet Muhammad
njoolu, a. v., to stand tall before
njoowaan, n., swing, hammock; v., to swing, to sway
njooxe, n., group of people setting out to one direction
njublaŋ, n., trickery, (of pers) crook; v., to play a trick on s.o., to deceive s.o.
njugub, n., bat
njulli, n., circumcised person
njur, n., deliverance, procreation; **njuréél**, n., id.; Math., **njuréélukjank**, n., conical, cone-shaped
njuy, a. v., to avoid, to feint, to deceive, to elude, to delude
njuumté, n., deception, mistake
njuur, n., sword
nob, a. v., to love; ***nob*** *naa la, nobuma la, jarula xulóó*, to be refused love is no cause for war; **nobeel**, n., love
nocci, a. v., to pull the strings off, to untie the thread
nod, a. v., to win at the game
nodd, a. v., to call people (Muslims) for prayers; **noddkat**, n., muezzin
noflaay, n., peace of mind, *may ma sama **noflaay***, leave me alone
noggatu, a. v., to take s.o.('s fear) for granted, to abuse
nokkos, a. v., to stuff in, to fill up
nopp, n., ear; *sa **nopp** yi lu ñu lay jëriñ?* what are your ears for? ***nopp*** *a mag booroomam*, an ear is older than its owner
noppal, a. v., to appease, to leave s.o. alone
noppaliku, a. v., to rest, to relax
noppalmbindeef, n., Phys., machine; **noppal doomu Aadama**, n., machine
noppi, a. v., 1. to be over; **ba noppi**, adv., already, afterwards 2. to be quiet
noq, a. v., to beat up; **noqul** *fale*, go to the devil
nor, a. v., to be hollow (can), **nor-nor**, hollow; **noral**, a. v., to change the shape of a solid (can); to flatten
noreebiir, n., Sci., convexity
noreebiti, n., Sci., concavity
not, a. v., to dominate
notoxal, a. v., to knead (bread)
noyyi, a. v., to breathe
noo, v. det., 3rd pers, det of the **a** conj.; ***noo*** *ngiy dem biir dëkk ba*, we are going uptown

nooj, s. v., to be of average size; **nooju**, a. v., to place one's arm around s.o.'s neck, to press s.o. down

noon, n., enemy; **noonu**, a. v., to make s.o. one's enemy,

noona, adv., that way, in that manner (mentioned a while ago)

noonale, adv., (see **noona**)

noonu, 1. adv., that way, in that manner (just mentioned) 2. (see **noon**)

noonule, adv., (see **noonu**)

noor, n., dry season

nooy, s. v., to be soft, flabby, weak (of pers.)

nooyal, a. v., to soften

nu, 1. 1st pers. det. (pl.) of the **a** conj. (nu/noo) 2. 1st pers. det. (pl.) of the **mu** conj. 3. pron. obj., us; *wax **nu** lu **nu** wara def*, tell us what we should do 4. adv., how, the way in which, whichever way; ***nu** mu ko defee rekk baax na*, any way is good

nun, emph. pron., us, we, ***nun**, noo ko def*, we did it

nuru, a. v., to look like, to resemble; ***nuru** naak baay ba,* he resembles his father

nuyu, a. v., to greet, to salute, to say hello; *neel Jaalo maa ngi koy **nuyu***, tell Jaalo I said hi!

nuuru, a. v., to dive in, to go deep into the water; *nanu **nuuru** ba ci suuf,* let's dive in to the bottom

nuur, a. v., to sink in, to go deep; *lal buy **nuur**,* a comfortable bed

nuut, onom., *nee* **nuut**, to be quiet; *neel* **nuut**! hush; **nuut**! mum is the word

ña, 1. def. art. (pl.), the (far); used only with *gaa, nit, góór, jigééñ* and their derivatives; 2. det., those who; "*ña tukkiwoon far nañu laŋ*"(S.. M. Ka), those who left declined to come back

ñag, 1. n., barrier, hedge   2. a. v., to protect (the upper wall with bottles) against

ñagas, s. v., to be rugged, rough, uneven

ñakk, a. v., to inoculate, to vaccinate

ñale, dem., those

ñam, n., food 2. a. v., to taste; *mos nga **ñam** pizza?* have you ever tried some pizza?

ñammasadi, excl., well done; joy expressed over s.o.'s failure

ñaq, n., perspiration; v., to perspire

ñareet, sup., very; used only with *tàlleeku*; *tàlleku* **ñareet**, very flat, wide open

ñaw, 1. a. v., to sew; *ku **ñaw** sa taybaas bi?* who made your dress? **ñawkat**, n., tailor, dressmaker 2. s. v., to be sharp (knife)

ñaw, interj., satisfaction shown over s.o.'s pain; good, well done!

ñax, n., grass; **ñax** *mu tooy*, green grass, **ñax** *mu wow*, hay

ñax, a. v., 1. to put, to set somewhere, 2. to murmur; **naxtu**, a. v., to murmur, mumble

ñay, n., elephant

ñaag, a. v., to give plenty, to provide

ñaan, a. v., 1. to beg, to beseech, to ask a favor; ***ñaan** laa njukal*, I'm asking for your pardon 2. to pray; *maa ngiy **ñaan** mu delluseeg jàmm*, I'm praying for him for a happy return

ñaar, card. numb., two; **ñaareel**, ord. numb., second, to second; **ñaar** *fukk*, twenty; **ñaari** *tééméér*, two hundred; **ñaari** *junni*, two thousand; **ñaari** *téémééri junni*, two hundred thousand; **ñaari** *yoon*, twice; **ñaareeli** *yoon*, second time; **ñaareel** *bi aj*, second degree

ñaariwet, phr., mutual

ñaariwetlang, n., Math., trapezoid

ñaariwetyem, n., Math., isosceles (triangle)

ñaas, a. v., to scar, to draw colorful lines over the face; **ñaasu**, a. v., to get scarred

ñaaw, s. v., to be ugly, to be wrong, to be unjust (an act); *li nga def **ñaaw** na*, what you did was wrong; **ñaawaay**, n., ugliness

ñaax, a. v., to encourage

ñàdd, a. v., to hold tight; ***ñàdd** leen ko bu baax ndax ma caw ko*, hold him tight so that I can whip him; **ñaddoo**, a. v., to hold tight together

ñàkk, a. v., to lack, to be short, to be in want of; *ndox **ñàkk** na ci dëkk bi*, the town is short of water

ñàmbaas, a. v., to add to, to supplement

ñàmbi, n., cassava

ñàngóór, n., python

ñànkataŋ, n., white rice

ñebbe, n., bean

ñef, a. v., to spank, to beat

ñeme, a. v., to be courageous, daring; **ñemeñ**, id.,
ñendaxit, n., mucus, phlegm, snot
ñendu, a. v., to blow one's nose
ñenent, card. numb., four
ñent, card. numb., four, **ñenteel**, ord. numb., fourth; **ñent** *fukk*, forty; **ñenti** *téeméér*, four hundred, **ñenti** *junni*, four thousand; **ñenti** *yoon*, four times; **ñenteeli** *yoon*, fourth time
ñentiwet, n., Math., quadrangle
ñett, card. numb., three, **ñetteel**, ord. numb., third; **ñetti** *téeméér*, three hundred, **ñetti** *junni*, three thousand; **ñetti** *yoon*, thrice, three times; **ñetteeli** *yoon*, third time
ñettikoñ, n., Math., triangle
ñee, 1. dem., those 2. a. v., to envy; *man de* **ñee** *naa la xaat*, I'm already jealous of you
ñeel, v., to be incumbent upon s.o.
ñeer, s. v., to be sea-sick
ñeex, n., sauce, gravy
ñédd, a. v., to clean up the rest of the food (with one's hand)
ñéññ, a. v., to be deeply angry, to feel betrayed
ñëg, a. v., to be deeply angry, to lose one's temper
ñi, def. art., the (close); det., the ones who
ñibbi, a. v., to go back, to return home; *kañ ngeen di* **ñibbi?** when are you going back home?
ñile, dem., these; *jigéén* **ñile**, these women
ñii, dem., these; *gaa* **ñii**, these guys
ñiit, a. v., to clean up the rest of the food
ñoddi, a. v., to pull out, to stretch, to win (gambling)
ñokket, a. v., *nee* **ñokket**, to get up
ñombar, n., rabbit
ñoñ, n., pl., people
ñoŋal, a. v., to spare, to save
ñor, a. v., to be done (food), ripe, mature; *ceeb bi* **ñor** *na*, the rice is done; **ñor** *xomm*, to be well done, to be perfectly ripe
ñoradi, a. v., to be unripe, not ready for use
ñoromtaan, a. v., to tickle; *moo ngi may* **ñoromtaan** *ci doq*, he's tickling my back
ñoola, n., path, road
ñoom, emp. pron., them
ñooña, dem., those (mentioned a while ago)
ñooñale, dem., (see **ñooña**)
ñooñu, dem., those (just mentioned)
ñooñule, dem., (see **ñooñu**)
ñoor, a. v., to girdle, to pass a girdle round the pants
ñów, a. v., to come; **ñów** *na ca ndale la*, he came to the meeting
ñóóx, a. v., to stuff in, to introduce, to place; **ñóóx** *ko fii!* put it inside of here

ñu, 1. rel. pron., which are; *nit ñu bare*, many people 2. 3rd pers. det. (pl.) of the **a** conj.; **ñu ngi**, 3rd pers. det. of the **a ngi** conj. 3. 3rd pers. det. (pl.) of the **mu** conj.
ñulug, a. v., to put steamed rice into boiling water
ñuul, s. v., to be black; **ñuulaay**, n., blackness; **ñuul** *kukk*, very black
ñuuramtu, a. v., to mumble, to murmur, to snarl
ñuus, a. v., to beat up
ñuux, a. v., to stuff in

ŋacc, a. v., to suck up (water)
ŋalab, a. v., to leash a horse
ŋañ, v., to reproach, to blame for
ŋañ̃ñ, a. v., to smile
ŋar, a. v., to roar
ŋarale, a. v., to spread (legs), to draw aside, to separate
ŋas, n., measles; a. v., to have measles
ŋaam, n., jaws
ŋaaŋ, a. v., to open one's mouth
ŋaañ, a. v., to bite
ŋaayoo, n., argument, dispute; *lu waral xiróó beek* **ŋaayoo** *bi?* what's all this fuss about?
ŋàbb, a. v., to hold; **ŋ***àbbal te dem laa wax!* hold this and leave, for crying out loud
ŋànk, a. v., to hold between one's teeth; *loo* **ŋànk** *ci sa diggante bën yi?* what are you holding between your teeth?
ŋàññ, s. v., to backbite, to talk badly behind s.o.'s back
ŋàpp, a. v., to bite
ŋàppati, a. v., to have chickenpox
ŋàyyi, a. v., to open; **ŋ***àyyil sa gemmiñ ma gis bën bi lay metti*, open your mouth so I can see your aching tooth
ŋeb, a. v., to close one's mouth; *doo* **ŋeb** *sa gemmiñ gi?* won't you shut your mouth?
ŋeleju, a. v., to frown, to roll one's eyes in contempt
ŋeppi, a. v., 1. to open widely (mouth) 2. to say, utter sth.; **ŋeppi** *sa gemmin*, to drool
ŋexal, a. v., to neigh, to whinny
ŋeeñ, a. v., to nibble
ŋeer, a. v., to steam, to bring to the boil; to decant
ŋeew, a. v., to meow; fam., *dangay* **ŋeew**, you are lying
ŋëb, a. v., to hold; **ŋ***ëbal lii bu dëgër*, hold this tight
ŋott, a. v., to be a miser
ŋoy, a. v., to hold tight

o, part., each (when placed between the same noun); *nit-o-nit*, each human being, *bes-o-bes*, each day, every day

omb, a. v., to hem, *ñaari tubéy rakk laay* **omb**, I'm going to hem only two pairs of pants

ommat, a. v., to drag along, to pull along, to guide

onk, a. v., to writhe with pain, to twist

opp, a. v., to be sick

-oo, suff., 1. suggests that the action is shared by both parties; *mer*, to be angry, **meroo**, to be angry with each other; **tàggoo**, to say good-bye to each other 2. agglutinates verbs ending with **u** to add a prep.; *sàngu*, to cover, **sàngoo** *mbàjj*, to cover oneself with a blanket

oom, suff., (o + am = oom); *loxo*, hand, **loxoom**, his hand

óbbali, a. v., to yawn, to gape

óóm, 1. n., knee, 2. suff. formed by agglutination (**u** + **am** = **óóm**, **ó** + **am** = **óóm**); *kuddu*, spoon, **kuddóóm**, his spoon; *guró*, kola nut, **guróóm**, his kola nut

paj, n., medical care
pajaas, n., mattress
pan, n., day
palamtu, a. v., to touch, to feel
palanteer, n., window
palto, n., pocket, (fig.) money; *amoo* **palto**, *amoo palaas*, you have neither money nor a job
parax, a. v., *nee* **parax**, to enter quickly
parlu, n., determination, ambition, fervor
pas, n., knot
pasar-pasare, a. v., to squander, to spend carelessly
paspas, n., purse, money (in ext.)
pataa, n., fat, flabby person
pataas, n., sweet potatoes
patpati, a. v., to shake, to tremble, to be entranced
patt, a. v., to lose one eye; n., one-eyed person
pax, n., pit, *gas* **pax**, to dig a pit; **paxe**, a. v., to be deep
paaka, n., knife
paan, n., basin, bowl, pan
paañ, n., mussels
paas, n., fare; a. v., to pay one's fare; **paasal**, a. v., to pay for s.o.'s ticket
paase, a. v., to iron; *ma ñów, damay* **paase** *sama simis*, hold on, I'm ironing my shirt
paaxe, n., someone who has not yet been initiated, circumcised
pàdd, a. v., to trip s.o.
pàkk, n., space covered with barriers
pànk, n., 1. virago, termagant, vixen, woman with a gruesome character, callous woman 2. defiant person; *moo ci gën di* **pànk**, he's the most defiant
pàppa, n., daddy, father
pàppaayo, n., papaya
pecc, n., dance
pecc, adv., very, only used with *xees*; *xees* **pecc**, very light (skin)
pedd, n., yolk
pendal, n., cloth, loincloth
penku, n., east; **penku-penku**, easterner
peñ, n., *peñu suukar*, a sugar cone
peŋŋ, sup., used with *wóór*; *dëgg gu wóór* **peŋŋ**, the absolute truth
pepp, n., grain; *peppu suuf*, sand grain
per, n., bead (sg.)
perantal, n., weaned child
perngal, a. v., to load (a camel); *ngaaxi tukkal deesu ko* **perngal** *mboccoor*, the load of a camel should not be entrusted to a young camel
pes, a. v., to slap, smack s.o.'s face; *soo ma* **pesee** *ma feyu*, if you slap me, I'll slap you back

pet, n., fam, *ci pet,* in a hidden place; *nanu petoo,* let's talk aside, in secret
pettaaw, n., cowries
pexe, n., solution, manner, capability, capacity
pey, n., salary, pay
peer, a. v., to go flat, to collapse (tire); **peeral**, a. v., a/ to deflate, to air out, b/ fam., to mock s.o. after deceiving him
pénc, n., assembly place, open meeting place
péngu, n., pin, serum
pééx, n., coolness, fair weather
pééy, n., capital, metropolis, big area
pël-pël, n., *xaru pël-pël*, a variety of sheep with brown hide
pënd, n., dust
pëndax, n., powder; **pëndaxu** *meew*, milk powder
përëm, n., copper
përis, n., tobacco (dry leaves)
picc, n., bird
piri, n., translation, meaning (see *firi*)
pitax, n., pigeon
piir, 1. n., jealousy 2. v., Fr., to be worse
piis, n., material
piis, a. v., 1. to whistle for 2. to blink, to screw up one's eyes
po, n., games
ponk, n., 1. handle of a knife 2. gable, pillar
ponkal, n., giant, strong person
pont, n., nail; *daaj* **pont**, to nail
potopoto, n., muddy water
poqe, n., cotton roll
poxotaan, n., armpit
poobar, n., black pepper
pooj, n., thigh
pooro, n., leek
pótit, n., laundry water, suds
góón, n., tobacco (powder)
póót, n., laundry
puj, n., Math., summit
pulóx, n., yam
purit, n., foam
purux, n., throat
pusó, n., needle
put, n., throat
puxtel, n., math., angle; **puxtel** *xat*, acute angle
puune, n., albino

puutar, n., wooden beam, metal girder

rab, n., animal, **rabu** *àll*, wild animal, **rabu** *kër*, a/ domestic animal, b/ animal spirit; *daanu* **rab**, to be entranced

rabal, n., *sëru* **rabal**, handmade material

rabrabi, a. v., to quiver with fear, to get into a panic

raf, a. v., to blink one's eyes with excitement

rafet, s. v., to be beautiful, nice; **rafetaay**, n., beauty

rafle, a. v., to be short of clothing, to be wanting in clothing

ragal, v., to be scared, frightened

raglu, adj. v., *lu* **raglu**, (sth. that is) scary, frightening

raj, n., spy

rajaxe, a. v., to break up, to destroy

rajju, n., density

rakk, n., younger sibling, **rakk** *bu góór*, younger brother; **rakk** *bu jigéén*, younger sister

rambaaj, n., informer, spy, troublemaker

rammu, a. v., to come to help, to help get to heaven, to save

randal, a. v., to move sth. from original place; **randu**, a. v., to move

rañaan, a. v., to hold by the waist

ras, a. v., *ras bët*, to glare

rasóól, n., the Messenger (Prophet Muhammad)

rat, n., local tea

ratax, a. v., to be viscous, slippery; **rataxal**, a. v., to make slippery; **rataxaay**, n., viscosity

ratt, a. v., to milk, to draw milk (cow); *tey dinaa* **ratt** *nag wi ag béy bi*, today I'll milk the cow and the goat

raw, a. v., to run ahead, to escape, to go past s.o.; *man maa* **raw**, I was first in the race

raw, a. v., to knot; **raw-raw**, n., a rope

rawale, a. v., 1. to give way to, to help s.o. escape 2. to steal

rawante, n., racing, **rawanteek**, to race with

rawaan, n., rel., spirit (that appears before a hermit)

rax, a. v., to mix; *rax ko ci biir*! put it together with!

raxas, a. v., to wash; *suma jogee dinaa* **raxas** *dab yi*, I'll do the dishes when I get up; **raxasu**, to wash one's hands

raa, n., Ar., letter of the Arabic alphabet; spiritism, hidden knowledge; "*sa* **raa** *gi tax na ba ragal nga Yàlla*" (S. M. Ka), you fear God for knowing Him too well

raad, n. thunder

raadu, n., first crops

raam, a. v., to crawl; *xale baa ngiy jànga* **raam**, the baby is learning to crawl

raas, a. v., to search, to fetch; to imagine

raatale, a. v., to wipe off, to flatten, to level off, to annihilate

raax, a. v., to level the surface of a wall, to cement

raaya, n., flag

ràbb, a. v., to weave; *dama bëgg nga* **ràbbal** *ma ñetti sër*, I want you to make me three sarongs; **ràbbkat**, n., a weaver
ràbbu, n., hair pick
ràcc, a. v., to spread (rice, food)
ràgg, v., to be thin, small
ràkka, n., *benn* **ràkka**, one prayer; *ñaari* **ràkka**, two prayers
ràkkaaju, a. v., to become reckless
ràmb, a. v., to trot (horse); **ràmbal**, a. v., to ride a horse; *na nga* **ràmbal** *fas wi ci joor gi*, just ride the horse in the sandy plain
ràmm, a. v., to be mangy
ràngoo, a. v., to wear sth. on top (i.e., medals around the neck)
ràngu, a. v., to take another chance to fight back, to call for a rematch
ràññe, a. v., to distinguish; *dañoo niró ba nga xam ne kenn mënu leen* **ràññe**, they look alike so much that you cannot say who is who
ràññiku, n., module
ràpp, v., to be tightly sealed, to be firmly glued; n., old clothes, rags
regeju, a. v., to goggle, to blink one's eyes all over
regg, v., to eat one's fill, to have eaten enough; **reggal**, a.v., to feed well
regregi, a. v., to shake, to tremble
rekki, a. v., to take off (necklace)
rendi, a. v., to cut the throat of (animal), to butcher
rey, a. v., to kill, to assassinate
ree, a. v., to laugh
reefan, n., saw (ref. Rambaud)
reer, n., dinner; v., to have dinner
rees, v., 1. to be digested 2. (fig.) to put up with (one's anger); *li mu lekkoon lépp* **rees** *na*, he digested all the food; **reesal**, a. v., to digest, to stomach
reetaan, a. v., to laugh; **reetaanlo**, to amuse s.o.
reew, v., to be impolite, insolent; **reewande**, n., impoliteness, insolence, effrontery
réy, s. v., to be big
réér, a. v., to be lost; **rééral**, a. v., to lose
rééw, n., country, *Senegaal ay sama rééw*, Senegal is my country
rëb, v. to be chaotic, disorderly
rëbb, a. v., to hunt, to chase; **rëbbi**, a. v., to go hunting
rëbrëbi, a. v., to shake, to tremble
rëcc, a. v., to escape, to run away; *sàcc bi* **rëcc** *na kaso*; the thief escaped from prison
rëccu, a. v., to regret, to be sorry, to repent; **rëccu** *na li mu defoon*, he repented his mistakes
rëdd, a. v., to draw a line; **rëdd** *wu joy*, oblique line; **rëddukaay**, n., a ruler
rëkk, a. v., to fetch s.o. a blow (chest)
rënk, a. v., to keep, save for maturity; *maa ngiy* **rënk** *màngo bi ci suufu dóómu taal bi*, I'm saving the mango in the ashes

rëpp, s. v., to be wet

rëppéélu, a. v., to fail falling flat on the ground

rëq, s. v., to suffer a sprain, a strain; **rëq-rëq**, n., a twist, a flaw

rët, a. v., to be scared, to panic

ribaa, n., attrition, usury

rijaal, n., Ar., brave companions of the Prophet

rilaa, n., Ar., gratitude

rilwaan, n., gratitude, thanks

riñaan, a. v., to travel by night

riigu, a. v., to settle down in one location

riir, a. v., to blow (wind), to make a big noise, to sound loud; *ngelaw laa ngiy **riir***, the wind is blowing

riisu, a. v., to rub oneself; n., friction

riiti, n., fiddle; v., to play the fiddle

rob, a. v., to bury (a corpse)

rocci, a. v., to pull out, to draw; ***roccil** caabi ji ci bunt bi*, pull out the key from the door

rocceeku, a. v., to withdraw, to retire in secret, to pull oneself out

rog, a. v., to flow (water)

roggandi, a. v., to place a second sheet over the (baby's) apron; **roggandiku**, to wrap oneself up

rogoj, a. v., to weed (garden), to hoe (crop)

rokkos, a v., to stuff in, to fill up

romb, a. v., to pass by, to go past s.o.; ***romb** naa marse tey; jën barewoon na lool*, I passed by the market place today and there was plenty of fish

rongoñ, n., tears; *fompal say **rongoñ***, wipe your tears

roppi, a. v., to be ahead of s.o. again, to regain the lead; *dafa ma raw ma **roppi** ko*, he passed me first and I passed him again

rot, a. v., to fall; *dafa **rot** ci suuf*, it fell down

roy, a. v., to imitate, to take after; *borom kër yi war nañu **roy** Bill Cosby*, parents should look up to Bill Cosby; **royteef**, n., imitation, model

roof, a. v., to stuff in, to sink, to put deep into

root, a. v., to draw water

ru, n., soul

rukku, n., big pestle (used to pound large grains)

rung, a. v., to walk all the way home; *dama **rung** bi may ñów*, I walked all the way back home

ruq, n., corner

rus, n., shame; v., a/ to be ashamed, b/ to be shy

ruy, 1. n., wheat pudding

ruy, 2. a. v., to melt, to fuse, to coalesce

ruuj, sup., very, only used with *sew*; *sew **ruuj***, very thin

ruuj, a. v., to shake, to turn the soil over for farming; *mu ngiy* **ruuj** *suuf si ngir mën cee sànni peppi ceeb yi*, he's shaking the ground so that he can sow the rice grains
ruum, n., floor
ruur, a. v., to trespass
ruus, v., to flake off (grilled peanuts)
ruux, a. v., to sink in, to introduce
ruuxu, n., spatula

sa, 1. a. v., to tutor, to help someone read.
sa, 2. poss., your; *sa xaalis*, your money; *sa rakk bu góór jaaroon na fi*, your little brother stopped by; **sa bopp**, pron., yourself; *defal ko sa bopp*, do it yourself; *yow ci sa bopp xam nga ne du dëgg*, you do know it's not true; **sa bos**, pron., yours; *bàyyil naa la sa bos ci néég bi*, I left yours in the room; *ana sa bos?* where is yours? 3. noun det., the (far), *ndaw sa*, the young lady
sab, a. v., to scream, to shout, to babble, to twitter; *picc yaa ngiy sab*, the birds are singing
sabab, n., 1. motive, reason, incentive (ref. Rambaud) 2. calamity, disaster (ref. C. A. D.); *sabablu*, to get motivated
sabar, n., drum, tomtom; **sabaru**, a. v., to have a drum party
sabsabi, a. v., to scream, to cry out loud
sadd, a. v., to slash
saf, 1. v., to taste; *saf xorom*, to be salty; *saf suukar*, to be sweet; *saf sàpp*, to have great taste; **safadi**, to be tasteless
saf, 2. v., to be hard, intricate; to hurt
safara, n., fire, hell
safaa, n., place of pilgrimage in Saudi Arabia (Safa)
safaan, a. v., to change
safaanoo, n., Math., symmetry
sag, n., great expectation, hope
sagar, n., rag (clothes)
sago, n., temper, willpower; wish; *àndal ag sa sago*, calm down; *su doon sama sago du ñów*, I wish he didn't come
sajj, 1. a. v., to put s.o. back on the right track, to reconvert 2. to be curved
sakk, a. v., to close up, to choke up, to block up
sakkan, v., to be abundant
sakkanal, a. v., to save, to conserve, to accumulate money or goods
sala, n., bridge
salaam, n., Ar., peace; *salaam maaleykum*, peace be with you, *salaam* or *maaleykum salaam*, peace be with you too
sale, dem., that, that one; *ndaw sale*, that girl
saliir, n., cricket; **saliiru**, a. v., to buzz
salte, n., filth, dirt
sama, poss., my, *sama tééré*, my book; **sama bos**, poss. pron., mine; **sama bopp**, pron., myself
samay, poss. (pl.), my; *sama(y) yos*, mine (pl.)
samaan, n., Ar., time, era, epoch
samdi, n., Saturday
samp, a. v., to set, to put, to fix; *nanu samp sunu mbaar mi fii*, let's build our tent here
sanaana, n., pineapple
sanaat, a. v., to bend, to fold oneself
sanc, n., open space for meeting; a. v., to build, to found, to set

sandaŋ, n., jab; *sandaŋ laa ko door bàyyi ko muy miir*, I hit him with a jab and he was out
sang, n., gentleman, mundane person
sang, a. v., to bathe, to shower s.o.; **sangu**, a. v., to bathe, to shower; *mënuma sangu léégi*, I can't bathe now; *sangu set*, washing of the whole body after being in a state of impurity; *sangu farata*, id.
sanjaafu, a. v., to take advantage, to try to take the best of s.o.
sant, 1. a. v., to thank, to praise
sant, 2. a. v., to authorize; **santaane**, a. v., to authorize, to recommend; to approve or give permission for
santaare, n., Ar., waste dump, refuse dumping
sañ, v., to dare; *danga ko sañ*, you don't dare; **sañ-sañ**, n., courage
sañaxal, a. v., to push s.o. against sth., to bump over
sañse, a. v., to get dressed up
sanxaleñ, n., ant (very small)
sapp, cotton field, cotton plant
sar, a. v., to rip open, to cut through, to go way beyond one's limit, to trespass
sarax, a. v., to give alms, to help; **saraxu**, a. v., to ask for help, to beg for alms; **saraxtu**, id.
sargal, a.v., to honor
sariyaa, n., Ar., Islamic law
sart, n., conditions, limits
sartu, n., sickle
sarxolle, a. v., to make ululations, to hoot
sas, n., dues, money attributed to s.o. on a regular basis
satala, n., kettle
satt, a. v., to trim
saw, a. v., to urinate, to piss; n., urine
sawar, v., to be industrious, willing to do things
sawara, n., fire, hell
sax, 1. n., worm; 2. adv., indeed; *moom sax nee na teyu ko*, he indeed said that he didn't do it on purpose
sax, a. v., to grow (crops); *garab yaa ngiy sax*, the trees are growing; **saxal**, a. v., to grow crops
saxantal, a. v., to save (see **sakkanal**)
saxaar, n., smoke, train (in extension); **saxaaral**, a. v., to make smoke
say, 1. poss. (pl.), your; *say dàll*, your shoes; *sa(y) yos*, poss. pron., yours 2. a. v., to scream, to blast
saytu, a. v., to guard, to protect; **saytukat**, n., a guardian
saa, n., time, moment; *saa su nee*, each time; *saa yu nee*, every time; *ci saa si*, right now, at once; *saa bu agsee dinaa ko ko wax*, whenever he comes in, I'll tell him; *saa buy wàcc day indaale mburu*, every time he returns home, he brings some bread with him
saaba, n., apostle

saabal, a. v., to tell (story), to narrate
saaf, a. v., to grill; **saaf** *yàpp*, to grill meat
saafando, n., panther
saafara, n., holy water used for self-protection
saafuwante, a. v., to exchange greetings
saaga, a. v., to call s.o. names, to insult, to cuss
saaku, n., sack
saalit, a. v., 1. to show great despair over what seemed to be a deadly disease 2. to be forgetful, to have sth. out of one's mind
saam, 1. n., heap, pile; v., to pile things up 2. n., city of Medinah
saamaan, n., python
saan, 1. a. v., to throw, to stone (see **sànni**) 2. n., worms
saañ, n., cork; v., to cork (a bottle); **saañ** *bee ma rééŕ*, I lost the cork
saaño, n., millet
saar, n., chapter, verse; *tari sa* **saar**, to recite one's lesson
saas, v., to be hot, incandescent (oil)
saatir, n., silence, secret; *xotti* **saatir**, to break the silence
saatu, 1. n., knife 2. v., to glean
saaw, 1. n., porcupine, trace, track (ref. Rambaud) 2. a. v., to besmear; *àll bi* **saaw** *na*, the bush is covered all over
saawoo, a. v., to rush in group, to head for a place in group
saayir, n., profanity, secularism, wordly life; *"baatin ba raw na* **saayiram***" (S. M. Ka)*, his religious scholarship exceeds profanity
saay-saay, n., knave, crook, s.o. who uses dishonest methods
sàbboor, n., Ar., Psalms
sàcc, a. v., to steal, to rob; n., robber, thief; **sàcckat**, n., thief
sàggan, a. v., to be heedless, careless, to fail to pay attention
sàkk, a. v., to found, to invent, to be at the origin of; *kàn moo* **sàkk** *nit ñi?* who created men? *bis bu Yàlla* **sàkk**, each day, every day
sàkkantuma, phrs., all the more reason
sàkkare, n., **sàkkare** *Yàlla*, gap between the upper front teeth
sàkkat, a. v., to fence, to hide; *dangay* **sàkkatu**, you are hiding (the truth)
sàkkaa, phrs., all the more reason
sàkket, n., fence (wood); v., to hide, to occult; **sàkketu**, a. v., to hide, to take cover
sàkku, a. v., **sàkku** *xam-xam*, to seek knowledge
sàllaa, n., answered prayers
sàllaaw, adv., Ar., *Inch'Allah*, if it pleases God
sàlli, v., to lose one's taste, to become insipid, tasteless
sàmbaar, a. v., to rush upon sth., to attack violently
sàmm, a. v., to rear, to breed (cattle); n., cattlebreeder, shepherd; **sàmmkat**, n., shepherd; **sàmmu**, v., *nit ku* **sàmmu** *la*, he is a well-mannered person

sàng, a. v., to cover, to protect; *sàng ma sutura*, spare me with shame; **sàngu**, a. v., to cover oneself; **sàngukaay**, n., a blanket

sàngam, n., individual, whatnot; *diw sàngam*, such person (whose name cannot be remembered); *sàngam ak sàngam*, this individual and that one

sànk, a. v., to ruin s.o.; *yow yaa ma sànk*, you ruined me; **sànku**, a. v., 1. to be done for, to be ruined, 2. to hide, to cover, to occult from view

sànkar, a. v., to decay, to go rotten

sànni, a. v., to throw, to cast, *demal sànni mbalit mi!* go throw out the garbage!

sànt, n., footman; **sàntu**, a. v., to follow, to escort s.o. on foot

sàpp, adv., very (only used with *saf*); *saf sàpp*, very tasty

sàppe, n., row, alignment of people

sàppi, v., to lose taste, to be tasteless, outdated, old fashioned

sàq, n., barn, room where grain is kept

sàqami, a. v., to chew, to masticate

seben, a. v., to urinate, to piss

sebet, a. v., to wash the rice

sedd, s. v., to be cold; **sedd guy**, v., very cold

segg, a. v., to sieve, to filter; **seggukaay**, n., filter

sekkek, a. v., to become chubby-cheeked, to develop mumps

sekkeretu, a. v., to clean one's teeth with a toothpick or floss

seko, n., silo

seku, n., parrot

selaw, v., *nee selaw*, to be quiet

selbe, n., tutor of the circumcised

sell, s. v., to be modest, pure-minded, virtuous

semmal, a. v., 1. to win over; to master 2. to top one's adversaries

seneen, pron., another, another one

senn, card. numb., one

senn, a. v., to leak; *kaw néég baa ngiy senn*, the roof is leaking

seŋoor, n., knotted rope used as a talisman

seppi, a. v., to remove (cooking); *seppil jën yi balaa ñuy tas*, remove the fish before they fall apart

seqi, a. v., to dig out, to pick up, to choose

ser, a. v., to cry, to scream

seral, a. v., to cool off (tea, water)

seru, n., the secret of sth.

set, s. v., to be clean; *set wecc*, very clean; **bërset** (**bëtset**), n., dawn, early morning

setal, a. v., to clean; to prove the innocence of

sew, v., to be thin, shabby; **sew ruuj**, v., a/ very thin, b/ to be mean, stingy; **sewal**, a. v., to reduce in size, to make lean; **sewalaate**, a. v., to patronize people

sex, a. v., to hold in the mouth; *mu ngi sex gënn*, he's holding a pipe

sexew, n., Senegalese tea

sey, a. v., to wilt, to fade
seyaan, n., layer of water, sheet of water
seytaane, n., Satan
see, dem., that, that one
seeb, a. v., to drip, to drain
seebere, n., spur; math., module
seede, a. v., Ar., to witness; *kan moo seede li mu wax?* who can confirm his statement?
seef, a. v., *nee seef*, to show up at once
seen, 1. poss., your; *seen kër gi rafet na*, your house is pretty, 2. n., God's favor
seeni, poss. (pl.), your, their
seer, n., coll., an ignorant, unenlightened person
seere, n., testimony, evidence
seet, a. v., to look for, to search; *dinaa seet lu ma la mëna jox*, I'll try to find sth. for you; **seetkat**, a researcher, a fortune teller
seetaan, a. v., to watch; *loo leen di seetaan?* what are you watching? **seetaankat**, n., onlooker, spectator
seetlu, a. v., to notice, to remark, to realize; *seetlu naa ne doo agsi mukk waxtu*, I realized that you never come on time
seetu, n., mirror; v., to watch oneself in the mirror
seex, n., twin; **seexal**, a. v., to baptize
seey, a. v., to disappear, to dissolve, to melt (ice); **seeyal**, a. v., to melt (gold)
sébét, v., to stop raining
sédd, a. v., to share, to partake of; **séddalé**, a. v., to divide between; *séddalé naa soraas ji, foo nekkoon?* I gave away the oranges, where were you?
sémmiñ, n., hatchet
sépp, each
séq, n., rooster
séq, v., 1. to have, hold something in common, to deal with each other; *man ak yow a ko séq*, it's between the two of us 2. to escort, to surround
séqóó, a. v., to be bound by sth.
séy, a. v., to live a married life; to have sex
séélu, a. v., to take cover against the sun
séén, a. v., to catch sight of, to perceive, to see; *maa ngi koy séén ca suufu garab ga*, I can see him under the tree
sééntu, a. v., to expect s.o., to watch from a distance; *nu ngi la doon sééntu biig*, we were expecting you yesterday evening
sééxlu, v., to despise, to repel, to see s.o. or sth. as dirty and repulsive
së, a. v., to choke
sëcc, v., *nee sëcc*, to be motionless
sëf, a. v., to load goods; to put a charge, an accusation on; *li nga sëf mbaam mi diis na gann*, what you loaded on the donkey is very heavy; *bul ma sëf loolu kat!* don't burden me with that, please!

sëg, n., cemetery
sëgg, a. v., to bend over
sëkk, a. v., to fill in (ditch)
sëlam, a. v., to wash, to shower s.o.'s face
sëlamu, or **sëlmu**, a. v., to wash one's face
sëlbu, a. v., to punish, to chastize
sëllax, a. v., to punt, to kick up (ball)
sëllu, n., calf
sëmb, a. v., to bathe in a lake; **sëmbu**, v., to bathe, to swim
sëmbaxloo, a. v., to act together, to perform together
sëme, v., coll., to show off
sëppu, a. v., to stand above; fam., to reprimand
sëq, a. v., to bloom, to flourish (grass); n., poll (horse)
sëqat, a. v., to cough
sëricé, n., gift brought from a trip
sës, 1. n., Math., derivative, derivation
sës, 2. a. v., a/ to rest sth. against, to lean; *sës ko ci mür bi*, rest it against the wall, b) to be over the limits, not able to take it anymore; **sësu**, a. v., to lean against (the wall)
sët, n., grandchild; **sët** *bu góór*, grandson; **sët** *bu jigéén*, granddaughter
si, 1. noun det., the (close) 2. v., suff., implies a backward motion; **dellusi**, to come back; **ñibbisi**, to return home; *damay* **sangusi**, I'm coming to take a shower
sib, n., bean
sib, a. v., to despise, to disdain, to hate; *ni ma ko* **sibee**, Oh do I hate him! **cibeel**, n., hatred
sibbiru, v., to be feverish, to have the flu
sibir, adv., tomorrow; *ëllëg ak i sibir*, tomorrow, in the future
sibooru, n., parasite; a. v., to take advantage of other people's property
siddit, n., vein; "*sidditi baayaam la yoraat*" (S. M. Ka), he's taken after his father
siga, n., pulley, driving wheel
sik, n., eel
sikk, a. v., to blame, to accuse, to reproach; *man lañu ko* **sikk**, I was blamed for it; *nit ku* **sikk**, a guilty person
sikket, n., he-goat
sikkim, n, beard, *dama bëgga wat sama* **sikkim**, I want to shave my beard
sile, dem., this, this one
simb, n., game of the false lion; *gayndeg* **simb**, false lion; **simbu**, to mask, to cover one's face
sindax, n., lizard
singali, a. v., to single out, to accuse deliberately
siñaara, n., colored, halfcaste ladies
sipasipa, n., shrimp, lobster
sipax, n., shrimp

sippi, a. v., to unload

sixaar, n., Ar., child

siyaare, a. v., to pay one's respect to a important person; to greet a respectable person

sii, dem., this, this one

siif, a. v., 1. to pick up stealthily, to steal; *picc mee* **siif** *xewaram*, the bird stole his cherry 2. to rape 3. *nee siif*, to arrive

siiñ, a. v., to smile, to show one's teeth

siiru, n., wild cat

siis, v., to be selfish

siit, a. v., to leak, to trickle, to drip (of oil)

siitaatu, a. v., to sip the last drops of a drink

so, a. v., to set (sun); *jant bi so na*, the sun has disappeared; **sowu**, n., west; **sowu** *jant*, sunset

sob, v., to be turbulent; *xale bu sob nga*, you are (a child) very hard to watch

sobe, n., disease, virus

socc, a. v., to clean (teeth); **soccu**, n., tooth pick; a. v., to clean one's teeth with a tooth pick

soccantal, n., locust

sofe, v., to have a canker sore

soj, v., to have a cold; n., cold

sol, a. v., to wear; *yere bii ngay sol?* are you going to wear this dress? **solal**, a. v., to dress s.o.

solo, n., importance, matter; *amul solo*, it doesn't matter

solom, n., 1. pipe, tube, 2. Senegalese fruit

solu, a. v., to get dressed; *ku mëna solu la*, he dresses nicely

somp, a. v., to give a little of sth.

sondel, n., candle

song, a. v., to grab, to attack (corporeal attack); **songoo**, a. v., to grab each other

sonjaan, a. v., to begin, to start

sonn, v., to be tired

soññ, a. v., to precipitate

sopp, a. v., to like, to be pleased with; *jullit yépp a sopp Nabi*, all the Muslims love Muhammad

soppi, a. v., to transform, to change; Phys., **soppikat**, n., adaptor

soppiku, n., Math., function; v., to become transformed

soq, a. v., to pound, to crush (millet); *abal ma sa gënn, damay soq ceeb*, lend me your mortar, I want to pound rice

soqi, a. v., to disarm

sore, v., to be far; *foofu sore na kat*, it's far indeed

soroor, n., top of the mosque

sos, a. v., 1. to make up, to dream up (story) 2. to calumniate, to slander; **sosal**, a. v., to tell lies about s.o., to slander; *lu la neex ci* **sosal** *nit ñi?* why are pleased in slandering people?

sos, a. v., to begin, to found, to invent

sot, a. v., to help fight s.o., to butt in in favor of s.o. against another one; **sotal**, a. v., to help s.o. fight another

sotti, s. v., to be over; *mbir mi* **sotti** *na*, the case is closed

sotti, a. v., to pour

sowu, n., west; **sowu jant**, n., sunset

sox, 1. a. v., to arm, to charge (a rifle), to fill up (a pipe) 2. n., cartridge

soxla, n., need; v., to want, need, necessitate; **soxla** *naa la suba*, I need you tomorrow; *loo* **soxla?** what do you want?

soxna, n., lady; **Soxna** *Ummu*, Lady Ummu, **soxna** *si!* dear lady; wife; *am naa ñaari* **soxna**, I have two wives

soxor, v., to be wicked, vile

soo, (if clause), 2nd pers. sing., if; when **soo** is followed by a verb, the verb takes the ending **ee, oo, aa, óó**; **soo** *ko gisee*, (gis), if you see him; **soo** *leen janoo*, (jano), if you face each other; **soo** *ko saagaa*, (saaga), if you insult him; **soo** *leen nuyóó*, (nuyu), if you greet them; the rule doesn't apply when there is an ongoing action; **soo** *leen di ñibbi*, if or when you are going home; **soo** *leen koy wax naa ko fekke*, let me know when you decide to talk about it; nor does the rule apply in the past (with *doon* or *daan*)

soob, a. v., to please; *bu* **soobee** *Yàlla*, if it pleases God, God willing

soodaan, n., Sudanese; in ext., a black person

soof, v., to be unwitty, to lose flavor, to be insipid

soog, a. v., to have just started; *maa ngiy* **sooga** *dikk*, I just got here

sooke, a.v., to start, to begin

soon, n., pelican; Senegalese fruit

soosa, dem., that (mentioned a while ago)

soosale, dem., (see **soosa**)

soosu, dem., that (just mentioned)

soosule, dem., (see **soosule**)

soow, a. v., to shout, to gossip, to make noise

soox, a. v., to limp, to walk with a limp; **sooxe**, v., to be incompatible

sóób, a. v., to soak; *soo* **sóóbul** *say yere léégi duñu gaawa set*, if you don't soak your clothes now they won't be very clean; **sóóbu**, a. v., to plunge, to dive in, to get soaked

sóónu, a. v., to lie crosswise

sóór, a. v., to put the steamed rice in the cooking pot

sóóru, a. v., to challenge, to attempt a quarrel with s.o.

su, (if clause), all pers. except 2nd pers. sg. (**soo**); **su ma**, if I, **su**, if he, she, it, **su nu**, if we, **su ngeen**, if you, **su ñu**, if they; (see **soo** for rules)

suba, n., morning, tomorrow; *suba laay ñibbi*, I'm leaving tomorrow

sujjóót, a. v., to swing, bend one's head up and down (in prayers)

sukk, a. v., to kneel, to sit on one's knees
sukkuraat, a. v., to be dying
sulli, a. v., to unearth, to dig up
sum, a. v., to get dressed
sumb, a. v., to soak (clothes)
summi, a. v., to undress, to get undressed; **summeeku**, a. v., to get undressed
sunguf, n., flour
sunna, n., Ar., message of the Prophet
sunooba, n., Ar., sin
sunu, poss. sg., our; *sunu mag*, our old sibling
sunuy, poss. pl., our
suñel, n., hedgehog
suq, n., junior
suqi, a. v., to pluck (poultry); to remove (hair)
surga, n., protégé
surux, a. v., to slip into, to fall into a pit
sut, v., to be taller, higher than; to surpass (skills)
sutura, n., proprieties, etiquette; **suturaal**, a. v., to do what suits s.o. best; to protect s.o.'s credibility
suxlu, a. v., to speak (illegally) in favor of s.o. in a game, to help s.o. out in a game, tutorial help
suy, a. v., to sprinkle, to spray, to dredge
suub, a. v., to dye, to soak
suuf, 1. prep., *ci* **suuf**, under, below; *teg ko ci* **suuf**, put it on the floor 2. south; *waa* **suuf**, people from the south; **suufu** *tànk*, sole, back of the foot
suuf, n., sand; **suufu** *gééj*, sea sand
suufé, v., to be low, humble; **suuféél**, a. v., to lower down
suuj, a. v., to penetrate, to stab
suul, a. v., to bury, (fig.) to forget; *nanu* **suul** *loolu!* let us forget about it!; **suulukaay**, n., cemetery
suuna, n., millet
suur, 1. a. v., to have eaten enough, to eat one's fill; **suur** *këll*, to eat one's fill
suur, 2. a. v., to pulverize
suuru, a. v., to be impregnated with the smoke of incense
suus, a. v., to steam, to gush out; *ndab li* **suus** *na*, the cooking pot is steaming; **suusal**, a. v., to steam
suux, a. v., to wade along the water, the mud; *dama* **suux** *ak samay dàll*, I walked in the mud with my shoes
suux, 1. a. v., to disappear into sth., *biddééw yi* **suux** *nañu*, the stars have disappeared; 2. s. v., (of pers) to be stout, strong
suuxat, a. v., to spray (water), to water plants

tab, n., generosity; **tabe**, v., to be generous

tabala, n., tambourine, big and round drum made by the Moors

tabax, n., building; v., to build, to fabricate, to construct; *maa ngiy* **tabax** *kër*, I'm building a house

tabb, a. v., to set the pieces (chess, checkers) in their place

tabe, s. v., to be generous, philanthropic

tabje, a. v., to hasten, to be in a hurry

taf, a. v., to stick, to post (bills, notices); **taf** *ko ci miir bi*, stick it on the wall

tafsiya, n., Ar., honor (given to hard working students)

tafu, a. v., to pickpocket, to get closer to s.o.

tag, a. v., 1. to perch; *picc mi* **tag** *na ci caru garab gi*, the bird is perching on a branch 2. to remain, to stay; *dafa* **tag** *ci yoon wi*, he stayed behind

tagg, a. v., to praise, to glorify s.o.; *mu ngiy* **tagg** *ay maamaam*, he's chanting the glory of his ancestors

takandeer, n., flash, reflection of light; shadow

takk, n., shore, riverside

takk, a. v., to tie, to marry; *dafay* **takk** *jabar suba*, he's getting married tomorrow; **takku**, a. v., fam., to get ready (for any surprise attack)

takkandeer, n., shadow

takkaay, n., gems, jewels, jewelry

tal, a. v., to have time for; **taluma** *loolu*, I don't have time for that; **tal** *naa leneen*, I would rather do sth. else

talaata, 1. n., Tuesday, 2. a. v., to slap s.o.'s face

tali, n., road, street

tam, n., traditional game that consists of moving small balls from one hole to another in a way to gain in average and beat the opponent; the game starts with six balls in each of the twelve holes; **tamukaay**, n., piece used to place the balls; contains six holes on each side

tam, a. v., to accuse s.o. of being a witch

tama, n., small talking drum

tambaambaalu, a. v., to wander, to walk freely

tan, n., vulture

tan, n., convalescence; **tane**, v., to be a convalescent

tanc, a. v., to stick, to clench, to jam, to sandwich; **tancu**, a. v., to jam, to bind, to get pasted; to get stuck between two things; *sama baaraam dafa* **tancu** *ci bunt bi*, I got my finger stuck in the door

tandarma, n., dates; *garabu* **tandarma**, date tree

tandu, a. v., to achieve sth. by chance

tane, v., to be a convalescent, to recuperate from a disease

taŋlaay, n., turban; **taŋlaayu**, a. v., to cover one's head with a turban

tapp, a. v., to stitch (a button, a medallion)

tappale, a. v., to play the hypochondriac; to play lazy; **tappalekat**, n., a person who always plays false alarm, a lazy person

taq, v., to stain, to have a stain, a spot; **taqal**, a. v., to stain s.o.; (fig.) to invoke another culprit for an accusation, to stain s.o.

taqe, v., to be adroit, skillful

tar, a. v., to hold s.o. flat by his four limbs, to hold out

taraxlaay, n., cover, blanket; **taraxlaayu**, to cover oneself with a sheet or blanket

taraay, n., Phys., intensity

tarbiya, n., Ar., hard work

tareet, v., *nee tareet*, to tear

tari, a. v., to recite; *tari ab saar*, to recite a lesson

tariixa, n., Ar., history of events

tartar, n., fatigue, tiredness

tarxiis, a. v., to slip, to slide, to skid

tarxiya, n., Ar., promotion

tas, 1. n., deserted place 2. a. v., a/ to confuse, to disperse (crowd), b/ to shuffle, to handle in a disorderly fashion, to destroy, (fam.), to be dead tired

tasmbootaay, n., dissolution

tasawuf, n., mysticism, knowledge

tasaare, a. v., to disperse

tase, a. v., to meet; *fan lanuy tase?* where are we going to meet?

taw, n., rain; **tawte, tawlu**, a. v., to get caught in the rain

tawat, v., to be sick, ill; *dama tawat*, I'm sick

tawfééx, n., luck, fortune, success

tawraat, n., Ar., Old Testament

tax, a. v., to cause; *moo tax ma ñów*, it's because of her that I came; *lu tax?* why? *man ngay laaj lu tax?* are you asking me why?

taxan, a. v., to pick up, to gather firewood; **taxani**, a. v., to go and get firewood

taxañ, a. v., to tie together, to put together

taxaw, a. v., to stand up, to stop; *bul taxaw foofu*, don't stand up there; **taxawaalu**, a. v., to hang around; *dañuy tere ku taxawaalu fii*, it's forbidden to hang around here; **taxawlu**, a. v., to stop

taxawu, a. v., to represent, to speak for

taxawin, n., Math., sine

taxwid, n., philosophy of the Oneness of God

tay, a. v., to steam the rice, to stick, to glue, to paste; **tayukaay**, n., thin material used to paste the steamer and the cooking pot

tayal, v., to be lazy

tayle, a. v., to pawn, to exchange temporarily as a security deposit, to place in a pawn shop; **taylekat**, a pawner

tayyi, a. v., to unglue, to unstick, to take off

taa, v., to stagnate, to flood, to cover the ground with water, *ëtt wi* **taa** *na*, the floor is full of water

taab, n., abcess

taafeer, a. v., to celebrate, welcome (the appearance of the moon)

taaj, a. v., to set, to put; ***taaj*** *naa ko fi nga ma waxoon*, I set it where you asked me to

taal, n., coal fire; v., to light, to put a fire; *nanu* **taal** *matt gi jaaru*, let's make some firewood to warm up

taalibe, n., pupil, student, disciple; (fig.) a poor lad

taalif, n., poem; **taalifkat**, n., poet

taamu, a. v., to choose, to show one's preference over; *bii laa **taamu***, I chose this one

taan, n., salty terrain

-taan, suff., noun and verbal suff. that slightly changes the meaning of the original verb; *wax*, to speak, ***waxtaan***, to converse, conversation; *ree*, to laugh; ***reetaan***, to laugh

taar, n., beauty; **taaru**, v., to be handsome, pretty, beautiful

taas, a. v., to praise, to serenade; *yaa neexa woy te neexa **taas***, you deserve a warm serenade; **taasu**, a. v., to praise oneself

taat, n., rear, back, buttocks; *ca **taatu** garab ga*, under the tree

taataan, v., to flood, to overflow

taax, n., building, **taaxu** *kaw*, a tall building, skyscraper; **taaxi** *kaw*, a modern city

taaw, n., first child of the family; **taaw** *bu góór*, oldest son; **taaw** *bu jigéén*, oldest daughter

taay, s.v., to be, become stout

tàbbi, a. v., to fall in, to enter, to find a passage to; **tàbbi** *àjjana*, to go to heaven

tàcc, v., to be flat; **tàccal**, a. v., to flatten, to beat sth. flat

tàccu, a. v., to clap one's hands, to applaud, *ñu ngiy **tàccu** njiit li*, they are applauding the leader

tàgg, n., nest; ***tàggu*** *picc maa ngiy waaja daanu*, the bird's nest is about to fall

tàggat, a. v., to run in (horse), to train

tàgge, n., obituaries; a. v., to inform of s.o.'s death; *njabootu Omar Ñaan, ñu ngiy **tàgge** seen doom Maajoojo*, the family of Omar Ñaan is announcing the death of their son Maajoojo

tàggu, a. v., to say good bye, farewell; to ask permission to do sth., to warn about doing sth.; *maa ngi lay **tàggu**, damay dem Room suba*, I want to tell you that I am going to Rome tomorrow

tàkk, 1. n., beam, 2. a. v., to burn; *àll bi **tàkk** na*, the forest is burning; (fam.), to be done for, to be in dire straits; **tàkk** *jëpp*, a. v., to be ablaze

tàkkarnaase, a. v., to become outrageous

tàll, sup. adv., very, (only used with *weex*); *weex* **tàll**, snow white, very white

tàllal, a. v., to stretch out, to lengthen; **tàlli**, id.; **tàlleeku** *ñareet*; to stretch one's limbs flat out

tàlli, v., to be generous

tàmbali, a. v., to start, to get started; ***tàmbali*** *na jàng*, he started school

tàng, s. v., to be hot; **tàngal**, a. v., to heat; **tàng jir**, v., to be very hot; **tàngaay**, n., heat; **tàngdooleel**, n., thermo-dynamic; **yemtàngaay**, n., isothermal

tàngal, 1. n., sweet 2. a. v., to heat

tànk, n., foot, *mu ngiy doxe* **tànki** *neen*, he's walking barefoot; 2. mission; *dox* **tànk**, to go on a mission; *lan moo doon say* **tànk**? what's the reason for your visit?

tànn, a. v., to select, to choose among

tànqal, a. v., to bother, to bug, to irritate; *nee leen seen coow laa ngi may* **tànqal**, tell them I can't stand their noise

tànqamlu, a. v., to turn a deaf ear to s.o.; *maa ngi lay woo ngay* **tànqamlu**, I'm calling you and you are pretending not to hear

tànta, n., aunt

tàpp, a. v., 1. to geld, to castrate 2. to level, to flatten (surface)

tàppaatu, a. v., to seek water below the sand level; to drink from a layer of water

tàwwi, a. v., to stretch, to hold out, to draw out; **tàwweeku**, a. v., to stretch oneself (one's limbs)

tàyyi, s. v., to be tired, to lack interest (in work); *dama* **tàyyi** *ci wax ji*, I'm tired of talking and talking; **tàyyiloo**, a. v., to make, to cause to be tired, *looloo ma* **tàyyiloo**, that made me tired

te, 1. prep., and, after; *dinaa ko wax te dee*, I shall say it even if I have to die; *te yow xamuloo li ngay wax*, and you don't know what you are talking about; **tey**, adv., while (suggests two actions taking place simultaneously), *di wax lii* **tey** *def leneen*, to say this while doing sth. else 2. suff., transforms a verb into a noun; **bég**, to be happy, **mbégte**, happiness; *xas*, to say names to s.o., **xaste**, to go about affronting people; *laaj*, to ask, **laajte**, to ask, to enquire

tebbi, a. v., to remove (a checkers piece), to pick up

tedd, v., to be well-off

tef, n., kid (animal)

tefes, n., seaside, beach

teg, n., 1. saddle 2. fees; *sa* **teg**! your fees

teg, a. v., 1. to set, to put; **teg** *ko ci taabal bi*, put it on the table 2. to pay one's fees; **teg** *sa wàll*, to give one's share; **tegal**, a. v., to pay s.o.'s fees; **tegleel**, a. v., to pay for s.o. besides one's own fees

tegale, n., Phys., battery

teggi, a. v., 1. to remove from, (spot) to by-pass; *danga ma* **teggi** *tey*, you didn't drop in today; fam., **teggi** *yoon*, to break the law 2. to win (the jackpot)

tekk, adv., to be quiet; *neel* **tekk**! be quiet

tekki, a. v., 1. to untie, to solve a puzzle 2. to translate, to interpret; *mën nga* **tekki** *li mu wax?* can you translate what he said? 3. to be worth sth.

temb, n., sphere

temm, v., *nee* **temm**, to be quiet, inert

temmanti, a. v., to activate, te reactivate

tendeelu, a. v., to rear up

tene, n., panther

teppi, a. v., to unstitch, to unpick; *dinaa ko* **teppi** *ñawaat ko*, I will unstitch it and sew it again; **teppeeku**, a. v., to become unstitched

teral, a. v., to show hospitality to s.o.; **teral** *nga ma,* **teral** *sama waakër*, you honored me and my family

teranga, n., hospitality

tere, a. v., to forbid; *tere naa la tóx waaye doo dégg*, I forbade you to smoke but you wouldn't listen

tette, a. v., to teach a baby to walk, to help

tex, s. v., to get dripped on

texam, s. v., to be improper, unclean

texe, n., paradise, heaven

textexaan, a. v., to tickle

tee, a. v., reduction of **tere**, to forbid, to prevent from; *luy* **tee***?* what can stop it? *lu* **tee***?* why not?

teel, a. v., to be early (at work, waking up); *suba* **teel**, early morning

teen, n., well

teeñ, n., king (in the Bawol region)

teer, a. v., to accost, to come up to; *xaaral ba gaal gi* **teer**, wait till the boat comes to a complete stop

teeru, n., welcoming ceremony; v., to welcome, to receive a visitor; *ban njiitu dëkk lanuy* **teeru** *tey?* which president are we welcoming today?

teew, a. v., to attend, to be present; **teewe**, a. v., to attend, to be present (usually followed by an object); *kan moo* **teewe** *xeex bi?* who witnessed the fight?

teey, v., to be calm, sedate, steady, patient; **teeylu**, a. v., to have patience, to be patient, calm; **teeylul**! gently does it! *am xel mu* **teey**, to feel qualmish; nausea

téq, a. v., to trip, to trip s.o. up, to make stumble s.o.

tépp, a. v., to take time in what one is doing

téstén, n., sole, back of the foot

téégal, a. v., to spank, to beat up

tééméér, card. numb., hundred; *ñaari* **tééméér**, two hundred; **téémééri** *yoon*, a hundred times; **téémééreel**, hundredth; **téémééreeli** *yoon*, hundredth time

téén, a. v., to stand upright, to stand above; *yaa ngi may* **téén***,* you are shadowing my view

tééñ, n., 1. louse, lice (pl.) 2. coiled cushion set on the head

tééñu, a. v., to carry a coiled cushion between the burden and the head

tééré, n., 1. book 2. juju

téésante, a. v., to argue, to have a dispute

të, a. v., to hinder, to impede

tëb, a. v., to jump

tëcc, a. v., to bruise; **tëccu**, a. v., to get bruised

tëdd, a. v., to lie down, to go to bed; *xanaa doo* **tëdd** *ci lal bii?* aren't you going to spend the night on this bed? **tëddal**, a. v., to put (child to bed), to lay sth. down; **tëddan**, n., lazy person

tëddin, n., Math., cosine

tëfli, a. v., to spit; **tëflit**, n., spit, saliva, spittle

tëgg, n., blacksmith, anvil

tëgg, a. v., to beat (drums); *waxtu wii kenn du ci* **tëgg** *sabar*, this time is not meant for beating the drum; **tëggkat**, n., a drummer

tëj, a. v., to close; **tëj** *kaso*, to jail

tëkkale, a. v., to compare, to equate

tëkku, a. v., to warn

tël, a. v., to juggle, to toss (ball); to kick in the air

tële, v., to be awkward, incapable of doing a good job

tëmb, a. v., to float, **tëmb** *ci ndox mi*, to float in the water; **tëmbeel**, n., sth. floating

tëmbax, a. v., *nee* **tëmbax** *ci bür*, to dive in

tën, a. v., to create; *ba Yàlla di* **tën** *sunu maam Aadama*, when God created Adam

tëngóóm, a. v., 1. to support s.o. on one's shoulders, to carry s.o. 2. to underscore; to substantiate a statement, to support an idea

tënj, a. v., to mourn; *ñaata fan la wara* **tënj?** how long is she going to remain veiled?

tër, to lay s.o. or sth.; **tëral**, id.; **tëri**, a. v., to go to bed

tëx, v., to be deaf, to have a hearing impairment

tëye, a. v., to hold; **tëye** *bu baax*, to hold tight; Sci., resistance; **tëyewin**, resistivity

tibb, a. v., to help oneself to some of the meal; **tibbal** *ci ceeb bi!* help yourself to some rice

tijji, a. v., to open; **tijji** *nañu*, they are open

til, n., fog

tilim, n., dirt; v., to be dirty; **tilimal**, a. v., to dirty, to get dirty, to soil

till, n., jackal

timis, n., evening

tin, a. v., to forgive, to reprieve, to do a favor; **tinu**, a. v., to plead for, to ask pardon for

tippóó, a. v., to pick, to choose; *Nabu laa* **tippóó**, I chose Nabu

tipp, n., spot; **tippi** *kanam*, freckles

tir, v., *nee* **tir**, to beat it, to run away

tisbaar, n., early afternoon prayer

tisóóli, a. v., to sneeze; **tisóó!** bless you!

tiim, a. v., 1. to stand up to s.o., to face s.o. standing tall 2. a religious performance which consists of standing up to say one's prayers

tiir, n., palm oil

tiis, n., pain, sorrow, affliction, pity; *njabootu Jaw ñoo am* **tiis** *ak nàqar di leen yëgal ne seen doom Ablaay faatu na altine*, the family of Jaw feels deep sorrow in annoucing to you the death of their son Ablaay this Monday; **tiisu**, to feel compassion for

tiit, a. v., to be frightened, scared; **tiital**, a. v., to frighten, to scare s.o.

toccamiku, a. v., to make up (face); *am **toccamikul** ak lii*, get this and rub it on your face; **toccamikaay**, n., make up powder
tofal, a. v., to add, to increase, to complete
tofo, n., one who comes after (younger sibling)
toftal, a. v., to join, to align (words); to express an idea in a certain way
togg, a. v., 1. to cook, to cater 2. to support, to give hand to
toj, a. v., to break, to crack; **toj ndaw**, a. v., to deflower
tol, n., fruit of acidic taste
toll, sup., very, only used with *forox*; *forox* **toll**, very sour, very bitter
tollale, a. v., to make even, to even
tollanti, a. v., to add up, to complete with
tollu, a. v., to measure; *nu mu **tollu**?* how big is it? *fu mu **tollu**?* where is it located? **tolloo**, v., to be even; *noo **tolloo** at*, we have the same age; **tollole**, a. v., to make even
tolof-tolof, n., difficulty; *am ay **tolof-tolof**,* to experience difficult moments
tomb, n., dot, period
tong, n., adversary, enemy; **tongoo**, a. v., to argue with, to have a dispute with, to fight against
tonni, a. v., to scoop; ***tonnil** li cików*, just scoop what's on the top
tontu, n., response, answer; a. v., to answer; ***tontu** naa sa leetar*, I answered your letter
toŋ, a. v., to lift up (s.o.)
topp, a. v., to follow, to go after; *nee naa la bu ma **topp**,* I told you not to follow me
toppando, a. v., to imitate, to ape; *soo ko **toppandoowee** lu mu lay jëriñ?* what will it serve you to imitate him?
toppante, a. v., to follow each other
toppatoo, a. v., to take care of; *yaa ngiy **toppatoo** mbir mi?* are you taking care of the business? *dinaa ko **toppatoo**,* I'll take care of it
toq, a. v., to drop, to drip
toqen, n., drops (water)
toqi, v., to be tired, to lose one's grip; ***toqi** naa,* I can't go any further
torfati, a. v., to rub (ref. Rambaud)
torox, v., to be miserable, forlorn, woebegone
tos, n., fertilizer, manure
toxal, a. v., to fit out, to move sth. from one place (to another); **toxu**, a. v., to move (house)
toxañu, a. v., to scratch one's eyelids
toog, a. v., to sit down; **toogal**, a. v., to make s.o. sit down, (sports) to eliminate
toogu, n., bench, pew
tooke, n., poison; v., to poison
tool, n., garden, farm, plantation
tooñ, a. v., 1. to tease, to bother, to start a dispute 2. to be wrong in a dispute
tooy, v., to be wet; ***tooy** xepp*, dripping wet, soggy
tóx, a. v., to smoke; *doktoor bi nee na **tóx** sigaret ak yàmba baaxul ci wér gu yaram,* the surgeon general warned that cigarette and marijuana smoking is not good for your health

tóój, a. v., to lift up (s.o.)

tool, v., to be odd, uneven (numb.); *wañ̃ni naa ko, waaye dafa **tool***; I counted but it is uneven.

tóórtóór, a. v., to bud, to come into bud; *mbey maa ngiy **tóórtóór***, the flowers are blossoming

tóóy, s. v., to be ignorant and naive

-tu, suff., can be reflexive or slightly change the meaning of the original verb; *wax*, to speak, *waxtu*, to speak to oneself, to soliloquize; *séén*, to catch sight of, ***séén̄tu***, to expect, to watch from a distance

tubaab, n., white person, westerner

tudd, a. v., to name, to baptize; *liir bi, nu mu **tudd**?* what's the name of the baby?

tugal, n., geographical ref. to France

tukkal, n., camel

tukki, a. v., to travel, to go on a trip

tul, v., to be invulnerable

tulli, a. v., to punt (ball)

tumurànke, s. v., to become miserable, poor, done for

tund, n., mound, mountain

tungune, n., short person, dwarf

tuñ, n., lip

tupp, n., tow, oakum

tuq, n., small mortar

tur, n., name, first name

turki, n., *tubeyu* **turki**, Turkish pants

tus, n., nothing, zero; *xamoo **tus***, you know nothing

tuy, onom., the sound of a pistol; *mu nee ko **tuy***, he shot at him

tuub, a. v., to become converted, to confess; ***tuub** naa la ma daan def*, I regret what I used to do

tuufu, a. v., to rub, cleanse one's eyes (with eyedrops)

tuug, excl., **tuug!** watch your language!

tuumaal, a. v., to perjure, to testify falsely about s.o.

tuur, n., 1. sacred place where the supernatural forces are believed to dwell 2. Fr., turn, *sama **tuur** la*, it's my turn

tuur, 3. a. v., to pour

tuus, a. v., to warm up (wrestlers entering the arena usually run in circle and also dance)

tuuti, v., to be small, little; **tuutil**, a. v., to belittle

-u, 1. v. suff., used to make the verb reflexive (attached to verbs ending with a consonant); **sangu**, to bathe oneself; **seetuwu**, to watch oneself in the mirror 2. expresses possession or distinction (only sing.); *lalu* Musaa, Musaa's bed; *néégu* Yoro, Yoro's room; *ndoxu* naan, drinking water; **boyatu** suukar, a sugar box

ub, a. v., to close, to cover; *ub* ko ba mu bax, close it until it starts boiling; looloo *ub* bopp bi, that's what's puzzling him

ubbi, a. v., to open; su baxee nga *ubbi* ko, open it when it starts boiling; *ubbil* sa xol bi, open your heart

-ul, suff., neg. verbal suff., not; **uma** (1st pers. neg.), **uloo** (2nd pers. neg.), **ul** (3rd pers. neg.), **unu** (1st pers. pl. neg.), **uleen** (2nd pers. pl. neg.), **uñu** (3rd pers. pl. neg.); *dem na marse*; he went to the market place; *déét demul marse*, no, he didn't go to the market place; when the verb ends with a vowel the negative form becomes -**wul**; *ree na*, he smiled; *reewul*, he didn't smile; when the verb is followed by an object pronoun the l disappears; *def na ko*, he did it; *defu ko*, he didn't do it

um, a. v., to jinx, to bring bad luck; **ume**, a. v., to bring bad luck, to be of bad augur

umma, n., Ar., community

ump, v., to be beyond one's knowledge; *loolu ump na ma*, it's beyond me, I don't know anything about it

umpaañ, n., aunt (uncle's wife)

umra, n., Ar., visit to Mecca at any time of the year with prescribed laws

upp, a. v., to ventilate, to fan, to air; *ngelaw laa ngi nuy upp*, the wind is ventilating us; **uppu**, to ventilate oneself; **uppukaay**, n., fan (straw)

ustaas, n., Arabic teacher

uuf, a. v., to set over the arms or legs, to support; *na nga uuf xale bi bu baax*, hold the baby well

uul, n., palmtree nuts

wa, def. art., the (far); *waañ* **wa**, the kitchen; *jàmbaar ca waar* **wa**, a brave man is one in the fields
wacc, a. v., to leave, let, abandon; *da nga nu* **wacc** *léégi*, you gave up on us
waccu, a. v., to throw up, to vomit
wadd, a. v., to fall, *pañe bi dafa* **wadd** *ci suuf*, the basket fell off the ground
wajan, n., mare, foal
wal, a. v., to flow, to run (water); n., flux
walangaan, a. v., to flow abundantly, to run, to flood; *ndox maa ngiy* **walangaan**, the water is flowing
walaxnjaan, n., centipede
walaakaana, n., miserable person, pauper
walaat, n., half-liter; *genn wall* **walaat**, a quarter of a liter; *ñaari* **walaat**, a liter
wale, dem., that, that one
wallu, a.v., to come to s.o.'s help, to help, to assist; **wallu** *ma boo yééxee ma tàkk*, help me quickly, otherwise I'll be done for
wanag, n., toilets
wanaasu, a. v., to swallow (without chewing)
wangarñiku, a. v., to become reversible; **wàngarñikoo-dikku**, v., to become irreversible
want, n., pl., woods
wañña, n., counting, accounting
wañña, a. v., to count, to reckon, to calculate; *mën na* **wañña** *léégi*, he can count now
waññaiku, a. v., to return, to head back home
waŋ, v., to be curvaceous, to have protruding haunches
war, a. v., to mount, to ride (a horse); **warkat**, n., a rider
war, aux., must, to have to; *danga* **wara** *jàng bu baax*, you must study well; *Jurbel la* **wara** *jóge*, she must be from Jurbel
warax, 1. a. v., to swallow sth. without chewing it; 2. n., donkey
waraambiij, a. v., to do a demivolt, pirouette
warga, n., Chinese tea grain
warugar, n., duty; *sama* **warugar** *la, moo tax ma def ko*, I did it because it was my duty
wat, 1. a. v., to cut (hair); **watu**, a. v., to cut one's hair
wat, 2. a. v., to drag with, (fig.) to outweigh, to overpower
watar, n., leech
watat, a. v., to drag along; **watatu**, a. v., to trail, to lag behind, to drag, to creep, crawl (in the dust); *jogal, ngay* **watatu**, get up instead of crawling
watu, (see **wat**)
wattu, a. v., to avoid, to beware of
wattu, a. v., to graduate, to finish one's education; *jàng na alxuraan ba* **wattu**, he graduated from koranic school
wax, a. v., to talk, speak, say sth.; *lan nga* **wax**? what did you say? **wax** *ju teel*, hypothesis; **waxsore**, telephone; **waxsuufe**, microphone

waxambaane, n., young man, adolescent
waxande, n., trunk, suitcase
waxante, a. v., to talk to each other
waxset, n., n., the rainiest month of the year
waxsore, n., telephone
waxsuufe, n., microphone
waxtaan, n., conversation, conference; v., to confer
waxtu, 1. a. v., to talk to oneself, soliloquize, 2. n., time, hour
way, a. v., to become curdled
wayal, a. v., to clot, to curdle (milk, blood); to condense
waa, n., person, people (masc.); *waa Senegaal*, the people of Senegal; *waa kër gi*, the household; *waa ji*, the guy; Note: **waakër, waajur** may be written as one word
waaf, a. v., to avoid a blow, a hit
waaj, a. v., to get ready for, to get started; *nanu waaja dem*, let's get ready to go; *waajal*, to get ready for; *waajalleen waxtu wi*, get ready for the prayers
waajur, n., parent; *waajuram yi nekkuñu fi*, his parents are not here
waakër, n., household
waame, n., downpour, (sudden) shower
waane, n., to be a troublemaker, a hypocrite; to cause people to be suspicious of each other
waar, n., path, furrows, field
waar, a. v., to amaze, to astonish, to preach; *moom de li mu wax **waar** na ma*, I am indeed puzzled by what he said; *waaru*, v., to be amazed, puzzled
waaraate, a. v., to preach, **waaraatekat**, a secular preacher
waas, n., carp
waas, a. v., to scale; *na **waas** jën yi balaa mu leen di firiir*, tell him to scale the fish before he fries them; fam., to criticize, to reprimand
-waat, suff., prepositional suff., suggests doing sth. again (attached to verbs ending with a vowel); **waat** is the equivalent of **aat**; *soluwaat na*, he dressed up again
waat, a. v., to swear, to give one's vow; *waat naa ko ci Yàlla ne defuma ko*, I swear to God that I didn't do it
waat, n., paddle
waaw, intj., yes, **waawaaw**, yes, yes indeed
waaxu, a. v., to hasten, to hurry
waay, n., man, friend; fam., *sama **waay** la*, he's my main man; **waayoo**, a. v., to choose someone as one's close friend
waaye, conj., but, however; *waaye waroo ko woon wax loolu*, but you didn't have to tell him that
wàcc, a. v., 1. to climb down, to get down, to get off (work) 2. to achieve; "*wàcc nga loo mosa wax*" (S. M. Ka), you achieved all your goals
wàccu, n., Elec., cathode

wàll, n., share, portion, half; **genn wàll**, (one) half; a. v., to share, to divide; ***wàll** ma ci*, give me my share; **wàllu**, a. v., to appropriate, to get one's share

wàlle, a. v., to contaminate, to be catching, infectious

wàlli, a. v., 1. to rescue, to run and help s.o. 2. to attend

wàlliwa, n., messenger of God, Messiah

wànde, adv. but; however

wànnent, v., to be affected by an eye infection or irritation

wànte, conj., but, however, save; ***wànte** waruloowoon def loolu*, but you didn't have to do that

wànteer, a. v., to sell off; n., clearance sale

wàññi, a .v., to reduce, to diminish, to dwindle; ***wàññil** coow li*, keep your voice low; ***wàññi** naa njëg li*, I reduced the price

wàq, a. v., to dig, to make a hollow bigger, to extend a hollow

wàqi, a. v., to unearth, to dig up

we, n., nail

wecc, sup., very; only used with *set*; *set* **wecc**, very clean

wedam, a. v., to remain quiet, to hold one's tongue; **wedamloo**, a. v., to silence s.o.

weddi, a. v., to deny, to disagree; *mënuma laa **weddi***, I can't disagree with you; *gis **weddi** bokku ca*, seeing is believing

wekki, a. v., to remove, to take off (opposite of **wékk**)

wellam, n., talisman

weneen, another, another one

weng, v., a little curvy

wenn, numb., one

weñ, n., 1. fly 2. iron, metal

werante, a. v., to argue, to discuss; *lan ngeen di **werante?*** what are you arguing about?

werekaan, n., poet, spokesperson

werweri, a. v., to flow

wettaawett, n., bird species

wetu, a. v., to stand or sit beside, to side

wex, v., to be bitter, sour (taste)

wee, dem., that, that one

weeje, a. v., to calumniate, to slander

ween, n., breast

weer, n., moon, ***weer** wi feeñ na*, the moon is out

weer, n., month; ***weer** wi dee na*, the month is over. **Note**: the Wolof months follow the lunar cycle and thus correspond to the months of the Islamic calendar: (1) **tamxarit**, (2) **diggiw gàmmu**, (3) **gàmmu**, (4) **rakki gàmmu**, (5) **rakkaati gàmmu**, (6) **maamu koor**, (7) **ndeyi koor**, (8) **baraxlu**, (9) **koor**, (10) **kori**, (11) **diggiw tabaski**, (12) **tabaski**.

weer, a. v., to display, to drape over (the rows); fam., to vilify, to slander

weex, s. v., to be white; **weex** *tàll*, snow white; **weexal**, a. v., to whiten; fam., to offer s.o. (a fortune teller) a silver coin

wékk, a. v., to hang sth. (over a coatrack)

wépp, each, each one

wéttali, a. v., to assist s.o. who is lonely; *toogal fii* **wéttali** *ma*, stay here with me, I'm lonely

wéq, a. v., 1. to kick, to strike with the foot 2. throbbing, beating

wéy, a. v., to leave, to go away, to go by

wéér, to lean, hang sth. on sth. else; **wééru**, a. v., to lean over, to tip (to one side)

wéét, v., to be solitary, lonely, lonesome

wëlbati, a. v., to turn over, to turn upside down

wëñ, n., thread

wër, v., to be healthy, to feel well

wër, a. v., to circle; **wër-wër**, n., circle, circuit; **wër ndomba**, a. v., to orbit

wëréélu, a. v., to turn around, to wander around

wi, def. art., the (close); *weñ* **wi**, the fly; pron., that, which

wilaaya, n., s.o. who can predict the future

wile, dem., this, this one

wis, a. v., to drizzle, to fall (rain) in drops; **wis-wisal**, a. v., to drizzle, to rain in mistlike drops

witax, a. v., to snap (one's fingers) on sth.

witt, a. v., to pick, to gather, to pluck (flowers)

wittéén, n., cotton

wii, dem., this, this one

wiir, n., sail

wiiri, a. v., to veer, to make a U turn

wodd, a. v., to dress s.o. with a sarong; **woddu**, to put on one's sarong, loincloth

wog, a. v., to turn up, roll up (sleeves, trousers), to tuck up (skirt)

wokk, a. v., to scrape, to scratch; **wokku**, a. v., to scratch oneself; **wokkatu**, id.

wol, a. v., to pound, to crush; *kaay* **wol** *gerte ak nun*, come pound the peanuts with us

won, a. v., to show; to demonstrate; **wone**, id.; **wonewu**, a. v., to show off

wone, n., Math., theorem

wonn, a. v., to eat, to swallow

woñ, a. v., to spin-dry, to press

woñaar, a. v., to press, to twist, to wring

woŋ, a. v., to hit s.o. on the head with the back of the finger

wopp, a. v., to feel sick, to be ill

wor, a. v., to betray; **wor** *nga sa waa dëkk*; you betrayed your country; **woroo**, a. v., to betray each other

worma, n., deference, respect

worom, n., pl., owners

worworaan, n., millipede, centipede

wow, v., to be dry; **wow** *kon*, to be very dry; **wowal**, a. v., to dry up, to make dry

woy, pref., prefix for noun formation; **woy**-*xebu yi*, the paupers

woy, a. v., to sing; **woykat**, n., a singer

woyaŋ, s. v., to be lonely, empty

woyaan, a. v., to perform a serenade for money, to serenade

woyof, s. v., to be light; **woyof** *toll*, to be very light; **woyof** *mbir*, simple

woyofal, to make light, to lighten

woo, a. v., to call; **woo** *nañu la ci kër Buur*, you are summoned to the courthouse; **woolu**, a. v., to call for (a doctor)

woomal, a. v., to become rich, abundant; **woom**, n., pl., abundance

woon, 1. suff., verbal suff. expressing past actions; -**woon** is attached to verbs ending with a vowel and is synonymous to -**oon**; *dama **defewoon** ne dootoo ñëw*, I was under the impression that you would not show up 2. adv., formerly

woor, a. v., to fast

woote, a. v., to invite, to call for (a meeting)

woowa, dem., that (mentioned a while ago)

woowale, dem., (see woowa)

woowu, dem., that (just mentioned)

woowule, dem., (see woowule)

wóbbali, a. v., to yawn, to gape; *danga wara gëmmentu, yaa ngiy **wóbbali** rekk*, you must feel drowsy enough to yawn

wólis, a. v., to whistle

wóllare, n., good relationship

wósin, a. v., to give birth to, to deliver (baby)

wóólu, a. v., to rely on, to trust, to have confidence in; *moom rekk la **wóólu***, he's the only one she trusts

wóór, n., big grain semolina

wóór, v., to be sure, certain, obvious; **wóóral**, a. v., to make sure, to insure

wóótu, a. v., to sit for, to replace

wóów, interj., to shout, cry

-wu, 1. rel. pron., that, which 2. suff. (see -**u**; -**wu** is attached to noun or verbs ending with a vowel)

wudd, n., stable

wuddu, a. v., Ar., to do one's ablutions

wujj, n., co-wife, rival; **wujje**, a. v., to act jealously, to rival

-wul, suff; neg. suff. (3rd pers. sg.), not; -**wul** is attached to verbs ending with a vowel and is synonymous to -**ul**; *fowul*, he's not kidding

wulli, a. v., to tan

wundu, n., wild cat

wuré, a. v., to play (card, checkers); *yaa wara **wuré***, it's your turn to play

wut, a. v., to search, to look for; *xamuma li muy **wut***, I don't know what he's looking for

wuyu, a. v., to answer (a call)

wuude, n., shoemaker, cobbler
wuuf, a. v., (see **uuf**)
wuur, n., pl., kings
wuute, v., to be different, to differ from; **wuute aj**, n., Elec., voltage
wuutu, a. v., to sit for, to replace, to take over
wuutuloxo, n., Mech., machine

xabaar, n., news, information; *nu ngi leen di jottali* **xabaar** *yi nu fi dikkal*, we are bringing you the news of the hour
xabon, n., bull
xabru, n., tomb, grave
xaj, n., dog
xajaan, a. v., to strut about
xal, n., embers, fire; *suulal* **xal** *yi ba suba*, cover the fire with ashes until tomorrow
xala, n., 1. spell cast upon s.o. to make him impotent   2. bow, parabola; **xala-dummóóyante**, n., hyperbola
xalab, a. v., 1. to throw away 2. to abort
xalam, n., violin; v., to play the violin, to play music
xalam, a. v., to meditate, to reflect upon
xalangu, a. v., to roll oneself over the ground, to wallow (in mud), to sprawl
xalaŋ, a. v., *nee* **xalaŋ** *ci suuf*, to fall heavily on the ground
xalaas, interj., alas, used to express sorrow, worry
xalaat, n., thought; a. v., to think, to figure out; **xalaat** *ju teel*, hypothesis
xale, n., child; **xale** *bu góór*, boy; **xale** *bu jigéén*, girl
xalifa, n., caliphate, religious chief, vice-regent of God on earth
xalima, n., ink pen (made out of wood)
xalwa, n., retreat for a religious initiation; *dugg* **xalwa**, to become a hermit
xam, a. v., to know, to learn about; **xam** *nga li xew?* do you know what happened? **xam!** how do I know! **xamal**, a. v., to let s.o. know; **xamle**, a. v., to inform; **xam-xam**, n., knowledge
xamb, a. v., to stir (up) (fire), to stoke
xamtu, n., knowledge, enlightenment
xanaa, adv., unless; (emph.) **xanaa** *xamoo yem na fi?* don't you know when to stop? **xanaa** *loolu*, that at least (is acceptable)
xanc, a. v., to trim a branch
xand, a. v., to come
xandaalu, a. v., to wander astray, to trifle around
xandeer, n., broken pieces of a jar
xandoor, a. v., to snore; *soo* **xandooree** *nii duma mëna nelaw*, if you snore like this I won't be able to sleep
xanx, n., board, plank, shelf
xañ, a. v., to deprive of, to deny; **xañ** *sa bop lenn*, to deny oneself something *yaa ma* **xañ** *jàmm*, I can't have peace with you around
xar, n., 1. sheep 2. warrior (ref. Rambaud) 3. big wooden bowl
xar, a. v., to cut, to tear open; **xar-gépp**, n., pair of pants, trousers; **xar-xar**, n., opening, breach
xarafal, a. v., to circumcise
xaraŋ, a. v., to snore

xarbaax, n., God's gift to his favorites; *xarbaax la feese ba ne guun*; he is extremely gifted with knowledge

xare, n., war; v., to wage war; **xare** *Baddar*, the battle of Badr

xareñ, a. v., to be skillful, artistic

xareeful, n., atom

xarfafuufa, n., *xarfafuufa ak déébaadééb*; final magical preparations wrestlers go through before starting the fight

xarit, n., friend; *sama xarit la*, she is my friend

xarkanam, n., face, forehead, visage

xarnu, n., century, universe

xaru, a. v., to commit suicide

xarxarle, a. v., to groan, to grouse

xas, a. v., to reprimand, to be callous with one's tongue, to say bad things to s.o.

xasab, n., about the length from hand to elbow (50 cm); *xasabu*, to measure with the elbow

xasan, v., to irritate (body)

xasaw, v., to smell bad; **xasaw** *xunn*, to be very nauseating

xasida, n., Ar., religious ode ; pl. **xasaayid**

xaste, n., affront

xat, v., to be narrow, tight, *lal bi dafa xat; munula jël ñaari nit*, the bed is too small for two people; *koñ bu* **xat**, acute angle

xawaare, n., social gathering, meeting

xawsu, n., savior

xay, interj., gosh, used to express bewilderment

xay, v. to be civilized, well-mannered; **xayadi**, v., *nit* ku **xayadi**, uncivilized person

xayaas, a. v., to compare to, with

xayma, a. v., to term as a metaphor, an analogy; Math., to calculate, to reckon

xaacu, a. v., to sing war chants; to shout out loud

xaad, n., roofing, roof

xaaj, a. v., to divide, to split; *xaaj ko ñaar*, divide it into two; *xaajagul*, it's not over yet; lit., it hasn't reached the middle yet

xaal, n., watermelon, cantaloupe

xaalis, n., money; *aka moo bëgg xaalis*, he worships money like nothing else

xaañ, a. v., to hit s.o. on the head (with a stone)

xaar, a. v., to wait, to await; *nee ko mu xaar ba ma agsi*, tell him to wait till I get there

xaat, adv., already; *noppi na xaat*, he's already done; **xaat**! already

xaatim, n., complex figure, number

xaaxaam, n., thornbush, thorn

xaay, v., to be crude, ripe

xàcc, a. v., 1. to veer, to deflect 2. to raise one's arm ready to attack; *dafa xàcc ba mbagg mi wekkeeku*, he pulled out a shoulder

xàddi, a. v., to become exhausted, to be out of breath; *dama wax ba* **xàddi**; I talked without success

xàjj, a. v., to set apart

xàjjale, a. v., to part, to separate

xàll, a. v., to make way for; **xàllal** *yoon wi mu jàll*, disperse the crowd so that he can pass

xàll, n., boulevard, open way

xàmb, n., sanctuary, altar

xàmme, a. v., to recognize; *yow dey* **xàmme** *naa la*, I think I know you from somewhere; **xàmmewuloo** *ma?* you don't recognize me?

xàmmi, (see **xàmme**)

xàmmikaay, n., Math., coordinates

xàmp, a. v., to bite, to take a bite

xàndi, n., barrel

xànjar, n., coin, mint

xànni, a. v., to brain s.o., to knock s.o. out

xàqataay, a. v., to burst out laughing

xebla, n., direction, cardinal point

xef, n., eyelash; v., to twinkle one's eyes; **xef** *bët*, in a trice

xej, a. v., to fit in; **xej na**, maybe, perhaps; **xej na moom la**, it may be him

xejj, n., God's favorites; **xejj** *ya Yàlla fal*, God's chosen

xel, n., mind, imagination; *yaa am* **xel** *waay!* how cunning you are; *mu ngi wone* **xel** *ñaar*, he's having second thoughts over the matter

xelli, a. v., to pour on

xelmati, a. v., to seem to have seen s.o.

xeloo, a. v., to come up with an idea, to have sth. in one's mind; *fan nga* **xeloo** *loolu?* where did you get that idea?

xemb, a. v., to dampen; **xembaliku**, to become damp

xemmem, a. v., to desire, to like

xent, a. v., to filter

xepp, adv., very, only used with *tooy*; *tooy* **xepp**, very wet, soaked in

xer, a. v., to cool (hot tea), to filter

xeram, a. v., to grow numb, to be numb, drowsy; *dafa naan ba* **xeram**, he drank so much that he's feeling numb now

xereñ, v., to be artful, skillful

xet, n., odor

xetax, n., hay

xettali, a. v., to keep s.o. company, to come to the help of s.o., to rescue; to join

xew, a. v., to occur, to take place, to happen; *lu* **xew?** what's the matter? *fu muy* **xewee?** where is the venue? **xew-xew**, n., occurence; **xew-xewu** *jamano*, passage of time

xewer, n., cherry

xeeb, a. v., to minimize, to want more than one is offered; **xeebaate**, a. v., to be condescending, patronizing

xeej, n., spear

xeelu, a. v., to eye s.o. with contempt, to eye s.o. scornfully; to have a stern look

xeeñ, a. v., to smell good; **xeeñ** *mbann*, to be very balmy

xeeñtu, a. v., to sniff, to smell; *xaj bi am na lu mu xeeñtu*, the dog has sniffed sth.

xeer, n., pebbles, stones; *sànni xeer*, to throw stones at; **xeeru** *baat*, Adam's apple

xeereer, s. v., to be (very) light skinned, yellow

xees, s. v., to be light skinned; **xees** *pecc*, to be very light (skin)

xeet, n., race, racial group

xeex, a. v., to fight, to battle

xél, n., speed; *ak **xél** mi mu àndal kenn munu ko jàpp*, with such a speed no one can catch him

xéy, a. v., to leave early (for work)

xééwal, n., miracle, manna

xééx, a. v., to become breathless, tired

xëbal, a. v., 1. to scare, to frighten 2. to stir, to foam (detergent in water)

xëcc, 1. a. v., to pull out, to pull; *bul **xëcc** buum gi bu baax, dafay dagg*, if you pull the rope hard it will break; **xëcckat**, n., magnet

xëcc, 2. n., grey horse

xëdd, n., breakfast during the month of Ramadan; v., to have a Ramadan breakfast

xëj, v., **xëj na**, maybe, perhaps;

xëm, a. v., 1. to faint 2. to burn (food); *ceeb bi **xëm** na*, the rice is burned out

xëpp, a. v., to pour; *xëppal ndox ci sama bopp*, pour some water on my head

xërëm, n., magic powers; a. v., to witch-doctor s.o.

xët, a. v., to hit s.o. on the back or chest

xibaar, n., news, information; **xibaari ñetti fan**, (fam.), bad news; *wax nga **xibaari** ñetti fan*, you don't say!

xiddi, a. v., to clear off, to disappear

xippi, to open one's eyes

xisa, n., historical events, history

xiibon, a. v., to have rickets, to be meager, to look gaunt

xiig, n., Ar., virginity; *lekk* **xiig**, to deflower, to rape; **xiige**, n., a virgin

xiim, a. v., to pour, to make tea

xiin, a. v., to become cloudy

xiir, a. v., 1. to whirl 2. to cause s.o. to do sth., to push s.o. into doing sth.; *lu la **xiir** ci ñibbi léégi?* what gave you the idea of leaving now?

xiiral, a. v., to accelerate

xiiróó, a. v., to argue, to have a dispute; *lu waral **xiróó** bi?* what's the reason for the argument?

xiix, a. v., to be out of breath; **xiixat**, a. v., to get out of breath, to puff

ximmi, a. v., to regain consciousness (after fainting)

xob, n., leaf; *xob yaa ngiy wadd*, the leaves are falling

xodd, n., heron

xoddos, n., hoarseness, huskiness; v., to feel hoarse
xoj, a. v., to seize by the throat, to throttle
xol, n., heart; *xol bu baax la yore*, he's a lighthearted person
xolli, a. v., to peel (potatoes); **xollit**, n., peeled stuff
xomm, adv., very, only used with *ñor*; *ñor* **xomm**, to be well done (food)
xondóóy, a. v., to become dehydrated, to feel very thirsty
xonq, s. v., to be red; **xonq** *coy*, very red
xont, n., domestic animal; a. v., to gorge an animal with food, to feed
xoqatal, a. v., to frighten, to scare
xor, n., shell (of snail, oyster)
xorom, n., salt
xosi, a. v., to scratch, to get scratched
xott, n., empty piece (of sth.)
xotti, a. v., to tear off; **xotteeku**, a. v., to be torn off
xoob, a. v., to gild
xooj, a. v., to soak in (clothes); *xooj naa yere yi ci ndox*, I put the clothes in the water
xool, a. v., to look at, to observe, to check; *wax ko mu xool bu baax ndegam lépp mat na*, tell him to have a close look whether everything is in order
xoon, n., rainbow
xoos, a. v., to scratch, to scrape; fam., to be hungry; *damaa xoos*, I am very hungry
xoox, n., nut (mango); a. v. to get exhausted, tired
xóót, v., to be deep, profound; **xóótaay**, n., depth
xubidaas, a. v., to be old, ragged
xubbiku, a.v., (of skin) to flake off
xul, a. v., to grumble, to grouse
xulli, a. v., to open one's eyes widely, to stare
xultu, a. v., to mumble, to grumble, to complain; *fu ñu la fekk yaa ngiy xultu*, you are never happy, always complaining
xulub, n., ravine, gully
xumb, v., to be noisy; **xumbal**, a. v., to make noise, to party
xunn, 1. a. v., to get irritated, angry 2. adv., very (only used with *xasaw*); *xasaw xunn*, to be foul-smelling
xunti, n., big cave, hole, track
xur, n., valley, brook
xuréét, n., coughing disease
xurfaan, a. v., to have a sore throat
xuri, a. v., to scratch
xutba, n., sermon
xuyantaan, n., shooting star
xuy-xuyi, a. v., to flash, to blink
xuuf, a. v., to cut s.o.'s hair
xuufu, to have one's hair cut

xuuge, n., hunchback; Math., convexity
xuur, a. v., to get rusty, to corrode; **xuural**, a. v., to make rusty, to corrode
xuuy, s. v., to be luminous

ya, noun det., pl., the (far); *jën* **ya**, the fish; rel. pron., that, which; *jën* **ya** *mu jënd*, the fish (that) he bought

yab, v., to lack respect for, to play the mickey out of somebody; **yabeel**, n., disrespect, making fun of somebody

yab, a. v., to load

yabaat, n., synthesis

yafal, a. v., to fatten, to give time to mature, to grow big; *danuy* **yafal** *xar mi ba Tabaski*, we are saving our sheep until Tabaski day

yagar, v., to be languid, languishing

yakk, 1. a. v., to accuse, to blame; *ku nekk nga* **yakk** *ko sa sikk gi*, you blame everyone for your wrongdoing 2. to serve the food; **yakkal** *ceeb bi, ñor na*, serve the rice, it's done

yalandi, a. v., to rinse dishes

yale, dem. pl., those; *xale yale*, those kids

yalwaan, a. v., to ask for alms, to beg; *taalibee ngiy* **yalwaan**, the poor child is asking for alms

yamb, n., bee; **yamb** *yaa ngiy biiw*, the bees are buzzing

yambar, n., sissy

yan, 1. a. v., to load, to help s.o. load sth. on his head, 2. n., Elec., charge

yanaat, n., udder (of cow)

yandoor, a. v., to snooze, to sleep very lightly

yaŋ-yaŋal, v., not stuffed (sacks)

yar, n., whip, v., to whip, to flog

yar, a. v., to rear, to bring up (child); *noo ko* **yar** *ba mu màgg nekk xale bu góór*, we fostered him until he became a young man

yaral, n., drizzle, passing rain

yaram, n., body; *wer gu* **yaram**, (good) health; Sci., chemistry; **dund-yaram**, n., bio-chemistry

yat, n., wood stick

yatt, a.v., to prune, to cut into pieces (wood, tree); **yattkat**, n., a sculptor

yaxan, a. v., to save

yaa, v. det., 1. 2nd pers. sg. of the **a** conjugation; **yaa** *ko ko wax*, you (are the one who) told him; **yaa** *tudd Musaa?* are you the one named Musaa? **yaay** *borom?* are you the owner? 2. joint 2nd pers. sg of the **a ngi** conjugation; *mbaa* **yaa** *ngiy jàng bu baax?* I hope you are studying well; **yaa** *ngi koy gaañ*, you are hurting him

yaa, v., to be large; (fig.) to be open, sociable

yaafus, s. v., to be flabby, lazy

yaakaar, n., hope; *tas* **yaakaar**, to disappoint; v., to hope, to have hope; **yaakaar** *naa ne dina jàll*, I hope that I will pass my exam

yaale, a. v., to go back and forth; "*dunyaa bu doon kërub saxoo di* **yaale** *Xayrul waraa waa Màkka duñ' ko jaale*," if the world were meant to die and live the Meccans would not mourn the Prophet (S. M. Ka)

yaar, 1. n., yard (meas.) 2. two; *xar nañu jëmmam ji* **yaari** *gaal*, they broke his face into two pieces

yaaram, n., holy person, saint, peaceful person

yaatal, a. v., to enlarge, to make larger; fam., to make s.o. feel at home

yaatu, v., to be large; **yaatuwaay**, n., breadth, width; fam., sociability, affability; **yaawal**, a. v., to enlarge, to make larger; **yaatu-yaatuwaay**, n., surface

yàbbi, a. v., to take out of one's mouth, to vomit; *nenne bi loo ko sexal mu* **yàbbi** *ko*, the baby vomits everything you give him

yàccaaral, a. v., to become damp, soft

yàjj, a. v., *nee* **yàjj**, to stand open-mouthed

yàkkamti, v., to be in a hurry, to be in haste; *nee ko munuma xaar, dama* **yàkkamti**, tell him I can't wait because I'm in a hurry

Yàlla, n., God; *ngir* **Yàlla**, *ndax* **Yàlla**, for the sake of God; *gëm* **Yàlla**, to believe in God; *ndem si* **Yàlla** *si*, the late; *ci barke* **Yàlla**, in the name of God

yàmbaa, n., hemp, marijuana

yàq, a. v., to destroy, to waste, to damage; **yàq** *nga li ma defaroon lépp*, you destroy everything I made

yàwwi, a. v., to stretch, to open up, to enlarge; **yàwweeku**, a. v., to get stretched

yeb, a. v., 1. to load, to weigh down, to burden 2. to carry, to transport; **yeb** *nga ma lu ma àttanul*, you've given me a very difficult task

yebal, a. v., to send to, for s.o., to recommend; *dina la* **yebal** *ci moom*, she will recommend you to him

yebbi, a. v., to unload

yedd, a. v., to advise, to give a piece of advice, to counsel; **yeddal** *sa rakk ji ndax li mu nekkee jaaduwul*, you are better off talking to your younger brother, for he's going the wrong way; **yeddkat**, n., adviser

yefal, a. v., to keep for growth (animal), to save, to fatten

yegg, a. v., to arrive, to reach the finishing point; **yeggal**, a. v., to finish up; **yeggale**, a. v., to finish up

yegg, a. v., to wince

yell, v., to be proud, to deserve

yellante, excl., how wonderful it'd be if; oh, do I wish to

yelloo, a. v., to deserve; *lii nga* **yelloo**, this is what you deserve

yem, v., 1. to be even, equal; *ñoo* **yem**, they are the same 2. to fit; **yem** *na ci*, it fits in very well 3. to keep still; **yemal**! be quiet; **yemal**, a. v., to make even, to balance; **yemale**, a. v., to make even, to balance; (fig.) to be unpartial; *yeen ñaar ñépp laa* **yemale**, you are both the same to me

yemale, n., Math., equation

yen, a. v., to set over (s.o.'s head), to burden; *ndogal li nga ma* **yen** *diis na lool*, the mission you assigned me to is a heavy burden

yenaat, n., corn (on toe)

yendu, a. v., to spend the day in s.o.'s house

yeneen, other (pl.), others

yengal, a. v., to shake, to move

yenn, some; *dina fiy jaar yenn saa yi*, he passes by sometimes; **yenn** *yi baaxuñu*, some of them are bad

yenneeku, a. v., to remove (burden, pain) from oneself

yenni, a. v., to help s.o. remove a load from his head or back

yenu, a. v., to set over one's head or back

yeranga, n., misfortune, calamity, misery

yerede, n., cuttlefish

yesloo, a. v., to make a camel kneel

yey, a. v., to have done what's best for oneself; *yaa yey*, you did the right thing

yee, dem., those; *dàll yee*, those shoes

yee, a. v., to awaken; *nga yee ma ci juróóm benn waxtu*, can you wake me up around six; **yeewu**, to be awake; *ci suba teel laa* **yeewu**, I woke up in the early morning

yeen, emph. pron. you (pl.); **yeen** *la wax ne yeena ko def*, he said that you did it; *wax naa leen,* **yeen** *ñépp, ngeen jóge fi*, I asked all of you to get away from here

yeena, v. det., 1. 2nd pers. pl. of the **a** conjugation; **yeena** *torox!* how miserable you are 2. joint 2nd pers. pl. of the **a** ngi conjugation; **yeena** *ngiy doxale, xale yi?* are you having fun, kids?

yeer, n., well, hole

yees, v., to be new; **yeesal**, a. v., to make new

yeew, n., snake, boa

yeew, a. v., to attach, to tie; **yeewal** *fas wi ci garab gi*, attach the horse to the tree

yeewu, a. v., to wake up, to be awake; (fig.) to be smart, clever

yénnaat, n., whitlow (ref. Rambaud)

yépp, all

yéég, a. v., to climb up; *muus mi* **yéég** *na cików garab gi*, the cat run up the tree; **yéégal**, a. v., to increase, to elevate; **yéégal** *nañu njëg li*, the price has gone up

yéégu, n., Elec., anode

yéémal, v., to amaze, to astonish

yéém, a. v., to admire; **yééme**, s. v., to be admirable, wonderful

yéén, n., eyebrow

yééné, v., 1. to wish; *Yàllaa ko* **yééné** *lii muy xééwal ci nun*, God wished him this and it fell on us as a miracle, 2. to publish, to speak out

yéés, s. v., to be worse; *ci ñoom ñépp yaa ci gëna* **yéés**, you are worst among all of them

yéét, n., Senegalese mollusc

yééwan, v., to be prodigal, philanthropic, charitable

yééx, v., to be slow; fam., **yééxal** *waay!* hurry up, please! **yééxaay**, n., slowness, tardiness

yëddu, a. v., to eavesdrop

yëf, n., pl., things, object (pl. of **këf** and **lëf**); **yëfi** *dof rekk ngay def*, you always act crazy

yëg, v., to be informed of, to know about (an event); *yëg nga li xew?* have you heard the news? **yëgal**, a. v., to inform s.o. about sth., to warn s.o. about sth.; *maa ngi lay yëgal ne moomuloo dëkk bi*, may I remind you that you don't own the country; **yëgu tàngaay**, n., temperature

yëg, a. v. to show consideration for others, to be considerate; *ku yëg nit la*, he is amenable to people's needs.

yëkati, a. v., to lift up, to raise; *da ko yëkati sànni ci suuf*, he picked him up and threw him on the ground

yëkk, n., bull

yëlab, a. v., to shake up (dust from mat, sheet)

yëlbu, a. v., to shake up

yëmbax, v., to be loose (clothes)

yëngal, a. v., to move, to budge, to stir (liquid); *bul yëngal say baaraam*, don't move your fingers; **yëngatu**, to move, to budge; *yëngu*, id.

yër, a. v., to look through a hole, to peer at, to read, **yërndu**, id.; **yërkat, yërndukat**, n., a peeping Tom

yërëm, a. v., to feel pity for, to feel sorrow for; *yërëm naa ki nara saytu xale bii*; I feel sorry for the next guardian of this child

yërmande, n., pity, compassion, sorrow

yët, a. v., to transmit, to take to, to pass on to; *mën nga maa yët samay tééré?* can you pass me my books?

yi, 1. noun det., pl., the (close) 2. pron., that, which (pl.)

yile, dem., these

yilif, a. v., to govern, to lead, to be the chief of; *moo yilif rééw mii*, he's running this country

yitte, n., need

yiw, n., God's gift

yii, dem., these; *mbubb yii laa la doon wax*, I was talking about these clothes

yiir, a. v., to protect, to cover

yobu, 1. v., to be inclined to, to be better off; *ku yobu na nga jënd ceeb léégi*, you are better off buying rice right now 2. *bu yooboo!* whatever; come what may

yogoral, a. v., to show a pitiful face, to feel sad

yokk, a. v., to augment, to increase; **yokku**, a. v., to increase; *njëg li dafa yokku*, the price has increased; **yokkalante**, supplementary

yolleeku, a. v., to sneak, to leave in secret

yolom, v., to be loose; **yolomaay**, n., looseness; **yolomal**, a. v., to cause to be loose, to loosen

yomb, n., squash; *yomb ci cere la neex*, the squash is good in couscous

yomb, v., to be easy; **yombal**, a. v., to make easy, to facilitate

yonnent, n., prophet

yopp, a. v., to wait, to have patience

yoqi, a. v., to show signs of laziness, to become lazy

yor, a. v., to have, to obtain; *loo **yor** ci say loxo?* what do you have in your hands?

yos, n., pl. of **bos**, property

yow, emph. pron., sg., you; ***yow** la*, it's you

yoxos, n., oyster

yoxyoxal, a. v., to shake, to shake up

yoo, n., mosquito

yool, a. v., (in a checker game) to reward a piece in order to move forward for a gain, to recompense

yoom, v., to be impotent

yoon, n., 1. way 2. law, right, business; *loolu du **yoon***, that is not right; *lii du sa **yoon***, this is not your business; ***yoon** sàntaanewul loolu*, the law did not recommend that

yoor, a. v., to descend, to land

yoot, a. v., to lie in wait for, to be on the lookout for, to stalk

yoote, n., chess game; v., to play chess

yooy, v., to be stale, to get stale, to be puny

yooya, dem., those (mentioned a while ago)

yooyale, dem., (see **yooya**)

yooyu, dem., those (just mentioned)

yooyule, dem., (see **yooyu**)

yóbbu, a. v., to take to, to transport; **yóbbal**, n., recommendation, gift

yónnent, n., message; *jot nga sama **yónnent**?* did you get my message?

yónni, a. v., to send s.o.; *Musaa, kaay ma **yónni** la marse*, Musaa, come and run for me to the market

yu, pron., that, which (pl.); *yu mel nan?* of which kind?

yulli, a. v., to empty; *soo **yullee** sa poos xej na dinga ko gis*, you may see it if you open your pocket

yuppit, a. v., to offer one's clothes to s. o., to make a donation of several of one's clothes

yuul, n., midge

yuur, n., brain; fam., *sama **yuur** gaa ngiy toj*, I have a big headache

yuut, a. v., to slaver, to salivate, to drool (a baby)

yuuxu, a. v., to scream, to cry out loud; *kan mooy **yuuxu**?* who's crying?

French borrowings in Wolof

Over the past two centuries or so French has become the language with the most influence on the various Senegalese languages. Its impact upon higher institutions has been so tremendous that it has become almost impossible for any Wolof speaker to keep up with the changes in the language. Today it is routine for any contemporary Wolof speaker to use both languages in a sentence without feeling uncomfortable. The need to conceal his flaws in French should be accepted as a natural process deriving from the many years of colonization which led to the mandatory use of French as the official language of the country. Furthermore the absorption process is so extensive that it would be quite difficult to decide officially on compromise pronunciations. Most educated people prefer to retain the original pronunciation of the words in use while those who are unfamiliar with French tend to alter words according to their phonetic needs. In doing so they subject the words to the rules provided by Wolof grammar. Because of the Wolof rules of spelling and pronunciation many suffixes in French do not have an exact phonological match in Wolof. Here are some examples.

French		Wolof
[-eur] as in ventilateur	gives	[-óór] wàntilatóór
[-eur] as in tailleur	,,	[-oor] tayoor
[-ure] as in couture	,,	[-iir] kutiir
[-che] as in bâche	,,	[-s] baas
[-en, -an] as in allemand	,,	[-aa] almaa
[-tre] as in minister	,,	[tar] ministar
[-ble] as in bible	,,	[-bal] biibal
[-ge] as in étage	,,	[-s] etaas
[-je] as in jaune	,,	[-s] soon
[-ze] as in chaise	,,	[-s] sees, siis
[-ve] as in élève	,,	[-w] elew

A

abyoŋ, n., plane
adares, n., address
adsidaŋ, n., warrant officer (mil.)
afeer, n., business, affair, *du sa afeer*, it's none of your business; *génnal ci samay afeer*, mind your own business
agaraaf, n., staple, fastener; **agaraafe**, v., to staple, to fasten, to clip together
akselere, v., to accelerate, to speed up
aksidaŋ, n., accident, incident; **aksidante**, v., to be involved in an accident
alamaan, v., to fine
ale, n., avenue, drive
alkol, n., alcohol
almet, n., matches
alteer, n., weights; **alteeru**, v., to do weightlifting
ambaasaad, n., embassy; **ambaasadoor**, n., ambassador
ambarke, v., to embark, to put on, to ship
ambilaas, n., ambulance
amboose, v., to hire, to sign on (workers)
amisgël, n., cocktail, snack
angal, n., angle, corner
angale, n., English, Englishman
angalteer, n., England
angare, n., fertilizer, fattening food
ankaadare, v., to frame, to surround, to coach
antare, n., admittance, admission; v., to enter, to go in
antarpareet, n., interpreter
aparey, n., machinery, equipment
appare, adv., afterwards, later
arañse, v., to arrange, to solve, to come to an agreement
arduwaas, n., slate
are, n., (bus) stop; **areete**, v., to stop
ariwé, v., 1. to arrive 2. to succeed in life
armuwaar, n., wardrobe
arondisma, n., district, borough
arosuwaar, n., watering can
artist, n., artist
aryeer, v., to back up, to move backward; (sports) defensive tackle
asambale, n., assembly, house of parliament
aset, n., plate
asiraas, n., insurance
atale, n., workshop

atëlye, n., workshop
awanse, v., to move forward, to advance
awansma, n., promotion
awantaas, n., advantage
aweni, n., avenue, drive
awokaa, n., 1. judge, attorney 2. avocado
ayrapoor, n., airport
aaren, n., arena
aas, n., ace
aasma, n., asthma; v., to be affected by asthma
àngaar, n., open shed, shelter, depot
àpparanti, n., apprentice, fare receiver (for public transportation)
àyya, interj., ouch!

B

bagaas, n., luggage, baggage, stuff; fam., *doo bagaas*, you are no good
bal, n., ball; **balu fetal**, n., bullet
bale, n., broom, long stick brush; v., to sweep
balkoŋ, n., balcony
baloŋ, n., ball, football
baŋ, n., bench, pew
baraak, n., shack, shed
barigo, n., barrel
baryeer, n., fence, barrier
basket, n., basketball
batari, n., battery
batimaa, n., building
baal, v., to have a dance
baaraas, n., dam
baar, n., bar; **baaru galaas**, n., ice bar
baare, v., to obstruct, to cross (a line)
baas, n., tarpaulin; v., to cover with a tarpaulin
bàndaas, v., to bandage, to bind (up), to blindfold
bàndone, v., to abandon, to give up on
bànk, n., bank
bekaan, n., bike, bicycle
beñe, n., doughnut
beñuwaar, n., basin, tub (laundry)
beteraaw, n., beets
betuwaar, n., slaughterhouse
beer, n., beer

bidoŋ, n., can, drum for oil
biftek, n., beefsteak
bineegar, n., vinegar
birike, n, lighter
biró, n., office, desk
biibal, n., bible
boloke, v., to block, to jam, to lock
boŋ, n., bill, voucher, an IOU
boŋ-boŋ, n., sweet
boroos, n., brush; **boroosu karaw**, n., hairbrush; **boroosu bëñ**, n., toothbrush
boyat, n., box
bool, n., bowl
boor, n., side; **ci boor bii**, on this side; **booru**, v., to stand on one side
bóór, n., butter
bulet, n., meat or fish balls
buló, n., blue (laundry detergent)
buloŋ, n., bolt
bulusoŋ, n., jacket, windbreaker
bursuwaa, n., a middle-class person, a bourgeois
burwet, n., wheelbarrow
busoŋ, n., cap, bottle top
butéél, n., bottle
butig, n., shop, small store
butoŋ, n., button; *butone*, v., to button up
buwasoŋ, n., drink, soda, beverage
buuse, v., to be blocked, choked up
buuse, n., butcher

D

damye, n., checkerboard; v., to play checkers
daraapóó, n., flag
darab, n., sheet, cloth
dàkkoor, v., to agree; **dàkkoor naa**, I agree; all right!
dàppel, n., appeal; **ñaan dàppel**, to appeal
debarañse, v., to unplug, to disconnect
defile, n., parade; v., to parade, to march
dekkalaare, v., to declare, to announce
dekkere, n., decree
dekkoore, v., to decorate
dekuraase, v., to discourage
delege, n., delegate, envoy

demokaraasi, n., democracy; **demokaraat**, n., a democrat
departamaa, n., department, district
deppaane, v., to help s.o. out; **deppanaas**, n., repairing, repairs
deppaar, n., departure, start (race); v., to leave
deppalaase, v., to displace, to shift
derañse, v., to disturb, to trouble
deseer, n., dessert; **deseeru**, v., to have some dessert
deseŋ, n., drawing, sketching
desine, v., to draw, to sketch
desisoŋ, n., decision
detaay, n., retail; **jaay detaay**, v., to sell retail
dësu, n., petticoat, slip
dimaas, n., Sunday
dinaamo, n., dynamo
dippalom, n., diploma, degree
dippi, adv., since
dippite, n., member of parliament
direktóór, n., director, headmaster
dirible, v., to dribble; fam., to trick, to bluff
disembar, n., December
disk, n., record
diskuur, n., speech, discourse
dispañseer, n., health center
diire, v., to last
dokeer, n., dockman, docker; **dokeeru**, v., to work as a docker
doktoor, n., physician, doctor
dolaar, n., dollar
dorog, n., drug, narcotic; **dorogewu**, v., to use drugs
duwaañ, n., customs; **duwaañe**, n., customs officer
duubal, n., two franc coin, double
duus, n., shower room, bathroom; **dugg duus**, v., to enter the shower

E

ekip, n., team
ekool, n., school; *dafay jàng* **ekool**, he goes to school
eksame, n., examination, exam; *suba dama am* **eksame**, I have an exam tomorrow
eksampal, n., example
eleksoŋ, n., election
elektiriseŋ, n., electrician
elew, n., pupil, schoolboy
elewaas, n., stock breeding, animal husbandry

emaa, n., magnet
emaay, n., enamel
emisoŋ, n., broadcast, transmission
endepandaas, n., independence; *Senegaal a ngi am endepandaasam ci atum 1960*, Senegal got its independence in 1960
enerwe, v., to irritate, to enervate; **enerweloo**, id.
esarp, n., scarf
esaas, n., gas
eseeye, v., to try, to test
eskaal, v., to stop over, to touch down
eskale, n., stairs
espoor, n., sports, games; v., to play
estad, n., stadium
estaas, n., period of training; v., to train
estijó, n., studio (photo)
estiló, n., pen
estoke, v., to stock (goods)
estomaa, n., stomach ache
estop, n., stop, stop sign
esuwe, v., to fail one's exams
etaa, n., state, condition
etaas, n., floor (of building), storey; *këru etaas bu mag la*, it's a big floor building
etaaseer, n., shelf, rack

F

faktiir, n., invoice, bill; **faktiire**, v., to invoice
faktoor, n., postman
faraas, n., France; **farañse**, n., French language, Frenchman, Frenchwoman
fariñ, n., flour, meal
farmasi, n., pharmacy, drugstore; *farmaseŋ*, n., druggist
fasoŋ, n., kind, manner, way
fatige, v., to be tired
faar, n., headlight; *taalal say faar!* turn your headlights on!
fent, v., to faint
fereŋ, n., brake; **fereene**, v., to apply the brakes
ferme, v., to close, to shut
feruus, n., traffic lights, red light
festiwaal, n., festival
fewarye, n., February
feebar, n., fever, disease; a. v., to be sick, ill
fériyé, n., holiday

film, n., film, movie; **filme**, v., to shoot, to film
fimiste, n., phoney, warmonger
firigo, n., fridge
firisideer, n., refrigerator
fiil, n., wire
fiiriir, n., fried fish; v., to fry
folkoloor, n., folklore
foñse, **tiitar foñse**, phr., landed property
foŋsoneer, n., civil servant, official
forfe, v., to withdraw from a competition
foromaas, n., cheese
forote, v., to rub
forse, v., to force, to compel
fotafoor, n., phosphorus, hurricane lamp
foto, n., photograph, photo; **fotowu**, v., to have one's picture taken
fóóy, n., sheet (of paper)
fulaar, n., headscarf, silk scarf
furnó, n., furnace
furset, n., table fork
furyeer, n., car pound
futbal, n., football, soccer
fuwaar, n., fair
fuur, n., oven

G

galaas, n., ice
gamel, n., mess tin, mess kettle
gañe, v., to win, to earn
garde, v., to keep, to keep watch over
gardiñe, n., keeper, watchman, guardian
gasoŋ, n., grass, turf
gasuwaal, n., diesel oil
gaar, n., railway station
gaare, v., to park
gaaraas, n., garage
gaaranti, n., guarantee, safeguard; v., to guarantee
gaas, n., gas
gereefe, v., to graft
gerees, n., fat, grease
gereew, n., strike; to go on a strike
geen, n., sheath, girdle

geer, n., war, warfare; v., to wage a war
gidoŋ, n., handle bar
gitaar, n., guitar
gojaas, n., shoes (sports)
gom, n., eraser; **gome**, v., to erase, to rub out
góól, n., goal
góórnóór, n., governor
gudaroŋ, n., tar
gurup, n., group; **gurupóó**, v., to gather
guwernamaa, n., government
guwernóór, n., governor
guyaab, n., guava; **garabu guyaab**, guava tree

I

isin, n., factory
iwaar, n., ivory

J

jaloge, n., to talk (s.o.) into, to attempt to convince
jamaa, n., diamond

K

kabine, n., toilets
kado, n., present, gift
kafceer, n., carafe, decanter
kafe, n., coffee
kaki, n., khaki
kalaksone, v., to honk, to hoot
kalaake, v., to slam, to bang (door)
kalaame, v., to complain, to protest against s.o.; *dinaa la* **kalaameji** *pólis*, I'm going to report you to the police
kalaas, n., classroom, class, rank, grade
kalaate, v., to burst, to explode, to shatter
kale, v., to jam (wheel), to stall
kalite, n., quality
kalkil, n., reckoning, calculation; **kalkile**, v., to reckon, to calculate
kalmaa, n., tranquillizer, a soothing drug
kamisol, n., jacket (female)
kamiyoŋ, n., lorry, truck

kanape, n., couch, sofa
kanaal, n., canal, duct
kanaara, n., duck
kantite, n., quantity
kantoŋ, n., canton, district, county
kanu, n., cannon
karakteer, n., character, conduct, mood
karawaas, n., riding whip; **karawaase**, v., to whip, to flog
karawaat, n., tie
karbonaat, n., carbonate
karce, n., district, precinct, neighbourhood
kargo, n., cargo, boat
karne, n., book
karo, n., tile
karofuur, n., junction
karos, n., car
karot, n., carrot
karpet, n., carpet
kart, n., card; v., to play cards
kartoŋ, n., cardboard, box
kaset, n., cassette
kawsu, n., rubber
kaye, n., notebook
kaadar, n., 1. executive, s.o. of great importance 2. frame; **kaadare**, v., to frame
kaar, n., bus, coach; **kaar ràppit**, n., coach
kaas, 1. n., glass, cup; **kaasu àttaaya**, cup of tea 2. v., fam., to complain, to grumble; *looy **kaas** nii*, what are you complaining about?
kàppitaal, n., capital
kàppot, n., cover, hood (of car)
ke, n., quay
kere, n., chalk
kereem, n., cream; **kereem galaas**, n., ice-cream
kees, n., box, case
kilimatisóór, n., air conditioner
kilot, n., knee breeches
kiló, n., kilogram
kiliyaan, n., customer, client
kitóó, v., 1. to separate, to leave each other 2. to owe each other nothing; *kitóó* **nanu**, we are quits
kofarfoor, n., safe, deposit box
kol, n., 1. collar 2. glue, adhesive
koleraa, n., cholera

kolonel, n., colonel
koloŋ, n., colonist
kolotiir, n., fence, enclosure, **kolotiire**, v., to build up a fence
kom, adv., as, like, since
kombin, n., scheme, trick; v., to scheme, to plot
komersaa, n., merchant, salesman
komiseer, n., police chief, superintendent
komot, n., chest of drawers
kompale, a two-piece dress
kompalóó, n., plot, conspiracy; v., to plot
komparandar, v., to understand
kongare, n., congress
konselatoor, n., freezer, deep freezer
kontar, v., to be against
kontaraa, n., contract
kontarband, n., smuggling, contraband
kontardiir, v., to contradict
kontaan, v., to be happy; **kontaante**, n., happiness, satisfaction
konte, v., to count
konteneer, n., container
kontine, v., to continue, to keep on
kontorole, v., to control, to supervise
kontóór, n., meter
kontuwaar, n., counter, bar
kopperaatiw, n., cooperative
korne, v., to honk
koste, v., to accost, to berth (a boat)
koroose, v., to lock; *korooseel* bunt bi! lock the door!
korwe, n., chores, fatigue duty
kostim, n., suit
kote, n., side
kotise, v., to contribute, to subscribe
kotoŋ, n., cotton
koofare, a. v., to put in jail
koose, n., coachman
kóli, n., parcel
kóliir, n., eye lotion
kumaase, v., to begin, to start
kumandaŋ, n., commanding officer; **kumande**, v., to command, to order
kurce, n., broker
kurwaa, n., cross
kurwaasmaa, n., crossing, passing

kuseŋ, n., cushion
kutim, n., custom, habit

L

larme, n., army
laso, n., quicklime; v., to whitewash
lastik, n., elastic band, rubber band
lawaabo, n., washbasin
làmp, n., lamp
lànkar, n., anchor
lejum, n., vegetables
lempo, n., taxes; **fey lempo**, to pay taxes
lesoŋ, n., lessons
lewiir, n., yeast
leen, n., wool
leetar, n., letter; **bind leetar**, to write a letter
libidoor, n., a Louis d'Or coin (French gold coin)
limonaad, n., lemonade
lisaase, v., to fire, to dismiss, to expel
liiñ, n., line, cord (for clothes)
liibar, n., pound
liiwar, n., book
londi, n., Monday
loppitaan, n., hospital
lotise, v., to divide into lots, plots
luwé, v., to rent
luyé, v., to rent

M

mandarin, n., mandarine (orange)
maneebar, n., laborer, worker
manto, n., coat
mañeer, n., mannerism, manner, way
mañetofon, n., tape recorder
mangaseŋ, n., store, shop
mardi, n., Tuesday
maresaas, n., market gardening
marese, n., market gardener
mars, n., March
marse, n., market place; **duggi marse**, to go shopping

marto, n., hammer
masin, n., machine, **masinu ñawukaay**, sewing machine; **masinu wolukaay**, grinding machine
masoŋ, n., bricklayer, mason
maternite, n., maternity hospital
maynees, n., mayonnaise
maal, n., trunk
maase, v., to massage
màkkaróó, n., pimp
màkkarrónni, n., macaroni
màndaa, n., money order
màngasin, n., store
mànke, v., to be short of, to be out of
mànt, n., mint; **naanaa mànt**, n., garden mint
mbulañse, n., baker
me, n., May
mecce, n., job, profession
mekaniseŋ, n., garage mechanic
mem, adv., even
meebal, n., furniture; **meebale**, v., to furnish
meer, n., mayor
meeri, n., town hall, municipal house
meetar, n., 1. teacher, 2. meter; **meetare**, v., to measure (metric system)
midaay, n., medal, medallion
midi, n., midday
mikarob, n., microbe, germ
mikoro, n., microphone
milyaar, n., trillion
milyoŋ, n., billion
minisé, n., carpenter
ministar, n., minister
minit, n., minute
miir, n., wall
moket, n., fitted carpet
mokke, v., to make fun of
mone, v., to coin, to mint
monimaa, n., monument
montar, n., watch, clock
morso, n., piece, bit of
motóór, n., engine
mustaas, n., moustache
musuwaar, n., handkerchief

N

nawe, n., turnip
nawigatoor, n., navigator
negliisé, v., to neglect, to be careless about sth.
ngato, n., cake, tart
noteer, n., notary public
noobal, n., noble
noos, v., to revel; nooskat, reveller

O

oktoobar, n., October
omlet, n., omelet
oppitaal, n., hospital
orkest, n., orchestra, dance band
orloose, n., watchmaker, watch repairman
otel, n., hotel
oto, n., automobile, car; **otobiis**, n., bus
otomatik, automatic
oor, n., gold

P

pajaas, n., straw mattress
pak, n., Easter
paket, n., pack, package
palastik, n., plastic
palaafoŋ, n., ceiling, roof
palaakaar, n., cupboard
palaake, n., plated metal
palaa, n., meal
palaas, n., place; *toog benn* **palaas**, to keep still
palaat, n., plate, dish
palaatar, n., plaster; **palaatare**, v., to plaster, to set in plaster
palantoŋ, n., servant
pale, n., palace
pantaloŋ, n., pair of trousers
pañe, n., basket
paraliisé, v., to be paralysed
parasol, n., umbrella, parasol
pare, v., to be ready, to get ready for

park, n., park
parnoose, v., to pronounce
parti, n., pol. party
pasti, n., lozenge, pastille, mint
pasiyoŋ, n., small restaurant
pataas, n., sweet potato
pataroŋ, n., employer, boss, owner
payoor, n., pay, payment
paan, v., to break down, to be out of order
paase, v., to iron
paaspoor, n., passport
pedaale, v., to pedal
pelent, n., complaint; **porte pelent**, v., to lodge a complaint against
penalti, n., penalty (sp.)
pentiir, n., painting; v., to paint
peñe, n., comb; **peñewu**, v., to comb one's hair
perefe, n., prefect
perepaare, v., to prepare; **perepaarewu**, v., to get ready for
peresidaŋ, n., president
pereska, adv., almost, nearly
permi, n., permit, licence; **permi** *kondiir*, n., driver's licence
permisoŋ, n., permission; *ñaan* **permisoŋ**, v., to ask permission
peroŋ, n., steps (leading to entrance), patio
persi, n., parsley
pert, v., to lose
petarol, n., kerosene
peel, n., shovel; v., to shovel sth. up
peese, v., to weigh; **peesekaay**, scale
pikiir, n., injection; **pikiiru**, v., to have an injection
pili, n., pleat, fold; v., to fold
pini, v., to punish, to ground
piri, n., price, value, cost
piriwé, n., private (school, company)
piriis, n., plug, plug hole
pirsaa, n., thoroughbred
pisamaa, n., pyjamas
piyoŋ, n., piece (checkers)
piil, n., battery
piir, v., to be pure, original
piire, n., mashed potatoes
pom, n., 1. apple 2. bridge
pomaat, n., cream (hair); ointment (skin)

pomp, n., pump; **pompe**, v., to pump
pompiyéé, n., fireman; *waa* **pompiyéé**, n., fire brigade
porobalem, n., problem
porogaraam, n., program
poromonaad, n., walking, walk
portale, n., photograph, picture; **portalewu**, v., to have one's picture taken
portfóóy, n., wallet
post, n., post office; **poste**, v., to post, to mail
pot, n., pot, jar
poto, n., (lamp, telephone) post, pole
poobar, n., black pepper
pool, n., frying pan
poor, n., harbor, port
poos, n., pocket
poose, v., to fix a gum, to set a denture
pólis, n., police station; **pólise**, police officer
pólitik, n., politics
pólitiseŋ, n., politician
pónó, n., tire
pur, prep., for, in order to; **pur** *lan?* why?
puruwé, v., to prove
puseer, n., dust
puudar, n., powder; **puudaru**, v., to powder one's face
puus, n., to push
puutar, n., wooden beam, metal girder

R

rabo, n., plane (tool); **rabote**, v., to plane (wood)
ragu, n., ragout sauce, stew
rajo, n., radio; (med.) radiography
ramaas, n., police round up, raid; v., to raid
ramburse, v., to reimburse, to pay back, to repay
rampalaase, v., to replace
randewu, n., rendezvous, appointment
rañse, v., to arrange, to tidy up
raŋ, n., row, line; v., to be in line, to form a queue; **raŋale**, to line up
rasambalmaa, n., gathering, assembling
rasuwaar, n., razor
rasiyoŋ, n., ration, (monthly) provisions
rato, n., rake
rawitaaye, v., to supply, to provision

raay, n., railways
ràkkol, n., join, joint, connection
ràppel, n., back pay
ràppit, n., *kaar ràppit*, bus
regle, v., 1. to set a watch right 2. to settle account 3. to pay bills
reppaare, v., to repair, to mend
reseŋ, n., grape; raisins
reso, n., stove
restoraŋ, n., restaurant
resiyoŋ, n., region
reyuñoŋ, n., meeting, gathering
rewoke, v., to dismiss, to expel
reegal, n., ruler; v., to have one's period
rëppo, n., rest; *bësu* **rëppo**, n., day off
rësi, n., receipt
riske, v., to risk, to venture, to chance
robb, n., woman's dress, skirt
robiné, n., tap, faucet; water fountain
roose, v., to water, to sprinkle
róti, v., to roast
ru, n., wheel
ruló, n., roller
ruspet, v., to grumble, to grouse

S

sabote, v., to mock, to sabotage, to botch
salaat, n., salad
saloŋ, n., sitting room, living room
salte, n., filth, dirtiness, filthiness; v., to be dirty
salup, n., trawler
samdi, n., Saturday
sampiyoŋ, n., champion
sandarma, n., gendarme, soldier
santar, n., center
saŋwiyé, n., January
sardeŋ, n., garden
sardiñ, n., sardine
sardiñe, n., gardener
saret, n., cart
sarse, v., to load, to charge
sart, n., charter

saryó, n., cart, wagon
sateñ, n., chestnut brown
saak(u), n., sack, bag
saal, n., dining room, living room
sàntiyoŋ, n., sample
sàppo, n., hat
sekkere, n., secret
sekkerteer, n., secretary
selibateer, n., single
sendikaa, n., syndicate, labor union
senegale, n., Senegalese
seng, n., zinc
sentar, n., coathanger
sentiir, n., belt
septambar, n., September
serkal, n., metal rim (of wheel); **serkale**, v., to encircle
sero, n., zero
sertifikaa, n., certificate
seef, n., chief, head
seel, n., ladder
seer, v., to be expensive
seere, v., to press, squeeze, clasp
sériir, n., lock
si, n., saw
sigaret, n., cigarette
sirtu, adv., particularly, especially
sirweye, v., to supervise, to watch over
siksé, n., success; *am* **siksé**, v., to turn out a success
simaa, n., cement
simen, n., week
simis, n., shirt
sinemaa, n., cinema, movie theater
siñaale, v., to signal
siñé, v., to sign
siraas, n., shoe polish; v., to polish
siró, n., syrup
sisiir, v., to seize (goods, real estate)
sisó, n., (pair of) scissors
siwiliisé, v., to be civilized, to have good manners
siyest, v., to take a nap
siifar, n., figure, number
siis, n., chair

siiwar, v., 1. to follow, to go after 2. to be attentive to
soble, n., onion, spring onion
sokolaa, n., chocolate
sold, n., salary, pay
soldaar, n., soldier
some, v., to be unemployed
sondel, n., candle
sone, v., sound, strike, ring
soset, n., socks
sosete, n., company, society
sowaas, n., brute, unsociable person, wild person
sowe, v., to save
sowetaas, n., rescue service (in hospital)
sooke, n., jockey, joker (card)
soon, v., to be yellow
soos, n., sauce, gravy
sófóór, n., chauffeur, driver
sóódi, n., Thursday
suflóór, n., cauliflower
supp, n., soup
suppame, n., cabbage
suppeer, n., soup tureen, (big) bowl
surnaal, n., newspaper, journal
sustamaa, adv., quite right, precisely, exactly
suwetmaa, n., tracksuit
suwyé, n., July
suukar, n., sugar

T

tablo, n., board, chalkboard
taksi, n., taxi
talk, n., talc; *puudar* **talk**, n., talc powder
taloŋ, n., heel
tamaate, n., tomato
tame, n., sieve, sifter; v., to sieve, to sift
tampoŋ, n., postmark
tant, n., 1. aunt 2. tent
taŋ, n., time, epoch, moment; *taŋ booba woto amuloon*, at that time there was no car
tappi, n., carpet
taraase, v., to trace, to draw (line)
tarde, v., to be late

tasiyoŋ, interj., attention, watch out
taybaas, n., woman's dress (short in size)
tayoor, n., tailor
taabal, n., table
taas, n., stain, spot
tàmbur-masoor, n., drum-major
tàppaas, v., to make a row, to make a fuss, to provoke s.o.
tàppaat, n., fence, barrier
tàppe, v., to type
telefon, n., telephone; **telefone**, v., to call up
telewisoŋ, n., television
tembar, n., stamp
tereetar, n., traitor
teyaatar, n., theater; v., to have a performance
tënaaj, n., pincers
tiribin, n., viewers stands
tiribinal, n., courthouse, law court
tirwaar, n., drawer
tiiraas, n., drawing (of lottery)
tiitar, n., title; (fig.) lack of modesty in behavior; *yaa bari* **tiitar**, you like to show off a lot; *tiitaru*, v., to behave in an ostentatious way, to show off
tiire, v., to shoot
tiisi, n., fabric, material
tombe, v., to fall, to be on (time)
torop, adv., too, too much, very
torotuwaar, n., pavement, sidewalk
torsoŋ, n., duster, dishcloth
toor, n., wrong, fault
turne, v., to turn, to turn one's head
tusuur, adv., always
tuwaa, n., roof
tuwaalet, **tuwaaletu**, v., to be dressing, to put on fancy clothes
tuur, n., 1. circuit, circumference 2. turn; *sama* **tuur** *la*, it's my turn
tuuse, v., to be paid, to cash money

U

uwaryéé, n., workman

W

wago, n., coach, carriage, car
waksine, v., to vaccinate
walis, n., suitcase
wariyé, v., to deteriorate
watiir, n., horse-drawn vehicle
welo, n., bicycle
werandaa, n., verandah
werni, n., glaze, varnish; v., to varnish
wert, v., to be green
west, n., jacket
weer, n., glass
wëluur, n., velvet
wites, n., speed, quickness
wiiraas, n., U-turn; **wiiré**, v., a/ to turn, b/ to fire
wiisé, n., bailiff
wiitar, n., window pane
woyaas, n., trip, journey, travel; **woyaase**, v., to travel
wote, v., to vote; **woteel**, v., to vote for

Y

yaawur, n., yoghurt

English – Wolof Dictionary

a, 1. ind. art., ab, as; *he didn't spend **a** day here*, defu fi (ab) bis; *pass me **a** knife*, jottali ma (ab) paaka 2. (distributive) *100 francs **a** kilo*, ñaar fukk ab kiló, ñaar fukk kiló bu nekk; *three times **a** week*, ñetti yoon ci ayu bis; *five dollars an hour*, juróómi dolaar waxtu

abandon, trv., bàyyi, gedd, dëddu, wacc ginnaaw, gental; *he **abandoned** his family,* dafa gedd njabootam

abase, trv., wàcce, daaneel, suuféél *(kenn)*; *to **abase** oneself*, wàcce sa bopp, suuféél sa bopp

abate, iv. (*of storm, wind*) wàññeeku; (*of flood*) wàcc

abattoir, n., batuwaar

abbot, n., làbbe

abbreviate, trv., gàttal, tuutil (kàddu, wax)

abdicate, iv., wàcc nguur gi, wàcc, daanu, tekki say ndomba

abdomen, n., nëq

abet, trv., duggal kenn ci def lu bon; *to aid and **abet** s.o.*, dimbali kenn ci def lu bon

abhor, trv., bañ, jéppi, xaare (kenn); sib def dara

abide, iv., roy, *to **abide** by sth.*, topp (ab ndigal)

ability, n., mën-mën, kàttan

abject, adj., lu ñaaw, lu sew, yëfu jaam, lu ñàkk solo

ablaze, adj., taal (buy tàkk) ; *to be **ablaze***, boy, tàkk jëpp; ***ablaze** with light*, leer nàññ

able, adj., mën, am kàttan; *to be **able** to do sth.*, mëna def dara, am kàttanu def dara

ablutions, n., njàpp; *to do one's **abultions***, jàpp

abnormal, adj., lu dul yoon, lu jubul, lu am rëq-rëq, lu jaaduwul

aboard, adv., ci biir; *to go **aboard***, dugg, yéég ci (kaw gaal); ***aboard** a ship*, ci biir gaal

abode, n., kër, sànc, dëkk

abolish, trv., tere, dindi, teggi; *to **abolish** slavery*, dagg, tekki buumu njaam gi

abominable, adj., lu bon, lu ñu sib

abort, trv., yàq biir, yàq, xalab

abound, iv., bare kaar, naat

about, prep., ci, lu mët, lu tollook; *to wander **about***, doxantu; *to be **about***, waaj; *it's **about** time*, dafa jot; *to enquire **about***, laajte lu jëm ci

above, prep., ci kaw, ci coll (bi); *he's **above** me in rank*, moo ma jiitu, moo ma raw, moo ma féétéé kaw

abreast, adv., ci kanam; *to walk two **abreast***, ñaar ñuy doxando; *to be **abreast** of the times*, tollook sa jamano

abridge, trv., gàttal, wàññi (ab tééré)

abroad, adj., bitim rééw; *to live **abroad***, dëkk bitim rééw; *to return from **abroad***, jóge bitim rééw

abscess, n., taab

abscissa, n., Math., lal

abscond, iv., daw, rëcc, rééri

absent, adj., ku teewewul, ku teewul, ku fi nekkul; **absentminded**, texet, borom xel mu réér

absolute, adj., lu nee lumm; **absolute** *power*, kàttan gu amul àpp
absolve, trv., jéggal, baal àq
absorb, trv., naan (*to drink*), lekk, wonn (*to eat, swallow*); *to become* **absorb** *in sth.*, jàpp
abstain, iv., baña bokk, baña def dara, beru
absurd, adj., lu amul bopp amul geen, lu ñàkk maanaa
abundant, adj., lu bare, lu baree-bare, lu sëq (hair, plants)
abuse, trv., noggatu, saaga, yab, ñaaw làmmiñ, ëppal, wonee sa doole ci ay kàddu
abyss, n., pax, biir pax, suufu pax, leeñ, xunti
accelerate, trv., xiiral, baral, gaawal (ligééy bi), yokk gaawaay, gaawal ay tànk, akselere
acceleration, n., baraay
accentuate, trv., yokk kàttan, may doole
accept, trv., nangu; *the* **accepted** *custom*, li yoon nangu, li yoon biral
accident, n., ndogal, musiba (misfortune), aksidaŋ
accomodate, trv., dalal, *to* **accomodate** *s.o. with a loan*, lebal kenn dara
accompany, trv., gunge; *to be* **accompanied** *by s.o.*, ànd ak kenn
accomplish, trv., jeexal, àggale, pare; **accomplished** *musician*, ndaanaan
accord, iv., nangu ci ay kàddu, déggóók, mànkoo
accost, iv., teer (gaal)
account, trv., faramfàcce, biral, leeral; *bank* **account**, kontu bànk
accredit, trv., yónni, yónnee ndawal nguur (gu wóór)
accumulate, trv., dajale, dajaloo, tegle
accurate, adj., leer nàññ, lu amul werante
accuse, trv., jiiñ
accustom, trv., tàmm, tàmmal (s.o. to sth.) daan (habitual past/used to)
ache, n., mettit, naqar; *stomach* **ache**, mettitu biir, biir buy metti; **headache**, bopp buy metti; *my back's* **aching**, sama diggu ginnaaw gaa ngiy metti
achieve, trv., àggale, jeexal, pare; *to* **achieve** *sth.*, def dara lu am maanaa
acknowledge, trv., xàmme, xam, nangu
acquaint, trv., *to* **acquaint** *s.o. with sth.*, yëgal, xamal kenn dara ; *to be* **acquainted** *with s.o.*, xam, mosa taseek kenn; **acquaintance**, koo xam walla loo xam
acquiesce, iv., nangu, dàkkoor, wax waaw (ak sa bopp)
acquire, trv., jota am, jël, moom
acquit, trv., baal (ab sàcc, nit ku tëdd kaso)
acrid, adj , wex xàtt, forox toll
action, n., jëf; *to take* **action**, yëngu, yëngatu, *to suit the* **action** *to the word*, jëf ju ànd ak i kàddoom
active, adj., ku yëngu, ku sawar, ku njaxlaf, ku nangoo ligééy
activity, n., njaxlaf
actual, adj., luy dëgg; **actually**, ci dëgg, dëgg-dëgg
actuate, trv., doxal, yëngal, ligééyal
acute, adj., ñaw; **acute** *pain, disease*, naqar gu mettee-metti; jàngoro ju metti, (b, Math.) xat; **acute** *angle*, puxtel xat, koñxat

adaptor, n. Elec., soppikat
add, trv., yokk, teg, dolli; *to* ***add*** *together*, boole
adhere, iv., bokk, fekki (ab parti politik)
adjacent, adj., lu bokk wet (ak)
adjoin, trv., jegeñal, jegeñante, dend; *the two houses* ***adjoin***, ñaari kër yee dend
adjudicate, trv. & i., àtte (nit, mbir)
adjust, trv., 1. jubbanti, arañse (ab mbir), tollale; *to* ***adjust*** *(oneself) to sth.*, tàmmal sa bopp dara 2. jagal, defar, defaraat (montar)
administer, trv., jiite, yilif
admire, trv., yéém, fonk, bëgg, sopp
admission, n., ndugg mi, lu ñu nangu; *free* ***admission***, ndugg mu amul fey
adolescent, n., xale bu góór, jànq
adopt, trv., doomoo, tànn, taamu; *to* ***adopt*** *a child*, doomoo, yar walla taamu ab xale ni sa doom
adore, trv., bëgg, sopp
adrift, adv., génn yoon
adroit, adj., jub, ku jub loxo
adultery, n., njaaloo
advance, iv., dox jëm kanam, awañsé, dox dem
advantage, n., njëriñ, awantaas; *to take* ***advantage*** *of*, jëriñoo; *it would be to your* ***advantage*** *to do it*, yow lay jërin soo ko defee
adventure, n., dugg ci loo xamul; **adventurer**, doxandéém
adversary, n., foñ, noon
advice, n., yedd, ndigal, ndigtal
advise, trv., yedd, digal; *to* ***advise*** *s.o. to do sth.*, digal kenn mu def lenn; *to* ***advise*** *s.o. of sth.*, yëgal kenn lenn
advocate, n., àttekat, awokaa
aerate, trv., ngelawal, fééxal
afar, prep., fu sore; *from* ***afar***, fu sore, fu soree-sore
affable, adj., ku laabiir, ku neex deret, nit ku ubbeeku, ku yomb defalanteel
affair, n., mbir, afeer; *that's my* ***affair***, sama afeer la; *to have an* ***affair*** *with s.o.*, ngorook kenn, di doxaan kenn
affect, trv., 1. jël ab jikkó; *to* ***affect*** *stupidity*, di dof-doflu 2. laal, jam, am naqaru xol, am bànneexu xol; *it* ***affects*** *me personally*, loolu naqari na ma lool; *nothing* ***affects*** *him*, dara yëngalu ko
affiliate, trv., boole; *to be* ***affiliated***, bokk
affirm, trv., wax, wóóral, biral, nee
afflict, trv., gaañ, naqaral; *to be* ***afflicted***, naqarlu, tiisu
affluence, n., koom, am-am, alal, alal ju bare,
affluent, adj., tedd, ku bare alal, ku am alal, ku woomal, ku doylu sëkk

afford, trv., am lu la mëna demloo, àttana def dara; *I can't afford it*, amuma kàttanam; *can you afford the time?* am nga jotu def ko? am nga jotam? *I can afford to wait*, mën naa xaar

affray, n., xeex, xulóó, tongoo

affront, n., xaste, xas, xulóó

afloat, prep., ci kaw ndox mi, ci biir gééj gi; *to keep afloat*, fééy ci kaw ndox mi

afoot, adj., *a plan is afoot to*, ñu ngi ci tànku def dara; *there is something afoot*, am na luy waja xew, am na luy yoot

afraid, adj., *to be afraid of s.o., sth.*, ragal kenn, dara; *don't be afraid*, bul ragal; *to be afraid to do sth.*, ragala def dara

afresh, adv., waat, aat; *to start afresh*, dooraat, tàmbaliwaat

aft, adv., ci ginnaaw

after, prep., apare, ba pare, ba noppi, ginnaaw gi (later on); *you speak first, I'll speak after*, waxal ba noppi (ba pare) ma wax; *I heard of it after*, ci ginnaaw gi laa ko dégg; *the week after*, ayu bës ba ca topp; *the police are after you*, alkaati yaa ngi ci sa ginnaaw; *what's he after?* lu mu nar? lu mu bëgg? *the day after tomorrow*, gannaaw suba; *after all*, bu loolu weesoo, gannaaw loolu; **afternoon**, bëccëg

again, adv., waat, aat; *to do sth. again*, defaat; *again and again, time and (time) again*, waatiwaat, waawaatiwaat

against, prep., kontar, ak (with)

age, n., at; *what age is he?* ñaata at la am? *he's ten years of age*, fukki at la am; *to be under age*, ku matul xale bu góór, ku matul jànq; *to be of age*; nekk xale bu góór léégi, nekk jànq léégi

aggravate, trv., yokk (lor)

aggressor, n., tooñkat, xeexkat, songkat

aggrieved, adj., gaañu, am naqar, am mettitu xol

agitate, trv., yëngal, jaxase; **agitated**, jaaxle

agnostic, n., ku mbirum gëm Yàlla saful

ago, adv., *ten years ago*, am na fukki at ak léégi; *a little while ago*, yàggul noonu; *longtime ago*, yàgg na lool, lu yàgg, lu yàgg-a-yàgg

agog, adj., *to be all agog to do sth.*, yàkkamtee def dara

agonize, iv., bare xalaat, am mettit, am coono gu metti

agony, n., xalaat, yërmandé, tiis

agree, trv & i., nangu, dàkkoor; *to agree with s.o. on sth.*, déggóóg kenn ci dara; **agreed!** nangu naa, dàkkoor, waaw; *to agree to do sth.*, nangoo def dara; **agreement**, kontaraa

agriculture, n., mbey; **agriculturalist**, beykat

ahead, adv., ci, ca kanam; *he's two hours ahead of me*, rawe na ma lu mat ñaari waxtu

aid, trv., dimbale, wallu, may loxo; n., ndimbal; *with the aid of*, ak ndimbalu

ailment, n., mettit, coono; **ailing**, xawa feebar, xurfaan

aim, trv., diir, nee ngééj, ngééj

air, n., ngelaw; *to travel by air*, tukkeek fofalnaaw; *high up in the air*, ci kaw asamaan; *to put on airs (and graces)*, bew, nekk nit ku réy, nit ku bare mañeer, nit ku yëg boppam

aisle, n., kulwaar, yoon
akin, adj., *akin to*, niróók, mel ni, ni
alacrity, n., yàkkamti ci li muy def, wone njaxlaf
alarm, n., *to give the **alarm***, yëgal, yëgle musiba guy agsi
alas, interj., xalaas
alcohol, n., alkool, alkol
allegiance, n., nekk ku takku ci dara; *oath of **allegiance***, waat, farlu ci dara
alderman, n., meeru dëkk bi, kàngamu dëkk bi
ale, n., beer, sàngara
alias, adv., ñu koy woowee, gën koo xam ci
alien, n., gan
alight, adj., *to set sth. **alight***, taal dara; *to catch **alight***, tàkk
align, trv., tëral, lal ci benn yoon
alike, adj., niróó, mel ni, samandaay
alive, adj., di dund; *it's good to be **alive***, dund neex na lool
all, adv., adj., pron., (pl.) ñépp, yépp, (sg.) képp, lépp, bépp, sépp mépp, gépp, wépp, jépp; *all the more reason*, sàkkaa, sàkaantumaa
alleviate, trv., neexal, nduggal
alley, n., yoon, ngir, alé, jàllukaay
allied, p.p., *(to, with)*, bokk ci,
alligator, n., jasig, jasit
allow, trv., may *(to give permission)*, bàyyi *(to let)*; *I **allow** you to do it*, may naa la nga def ko
alloy, n., njaxas,
allure, trv., xiir, xëcc, doy; *I'm **allured** by this*, lii moo xëcc samay gët, lii moo ma ci xiir
ally, trv., 1. *to **ally** oneself with*, far ak, ànd ak 2. àndando *(companion)*
almighty, n., ndanjaama, borom kàttan, ku dara tëwul; *God **Almighty***, Yàlla mi dara tëwul
alms, n., sarax; *to give **alms** to s.o.*, sarax kenn; *to ask for **alms***, saraxtu
alone, adj., kenn, benn, kese, etc., wéét (***lonely***); *I did it **alone***, man kenn maa ko def; *leave me **alone**!* bàyyi ma! musal ma!
aloof, adj., (ku) beru
aloud, adv., (wax) ca kaw, jolli
already, adv., xaat, ba pare, ba noppi
also, adv., it, itam, tam, tamit
alter, trv., soppi, wecci, tuublóó *(to convert)*
altruist, n., nitu nit ñi, nit ku bëgg ñeneen ñi
always, adv., saa bu nekk, saa yu nekk
a.m., abbr., ci suba si, balaa midi
amass, trv., dajale, jal, jalale
amateur, n., amateer, suq
amaze, trv., jaaxal, waar; *to be **amazed***, jaaxle, waaru
ambassador, n., ndawal nguur, àmbaasadoor

ambiguous, adj., lu lëj, lu am lëj-lëj, lu leerul
ameliorate, trv., baaxal, gënal
amen, interj., amiin
amend, trv., jagal, lijjanti, soppi; *to make **amends** to s.o. for sth.*, fey, delloo nit ki li mu ñàkk
ammunition, n., gànnaay
among, prep., ci, ci diggante; *sitting **among** his children,* mu ngi toog ci diggante (ci biir) ay doomam; *to count s.o. **among** one's friends,* boole kenn ci say xarit
amoral, adj., lu amul sutura, lu ñàkk teggin
amorous, adj., ku nobe, ku soppe
amount, n., ñaata *(how many, much)*, njëg *(price)*; *I don't know what my debts **amount** to,* xamuma samay bor yi ñaata la,
amplify, trv., yokk (ca kaw)
amplitude, n., Math., baawaan
amuse, trv & i., fo ak , reetaanlo, def lu reelu; *to **amuse** oneself,* fo, foontu, fowantu
analogous, adj., *(to)* nekk benn ak, samandaay kenn; *they are **analogous**,* benn lañu
analyse, trv., seet, jééx, seet bu baax, seetaat; **analysis**, n., jééx
ancestor, n., maam
anchor, n., lànkar
ancient, adj., mag, yàgg
and, conj., ak, ag, te *(plus)*
anecdote, n., nettali bu gàtt, lééb bu gàtt, wax ju gàtt
angel, n., malaaka, malayka
anger, n., mer; *to **anger** s.o.*, merlo kenn
angle, n., àngal, koñ, puxtél; *right* **angle**, koñjub; **triangle**, ñettikoñ; **rectangle**, koñjub; **quadrangle**, ñentikoñ
angry, adj., ku mer
anguish, n., xalaat gu bare, njàqare
animal, n., rab, bàyyima, móómin; *wild* **animal**, rabu àll; *domestic* **animal**, rabu kër, bàyyima
annihilate, trv., raatale, dàjji, tasaaré, jeexal
annoy, trv., tànqal, sonnal
annual, adj., at bu jot, at bu jib
annul, trv., beral, bëttal *(to postpone)*, amatul *(it no longer is)*
anode, n. Elec., yéégu
anonymous, adj., lu amul tur, lu amul borom; **anonymous** *letter*, bataaxal bu ñu xamul boromam
another, adj., keneen, beneen, leneen, meneen, seneen, jeneen, geneen, weneen; *one way or **another**,* nii mbaa nee rekk
answer, n., tontu; *he has an **answer** to everything,* lu nekk am na tontoom; *to **answer** for s.o.,* tontul kenn; *don't **answer** back,* bu ko tontu; *to **answer** the door,* ubbi bunt bi
ant, n., melentaan, sanxaleñ

antidote, n., lugat
antique, adj., lu màgget
anxiety, n., njaaxle, njàqare, *deep* **anxiety**, jaaxle lool, bare xalaat
anxious, adj., ku jaaxle, jàq
any, adj., képp, bépp, etc; *have you got* **any**? am nga ci? *have you got* **any** *more milk?* dese nga tuuti meew? *if* **any** *of them should see him,* képp ci ñoom ku ko gis; képp ci ñoom bu ko gisee; *I can't find* **any**, gisuma dara; **any** *doctor will tell you that,* bépp doktoor dina la wax lii ma la wax; *is he* **any** *better?* mbaa mu ngi am tan?
anybody, pron., képp ku mu mën di nekk
anyhow, adv., népp nu mu mën di nekk
anyplace, adv., fépp fu mu mën di nekk
anything, pron., lépp lu mu mën di nekk
anyway, adv.,*(see anyhow)*
anywhere, adv., *(see anyplace)*
apart, adv., 1. *to stand* **apart**, tàggaliku, sore *(from)*; *born two years* **apart**, sorewante ñaari at; *to keep* **apart**, tàggali; *to stand with one's feet* **apart**, ŋarale ay tànk; *you can't tell them* **apart**, mënoo wax kan mooy kan 2. *to take* **apart**, dàjji; *to come* **apart**, *(of clothes)* teppeeku, *(of things)* tàqaliko, dindeeku 3. **apart** *from him,* gannaaw moom; **apart** *from that,* gannaaw loolu
ape, n., golo; v., toppando, golo-gololu
apex, n., cat, coll, bopp
apocalypse, n., àddina gu tukki, mujjug àdduna
apologize, v., balu àq, baallu
apostle, n., saaba, àndandoowu yonnent
appaling, adj., lu raglu
apparent, adj., lu nee feŋŋ, ci ni ñu ko gisee, ni mu mel; **apparently** *this is true,* nee nañu dëgg la
appeal, trv., woo, woote, ñaan dàppel; *to make an* **appeal** *to s.o.'s generosity,* ñaan kenn njukkal; ñówalal kenn; *to* **appeal** *to s.o. for help,* ñaan kenn ndimbal; **appealing**, lu yërëmlu
appear, iv., feeñ, nee feŋŋ, wonewu; *to* **appear** *for s.o.*
appease, trv., dëfal, may jàmm, seddal, neexal
append, trv., takk, taf, yokk, boole
applaud, trv., tàccu
apple, n., pom
apply, trv., *to a. to s.o.,* ñaan kenn; *to* **apply** *for a job,* wut ligééy
appoint, trv., teg *(to put),* tudde *(to name); to* **appoint** *s.o. ambassador,* yónnee ab ndaw ca meneen rééw
appreciate, 1. trv., gërëm, joxe xalaat yu baax 2. *(of goods)* njëg lu yokku
apprentice, n., àpparanti, surga; **apprentice** *carpenter,* àpparanti minisé
approve, trv., nangu, bëgg; *I don't* **approve** *of your friends,* say xarit neexuñu ma
April, n., weeru awril

apron, n., mbootu, bootukaay
aquatic, adj., lu ndoxe, ndox
arbitrate, trv., seede, àtte, wuutale
arc, n., xala
archaic, adj., sàppi, màgget
arduous, adj., metti *(ligééy)*
area, n., palaas, koñ, dëkk, féétéwaay
arena, n., aaren,
argue, trv & i., werante, xulóó, ŋaayoo, waxtaan; **argument**, werante, waxtaan
arid, adj., wow koŋŋ
arise, iv., yéég, jolli; jóge
arm, n., 1. loxo; *a. in a.,* jàppantey loxoo; *she took my* ***arm****,* dafa jàpp sama loxo   2. ngànnaay; *to* ***arm*** *oneself,* gànnaayoo
arrange, trv., arañsé, jagal, defar; *it was* ***arranged*** *that,* danu waxantewoon ne
array, n., jal, lal, saam
arrest, trv., taxawal, téyé, jàpp *(thief)*
arrive, iv., agsi, yegsi, ñów *(here),* àgg, yegg, *(there)*
arrogant, adj., ku ñaaw làmmiñ, ku reew, ku xamadi
arrow, n., fett, xett
arson, n., lakk gu ñu tey, lakk
as, adv., ni, ni ki, kom; ***as*** *from the 15*[th]*,* li ko dalee ci fukki fan ak juróóm; ***as*** *for Musaa,* Musaa moom; *by day* ***as*** *well* ***as*** *by night,* ni ki guddeek bëccëg; *ignorant* ***as*** *he is,* moom ak ni mu ñàkkee xel; *be that* ***as*** *it may,* ak nu mu mën di nekk
ascend, iv., yéég
ascertain, trv., wóóral
ash, n., dóóm, dóómu taal
ashamed, adj., ku rus
ask, trv., laaj, laajte; ***ask*** *him his name,* laaj ko turam
asleep, adj., nelaw; *to be* ***asleep****,* nelaw
aspersion, n., jëw, fen; *to cast* ***aspersions*** *on s.o.,* jëw, fenal, sosal kenn
aspirate, trv., muucu, nukki
aspirin, n., aspirin
ass, n., mbaam sëf
assassin, n., reykat, bóómkat
assault, v., song
assemble, v., dajale, boole
assembly, n., pénc
assent, iv., nangu
assign, trv., *(s.o. to* ***assign*** *a job),* jox kenn ab ligééy, sant kenn ligééy
assimilate, trv., méngale, niróólel, niróóle ak, melal ak *(with)*
assist, trv., dimbale, may loxo, wallu
associate, trv., booloo, àndando, bokk ligééy

assure, trv., wóóral
asterisk, n., biddééw
astonish, trv., jaaxal, waar
astray, adv., *to go a.,* jàdd yoon, teggi yoon, jeng
astute, adj., ku muus, ku nànd
asylum, n., kaso, kër mag ñi; kër dof yi
asymptote, n. Math., nàmmjotul
atheist, n., ku gëmul Yàlla, gëmadi Yàlla (ji)
atmosphere, n., jawwu ji, asamaan si, ngelaw li; **atmospheric** *pressure,* najub ngelaw li
atom, n., xareeful
attach, trv., takk, yeew, *to* **attach** *oneself to,* bokk ci *(ab mbooloo)*
attack, trv., song, dugg
attain, trv & i., wàcc, ariwé, jeexal
attempt, trv., jéém; *to* **attempt** *to do sth.,* jééma def dara
attend, trv., fekke, dem; *to* **attend** *to,* toppatoo
attention, n., *to pay* **attention,** moytu, def ndànk, def tasiyoŋ; *to attract* **attention,** wonewu, def ñépp gis la
attenuate, trv., woyofal, nééwal
attitude, n., jikkó; *he has a bad* **attitude,** jikkó ju ñaaw *(bon)* la yore
attorney, n., àttekat, awokaa
attrition, n., ribaa
attune, trv., niróóleek, melal ak, méngaléék
auction, n., wànteer, njaayum waxale, fëggjaay (secondhand clothes), **auction** *room,* saal dë wànt
auctioneer, n., wànteerkat, jaaykat bu nangu waxale
audacious, adj., ku dëgër fit, ku ñemé
audible, adj., lu ñu mëna dégg; *he was scarcely* **audible,** kenn mënuloona dégg li mu doon wax
audience, n., mbooloo; *standing* **audience,** mbooloo mi taxaw; *sitting* **audience,** mbooloo mi toog
augment, trv., yokk, teg, dolli
augur, n., gaaf
August, n., weeru ut
aunt, n., tànta *(mother's sister),* umpaañ *(uncle's wife),* bàjjen *(father's sister)*
author, n., borom, boroom
authorize, trv., sant, may
avarice, n., nay
avenge, trv., feyul, feyu *(to* **avenge** *oneself)*
avenue, n., aweni, yoon, ngir
avert, trv., dawale say bët, moy, moytu
avocado, n., awookaa

avoid, v., moytu; *to avoid doing sth.*, moytu def dara; *to avoid s.o.'s eyes,* dawale say bët, moytu xool kenn
await, trv., xaar, nég
awake, iv., yeewu; *to awake to (sth.),* seetlu, gis; *I was awake,* yeewu naa woon, nelawumawoon
award, n., may, maye, yool; yokkal *(pey mi)*
aware, adj., yëg, xam
awash, adj., fees ak ndox, taa *(ak ndox)*
awe, n., lu mëna ragalloo, lu mëna tiital, lu raglu; *to be, stand, in awe of s.o.,* ragal kenn
awhile, adv., yàgg na tuuti; *wait awhile!* xaaral tuuti!
awkward, adj., ku jubadi loxo, ku dëng loxo, ku xereñadi
axe, n., sémmiñ
axis, n., diggeel
azure, n., asamaan, asamaan su leer

babble, iv., mbébétu, kébétu, sab, coow, wax-a-wax
baby, n., liir, bebbe, nenne; **baby** *clothes*, laltaay, laytaay; **baby** *boy*, xale bu góór; **baby** *girl*, xale bu jigéén; **babyish**, xalewe, yëfu xale
bachelor, n., bàjjo, ku séyul
back, n., ginnaaw; *to fall on one's* **back**, daanoo ginnaaw, jéll, daanu jaaxaan; *to do sth. behind s.o.'s* **back**, def dara ci ginnaaw(u) kenn; *to put s.o.'s* **back** *up*, merlo kenn, tàngal xolu kenn; **back** *to* **back**, wonante ginnaaw; *with one's* **back** *to the wall*, wéér sa ginnaaw ci miir (tabax) bi, (fig.) dem ba sës; *to break one's* **back**, damm sa ndigg; am ndigg lu damm; *to break the* **back** *of the work*, def ligééy bi bépp; *idea at the* **back** *of one's mind*, am xel ñaar; xel ñaar; **back** *pay*, ràppel; *to hit* **back**, feyu; *to call s.o.* **back**, woowaat kenn; *to come* **back**, dellusi, dikkaat, ñówaat; **backache**, mettitu ndigg; ndigg luy metti; wet guy metti; **backaway**, dellu ginnaaw; **backbite**, jëw, ŋàññ, jëwaate; **backbiting**, jëwaate, sosalaate; **backdown**, xam ne yaa tooñ, wàcc (*to give up*); **backing**, may loxo, dimbale; **backward**, lu dellu ginnaaw, yééx
bad, adj., bon, aay (*forbidden*), soxor (*wicked*), fanaan, forox (*of food, rotten*); **bad** *language*, ñaaw làmmiñ; *to go* **bad**, yàqu, forox, waryé (*of food*); *things are* **bad**, yëf yi doxul, afeer yi doxul; *it wouldn't be a* **bad** *thing if*, lu tee nu defoon; doon na nekk lu baax su nu defoon; *he speaks* **bad** *Wolof*, mënul làkk Wolof, déggul Wolof; *to be* **bad** *at lying*, ku mënula fen; *he's not* **bad** *looking*, ku jekk la; *from* **bad** *to worse*, bonul, dafa yéés; *it's* **bad** *for the health*, baaxul ci wër gu yaram; *I feel* **bad** *today*, sama yaram neexul tey
bag, n., saaku, saak, mbuus (*plastic* **bag**); (colloq.) *there's a* **bag** *of it*, gàññ la fi
baggage, n., dëbës, bagaas, yóbbal
bail, trv., wallu; *to bail out*, génnee kaso ak xaalis, ŋacc (*water*)
bailiff, n., wallukat
bait, n., meeb, oos
bake, trv., lakk (mburu), togg; **baker**, mbulañsé; **baking**. *powder*, lëwiir
balance, n., peesekaay, nattukaay; *to hang in the* **balance**, yem, jubanti taxawaay
balcony, n., balkoŋ
bald, adj., ku leel, ku amul kawaru bopp, nel
baleful, adj., ku mata yërëm
ball, n., 1. baloŋ, bal, balu futbal 2. baal, pecc
bamboo, n., waax
ban, trv., tere
banal, adj., lu yomb, lu jafewul
banana, n., banaana
bandage, trv., bandaas, laxas, takk
bandit, n., saay-saay bu bon
banish, trv., gàddaayloo, dàq, tere kenn ab barab
bank, n., bànk, dencukaayu xaalis, **bank** *account*, kontu bànk; **bank** *note*, kayitu xaalis; **bankrupt**, fayit, bànk (broke)
baptize, trv., tudde, ngenté
bar, n., baar (soap, bar); *behind* **bars**, biir kaso

barber, n., watkat, xuufkat, kuwafeer
bard, n., taalifkat, mbandkat
bare, adj., neen, lu amul dara; *bare tree*, garab gu amul xob; *bare man*, góór gu solul yéré; *with his bare hands*, ak loxoy neen; **barefoot**, tànku neen; **barely**, xaw; xawa, lu tuuti
bargain, iv., waxaale; *it's a bargain!* indil fey! *I didn't bargain for that*, yaakaarumawoon lii
bark, n., 1. caru garab 2. (*of dog*), baw; *his bark is worse than his bite*, làmmiñ wee ëpp
barley, n., feela
barrack, trv., 1. yuuxu, tooñ, yuuxóó 2. dëkkal ci kasern; **barracks**, n., kasern, dëkkuwaay, kër
barrage, n., baaraas, fatt
barrel, n., barigo, xàndi
barrister, n., awooka, àttekat
barrow, n., buruwet
barter, trv., b. (for), weccoo, weccook; *barter away*, jaay sa bopp
base, n., tànk, suuf (*tree*); *to base on*, wékk ci, teg ci; *to be based at*, dëkk ci
bashful, adj., ku ñemewul bët, ku noppi, ku gawa rus, ku ragal bët
basket, n., pañe, cagg; *shopping basket*, pañe ndugg
bastard, n., doom bu araam, doomaraam, doomu xaj
bat, n., njugub
battery, n., tegale, tegele, batari, piil
be, aux. v., nekk (*place*), dund; *I think, therefore I am*, damay xalaat, konbook nekk naa; la (*description, identification*) *Faatu is pretty*, Faatu ku rafet la; *it is me*, man la; (**du**, not to be) *it is not me*, du man; *the food is on the bench*, ñam wi cików toogu bi la nekk; *is not he lucky*, ku am wërsëg la; moo am wërsëg; *he is Senegalese*, waa Senegaal la; *if I were you*, su ma nekkoon yow, su ma doon yow; *three and two are five*, ñett ak ñaar, juróóm la, *I was at the meeting*, maa ngi nekkoon ca ndaje la; maa ngiwoon ca ndaje la; *I don't know where I am*, xamuma fan laa nekk; *how are you?* na nga def? *how much is it?* ñaata la? *how far is it to Dakar?* naka la tollook Ndakaaru? *when is the meeting?* kañ la ndaje li? *Christmas is on a Sunday this year*, nowel ren ab dimaas lay tombeel; *today is the 7th of March*, tey la juróóm ñaareeli fan ci weeru mars; *tomorrow is Friday*, suba la àjjuma; *to be* followed by an adj. is usually translated by a stative verb in Wolof; *to be cold*, sedd; *to be afraid*, ragal; *to be 20 years old*, am ñaar fukki at; *that may be*, loolu mën na am; xéj na; *so be it!* ndokk! *be that as it may*, ak nu mu mëna demee; ak nu mu mëna nekkee; *there is, there are*, am na; *there will be dancing*, dina am fecc; *there were two cats*, amoon na ñaari muus; *there were six of us*, juróóm benn lanuwoon; *I have been to see Isaa*, demoon naa seeti Isaa; *where have you been?* fan nga nekkoon? *it is six o'clock*, juróóm benn waxtoo jot; *it is late*, guddi na; *it is a fortnight since I saw him*, gëj naa ko gis, am na fukki fan ak juróóm; *it is cold*, dafa sedd; sedd na; *it is said*, wax nañu ne; *what is it?* lan la?, loo bëgg (*what do you want?*); *I was doing sth.*, dama doon def dara; *they are always laughing*, dañuy ree rekk; *I have just been writing*, lééginst la doon bind; *I

have been *waiting for a long time,* yàgg naa di xaar; maa ngiy xaar, yàgg na lool; *he **was** killed,* dañu ko rey; *he **is** not allowed to smoke,* dañu ko tere tóx; *he **is to be** pitied,* ku mata yërëm la; *I **am** to see him tomorrow,* war naa ko gis suba; *it is lovely, is not it?* mbaa rafet na rekk? **being**, nekk, dund; *to come into **being**,* juddu, nekk; *it **is** still in **being**,* mu ngiy am ba léégi, *a human **being**,* nit
beach, n., tefes, takk, bël, beeñ
bead, n., per, fer, toq (ndox); *(string of) **beads**,* caq
beak, n., gemmiñ (picc)
beam, n., tàkk
bean, n., ñebbe, aarikó
bear, trv., nangu, téyé, jàpp ci suuf, am; *I can't **bear** it any longer,* mënatuma nangu loolu; sës naa léégi; *I can't **bear** (the sight of) him,* dama ko jéppi ba bëggatuma ko gis; *to **bear** (to the) right,* jàpp sa ndeyjoor; *she has **borne** (him) a son,* wósin na doom bu góór; ***bear** down,* bës bu baax; ***bearer**,* borom *(passport)*; ***bear** with me!* négal tuuti!
beard, n., sikkim
beast, n., rab, *(pers.)* mbaam
beat, trv., dóór, rëkk *(a blow)*, fëgg *(door)*, tëgg *(drum)*; *it **beats** me,* lii moo raw samay xalaat; *b. up,* noq, ñef, dóór, téégal
beautiful, adj., rafet, baax, jekk, taaru
because, conj., ndaxte, ndax; ***because** of,* ndax, ngir
become, v., nekk, la *(see to be)*
bed, n., lal; *to go to **bed**,* tëddi, *to get into **bed**, to be in **bed**,* tëdd; *to get out of **bed**,* jóg; wàcc lal bi; *to put the child to **bed**,* tëral xale bi; *to make a **bed**,* defar lal bi; lal lal bi; ***bed**-clothes,* mbàjj ak darab; sëri muuróókaay
before, adv., balaa, laata; *b. Musaa,* ci kanamu Musaa; **beforehand**, bu njëkk
befriend, trv., nekk xaritu, xaritook
beg, trv., saraxtu, yalwaan, ñaan
begin, trv & i., door, tàmbali, sooke, njëkk *(to start first)*
behalf, n., *on **behalf** of s.o.,* ci turu kenn, taxawal kenn *(to represent s.o.)*; *to speak on **behalf** of,* wax ci turu, taxawal
behead, trv., tàqali bopp bi, dagg bopp bi
behind, adv., ginnaaw, gannaaw
behold, trv., séén, gis, xool; **beholder**, seetaankat, seede
belated, adj., yééx, tarde
belch, iv., géév
believe, trv & i., gëm, yaakaar; *I **believe** that I am right,* gëm naa ne maa am dëgg; *I **believe** so,* yaakaar naa ko; *if he's to be **believed**,* su nu naree gëm li mu wax; *to **believe** in God,* gëm Yàlla
belittle, trv., tuutil, wàcce, wàññi
bell, n., jóólóóli
belly, n., biir; **bellyache**, mettitu biir

belong, iv., moom, bokk; *that book* **belongs** *to me,* maa moom tééré bii; *we* **belong** *to the same religion,* noo bokk benn diiné

beloved, adj., ku ñu sopp, ku ñu bëgg, ku ñu nob; **beloved** *by all,* ku ñépp sopp

below, adv., ci suuf, ci ron

belt, n., géño, sentiir, laxasaay

bemoan, trv., jooy (dara, ndax dara)

bench, n., toogu, toogukaay, baŋ

bend, trv., (*of arm*) bank (loxo), (*of road*) wiiraas, jàdd-jàdd; *round the* **bend**, soo weesoo wiiraas ba; v., (*of pers.*) bank, banku, (*of branch*) lem, lemu; *to* **bend** *over sth.,* banku ci ków dara; wééru ci ków dara; *to* **bend** *the rules,* ñàkk topp yoon; **bend** *down,* sëgg, banku; **bend** *forward,* banku jëm kanam

beneath, adv., ci suuf, ci ron

beneficent, adj., luy jur, lu am njëriñ, loo xam ne mën nga ci ñoddi dara, loo xam ne mën nga ci génne sa wërsëg

benefit, n., li mu jur, li nga ñoddi, li nga tonni

bereavement, n., am dëj, ñàkk ab mbokk, am mbokk mu gaañu

berserk, adj., *to go* **beserk**, takkarnaase, mer ba furi

beside, prep., ci wetu, ci booru; *that is* **beside** *the point,* waxunu loolu; du loolooy wax ji; **beside** *oneself with joy,* am mbégté gu bare

besides, adv., gannaaw loolu, tég ci, boole ci, yokk ci, ak tamit; *others* **besides** *him,* ñeneen ñi wuutéék moom

best, sup., gëna baax, gën, ki fi gën; *my* **best** *dress,* sama robb bi gëna rafet; *with the* **best** *of them,* ki (ci) gën ci ñoom; *the* **best** *of it is that,* li gëna am maanaa ci mbir mi mooy; *the* **best** *thing would be,* li gënoona baax moo di; doon na fi gëna baax..; *to do one's* **best**, def li nga mën; *all the* **best**! Yàlla na nga am wërsëg! *the* **best**, ngëneel li; *you know* **best**, xam nga bu baax; *do as you think* **best**, defal ni mu la gënalee; defal liy ngëneel; defal li la sa xél may

bet, trv., tayle, taytayloo; fam., *I* **bet** *you I will!* waat naa ne dinaa ko def

betray, trv., wor; *to* **betray** *one's country,* wor sa dëkk

between, prep., diggante, ci diggante; *no one can come* **between** *us,* kenn mënula dugg sunu diggante; **between** *now and Monday,* diggante léégeek Altiné

beverage, n., naan

beware, iv., (of) moytu; *b.!* moytul! (sg.), moytuleen! (pl.)

bewitch, trv., jommil

bible, n., linjiil, biibal, kaamilu katolik

big, adj., (large) réy, ngande, deebal, mag (bulky) pataa; **big** *man,* góór gu réy; góór gu mag; **big** *brother,* mag bu góór; *to grow* **big***(ger),* màgg

bigamy, n., séyum ñaari jabar; **bigamous**, borom ñaari jabar

bill, n., boŋ

bind, trv., takk, boole, yeew

bio-, pref, dund; *biochemistry,* dundyaram; *biophysics,* dundnekk

bird, n., njanaaw, picc; **bird's** *eye view,* am kàttanu gis lépp; gisee ci ków

birth, n., juddu; (*childbirth*) wósin; **birth** *certificate*, kayitu juddu; *to give* **birth***,* wósin, am doom; ***birth*** *place*, barabu juddu

biscuit, n., mbiskit

bit, n., 1. laxab (*horse*)

bit, n, 2. xott, lu ndaw; ***bit*** *by* ***bit***, ndànk-ndànk; ***bit*** *of paper*, xottu kayit; *in* ***bits****,* tojit, dammit, ay xott; *to come to* ***bits****,* tasaaroo; *a little* ***bit****,* tuuti, lu tuuti; *wait a* ***bit*** *!* xaaral tuuti!

bitch, n., xaj bu jigéén

bite, trv., màtt ; fam., *I haven't had a* ***bite*** *(to eat) all day,* lekkuma bis bi bépp; *to take a* ***bite****,* ŋaañ; *to* ***bite*** *one's nails,* yéy say we; *to* ***bite*** *one's lips,* màtt say tuñ

bitter, adj., lu wex, saful suukar, soof, forox

black, adj., ku, lu ñuul

bladder, n., buftan

blame, n., sikk, njuumte, tooñ; *to put the* ***blame*** *on s.o.,* sikk kenn dara; teg tooñ gi ci kaw kenn; *to* ***blame*** *s.o. for sth.,* jiiñ kenn dara; *he's to* ***blame****,* moo tooñ; *I'm in no way to* ***blame****,* tooñuma benn yoon

blank, adj., neen, lu amul dara

blanket, n., mbàjj, muurukaay

blaspheme, trv & i., moy (Yàlla), moy sa borom (ciy kàddu)

blaze, n., safara, tàkk, leer nàññ (jant bi)

bleach, n., xeesal; (*household*) b., oddusawel, woddusawel

bleat, iv., meem (xar)

bleed, iv., nàcc; *he's* ***bleeding****,* mu ngiy nàcc, mu ngiy feeñal dàmm

bless, trv., sargal, fey; *God* ***bless*** *you!* Yàlla na la Yàlla sargal!

blind, n., gumba, silmaxa; *to* ***blindfold*** *s.o.,* taf bëti kenn

blink, trv., *to* ***blink*** *one's eyes*, regeju

blithe, adj., ku bég, kontaan

bloated, adj., lu newwi, funki; ku suur këll, pataa

blood, n., deret, dàmm

bloom, iv., tóórtóór, sëq

blossom, iv., ***blossom****(out),* tóórtóór, génne ay xob; *orange* ***blossom****,* folodoraas

blow, trv &i., 1. ëf, ngelaw; *the wind is* ***blowing****,* mu ngiy ngelaw; *it's* ***blowing*** *a gale*, mu ngiy ngelaw ngelawu taw; mu ngiy ngelaane; *the door* ***blew*** *open,* ngelaw lee ubbi bunt bi; *to* ***blow*** *one's nose,* ñendu 2. (*with fist*) dóór, rëkk, (*to kick*) wéq; *to come to* ***blows****,* xeex ak loxo, xeexee loxo

blue, n., buló; *dark* **blue***,* ñuul (*black*)

boar, n., *wild* **boar***,* mbaam àll

boast, 1. n., njistal 2. iv., jay sa bopp, tagg sa bopp; *that's nothing to* ***boast*** *about,* loolu jarula jay sa bopp

boat, n., gaal, gaalu gééj; *to go by* ***boat****,* jël gaal; tukkeek gaal

body, n., yaram, *dead* **body***,* nééw; **bodyguard**, gardakoor, saytukat

boil, trv., (*water*) baxal, boyal; *the water is* ***boiling****,* ndox maa ngiy bax

bold, adj., ku ñeme, góór
bolster, n., ngegenaay, njegenaay
bolt, v., 1. a/ melax; b/ mech., buloŋ
bolt, v., 2. a/ màmm (fas, *horse*); b/ warax (ñam, *food*); c/ *to **bolt** from the house*, nee téppét génn kër gi
bone, n., yax; *off the **bone***, lu amul yax; ***bone** dry*, wow koŋŋ, yaxu neen
book, n., tééré; ***book** learning*, xam-xamu tééré, xam-xamu fóóré
border, n., boor, wet, pegg
born, adj., *to be **born***, juddu; *he was **born** in 1960*, mu ngi juddu ci atum 1960; *he was **born** in Dakar*, mu ngi juddóó Ndakaaru
borough, n., dëkk bu fal njiitu boppam
borrow, trv., àbb; **borrower**, àbbkat
bosom, n., ween, dënn
boss, n., njiit, pataroŋ
botch, trv., *to **botch** (up)*, yàq (ligééy bi)
bother, trv., tànqal, sonnal, lakkal; *don't **bother** me!* bu ma lakkal! bu ma tànqal!
bottle, n., butéél; ***bottle** of water*, butéélu ndox; ***bottle** of wine*, butéélu biiñ
bottom, n., suuf, taat, ci biir-a-biir, ci ginnaaw-a-ginnaaw
bough, n., bànqaas, caru garab
bounce, iv., bonde, tëb
boundary, n., pegg
bounty, n., laabir, yeewen, nangoo maye, tab
boutique, n., bitig, butig
bow, iv., sukk, sëgg nuyóó, nërëm; *to **bow** (down)*, nërëm, jonkan (*to*, ci kanamu); sëgg, banku, sukk
bowels, n., butit
bowl, n., (*for food*) bool, and; (*for washing*) paan
box, n., boyat, (*large wooden*) kees, (*large*) kopparfoor, (*cardboard*) kartoŋ
boy, n., xale bu góór
bracelet, n., lam, jaaro; (pl.) takkaay
brag, trv., jay sa bopp, tagg sa bopp, damu
braid, n., létt, baram (*to plait*)
brain, n., yóór, yuur (gi)
brake, n., tereŋ; v., ferene
branch, n., bànqaas, caru garab
brassiere, n., siteengoos
brave, n., jàmbaar, ku ñemé, ku am fit
bray, iv., gaax
bread, n., mburu
breadth, n., yaatuwaay, gàttaay
break, n., dammit; v., damm; *lunch **break***, waxtu añ; *an hour's **break***, noppaliku benn waxtu

breast, n., dënn, ween
breathe, iv., noyyi
breed, trv., (*cattle*) sàmm
breeze, n., pééx; *stiff **breeze**,* ngelaw lu fééx
bribe, trv., (*a pers.*) neexal, jënd, yàq, lekkloo ger
brick, n., móól, birig; *to lay **bricks**,* móól
bride, n., séét, jigéén juy doora séy walla di waaja séy
bridegroom, n., góór guy doora takk jabar walla di ko waaj
bridge, n., sala, pom, pomu jàllukaay; *to **bridge** a gap,* feccali, defar diggante
brief, adj., *in **brief**, to be **brief**,* ci lu gàtt; pur gàttal wax ji
bright, adj., lu leer, ku am xel, ku nànd
brilliant, adj., lu leer, ku am xel
bring, trv., indi; *to **bring** along,* indaale, indiwaale
brink, n., *on the **brink** of sth.,* dem bay waja def dara
broach, trv., door ab waxtaan
broadcast, n., emisiyoŋ
broil, trv., lakk
broker, n., kurcé
brook, n., wal, dex
broom, n., buubukaay, bale
brother, n., (*little*) rakk bu góór, (*big*) mag bu góór
bruise, n., tëcc-tëcc; *to **bruise** one's arm,* tëcc sa loxo; *to be **bruised**,* tëccu
brush, n., ñax, àll
bucket, n., siwó
bud, iv., sax
buddy, n., xarit
bug, n., màtt
build, trv., tabax, defar; ***building***, taax, tabax, batimaa, bildiŋ
bulge, n., newwi-newwi, feesaay, funki
bull, n., yëkk
bundle, n., (*clothes*) ëmb, (*money*) liyaasu xaalis
burb, iv., gééx
burden, yeb, yen, perngal; *to be a **burden** to s.o.,* teg kenn coono; *beast of **burden**,* rabu sëf, mbaam sëf
bureau, n., biró, (*chest of drawers*) komot
burglar, n., sàcckat, roñkat
burn, trv., lakk; *to **burn** one's fingers,* lakk say baaraam; ***burnt** to a cinder,* lakk ba jeex
bury, trv., suul, rob
bus, n., biis, wotobiis
bush, n., ñax, ruuj gi
business, n., soxla, afeer
bust, n., dënn, kaw yaram

busy, adj., ku jàpp; *tell him I'm busy,* nee ko dama jàpp
but, conj., wànte, waaye
butter, n., boor, dax; *pure butter,* diwñor
buttock, n., taat, ginnaaw
button, n., butoŋ, picc; *tummy, belly button,* jumbax
buy, trv., jënd; *to buy sth. for s.o.,* jëndal kenn dara
buzz, trv & i., biiw, coow, *to buzz (for s.o.),* woo kenn ci telefon bi
bye(-bye), interj., ba ca kanam (*see you soon*), ba beneen (*see you next time*), ba suba (*see you tomorrow*)

cab, n., taksi; **cabdriver**, sófóóru taksi
cabbage, n., suppame
cable, kaabal; **cable TV**, kaabalu telewisiyoŋ
cackle, iv., *(of hen)* sab, kébétu *(of pers.)* kekku, xàqataay, reetaan, ree
cactus, n., gargamboose
caftan, n., xaftaan, garaambubb
cage, n., kaaf; **caged** *bird*, ngunu, kaaf; *to* **cage** *(in, up)*, tëj ci ngunu li, tëj
cajole, trv., neexal, jay
cake, n., ngato
calamity, n., njombe, musiba gu réy, ndogal gu metti, yàq-yàq gu am doole, nattu
calculate, trv., xayma, wañña; *words* **calculated** *to reassure us*, wax kàddu yu dal xel;
 calculated, lu ñu xalaat bu baax ba noppi
calendar, n., arminaat
calf, n., barmool, nag wu ndaw, doomu nag
call, trv., woo, woote, **call** *for help*, woote ndimbal; *to give s.o. a* **call**, woo kenn; *to be on*
 call, nekk serwis; *to have no* **call** *for sth.*, bana soxla dara; *to make a* **call** *on s.o.*, seeti,
 seetsi kenn; *to be* **called**, *to* **call** *oneself*, tudd, tuddee sa bopp, woowee sa; *to* **call** *s.o.*
 names, saaga kenn, xas kenn; *to* **call** *back*, woowaat
calm, adj., lu teey, lu ne nemm, *(of sea)* fer; *to* **calm** *down*, cellantu; **calm** *down!* cellantul!
 teeyal! dalalal sa xel!
camel, n., tukkal, gëléém
camp, n., kaŋ
can, n., 1. bidoŋ (oil), paanu mbalit, siwó mbalit, potu sardiñ 2. aux. v., mën, àttan; *I*
 can do it, mën naa ko def; *can I help you?* mën naa la dimbale? *I cannot allow that*,
 mënuma seetaan loolu; *as soon as I can*, saa bu ma ko mënee rekk; *that cannot be*,
 loolu mënula am; *what can it be?* lan la mëna nekk? *it could be that*, mën na am ne;
 she's *as pleased as can be*, dafa kontaan-a-kontaan; dafa kontaan be, mbégtéém amul
 dayoo!
canal, n., kanaal, rigol, yoonu ndox mi
cancel, trv., tàbbal ba beneen, delloo ba beneen yoon
candle, n., sondel
cane, n., bant, yat; *sugar* **cane**, bantu suukar
canker, n., sofe, feebaru gemmiñ
cannon, n., kanu
canoe, n., gaal gu ndaw
canorous, adj., lu neexa déag, lu neexi nopp
cant, n., lu dëng (line), mbartal
cant, n., waxi naaféq
cantaloupe, n., xaal
cantankerous, adj., ku naqari deret, bare ay, ku luubu
canteen, n., kàntin
canton, n., diiwaan

cap, n., 1. mbaxane, laafa 2. fi ñu yemale dara; *cap of bottle*, busoŋ, tëjukaayu butéél
capability, n., kàttan, mën-mën
capable, adj., lu, ku am kàttan
capacitate, trv., àttanloo
capital, n., pééy, kàppitaal, dëkk bi nguur gi sàncu
capital, n., xaalis bi walla koom gi nit yor ciy loxoom; koom gi ñuy jëfandikoo
capitalism, n., (koom)-koomu wujjante
capitulate, iv., wàcc nguur gi
captain, n., kàppiten, borom ñetti galoŋ, borom gaal
car, n., woto, daamar
card, n., kart; *cardboard*, kartoŋ, trv., nos, nas
care, iv & tr., toppatoo, taxawu, wuutu; *without due care*, ñàkka toppatoo; *to take care of*, toppatoo; *take care!* moytul! *to put sth. in s.o.'s care*, dénk kenn dara; teg dara ci loxoy kenn; *I don't care*, sama yoon nekku ci; *what do I care?* lu ci sama yoon? *that's all he cares about*, loolu rekk la ci bëgg; loolu rekk a ko ci neex; *carefree*, ñàkk xalaat; *be careful!* na nga moytu! na nga def ndànk!
caress, trv., raay
carnivore, n., rab wuy lekk yàpp
carpenter, n., minisé, ligééykatu bant
carry, trv., yóbbu, fab, yenu, yobbaale
cart, n., saret
carton, n., kartoŋ, boyat
cascade, iv., jalaañoo
cash, n., xaalis; *to be short of cash*, ñàkk xaalis; bànk
cashew, n., *cashew (nut)*, (xooxu) darkase
cast, trv., sànni, yónnee; *to cast one's vote*, woté
castigate, trv., dóór, yar, sadd
cat, n., muus, janaab
catalyze, trv., cuq; **catalyst**, cuqkat
catch, trv., jàpp
cater, trv., *to cater for*, toggal; **catering**, togg, togg gu mag
cathode, n., Elec., wàccu
cattle, n., jur (gi)
cauliflower, n., sufłóór, sufleer
cause, trv., tax; *cause and effect*, lu tax ak li mu jur; *to be the cause of sth.*, tax dara, waral dara; *to cause s.o. to do sth.*, tax kenn def dara
cavalier, n., gawar, warkatu fas, dawalkatu fas
cease, trv & i., noppi, sotal, bàyyi
ceiling, n., boppu néég, kow néég, palaafoŋ, jank (*roof*)
celebrate, trv., xumbal, feetu
cement, n., simaa
cemetery, n., sëg

center, n., digg
chain, n., ceen, caq *(necklace)*, càllal
chair, n., siis, toogu; *to take a **chair***, toog; *to be in the **chair***, jiite ndaje li; **chairman**, njiit li
chalk, n., kere
challenge, trv., sóóru, tëkk; **challenger**, sóór
chameleon, n., kàkkataar
champion, n., mbër, sàmpiyoŋ, bër (pl.)
chance, n., xééwal
change, n., soppi, weccet; *to make a **change***, soppi, wecce; *gear **change***, soppi xél; *to give s.o. the **change** for 5FCFA*, wecci kenn dëram; v., a/ wecce, soppi; *to **change** one thing into another*, soppi lenn leneen; *to **change** one's mind*; soppi sa xel; fomm (li nga naroon def); *to **change** the subject*, waxtaane leneen, b/ weccoo; *to **change** clothes with s.o.*, weccoo yere (ak keneen)
chapter, n., saar
character, n., jikkó
characteristics, n., jikkó
charade, n., léébu, kàll
charcoal, n., këriñ
charge, n., 1. a/ njëg; *admission **charge***, njëgu ndugg mi; *no **charge** for admission*, ndugg mu amul pey b/ pal, saytu; *to take **charge** of*, yore, yor ciy loxo, saytu; *to be in **charge** of*, yore dara, di toppatoo dara; *person in **charge***, njiit li c/ Jur., njiiñ; *to bring a **charge** against s.o.*, jiiñ kenn dara, d/ Elec., yan, yen 2. trv., sox (fetal); *to **charge** s.o. money*, feyloo kenn xaalis
charity, n., sarax, may
chase, n., rëbb; *to give **chase** to*, dàqi, rëbbi; trv., rëbb, dàqi
chaste, adj., nit ku sell, set
chastise, trv., xas, yar, sëppu
chat, n., waxtaan, xawaare; *to have a **chat** with so.*, waxtaan ak kenn; iv, waxtaan
chauffeur, n., sóföór
cheap, adj., lu yomb njëg, lu jafewul njëg
cheat, trv., naxaate, (at games) sàcc; *to **cheat** s.o. out of sth.*, nax kenn jël daraam
cheek, n., lex
chemistry, n., yaram; *biochemistry*, dundyaram
cherry, n., xewar
chest, n., kees; ***chest** of drawers*, komot (b, *Anat.*) dënn; **chesty**, n., am feebaru dënn
chew, trv., sàqami; **chewing gum**, n., singom; **chewy**, adj., lu neexula sàqami
chick, n., cuuj
chicken, n., ginaar; ***spring* chicken**, cuuj; **chickenpox**, ŋàppati
chief, n., seef, pataroŋ,
child, n., xale, gone, ndaw; **childbirth**, n., wósin; **childhood**, n., jamanoy xale; **childish**, adj., yëfu xale, xalewe; **childless**, adj., ku amuli doom

chill, 1. n., sedd, liw; *to catch a* ***chill***, sedd, liw; *there's a* ***chill*** *in the air*, xaw na sedd 2. trv., seddal, liwal; ***chilled*** *to the bone*, sedd bay bugga dee; **chilly**, adj., sedd
chin, n., sikkim, suufu lex
chocolate, n., sokolaa
choice, n., tànn, taamu; *to make one's* ***choice***, tànn, taamu
choke, trv., xoj, fotloo, naj ci baat; **to choke up**, v., 1. fatt, sakk 2. iv., fot
choose, trv & i., tànn, taamu; *there's nothing to* ***choose*** *between them*, ñoom ñépp a yem; *the* ***chosen*** *people*, ñi jege pééyu Yàlla; *I do as I* ***choose***, damay def ni mu ma neexee
chore, n., korwé; *to do the* ***chores***, def ligééyi bës bi
choreographer, n., fecckat
Christian, n., katolik; ***Christian*** *celebration*, feetu katolik; **christianity**, n., , diiné katolik, diiné nasaraan
chronological, adj., lu toppante ci yoon
chunk, n., cër wu mag
church, n., egliis
cigarette, n., sigaret
cinema, n., sinemaa
circle, n., mbege, wër-wër; trv., wër, gaw
circuit, n., ndomba
circumcise, trv., jongal, xarafal
circumference, n., mbege guddaay
circumstances, n., xew-xew; *under the* ***circumstances***, ci nu mu demee; *under no* ***circumstances***; amul luy tee (or tax)
circumvent, trv., neexal kenn ba mu nangu
citizen, n., mbokku réew, doomu réew
city, n., dëkk
claim, n., laaj; *to lay* ***claim*** *to sth.*, moomlu dara; *to put in a* ***claim***, feyeeku
clap, 1. n., tàccu; *to give s.o. a* ***clap***, tàccu kenn; ***clap*** *of thunder*, dënnu 2. trv., tàccu, may kenn loxo
clarify, trv., leeral; **clarification**, n., leeral, leeraral
class, n., 1. melo, fasoŋ 2. kalaas
clay, n., ban
clean, adj., lu set; trv., laab, setal, defar ba mu set; *to* ***clean*** *one's teeth*, raxas sa gemmiñ
clear, adj., lu leer, *as* ***clear*** *as day*, leer nànñ; *to make oneself* ***clear***, wax lu ñu mëna xam; *clear thinker*, borom xel mu dul gag
clench, trv., dëgëral; *to* ***clench*** *one's fists*, dëgëral, dajale say baaraam
clerk, n., ligééykat; *bank clerk*, ligééykatu bànk
clever, adj., ku am xel, ku muus; **cleverness**, n., nànd, xel mu neex
client, n., kilyaan
climate, n., biti bi, ngelaw li
climb, trv & i., yéég; *to* ***climb*** *down*, wàcc
cling, iv., lang; *to* ***cling*** *together*, jàppoo

close, adj., lu jege; *close to each other*, jegeente
close, trv., tëj, ub; *to close the door*, tëj bunt bi; *to close one's mouth*, ŋeb
closet, n., armoor
clot, n., way; *clotted cream*, meew mu way
cloth, n., piis, baxaay, toof
clothe, trv., solal; **clothes**, n., yere; *to put on one's clothes*, sol say yere; **clothepins**, keppu; **clothing**, n., yere yi
cloud, n., niir, xiin; *to be cloudy*, xiin; *cloudy sky*, asamaan su xiin
club, n., yat, yar
cluck, iv., jenj
clue, n., xàmmikaay, xayma; *to find the clue of sth.*, feeñal dara
clumsy, adj., ku dëng loxo, ku xareñul
coal, n., këriñ
coalesce, iv., nee ràpp, dajaloo, nekk benn, ruy
coalition, n., ndajaloo
coarse, adj., ñaaw làmmiñ, ñàkk teggin; **coarseness**, n., xamadi
coast, n., takk, wëru jéég, ndomba jéég
cobweb, n., lëndu jargoñ
cock, n., séq
coerce, trv., defloo kenn dara, duggal kenn ci def dara
coefficient, n., Math., ngung
coffee, n., kafe
cogitate, iv., mébét
coincide, iv., xewando; **coincidence**, xewandowug dogal
cold, adj., lu sedd; *as cold as ice*, sedd guy; *it's cold*, dafa sedd; Med., soj; *to catch a cold*, soj
collar, n., kolu yere
collect, trv., dajale, boole; feyeeku (xaalis); *to collect oneself*, ànd ak sa xel
collide, iv., mbëkkante; *to collide with*, mbëkkante ak
color, n., melo
column, n., kenu, keno
comb, n., peñe; *to comb one's hair*, peñewu
come, iv., ñów, agsi; *he comes here every day*, fii lay jaar bis bu nekk; *here he comes*, mu ngi nii di ñów; *come!* kaay fii! *coming!* ma ñów! **to come for**, v., jëlsi, wutsi; *I've come to see you*, dama ñówoon seetsi la; *he's come a long way*, fu sore la jóge; *to come and go*, dem ak a dikk; *come what may*, ak lu mëna xew; **come across**, v., daje ak, tombe ci; **come after**, v., topp; **come back**, v., dellusi; *to come back to what I was saying*, ma dellu ci li ma doon wax; **come before**, v., jiitu, njëkk; **come between**, v., taxaw (ci) diggante; **come by**, v., jaar; **come down**, v., wàcc, teer ci suuf; **come forward**, v., dox jëm kanam; **come in**, v., dugg ci; **come from**, v., bawoo, bàyyeekoo; *where do you come from?* foo bawoo? **coming**, adj., luy ñów, luy agsi ci kanam
comic, adj., lu reelu, lu saf xorom

command, trv., digal, kumànde
commemorate, trv., màggal, feetu
comment, iv., wax sa xalaat; *to comment on*, wax sa xalaat ci
commerce, n., koom; **commercialize**, v., jaay
commiserate, iv., tiisu; **commiseration**, n., tiis
communicate, trv., yëgal, wax ak; **communicable**, lu nu mëna yëgle; **communication**, n., yëgle
compare, trv., xiyaas, xayaas, méngale, tolloole, gamgamle; **comparable**, lu ñu mëna méngale
compassion, n., tiis; **compassionate**, ku yërëmaate, ku am yërmande
compel, trv., xiir kenn ci def dara, duggal kenn ci def dara
compensate, trv., joxe ndàmpaay, fey; *to compensate s.o. for sth.*, jox kenn ndàmpaayam
compete, iv., *to compete with s.o.*, wujje, xëccoo ak keneen; *to compete with s.o. for a prize*, xëccoo ndam li ak keneen
complain, iv., xul, ñuuramtu; *I have nothing to complain about*, soxlawuma dara; **complaint**, pelent; *to lodge a complain against s.o.*, yóbbu kër buur, porte pelent
complete, adj., mat, yem; **completion**, n., mottali, jeexal, àggale; *near completion*, waaja jeex
complexion, n., melo kanam
complex, adj., lu diis mbir
complicate, trv., lëjloo; **complicated**, lu lëj
comprehend, trv., nànd; **comprehensible**, lu ñu mëna nànd
compress, trv., naj; gàttal (wax ji)
compromise, iv., déggóó ciy kàddu
comrade, n., àndando
concavity, n., doq, noreebiti
conceal, trv., nëbb, lëm; **concealment**, lëm
conciliate, trv., jubóóle
conclude, trv., jeexal, tëj, dakk (wax)
condense, trv., wayal
condolences, n., jaale
conductivity, n., Elec., dawalin
cone, n., jank; **cone-shaped**, **conical**, njurééluk jank
confess, trv., dénkaane say bàkkaar, waxe say bàkkaar
confide, trv., dénk, dénkaane; **to confide in**, v., dénku sa bopp keneen; **confidence**, n., kóólu, kóóluté; *to have confided in*, wóólu; *confident*, lu wóór; *I'm confident that he will do fine*, wóór na ma ne dina ci génn
confine, trv., denc, lëm, tëj; **confined space**, barab bu xat
confirm, trv., biral, leeral
confiscate, trv., denc, nangu (ciy loxo, *from*)

conflict, n., xuló, jote; iv., xulóók, joteek; **conflicting**, wuuté; ***conflicting*** *evidence*, seere su doyul xel

confuse, jaxase, rééral (s.o.); **confused**, adj., lu jaxasoo; *to get* ***confused***, réér ciy xalaat, gag

congratulate, trv., ndokkale, **congratulations**, ndokkale

conquer, trv., yóbbu ndam li, daan, ub làmb ji

conscience, n., xel ak xalaat, xel; *to have a clear* ***conscience***, am xel mu leer; *to have a guilty* ***conscience***, am looy sikkee sa bopp; **conscience-stricken**, am looy reccu

consent, iv., nàngu; *I c.*, nàngu naa

conserve, trv., denc, yiir; **conservancy, conservation**, n., kiiraay

consider, trv., xalaat; *I will* ***consider*** *it*, dinaa ko xalaataat, dinaa ko seetaat

conspire, iv., kompalóó

constellation, n., biddééw yi

constipated, adj., seere

constituent, n., falkat, wotekat

consult, trv., seet, gis, waxtaan ak; **consultant**, n., seetkat, fajkat

consume, trv., lekk, wonn; (*of fire*) lakk; **consumer**, n., jëffandikukat

contagious, adj., luy wàlle

contaminate, trv., tilimal, gàkkal

contemplate, trv., xalaata def dara; *to* ***contemplate*** *doing sth.*, bëgga def dara

contempt, n., cibeel; *to hold* ***contempt***, sib; *beneath* ***contempt***, ci li ñu gëna sib; **contemptible**, lu ñu mëna sib

contend, trv. & i., xeex, xulóó, xëccoo lenn; **contender**, n., xëccookat; **contention**, n., xulóó

continue, trv., yeggali, tofal (*increase*), kontiné; [*the verb in use can take the suffix* ***aat*** *or* ***waat*** (*again*)]; *to be* ***continued***, dinañu ko yeggali; **continual**, adj., lu dul taxaw; **continuously**, adv., lu amul taxawaay

contract, n., digé; *to enter into a* ***contract*** *with*, digé dara ak kenn; *to* ***contract*** *to do sth.*, fasyéénee def dara; fas def dara

contradict, trv., weddi

contribute, trv., dimbale, bokk; fey sa sas; kotisé; **contribution**, n., sas, teg

convalesce, iv., am tan, tane; **convalescence**, n., tan

convexity, n., Math., xuugé, noreebiir

convoke, trv., woote, woo, woolu

convoy, trv., dar, wër

cook, 1. n., toggkat, tusuñe 2. trv., togg

cool, adj., fééx; (*of pers.*), sell, teey, sedd; *it's* ***cool***, fééx na; (*of pers.*) *to keep* ***cool***, ànd ak sa sago; *keep* ***cool****!* teeyal!

coordinates, n., Math., xàmmikaay

cop, n., alkaati

cord, n., buum, baat; **vocal cords**, baat; **umbilical cord**, jumbax

core, n., digg, xol, xoox

cork, n., saañ, busoŋ
corn, n., mboq
corner, n., koñ; jàddukaay; *out of the corner of one's eye*, ci catu bët
cornice, n., korniis, jàddukkay bu xat (ci yoonu tund)
corpulent, adj., dijj, réy, am doole
correct, 1. trv., jubbanti 2. adj., lu jub (tontu); *he's correct*, wax na dëgg; **correction**, n., jubbanti
correspond, iv., méngóó
corrode, trv. & i., xuural; xuur
corrupt, trv., jënd
cosine, n., Math., tëddin
cost, 1. n., njëg; *cost of living*, njëgu dund gi; *at the cost of one's life*, lu jar dee; *whatever*, ak lu mu mëna jar 2. iv., jar; *it costs $20*, mu ngi jar $20; **costliness**, n., njëg lu kawe
cotton, n., wittéén, kotoŋ
cough, iv., sëqat
count, 1. n., wañ; *to keep count of*, boole, bana fàtte; *to lose count*, fàtte 2. v., wañ, wañi; *he doesn't count*, bokkul; **counting**, v., boole ci; *counting from tomorrow*, li ko dale suba; **countdown**, n., wañ jëm suuf; **count in**, v., boole; *count me in*, boole ma ci
countenance, 1. n., kanam 2. trv., sant, digal
country, n., 1. rééw; *native country*, réewum juddu 2. àll, gox; *in the country*, ci àll bi
couple, 1. n., ñaar, yaar; *to work in couple*, nekk ñaar di ligééy; *in a couple of minutes*, ci ñaari minit; 2. trv., dajale, boole, ñaarale; *coupled with*, booleek
courage, n., fit; **courageous**, adj., ku am fit; **courageously**, adv., ak fit
cousin, n., doomu nijaay
cover, 1. n., a/ mbàjj (*bed*), b/ kubéér (*pan*) 2. tëj, ub, muur; *to cover oneself*, muuru; *to cover a distance*, dox lu sore; *to cover one's tracks*, dox ba àgg 3. *to take cover*, làqu, boqu
cow, n., nag
coward, n., tàppet, ragal, buqat
crab, n., junxóób
cram, 1. trv., feesal, buural, dajale; (*Sch*) jàng ba sa bopp fees 2. iv., dajaloo; **crammed**, pp., fees dell
crawl, iv., raam, dɔxe ñenti tànk
cream, n., kereem, niw
create, trv., sàkk, tën; **creation**, sàkk; **creator**, sàkkkat, borom kun
credence, n., ngëm; *to give credence to sth.*, dëggal lenn
credulous, adj., ku gaawa gëm, kuy gëm lépp lu ñu ko wax
crocodile, n., jasig
crook, n., njublaŋ, saay-saay
crouch, iv., sukk, jonkan, nërëm
crow, 1. n., cééli 2. iv (*of cock*) sab; (*of pers.*) damu

crowd, n., mbooloo; **crowded**, bari nit
crude, adj., 1. ñoradi, xaay 2. ku ñaaw jikkó
cruel, adj., ku ñaaw jikkó, ku soxor; **cruelty**, coxor, coxorte
cruise, 1. trv., dugg gaal, tukkee gaal 2. dawee benn xél; **cruiser**, gaal gu mag
crutch, n., beeke; *to walk on crutches*, doxeey beeke
cry, n., yuuxu; *to give a cry*, yuuxu, sab; trv & i., yuuxu, jooy
culminate, iv., *to culminate in*, mujje ci, mujje
cultivate, trv., bey, ji; **cultivation**, mbey, nji
cunning, adj., ku muus, ku nànd
cup, n., kopp, mbàttu; *cup of tea*, kaasu àttaaya
curb, n., laxab
curd, n., soow, dax
curdle, trv., & i., woyal, woy
cure, trv., wéral, faj; **curable**, lu muna wér, lu ñu muna faj
curiosity, n., kumpa; **curious**, dañ kumpa
current, n., Elec., dawaan
curse, trv., alak
curtain, n., ridó
curve, n., ndëng
cushion, n., kuseŋ
custom, n., baax
customs, n., duwaañ; **customs officer**, duwaañe
cut, 1. n., dogit, dagg-dagg; daggit; *short cut*, yoon wu gàtt 2. dagg, dog, satt; *to cut one's finger*, dagg sa baaraam; *to have one's hair cut*, watu; *to cut short*, wàññi, gàttal
cute, adj., rafet, yaru
cuttlefish, n, yérédé
cycle, n., dëppnéég, lu tëju, lu dem ba dikk

daddy, n., pàppa, baay
dagger, n., gobar
daily, adj., bis bu nekk, bis-o-bis, bis bu ne
dam, n., baaraas, fatt
damage, n., yàqu-yàqu; yàq
damp, adj., (ngelaw lu) diis gann; v., tooyal, fey (ab taal)
dance, iv & tr., fecc; n., pecc; **dance hall**, feccukaay; mbumbaay; **dancer**, fecckat; **dancing**, n., pecc
dandruff, n., karaasu bopp
danger, n., musiba gu mata moytu ; *to be in **danger***, ku musiba di waaja dal, ku sorewul musiba
dare, trv., tëkk, ñemeña def dara; *how **dare** you!* nan nga mënee lii? *I **dare** say*, mën naa ne, mën naa wax ne; *I **dare** say that*, yaakaar naa ne; xalaat naa ne; *to **dare** s.o. to do sth.*, tëkku kenn mu def lenn; **daring**, ku ñemeñ, ku dëgër fit
dark, adj., lu lëndëm; ñuul, timis; *it's dark*, timis na; guddi na; guddi gi lëndëm na; *it's going **dark***, mu ngiy timis; *the sky is getting **dark***, asamaan saa ngiy xiin; *to look on the **dark** sides of things*, lëndëmi xalaat; ñaaw xalaat; ñaaw xel; **darken**, lëndëmal, ñuulal; **darkness**, lëndëm gi
darling, n., soppe; *my **darling**!* sama soppe
date, 1. n., tandarma; *date palm*, garabu tandarma; 2. bës, bis; *date of birth*, bësu juddu; *what is the **date** today?* tey ban bës la? *the **date** today is the 2nd*, tey la ñaareeli fan (ci weer wi); *out of **date***, lu màgget; lu sàppi; *to **date***, ba (ci) tey jii
daughter, n., doom bu jigéén; **daughter-in-law**, goro
dawdle, iv., daagu, yeexantu, doxantu
dawn, n., njël, bëtset, suba teel, fajar; *at **dawn***, ci baarinjël, balaa jant a so; *it **dawned** on me that*, mujjee gi sama xel nee ma; *the truth **dawned** on him*, jot na xam liy dëgg.
day, n., bis, bës, bes; *(a **day**'s work)* surne; *it's a fine **day***, fééx na lool tey; *to work **day** and night*, ligééy guddeeg bëccëg (*or*) subaag ngoon; *twice a **day***, ñaari yoon ci bes bi; *the **day** before today*, bes bi wees démb; bis bi topp, démb; *the **day** after today*, bes bi topp tey, bes bi tegu tey, suba; *the **day** before yesterday*, bërka-démb; *two **days** before yesterday*, bërkaati-démb; *the **day** after tomorrow*, gannaaw suba; *two **days** after tomorrow*, gannaawaati-suba; *the **day** (that, when)*, bes bi; *on that **day***, bes boobu; bes booba, bes boobale; *every other **day***, ñaari fan yu ne; *what **day** (of the week) is it?* tey la ban bes ci ayu bes? *one **day***, bis; *one of these **days***, bis dina ñów; *the other **day***, keroog; ***day** off*, besu noppalu, besu koñse; *the good old **days***, jamano ju neex ja; *in **days** gone by*, ci jamano; bu njekkoon; *in those **days***, ca jamano yooya; *in my **days***, samay jamano; *these **days***, léégi; *to this **day***, ba ci tey; *in broad **daylight***, ci diggu bëccëg gi; **daytime**, bëccëg; **day-to-day**, bes bu nekk, bes bu nee.
dazzle, trv., gëlëmal, **dazzling**, luy gëlëmal, leer nàññ
dead, adj., ku faatu, ku dee; *he's **dead***, faatu na; ñàkk na bakkanam; dee na; **dead end**, yoon wu tëju, ruq wu tëju; **deadly**, luy reye

deaf, adj., ku tëx; *deaf in one ear*, tëxee benn nopp; **deaf and dumb**, tëx-muuma, lu; *to turn a deaf ear (to)*, tànqamlu, tëx-tëxlu;

deal, 1. n., *good deal*, loolu doy na kàddu; *I think a great deal of him*, nit ku ma doy la; 2. jox, joxe; *whose deal is it?* ku wara joxe? njëndante, njaayante; *it's a deal!* kàddu gi benn la; déggóó (nanu); *to deal (out)*, jottali, tasaare, séddale; *to deal with*, waxaale (ak kenn); defanteel (ak kenn); *I know how to deal with him*, xam naa nu may defanteel ak moom; *he's a difficult man to deal with*, nit ku neexula defanteel la; **dealer**, jaaykat, komersaa

dearth, n., xiif, maral, bekkoor

death, n., dee, tàgge; *to put s.o. to death*, faat, rey kenn

debar, trv., *to debar s.o. from sth.*, dàq, bañaa boole kenn ci mbooloo mi; *to debar s.o. from doing sth.*, tere kenn mu def dara

debase, trv., wàcce, suuféél, xeeb; wàññi (njëg)

debate, trv & i., waxtaan, waxtaan (ci ay kàddu); am xel ñaar ci lenn; **debatable**, lu jara seetaat, lu laaj waxtaan

debauch, trv., yàq xelu kenn ak xaalis, jënd kenn; **debauched**, nit ku ñu jend

debt, n., bor, amle, *to be in debt*, am ay bor, ameel bor; *to be out of debt*, fey say bor; *to be no longer in s.o.'s debt*, kitóó ak (kitóók) kenn; **debt collector**, feyeekukatu bor, ab bëcceg juróóm; **debtor**, leblekat, lebalkat

decadent, adj., luy waja màbb, lu kàttanam (dooleem) di waaja jeex; *today the nation of Waalo is decadent but it was a great nation*, tey la Waalo aay waaye rééw lawoon.

decamp, iv., wéy, rééri

decant, trv., ŋeer; **decanter**, ŋeerukaay, potu ndox; potu kenkelibaa.

decapitate, trv., dagg bopp, tàggale bopp ak.

decay, n., (see **decadent**); **decaying tooth**; bëñ bu yàqu

decease, n., dëj; **deceased**, ku dee, ku faatu

deceit, n., nax, fen

deceive, trv., nax, fen

decelerate, trv., wàññi tànk, yééxal, yolomal (ay loxo)

December, n., disembar

decent, adj., jekk, rafet jikkó

decide, trv. & i., fasyééne (def dara), fas jom, jàpp (sa) kàddu

decision, n., fasyééné, desisoŋ

declare, trv., wax, nee; *to declare war*, tongoo xare ak, tëkku xare ak; *have you anything to declare?* amuloo looy wone?

decline, trv & i., wàcc, daanu, wàññeeku, wàññi (njëg li); *to decline to do sth.*, bañaa def dara, lànka def dara; *in one's declining years*, tollu ci (sa) mujjeeli ati àddina

decompose, iv., wecceeku, yëbb, soppeeku, tasaarewu

decongestant, n., garabu reesal

decrease, trv., wàññi, tuutil, wàcce; **decreasing**, luy wàññeeku

decree, 1. n., dekkare, ndogalu nguur 2. dogal

decrepit, adj., lu màgget-a-màgget, lu fënëx (këru baraak)

decry, trv., weeje, waxal lu ñaaw
dedicate, trv., may; *to **dedicate** oneself, one's life, to sth.*, farlu ci lenn, jublu ci; *to **dedicate** to*, tudde kenn sa tééré; **dedication**, maye, parlu
deed, n., jëf; *outstanding **deed***, jëf ju am solo; *by **deed** poll*, (def dara) ci yoon; **indeed**, monte, ci dëgg
deep, adj., xóót, *to be ten meters **deep***, xóótee fukki meetar, *to be **deep** in thought*, am ay xalaat yu sore; ***deep** concern*, jaaxle lool, *the **deep***, suufu géej gi; **deepen**, xóótal, gas ba ci suuf, gas ba mu xóót, ***deeply** moved*, am naqar gu metti, tiisu; **deepness**, xóótaay
defamation, n., njëw, fen, sos
default, n., ndëng, rëq-rëq; **defaulter**, saay-saay
defeat, n., ñàkk daan, ñàkk jàll (eksame); *to **defeat***, daanel, yóbbu ndam li, gañe, dóór; **defeatist**, ku wóóluwul boppam; ku wóóluwul dooleem
defect, n., jikkó ju ñaaw, jikkóy jaam; iv., jàmbu sa réew; gedd sa réew ngir meneen, dimbali réew meneen muy xeex ak sa réew
defend, trv., faral, taxawal, satal
defer, trv., tàbbal, dello, bëttal;
deference, n., worma, yarute, rafet jikkó
deficiency, n., ñàkk, dese tuuti; **deficient**, lu matul
defile, n., defile; v., tilimal, salteel
define, trv., xayma, wax lu mu doon, leeral, tekki
deflate, trv., peeral, wàññi (ngelaw li ci biir)
deflect, trv & i., jàdd yoon, moytu, mbas
deft, adj., ku jub loxo
defunct, n., nééw, ku dee
defy, trv., tëkk, tongook
degrade, trv., wàññi garaad, wàññi maanaa, wàcce
degree, n., (li) aj
deign, iv., *to **deign** to do sth.*, saña def dara, ñemeña def dara
dejected, adj., ku ñàkk yaakaar, baña dëgëral sa xel
delay, n., yééx; *without further **delay***, ci nu mu gëna gaawee
delegate, n., delege, taxawal; trv., yobbante ab taxawal
deliberate, iv., def dara ci sa xel ak xalaatu bopp; **deliberately**, lu nu tey, lu nu def ak xel ak xalaat
delicious, adj., lu neex, lu saf suukar, lu saf
delight, n., mbégte, kontante; *much to the **delight** of*, ci bànneexu; *to d.*, bégal; *to **delight** in doing sth.*, am mbégtewu def dara; **delighted**, bég, kontaan; *I shall be **delighted***, ak xol bu leer
delinquent, n., saay-saay, bàndi, àddukalpe
delirious, adj., feebar, sonn; *to be **delirious***, feebar, ñàkk tan; ***deliriously** happy*, bég be, kontaan be, kontaan-a-kontaan

deliver, trv., yóbbu, yóbbul, joxe, joxeel; *to **deliver** a message*, demalal, joxe ab yobbante, dawalal *(to go to a place for s.o.)*, tàbbal ay kàddu, wósin (a baby); **deliverance**, mucc; **deliverer**, wallukat , rammukat

delude, trv., nax (kenn), njuy (kenn), gëmloo kenn dara; *to **delude** oneself*, nax sa bopp; *delusion*, gëm lu taxawul; *to be under **delude***, gëm lu taxawul, gëm lu dul dëgg

delve, iv., gééju, jééx *(into*, ci biir)

demand, n., kalaame, laaj yu bare, *to make many **demands** on s.o.*, bëgga deflo kenn lu bare, laaj kenn lu bare; **demand** *(note)*, awertismaa; **on demand**, lu ñu soxla; *supply and **demand***, maye gi ag soxla si, njënd gi nu mu tollook njaay mi; *to be in **demand***, lu ñuy laajte

demean, trv., wàcce, daaneel; *to **demean** oneself*, wàcce sa bopp, daaneel sa bopp

demeanor, n., jikkó, taxawaay

demented, adj., ku dof, ku ñàkk bopp, ñàkk xel

demijohn, n., daamsaan

demise, n., dee, faatu, ñàkkum bakkan

democracy, n., demokaraasi

demolish, trv., daaneel, toj *(building)*

demon, n., jinné, seytaane

demonstrate, trv., wone, leeralal, faramfàcce; *(pol)*, jóg, wone sa naqar

demote, trv., dellu ginnaaw

demure, adj., ku jekk taxawaay, rafet jikkó

den, n., néég, pax, nëbbukaayu rabu àll yi

denial, n., mbañ, lànk, weddi

denigrate, trv., weeje, jëw, yàq turu kenn

denomination, n., tur, tudd; daayira

denounce, trv., boole; xeex lu dul yoon

dense, adj., dëll, fees; **density**, n., rajju

dent, n., newwi-newwi, ginnaawu xuugé

dentist, n., fajkatu bëñ; **dentifrice**, raxasukaayu bëñ, dantifiris; **dentistry**, lu jëm ci pajum bëñ; **denture**, poose

deny, trv., weddi, *I don't **deny** it*, weddiwuma ko; *there is no **denying** the fact that*, kenn weddiwul ne; *to **deny** oneself sth.*, xañ sa bopp lenn

depart, 1. iv., dem, deppaar, wéy, *to **depart** from*, jóge (benn barab), deppaaree; **departed** *(of glory)*, wees; *(of pers)* dee, faatu; 2. nééw

department, n., departamaa, serwis; *(in shop)* kontuwaar; **department store**, mangaseŋ

depend, iv., wékku, depandar; *that **depends** entirely on you*, loolu ci yow rekk la wékku; *that **depends***, dafa am lu mu laaj; *to **depend** on s.o.*, wékku ci kaw kenn; **dependable**, ku mata wóólu; *(of news)* xibaar yu wóór; **dependant**, surga

deplete, trv., wàññi, ŋacc

deplore, trv., reccu, tiisu

depopulate, trv., wàññi; wàññeeku (nit ñi); **rural depopulation**, tukkim beykat yi ca taaxików

deport, trv., dàq, génne
depose, trv., teg, taaj, wàcce
depot, n., deppo, gaaru wotoraay
deprave, trv., yàq (jikkó ju baax), féewale nit ñi ak alal, jënd (kenn)
deprecate, iv., lànk, bañ, ñakka nangu, ñakka déggóó ciy kàddu
depreciate, trv., ñàkkal solo, ñàkkal maanaa; daanu, wàññeeku (njëg)
depress, trv., 1. wàñi, daanel (njëg li) 2. génnee xelu kenn ci dara 3. ñàkka dalal xel
deprive, trv., xañ; *to **deprive** oneself*, xañ sa bopp
depth, n., xóótaay, suuf, yaatuwaay
derange, trv., yëngal; *he, (his mind) is **deranged***, xel mi, dafa yëngatu; **deranged**, borom xel mu neexul
derive, trv &i., cosaanoo, jóge ci
derivative, n., Math., sës, sësu
descend, iv., wàcc; *to **descend** to s.o.'s level*, yemale sa bopp ak keneen; *to be **descended** from s.o.*, sosoo, cosaanoo ci njabootu diw
describe, trv., won, joxe ab xàmmekaay; **description**, melo
deserve, trv., ñaq dara; *you **deserve** it*, danga ko ñaq; lu la war la
designate, trv., taamu kenn, fal kenn
desire, trv., xemmem, sopp; *to have a **desire** to do sth.*, soppa def dara, bëgga def dara
desk, n., biró; **deskwork**, ligééyu biró
desolate, adj., 1. ku amul xaarit amul yaakaaru àddina 2. lu nee àllub neen, biti bu amul dara, all bu leer nàññ 3. nit ku ñakk bànneexu àddina, nit ku am naqar, ku mata yërëm
despair, n., ñàkkum yaakaar
desperate, adj., ***desperate** man*, nit ku ñakk yaakaar, *to be **desperate** for sth.*, am soxla gu metti; *to do sth. **desperate***, def dara ci bi nga sësee
despicable, adj., lu ñu sib, lu sew
despise, trv., sib, bañ, jéppi
despite, prep., ag, ak; ***despite** of that*, ak loolu sax; (*people usually begin their statement with the French word, "même"*), "même" ak loolu sax
despot, n., njiit gu bare kàttan te soxor
destination, n., fi nga jëm, fi ngay teer
destine, trv., *d. (for)*, jëriñal ngir; **destiny**, ndogal gu ñu teg ci ków nit; ndogalu Yàlla
destroy, trv., yàq, tojat, rey; ***destructive** child*, xale bu mëna yàq
desultory, adj., lu saxul, lu amul bopp amul geen, lu jaxaso; *a **desultory** speech*, wax ju takkuwul fenn
detach, trv., lelli; ***detached***, lelleeku
detail, n., leeral; *in every **detail***, ci nu mu gëna leeree; *to go into **details***, leeral mbir mi
detain, trv., tëj (kenn kaso), toogloo kenn cib barab, yàggloo kenn cib barab
detect, trv., feeñal, gis; *to escape **detection***, rëcc
detergent, n., omo
deteriorate, iv., màgget

determine, trv., taxawal; *to **determine** to do sth.*, fasyéénee def dara
determiner, n., Math., déggkat
detest, trv., bañ, sib
dethrone, trv., tekki ndombay tank, wàcce ci nguur gi, wàcce
detonate, iv., nee tëll, sab ci ków, kanu gu toj (*a **detonating** bomb*)
detour, iv., wiiri, jàdd
detract, trv., *to **detract** from*, wàññi ci; teggi
devalue, trv., wàññi njëg li (xaalis)
develop, trv., naat, naatal, nattange; **development**, naatange, teqarñi; *a new development*, xew-xew gu bees
deviate, iv., moytu
devil, n., dëmm, nitu guddi; *to play **devil's** advocate*, àtte loo xamul; *to be between the **devil** and the deep blue sea*, duggal sa bopp ci loo xamul, duggal sa bopp; *talk of the **devil**!* yaa ngi koy tambalee jëw rekk mu feeñu la; *go to the **devil**!* noqul fale! noqul fa ca des!
devour, trv., wonn, lekk
devout, adj., ku jullite, nitu diine, nit ku topp boroomam
dew, n., lay
dexterous, adj., ku jub loxo, ku xareñ, ku taqe
diagnose, trv., seet (ab jàngoro)
diagonal, n., galen
diagram, n., ndëng
diameter, n., buumdigg
diamond, n., jamaa
diaper, n., laltaay, laytaay
diarrhea, n., biir bu(y) daw
dictate, trv., wax, sànni ay kàddu, dogal; *I won't be **dictated** to*, kenn duma dogal lu may def
diction, n., waxin
dictionary, n., kaamus
die, iv., dee, faatu, ñàkk sa bakkan
diet, n., résim
differ, iv., wuute, ñàkka niróó; *to **differ** about something*, ñàkka déggóó ci dara
difference, n., wuuté; *to tell the **difference** between*, wax li wuutale ñaari yëf
difficult, adj., lu jafeñ, metti; *it is **difficult** to believe that*, jafeñ na ma gëm ne; **difficulty**, jafe-jafe, tolof-tolof; *I see no **difficulty** about it*, gisuma luy tee; *to bring **difficulties***, indi ay jafe-jafe
diffidence, n., ñàkkum kóólute ci sa bopp; **diffident**, ku wóóluwul boppam
diffuse, 1. trv., tasaare; 2. lëndëmal, 3. ku wax ji xawa bare
dig, trv., gas, wëlbati; **a digger**, gaskat
digest, trv., reesal; **digestible**, lu mëna rees
digit, n., baaraam, siifar, lim
dignify, trv., faydaal; **dignity**, jom, fayda, diññite

dilatation, n., funki, newwi, fokki; **to dilate**, newwi, funki
dilemma, n., xel ñaar
dimension, n., dayu, tolluwaay
diminish, trv., wàññi
din, n., coow lu bare
dine, iv., reer; **dinner**, reer
dip, trv & i., xooj, nuur ci ndox, nuural, tëmbal
direct, 1. trv., jëmale, toppatoo, jiité, wone yoon, xamal, yëgal; *could you* **direct** *me to the station?* mën nga maa joxoñ fan la gaar bi nekk? *to* **direct** *s.o. to do sth.*, laaj kenn mu def dara; *as* **directed**, kom ni ñu ko waxee 2. **direct** *response*, tontu gu gaaw
direction, n., xebla
dirge, n., njàngum nééw, njàngum nit ku dee; trv., marsiyaal
dirt, n., tilim, salte, potopoto; *to treat s.o. like* **dirt**, teg kenn sa xaj; **dirty**, adj., ku texam, ku tilim, salte; *to get* **dirt**, tilimal sa bopp
disability, n., ñàkkum kàttan; **the disabled**; gumba yeeg lafañ yi, moslukat yi
disadvantage, n., rëq-rëq, lu ñaaw; **disadvantageous**, lu dul jëriñ
disagree, iv., lànk, baña déggóó (*with*, ak); *I* **disagree**, nanguwuma loolu; (*quarrel*) xulóó (*with s.o.*, ak kenn); *pork* **disagrees** *with him*, mbaam jiggu ko
disappear, iv., naaxsaay, seey, réér, nee meηη; *he* **disappeared** *into the crowd*, dafa reer ci biir nit ñi
disappoint, trv., bett, baña topp say kàddu, baña dellu ci say kàddu; *I'm* **disappointed** *with, in you*, yaa ma bett, bett nga ma
disapprove, iv., lànk, bañ, *I* **disapprove** *of your conduct*, ànduma ci li ngay def.
disaster, n., musiba; *to be in* **disaster**, toskare
discard, trv., sànni, dox ab kart
discern, trv., xàmme, gis
disciple, n., taalibe, ndongo
discipline, n., yar
disclose, trv., feeñal, wax (dëgg gi)
disconnect, trv., tàqale, tàggale, tekki
discount, trv., wàññi; *to give a* **discount**, wàññi njëg li; **discount store**, bitigu wànteer, bitigu demigoro
discourage, trv., génne xelu kenn ci dara; *to become* **discouraged**, génne ci sa xel
discover, trv., feeñal, gis (*that*, ne)
discredit, trv., ñàkka gëm, baña dëggal dara
discreet, adj., lu ñuy déyaate, lu ñuy nëbb, lu kenn xamul, ab sekkare; **discretion**, ndéy
discriminate, trv & i., wuutale, iñaane, bodde, soxore; *to* **discriminate** *in favor of s.o.*, taamu faral kenn
discuss, trv., waxtaan, boole ay xalaat (yu jëm ci); *under* **discussion**, ci biir waxtaan
disease, n., jàngoro, feebar
disembark, iv., teer, wàcc, génn (gaal, poor)
disentangle, trv., fecci (lu jaxasoo, lu ñu fas)

disgrace, n., rus; *to be a **disgrace** to one's family*, rulsóó sa njaboot; *to **disgrace** oneself*, topp jikkó ju ñaaw, rulsóó sa bopp; **disgraceful**, lu ruslu

disguise, iv., soppali sa kanam; **disguised as**, jël kanamu

disgust, trv., tangal xolu kenn, merloo

dish, n., ñam, togg; *to wash, do, the **dishes***, raxas ndab yi; *to **dish** up*, yakk, sédd; **dishcloth**, fompukaayu ndab, torsoη; **dishwasher**, raxasukaayu ndab

dishonest, adj., ku goredi, ku gorewul

disjointed, adj., (speech) wax ju amul bopp amul geen

dismal, adj., lu lëndëm, lu mëna tas yaakaar

dismantle, trv., teggi, dàjji, wekki

dismiss, trv., delloo, dàq; **dismissed!** wéyleen, ayca (tas leen raη yi!)

dismount, iv., wàcc, teg sa tànk ci suuf

disobey, trv., bañ a dégg (ndigal); **disobedient**, ku déggadi, ku texet

dissolution, n., tas mbootaay

dispel, 1. trv., génnee lenn sa xel, daq dara sa xel 2. tas

disperse, trv., tasaare, tasaaroo

displace, trv., dandal (dara), dandu

display, trv., lal (njaay mi), jal

dispute, n., xulóó, werante, xeex; *the matter under **dispute***, mbir mi tax coow lépp; xulóó gépp; werante gépp; *beyond **dispute***, amul werante, kenn du ko werante; **disputable**, lu jara werante

disqualify, trv., génne (kenn ci po mi, ***disqualify** s.o. from the game*), dàq, toogloo

disregard, trv., fàtte, ñàkka toppatoo, bañ a faale

dissect, trv., daggate

disseminate, trv., tasaare, tasaaroo, wal (water)

dissent, iv., jàmbu, gedd, daw wacc sa rééw

dissipate, trv., yàq (alal), tasaare sa alal; ***dissipated** (of pers)*, nit ku sànku, nit ku amul toppatoo ci boppam, nit ku sàggane boppam

dissociate, trv., tàggale, teqali; *to **dissociate** oneself from*, tàqali sa bopp ak ñeneen ñi

dissolve, trv., tas mbooloo, seeyal ci biir ndox, seey

dissuade, trv., *to **dissuade** s.o. from doing sth.*, jééma génne xelu kenn ci (def) lenn

distance, 1. n., tolluwaay; *at a **distance** of 10 km*, maanaam lu mat 10 km; *it's within walking **distance***, mën nañu ko dox; *seen from a **distance***, gisee ko fu sore; *to keep s.o. from a **distance***, sore kenn; *to keep one's **distance***, moytu; **distant**, fu sore; *(of pers)* nit ku sedd, nit ku lëndëm kanam

distinct, 1. adj., lu niróówul, lu bokkul *(from*, ak); *to keep two things **distinct***, wuutale ñaari yëf 2. lu lccr, lu wóór

distinguish, trv., jota xàmme, bañ a jaawaatle, wuutale, ràññe

distort, trv., wecce melokaan, bank; *(of anger)* ñagasal (sa kanam); yàqate, wecce (kàddu yi, mbir mi, wax ji)

distract, trv., *to **distract** s.o.*, tas xelu kenn; **distracted**, ku àndul ak xelam; **distractedly**, mel ni dof

distribute, trv., séddale, cër
district, n., dëkk, diiwaan
disturb, trv., tànqal, ekkëtal, sonnal, jaaxal (kenn); yëngal, jaxase (ndox); *please don't* ***disturb*** *yourself!* bul sonnal sa bopp
ditch, n., pax, kondiir, foos, rigol; **to ditch (an aircraft)** teeral (ab abiyoŋ) ci gééj
ditto, adv., niróók li wees, ni ki li wees, ak it, tamit
dive, iv., tëmbax ci biir ndox mi, nuur, nuuru
divert, trv., moytu, mbas, jàdd, jàddal, jaarale ci beneen yoon
divide, trv., cër, séddale
divorce, n., séy bu tas; trv., fase, tas ab séy, tàggale (*ideas*)
dizzy, adj., ku miir; *to make s.o.* ***dizzy***, miiral
do, 1. trv., def; *to* ***do*** *again*, defaat; *I won't* ***do*** *it again*, duma ko defati, mukk; *he's* ***doing*** *medecine*, mu ngiy jàng faj; *the car was* ***doing*** *60*, woto ba ngi doon daw 60 km; *are you* ***doing*** *anything tomorrow?* am nga lenn looy def suba? *What are* ***doing***? lan ngay def? (ii) ci loo nee? *it isn't the* ***done*** *thing, it isn't* ***done***, lii kenn du ko def; *what's to be* ***done***? lan lanu ci mën? *what can I* ***do*** *for you?* nan laa la mëna dimbalee? ci lan laa la mëna dimbalee? *to* ***do*** *sth. for s.o.*, dimbale kenn ci dara; *to* ***do*** *s.o.'s hair*, lett, kuwaafe kenn; *well* ***done*** (*meat*, yàpp), ñor xomm; *to have* ***done***, jeexal, pare, àggale, sottil; *the work is* ***done***, ligééy bi sotti na; *how* ***do*** *you do?* bég naa lool ci li maa xamanteek yow; *how are you* ***doing***? na nga def; *he's a young man who* ***will do***, xale bu góór buy ariwé la; *that* ***won't do***, loolu du sottil mbir mi; *that* ***will do*** *me*, loolu dina ma arañse 2. (*verb substitute*), *why* ***do*** *you act as you* ***do***? lu tax ngay def li ngay def ? *as their fathers* ***did***, kom ni ko seen baay yi daan defee, ni seeni baay; *he writes better than I* ***do***, moo ma dàqa bind; *may I open these letters?-please* ***do***! mën naa ubbi leetar yii?-ayca! ***did*** *you see him? -I* ***did***, gis nga ko? -waaw, gis naa ko; ***don't***! déét, bàyyil li ngay def; *You like Dakar? so* ***do*** *I*, Ndakaaru neex na la? man it, man tamit; ***did*** *he really, indeed?* ca dëgg? *we* ***do not*** *know*, xamunu; ***don't do*** *it!* bu ko def! *she* ***didn't*** *know what to* ***do*** *with herself*, xamuloon lu muy def; *I* ***don't*** *have to* ***do*** *anything with him*, bëggumaa def ak moom nenn, *to have nothing to* ***do*** *with*, baña def ak; *he has* ***had*** *a lot to* ***do*** *with it*, ci la de!
dock, n., waax
doctor, n., fajkat, doktoor; v., faj
doctrine, n., xalaat
dog, n., xaj
dole, n., ñàkkum ligééy, ñàkkum palaas
doleful, adj., lu metti, lu tiislu, lu yërëmtalu
doll, n., doomu tubaab, *to* ***doll*** *oneself up*, rafetal sa bopp
domestic, adj., lu jëm ci mbirum kër gi, walla njaboot gi; **domestic servant**, mbindaan, bóóy, **to domesticate**, yar (ab rabu àll, rab)
domiciled, adj., ku dëkk (*at*, ci)
donate, n., maye
donkey, n., mbaam sëf; Fam., *to talk the hind legs off a* ***donkey***, mëna sab ni picc; **donkeywork**, ligééyu mbaam

donor, n., mayekat; **blood donor**, mayekatu deret
doom, n., balaa, toskare, mujj gu ñaaw; **a doomed man**, nit ku alku, nit ku seytaane topp; **doomsday** (su keroog) àllaaxiraa
door, n., bunt; **out of doors**, ci biti; **doorkeeper**, gardiñe
dot, n., tomb
dote, iv., *to dote (up)on s.o.*, nob kenn ba dof, nafnafi
double, adj., ñaar, ñaari yoon; **double bed**, lal bu mag; *I am double your age*, maa la mag ñaari yoon
doubt, n., xel ñaar
down, adv., ci suuf; *to go down*, wàcc; *to fall down*, daanu ci suuf; *lie down*, jaaxaan; *down below*, ci ron gi; *down there*, fale; *down here*, file; *further down*, ci suuf-a-suuf; *he isn't down*, wàccagul; *the sun is down*, jant bi so na; *(of price) bread is down*, njëgu mburu mi wàññeeku na; *he's $2 down*, ñaari dolaar a ko desee
dowry, n., canal, may gu njëkk
doze, iv., jayaxu
drag, trv., watat, wat, diri, xëcc; *to drag one's feet*, diri say tànk, yéexantu; *to drag up a story*, sulli (lu ñépp fàttewoon); *to drag up a child*, yàq ab xale, reewal ab xale, baña yar sa doom bu baax
drain, n., solom, kanaal, rigol, tiyó; *to throw money down the drain*, yàqate sa xaalis, duggal sa xaalis ci maaliforo; *to drain (off, away)*, ŋacc, walloo (ndox mi); wal
drape, trv., weer, tàllal; **draper**, jaaykatu piis; **draper's shop**, butigu piis
draw, trv., xëcc; *to draw s.o. into the conversation*, boole kenn ci waxtaan wi; *to draw s.o. into doing sth.*, duggal kenn ci def dara; *to draw a game*, po mu kenn yóbbuwul ndam li; *to draw near to s.o.*, jegeñ kenn; *to draw to one side*, féetewu benn boor; *to draw to an end*, di waaja jeex; *to draw level with s.o.*, maasewanteel ak kenn; *(of pump)* ŋacc, *(of tea)* muucu; **drawback**, lu ñaaw
drawl, trv & i., loxloo sa baat, yeexal sa làmmiñ, rafal sa làmmiñ
dread, n., tiitange, ragal; **dreadful**, lu raglu
dream, n., gént; *to have a dream*, gént
dreary, adj., lu lëndëm, lu yërëmtalu, lu amul solo gu bare
drench, trv., tooyal, **drenched**, tooy xepp, tawte ba tooy
dress, n., yere, robb, col, càngaay... *well, badly dressed*, solu ba jekk, solu gu jekkul; *to dress oneself*, solu
drill, trv., bënn
drink, n., naan; *food and drink*, ñam geeg naan gi; *to have a drink*, naan dara; *to take to drink*, tàmma naan; *to be the worse for drink*, naan ba tàggalikook sa sago; naan ba màndi; **drinkable**, ndox mu neex, ndox mu laab; **drinking trough**, wëggukaay; **drunk**, ku màndi; *to get drunk*, màndi; **drunkard**, màndikat
drip, n., toq, toqu ndox; *dripping with sweat*, ñaq tooy xepp
drive, trv., dawal
drizzle, n., yaral, mesey
dromedary, n., gëleem

drone, n., yamb; v., biiw, xandoor
drool, iv., ŋàppi sa gemmiñ; *to drool over sth.*, naan ba jaaxle
droop, iv., bank, tëddal, tëral (sa bopp), daanel (say mbagg)
drop, n., toq, toqen
drought, n., maral, bekkoor
drown, trv., lab; *a drowned person*, nit ku lab ci biir ndox; *to drown oneself*, lab
drowse, iv., yandoor, xeram, gëmmentu, jayaxu, nelawantu; *to feel drowsy*, yandoor, xeram, gëmmentu
drug, n., garab; **drugist**, jaaykatu garab, borom farmasi, baay garab
drum, n., sabar, ndënd, sawrubaa, goroŋ; *drum for oil*, bidoŋ
dry, adj., lu wow; *to run dry*, wow koŋŋ ; *to spin dry*, woñ; *to dry up*, dëy
duck, n., kanaara
due, 1. adj., lu peyam jot; li des ci bor bi 2. **dues**, n., sas, teg
dull, adj., yééx, diis gann
dumb, adj., ku tëx , *deaf and dumb*, lu
dump, n., mbalit, jal; **rubbish dump**, sarwaan, tuurukaayu mbalit
dungeon, n., kaso
dunk, trv., xooj (mburu ci ndox, kafe)
dupe, trv., nax
duration, n., yàggaay, diir, diirug dund (*of life*)
during, prep., ci; *during the rainy season*, ci nawet bi
dusk, n., timis, ci guddi
dust, n., pënd; **dustbin**, siwó mbalit; **duster**, sagaru fompukaay, torsoŋ; **dustman**, ankatu mbalit; **dusty**, pënd ak (suuf)
duty, n., warugar; *to do one's duty*, def sa warugar, def li la war; *you are (in) duty bound to it*, loolu dafa la war; *to take up one's duties*, door di ligééy, tàmbalee ligééy; *to be on duty*, yéég; *to be off duty*, noppaliku, wàcc
dwarf, n., kuus, ngàttaan, ndaama
dwell, iv., dëkk, sancu
dwindle, trv., *to dwindle (away)*, wàññeeku, jeex
dye, n., cuub; v., suub; *to dye sth. black*, ñuulal; *to dye one's hair*, ñuulal sa kawar
dying, a., di sukkuraat, di waaja dee; *to my dying day*, ba bamay dee.

each, 1. adj., képp, bépp, lépp, wépp, sépp, jépp, mépp, gépp; *each day*, bépp bes, bes bu nekk; *each one of us*, képp ku nee ci nun 2. pro., képp; **e. other** (is represented by the suffix "**ante**", or "**ko**"); *to be afraid of each other*, ragalante; *separated from each other*, tàqalikoo

eager, adj., ku xobe, ku njaxlaf, *to be eager to do sth.*, yàkkamtee def dara

ear, n., nopp; *to have sharp ears*, neexi nopp; *to keep one's ears open, one's ears to the ground*, dénk say nopp ab waxtaan; Fam., *I am all ears*, maa ngi lay déglu; *to go in one ear and out of the other*, dugg ci nopp bii génn ci beneen bi; **earache**, nopp buy (yuy) metti; **earring**, jaaro nopp; **earwig**, bënnukaayu nopp

earmuffs, n., muurukaayi nopp (yu ñuy sol su seddee)

early, adv., *in the early morning*, ci suba teel; *to keep early hours*, teela tëdd (teela yeewu); *the early Muslims*, jullit yu njëkk ya

earn, trv., yóbbu, *how much did you earn?* ñaata nga yóbbu? *to earn one's living*, ñaq sa ligééy

earnest, adj., ku farlu te barewul caaxaan; ku fonk li muy def; *to be in earnest*, baña kaf, baña fo

earth, n., suuf, dunyaa, àddina; **earthen**, lu ñu defaree ban ak suuf; **earthenware**, and, ndab (yi); **earthly**, lu jëm ci mbirum suuf si; **earthquake**, yëngu-yëngu suuf si; **earthworm**, sax

ease, n., jàmm, ñakkum mettit; v., wàññi doole mettit gi walla naqar gi; *ill at ease*, baña xej fenn; *to put s.o. at his ease*, xejal kenn; *with ease*, ci nu mu yombee; *to ease (off, up), (of pain)*, giifal, wàññi; *(of pers)* noppaliku

east, n., sowu

Easter, n., Pak

easy, adj., lu yomb, lu dal xel, lu yàkkamtiwul; *take it easy!* defal ndànk, dalalal sa xel; *easy-going*, ku neexa defanteel, ku ubbeeku

eat, trv & i., lekk; *to eat one's lunch, dinner*, añ, reer; *fit to eat*, lu ñu mëna lekk; *to eat one's fill*, lekk ba suur (këll), lekk ba doyal, regg; **eatable**, lu ñu mëna lekk; **eatery**, lekkuwaay, restoraŋ; **eats**, ñam

eavesdrop, iv., yëddu, yërndu walla déglu lu sa yoon nekkul; tàbbal, dénk say nopp lu dul sa yoon

ebb, iv., daanu, wàcc; *ebb tide*, géej gu fer; *to ebb and flow*, di yéégaka wàcc (di yéég ak a wàcc); *to ebb away*, di walangaan

ebony, n., bantu lawbe, lu ñuul kukk, jalambaan

ebullition, n., bax-bax

eccentric, adj., lu bokkul digg, lu wëralewul; ku niróówul ak ñeneen ñi, nit ku jikkóóm doy waar

ecclesiastic, adj., nitu làbbe, nitu egliis

echo, n., luy àddu, sab; (wax juy, coow luy) riir; v., àddu, dellu ci waxu kenn

eclectic, adj., tànn walla lu ñu tànn ci ay barab yu bari

eclipse, n., weer wu nëbb jant bi; waxtu wu weer wi feñee ci diggante jant beeg suuf si, waxtu wu biti bi lëndëmee

eclogue, n., taalif bu gàtt bu ñu jëmale ci mbirum sàmm
economy, 1. n., lu jëm ci sàmm, (naatal, barkeel) alalu rééw mi, koom-koom; **economic**, luy sàmmal di sakkanal; **econominical** *(pers)*, ku mëna sakkanal li muy jëfandikoo; ku mëna sàmm li mu yor; **economics**, njàngum koom-koom; **economize**, denc, rënk, 2. barkeel, sàmm, naatal
ecstasy, n., aal, mbégte mu ëpp
edge, n., cat, ñawaay; *on **edge***, mer ba cików bopp bi; *he has the **edge** on me*, moo ma ëpp awantaas; v., daas ab paaka; *to **edge** (one's way) into a room*, surux ci biir néég
edible, adj., lu ñu mëna lekk
edifice, n., taax bu kawe (bu mag)
edit, trv., móól; *it's no longer **edited***, kenn móólatu ko
educate, trv., jàngal, jàngale, waar, leébu; *he was **educated** in Dakar*, NDakaaru la jàngee; **educated** *man*, góór gu bare xam-xam; **education**, njàng, njàngaan; **educator**, jàngalekat
eel, n., sik
effeminate, adj., ku jigéénee
effervesce, iv., fuur, def ay donj ci ndox mi; **effervescence**, puur, purit
effete, adj., ku nooy, tóóye
efficacious, adj., lu, ku am njëriñ; **efficacy**, njëriñ
efficiency, n., dikkdara, njëriñ; **efficient**, lu dikk dara, lu am njëriñ, luy dox bu baax
effort, n., ngóóra, ngóór; *to make an **effort***, góór-góórlu; **effortless**, lu dajul coono
effrontery, n., reewande, pànk
effusive, adj., ku xamul fu muy yem ciy kàddu; ku dul doyle ci wax; ku mëna tuuru; ku mëna sotteeku; ***effusion** of blood*, deret juy tuuru
egg, n., nen; **eggplant**, batañse
egocentric, adj., nit ku féétale lépp ci boppam, nit ku jël lépp jox boppam
egoism, n., kiñaan; **egoist**, **egotistical**, ku iñaan
eight, n., juróóm ñett; *to be **eight** (years old)*, am juróóm ñetti at; *it's **eight** o'clock*, juróóm ñetti waxtoo jot; **eighth**, juróóm ñetteel; **eighteen**, fukk ak juróóm ñett; **eighteenth**, fukkeel ak juroom ñett; **eighty**, juróóm ñett fukk; **eightieth**, juróóm ñett fukkeel
either, 1. conj., *on **either** side*, boor bu mu mën di nee, bépp boor; ***either** one of them*, képp ku mu mëna nekk ci ñoom; *I don't believe **either** one of you*, gëmuma kenn ci yeen 2. ***either** or*, mbaa, walla; ni, li *(expressed)* mbaa ni, li *(expressed)*; ***either** come in or go out*, duggal mbaa nga génn; *it's not him **either***, du moom it
elapse, iv., weesu, jàll, paase
elastic, n., *elastic band*, lastik
elated, adj., bég, kontaan
elbow, n., conc; *to **elbow** one's way through the crowd*, suruxlu ci biir mbooloo mi
elder, n., mag, taaw; *my **elder** brother*, sama mag bu góór; *the **elderly***, mag ñi; **eldest**, taaw
elect, trv., *to **elect** (to do sth.)*, taamu def dara, fal (kenn), woteel; **election**, pal, wote; **elector**, wotekat, falkat

electricity, n., mbej, mbejeel, kuraŋ; **electron**, n., mbej féppal; **electronics**, mbejféppeel; **electroscope**, bëtu mbej
elegance, n., njekk; **elegant**, jekk, rafet taxawaay
elegy, n., marsiyaa, taalif bu ñu bindal ku dee, taalifu ñu faatu ñi
elephant, n., ñay
elevate, trv., yëkkati, réyal, kaweel
eleven, n., fukk ak benn; **eleventh**, fukkeel ak benn
elf, n., kuus
eliminate, trv., dindi, teggi, toogal
ellipse, n., mbegetàppandaar
elongate, trv., tàllal, guddal, tàwwi
elope, iv., daw (ak sa far)
eloquence, n., wax ju rafet te neexa dégg; **eloquent**, ku mëna wax
else, pron., neneen; walla; *come in, or else go*, duggal mbaa (walla) nga génn; *anyone else*, képp keneen; *anything else*, lépp leneen lu mu mëna nekk; *someone else*, keneen; *something else*, leneen; *no one else, nobody else*, (du) keneen; *nothing else, thank you*, doyeewuma la leneen, jërëjëf; *who else?* keneen kan? *what else?* leneen lan?
elude, iv., moytu, rëcc (dàqe), mbas, njuy (kurpeñ)
emaciated, adj., (nit ku) jeex tàkk, ràgg, wow koŋŋ, sew ruuj
emanate, iv., jóge *(from, ci)*
embark, iv., dugg gaal *(on a boat)*
embarrass, trv., руслóó, ñàkkloo teggin
embassy, n., ambaasaad
embellish, trv., rafetal, jekkal
embers, n., xal
embezzle, trv., sàcc xaalisu mbooloo mi, xaalisu dëkk bi, sànk (xaalis)
emblem, n., mandarga
embrace, trv & i., fóón, song
embroidery, n., borode; **to embroider**, borode
emigrate, iv., màngaani, gàddaay, dem dëkki meneen rééw
enable, trv., may kàttan, *to enable s.o. to do sth.*, may kenn kàttanu def dara, tax ba kenn jota def
enclose, iv., sanc ab tàppaat, kolotiire; **enclosure**, tàppaat, kolotiir
encompass, trv., wër, wërale
encore, n & int., waat
encounter, n., ndaje; v., daje, tase
encumber, trv., xatal
end, n., mujjeel, mujjee, gannaaw, gannaaw-a-gannaaw; *the end house*, kër gi mujjee ci koñ bi, mujjeelu kër gi ci koñ bi; *the third from the end*, ñetteel bi mujjee; *from end to end*, dale ci benn cat bi ba ca beneen ba; *for two hours on end*, ñaari waxtu yu mat sëkk; *for days on end*, lu mat ay fan ak i fan; *we shall never hear the end of it*, kenn xamul

fu muy mujjee (sottee); *there's no* **end** *to it*, du jeex, du sotti; *in the* **end**, mujjee gi, gannaaw gi; *to be at an* **end**, jeexal

endeavor, iv., góór-góórlu; *to make every* **endeavor** *to do sth.*, def li nga mën ci lenn

enemy, n., noon, bañ, foñ

engage, trv & i., joxe (sa kàddu); jël (ay ligééykat); *to get* **engaged** *with*, ngorook

engine, n., doxalkat

enhance, trv., yëkkatiwaat, réyal, réyalaat

enigma, n., cax; **enigmatic**, jafeñ, lëj, lu doy waar

enjoy, trv., bëgg, sopp; *to enjoy one's dinner*, (nekk di) reeree lu neex; *I* **enjoy** *this song*, woy wii neex na ma, *to* **enjoy** *oneself*, fo

enlighten, trv., leeralal (kenn ay mbir); **enlightened**, boromi leer

enough, adv., lu doy; **enough** *money*, xaalis bu doy

enquire, trv & i., laaj, laajte

enslave, trv., def ni jaam, jaamal

enter, trv., dugg

entire, adj., bépp, mépp, lépp..(placed after the noun); *the* **entire** *population*, nit ññépp, mbooloo mi mépp

entreat, trv., *to* **entreat** *s.o. to do sth.*, saraxtu, ñaan kenn mu def lenn

envelop, trv., muur, lëmës

envoy, n., ndawal nguur

envy, n., kiñaan, kañaan; *to* **envy** *s.o. sth.*, iñaane kenn dara; **envious**, ku iñaan

epoch, n., jamano

equal, n., maas, mat, tollu (ak); v., tolloo; *I don't feel* **equal** *to (doing) it*, yaakaaruma ne mën naa ko def; *your* **equals**, say maas; *you won't find his* **equal**, doo fi dajeek maasam; *to* **equalize**, tollale, maasale, méngóóle

equation, n., yemale

equestrian, n., gawar, warkatu fas

equilibrium, n., jengadi

equivalent, adj., lu méngóó

era, n., jamano

erase, trv., fomp, dindi; **eraser**, fompukaay

erect, adj., jubb xocc, (ku) jog taxaw; v., yëkkati, taxawal, jubbanti

erode, iv., xuur (pont, weñ); trv., xuural

err, iv., juum, def luy bàkkaar, am àq

errand, n., batale, yobbante; *to run* **errands**, dugg (marse), dawalal (kenn dara)

error, n., njuumte

eruct, iv., gééx

erudite, n., borom xam-xam

escalate, iv., yéég, (*of prices*) yokku

escape, iv., rëcc, daw; *to make one's* **escape**, rëcc, daw; *to have a narrow* **escape**, xawa rëcc

escort, trv., sàntu, dar, topp ciy tànku kenn, wër kenn; *to* **escort** *s.o. home*, gunge kenn (mu ñibbi)

eternity, n., àddina gu dul jeex, abadan; **eternal**, lu dul wéy, ba abadan
ethics, n., jikkóók jëfin, baax
ethnic, adj., lu bokk ci aw xeet mbaa diine
ethos, n., baax, lu mbooloo mum rééw baaxoo
etymology, n., cosaanub araf, cosaanub kàddu
eunuch, n., nguunu ngaana
evacuate, trv., génnee, toxal
evade, trv., moytu, mbas
evaporate, trv & i., seey, naaw (ci ngelaw li)
eve, n., bës bi wees benn bës; ngoon gi wees ab bës
even, adj., (*of surface*) yem, tolloo, nekk benn; *to make* **even**, raax (*wall*), tollale, maasale; **even** *the children knew it*, xale yi sax xamoon nañu ko; **even** *if*, su...tamit; **even** *now*, léégi rekk
evening, n., ngoon, timis, guddi; *this* **evening**, tey ci ngoon, tey ci guddi; *in the* **evening**, ci ngoon si, ci guddi gi
event, n., xew-xew; *in the* **event** *of*, su, su fekkee ne, bës bu; *in the course of* **events**, mujjee gi; *in any* **event**, ak lépp lu mëna xew
ever, adv., mos, mos(ul)
every, adj., bépp, képp, lépp, sépp, lépp...; **every** *other day*, ñaari fan yu nee; **every** *now and then*, **every** *now and again*, **every** *so often*, yenn saa yi; **everyboby**, **everyone**, képp, mbooleem, ñépp; **everyone** *else*, ñeneen ñépp; **every** *day*, bes bu nekk, bes-o-bes, **everything**, lépp, yépp
evict, trv., dàq, génne
evidence, n., seede, seere
evil, n., mbon; **evildoer**, defkatu lu bon
ewe, n., mbote, tef
exaggerate, trv., ëppal
exam, n., eksame
examine, trv., seet, xool
excavate, trv., gas, jééx, sulli
excel, iv., góór-góórlu bu baax, def luy jëm kanam
except, adj., ba mu des, lut, lu dul
exchange, trv., weccee
exclude, trv., dàq, toogloo
excuse, n., *to make* **excuses**, ñaan ñu baal la; **excuse** *me!* baal ma
exhaust, trv., *I'm exhausted*, dama dog; dama sonn
exile, iv., gàddaay
exit, iv., génn
expect, trv., xaar, nég; *I expected as much*, xamoon na ko, xeloowoon naa lii; bettumawoon; **expecting** *mother*, jigéénu biir
expensive, adj., lu jafe, seer, réy (njëg)
explain, trv., faramfàcce, leeralal, nettali

extend, trv., guddal, xëcc, yokk
exterior, n., biti bi, ci biti
extinct, adj., lu fey
extinguish, trv., fey (ab lakk, taal)
eye, n., bët, (pl.) gët; **eye** *hospital*, fi niy fajee bët; **eyebrow**, yéén; **eyelash**, xef; **eyelids**, mbaaru bët

fable, n., lééb
fabric, n., piis; *silk fabric*, piisu suwaa; **to fabricate**, trv., defar, tabax
face, n., kanam, melokaan; *to strike s.o. in the face*, mbej kenn, kuntaaba; *I'll never look him in the face*, sunu yaari gët mënatuñoo janoo; *he won't show his face here again*, dootu fi tegati ay tànkam; *face to face (with s.o.)* janoo ak kenn, wonante kanam; *to shut the door in s.o.'s face*, tëj bunt bi ci kaw kenn; *face cream*, kereemu toccamikaay; *let's face it*, nanu wax dëgg gi; *facing each other*, janoo; *to face, to be facing east*, jublu penku
fact, n., jëf; *it is a fact that*, dafa di dëgg ne; *apart from the fact that*, gannaaw ne; *to know for a fact that*, xam bu baax ne; *the fact is*, lëf li, dafa di ne; *as a matter of fact*, ci dëgg, dëgg-dëgg
factory, n., isiin
fade, iv., *(of flowers)* lax, booy, *(of clothes)* yëbb; *to fade away, (of sound)* dee, wàññeeku; *to fade from sight*, réér, lu ñu gisatul
fail, 1. n., *without fail*, du ñàkk, ci lu wóór 2. v., ñàkk; *to fail in one's duty*, ñàkk def sa ligééy; *to fail to do sth.*, sàggana def dara; *I fail to see why*, gisuma luy tee; Com., fayit; *words fail me to express my thanks*, xamuma nan laa lay gërëmee; *I won't fail you*, mën nga wékku ci man
faint, 1. adj., ñàkk doole, woyof; *to grow fainter*, ñàkk doole, kàttan 2. v., xëm
fair, n., 1. fuwaar
fair, adj., 2. lu yem; *fair play*, wuré yoon; *it's not fair*, du yoon; *the weather is fair*, ngelaw li fééx na, neex na
faith, n., njort, njullite, kóólute; *to have faith in*, wóólu, gëm kenn; *the Islamic faith*, ndogalu Lislaam; *good faith*, rafet njort, jikkó; *bad faith*, ñaaw njort; **faithfulness**, ngëm
fall, iv., daanu, narmeelu; *he fell to his death*, dafa daanu, dee; *to let sth. fall*, daanel dara; *night is falling*, jant baa ngiy so, guddi na; *Tabaski falls on a Sundaay*, Tabaski dimaas lay tombeel; *to fall to pieces*, tojatewu; *the blame, the responsibility falls on me*, man lañu teg sikk gi, sikk gi ci samaków la tegu; *to fall ill*, tawat, feebar; *to fall asleep*, nelaw, tëdd; *fall down*, daanu
fallible, adj., juum; **fallibility**, njuumte
fallow, n., waar (tool)
falter, v., *(of voice)* gag, lox
fame, n., siiw, am tur; *to win fame*, siiw
familiar, adj., miin, *to be familar with sth.*, miin dara; *to be on familiar terms with s.o.*, xamanteek kenn bu baax; *to familiarize s.o. with sth.*, miinal, tàmmal kenn dara; *to familiarize oneself with sth.*, miinal, tàmmal sa bopp dara; **familiarity**, miin
family, n., njaboot; **family** *man*, borom kër, borom njaboot, boromi boot
famine, n., xiif; **famished**, ku xiif
famous, adj., ku siiw, ku ñépp xam
fan, 1. n., uppukaay, wantilatoor; 2. v., upp, ngelawal

far, n., **farther, further**, sore; *to go **far***, dem fu sore; *how **far** is it from Dakar to St-Louis?* naka la Ndakaaru soreenteek Ndar? *to live **far** away*, ***far** off*, dëkk fu soree-sore; ***faraway***, fu soree-sore

fare, 1. n., paas; *single **fare***, paasu dem; *return **fare***, paasu dem ak dikk; ***fares**, please!* aywa seen paas! 2. v., *to **fare** well*, nekk ci jàmm; **farewell**, ba beneen, ba àddinaay tukki; *to bid s.o. **farewell***, tàggu kenn sa mujjeelu tàggoo

farm, 1. n., tool, gox; *farm laborer*, beykat; 2. v., bey, jëmbat; **farmer**, beykat; *stock **farm***, sàmmkat

fashion, n., mañeer, fasoŋ, yoon (wi ñuy defee lenn); *in **fashion***, li ñu xewal, li xew; *out of **fashion***, lu xewwi

fast, 1. n., koor 2. v., woor

fast, 3. adj., dëgër, gaaw; *you are a **fast** walker*, danga gaaw tànk, dangay dox bu gaaw; ***fast** car*, woto bu gaaw

fasten, v., takk bu dëgër, tëj bu baax (bunt)

fastidious, adj., ku kenn mënula béglóó, ku naqaree béglóó

fat, adj., pataa, réy, duuf

fate, n., nattu, ndogalu Yàlla; **fatal**, musiba guy reye; *there were no **fatalities***, kenn deewul ca musiba ga; **fated** *(to do sth.)*, kuñ nattoo def dara

father, n., pàppa, baay; *from **father** to son*, jóge ci pàppa jëm ci doom; **father**-*in-law*, goro; ***fatherless***, baayo, jirim, ku amul pàppa

fatigue, 1. n., coono; 2. v., sonnal

fauna, n., àll, màndiŋ

fear, n., tiitange; *to be, go, stand, in **fear** of*, ragal, tiit dara; *have no **fear***, bul ragal dara! *to **fear** for s.o.*, jaaxle ci mbirum kenn

feasible, adj., lu ñu mëna def, lu mëna nekk

feast, 1. n., feet, togg (mu bare) 2. v., feetu

feat, n., jaloore

feather, n., dunq (ginaar)

February, n., fewaryéé

feckless, adj., ku, lu amul benn njëriñ

feed, 1. n., dund; *to give a baby his **feed***, lekkal ab liir; *to be off one's **feed***, gedd ñam wi 2. v., leel, lekkal, dundal; xont (animal)

feel, trv & i., laal, làmb; *I **feel** for him*, dama ko yërëm; *what I **feel** about it is*, li ma ci xalaat mooy; *to **feel** cold*, sedd; *to **feel** ill*, tawat, feebar; *my foot **feels** better*, sama tànk tane na; *I **feel** like crying*, dama bëgga jooy, dama namma jooy; *have you no **feelings**!* xanaa amoo xol nak!

felicity, n., mbégte

fellow, n., àndandoo; ***fellow** creature*, maas, niróó, niróówaale; **fellowship**, mbooloo

female, n., jigéén

fence, n., tàppaat, baryeer

ferry, n., jàllukaay, bak biy jàllale ci ndox mi; ***ferry** boat*, baku jàllukaay

fetch, trv., (dem) jëli, jëli; *come and fetch me*, ñówal jëlsi ma; *to fetch s.o. a blow*, dóór kenn ab kurpeñ, kurpeñ kenn, rëkk
fetid, adj., lu xasaw
fetter, n., geetar, takk ay jeng (ci tànk)
fever, n., feebar, sibbiru
few, pron., tuuti, lu barewul; *he has few friends*, lu nééw ciy xarit la am; as nééw la am ciy xarit; amul xarit yu bare; *a few more*, yokkal tuuti; *he had a good few enemies*, amoon na ay noon yu bare; *there are very few of us*, barewunu lool, ñu nééw lanu
fiancé(e), n., coro
fiddle, n., riiti, xalam
fidelity, n., takku, ngëm
field, n., tool; *in the fields*, ca tool ya; **field** *sports*, rëbb ak napp; **field** *of battle*, xarekaay
fiend, n., seytaane, jinné
fierce, adj., ku soxor
fifteen, n., fukk ak juróóm
fifth, adj., juróómeel
fifty, n., juróóm fukk
fight, v., xeex, xare, bëre; **fighter**, xeexkat
figure, n., taxawaay, melokaan
fill, 1. n., *to eat one's fill*, lekk ba suur; *the thoughts that filled my mind*, li ma doon xalaat ci sama xel 2. v., fees, *the hall is beginning to fill*, saal baa ngiy waaja fees; *fill in*, feccali, suul (ab pax), tëj ab bunt; *fill up*, feesal
film, n., film
filter, 1. n., seggukaay 2. v., segg
filth, n., mbalit; **filthy**, ku, lu salte, tilim, texam
fin, n., (*of fish*) caaxoñ
final, n., mujje; *to take one's finals*, def say eksame
find, trv., fekk, feeñal, gis, daje, feeñ
fine, 1. n., alamaan; 2. *how's your wife? -fine, thanks!* naka sa jabar? - mu ngi fi rekk, jërëjëf; *the weather is fine*, biti bi fééx na lool
finger, n., baaraam
finish, 1. n., mujjee gi, ariwé bi; 2. v., jeexal, sottil; *I have finished with it*, soxlaatuma ko, jeexal na ci
finite, adj., lu jeex
fire, n., taal, lakk; *to light a fire*, taal ab taal; *log fire*, taalu matt; *bush fire*, daay, lakkub àll
firm, 1. n., këru komersaa 2. adj., dëgër kënn
first, adj., njëkk; *the 1st of February*, fan wi njëkk ci fewaryé; *I'll do it first thing tomorrow*, moom laay njëkka def suba; **first** *name*, tur; *to put first things first*, doore ci li ëpp maanaa; *from first to last*, ba muy door ba ba muy jeex; *first of all let me say this*, maa tàmbalee wax lii
fish, 1. n., jën 2. v., napp; **fisherman**, nappkat, mool
fissure, n., xar-xar

fist, n., loxo; *to clench one's fist*, dajale say baaraam; **fisticuffs**, ay rëkk
five, n., juróóm
flabby, n., nooy; *flabby cheeks*, lex yu nooy
flag, n., raaya, daraapóó
flagrant, adj., leer nàññ
flame, n., safara su boy
flank, n., wet, faar, fàmb
flash, n., leer, leeraay, melax; *a flash of lightning*, melax gi
flat, adj., tàcc; **flatten**, tàccal
flatter, trv., jay, neexal
flavor, n., cafte, cafaay
flaw, n., moy; **flawed**, lu jagul; **flawless**, ligééy bu kenn mënula wax dara
flea, n., fel; **fleabite**, màttum fel
fleck, n., taq-taq; *hair flecked with grey*, karaw yuy waaja bejjaaw
flee, iv., daw, rëcc
flesh, n., yàpp; *to make s.o.'s flesh creep*, dawloo yaramu kenn; *his own flesh and blood*, ay waajuram
flex, trv., bank (ay tànk); **flexible**, lu neexa bank, lu nooy
flight, 1. n., naaw (-um abiyoŋ); 2. rëcc; *to take to flight*, rëcc, daw
flimsy, adj., lu dëgërul, lu woyof, lu sampul maanaa (wax)
float, trv & i., tëmb, tëmbal
flock, n., gétt; *to flock together*, dajaloo
flood, 1. n., ndox mu jàll gééj, gééj gu fees dell 2. v., feesal ak ndox; **flooded**, fees ak ndox, fees bay wal
floor, n., ëtt, suuf; *on the floor*, ci suuf
flounder, iv., suux, *to flounder about in the water*, suux ci biir ndox mi
flour, n., fëriñ, fariñ
flourish, iv., sëq, naat
flow, iv., wal, walangaan
flower, n., tóórtóór, xob
flu, n., gërip, feebar, sibbiru
fluctuate, iv., yéég aka wàcc
fluent, adj., yomb waxin; *to be a fluent speaker*, ku mëna wax, ku waxam yomb lool; *he's fluent in Wolof*, ku dëgg Wolof la
fluid, n., dawdawaan
flux, n., wal
fly, 1. n., weñ 2. v., naaw
foal, n., wajan (fas, *horse*)
foam, 1. n., purit 2. v., fuural
foe, n., noon, bañ
fog, n., til, niis
fold, 1. n., pàkk, géttu xar yi 2. v., lem; *to fold sth. (up) in sth.*, lem ci biir lenn

follow, trv., topp; *to **follow** s.o.'s advice*, topp ndigalu kenn
food, n., ñam, dund; *food and drink*, lekk geeg naan gi
foot, n., tànk; *to be on one's **feet***, taxaw
for, prep., pur, ndax, ngir
forbearance, n., muñ, baña yàkkamti
forbid, v., tere; *smoking is **forbidden***, dañuy tere tóx; *God f.*, Yàlla na nu ci Yàlla musal
force, 1. n., doole 2. v., forse
foreign, adj., gan; *foreign travel*, tukkim bitim rééw; **foreigner**, gan
forest, n., àll, màndiŋ
forget, trv., fàtte; *I **forgot** all about those books*, fàtte naa lu jëmoon ci tééré yooyu; *forget about it!*, fàtteel (lu ci jëm)
forgive, trv., baal
forlorn, adj., ku ñàkk yaakaar, boroomu tiis
form, n., mbind, melo; *in the **form** of*, ni, ni ki, niróók, yor mbindum
forsake, trv., wacc, bàyyi
fortify, trv., may doole, dëgëral dooleey
fortune, n., alal, am-am; *fortune-teller*, seetkat; *to come into a **fortune***, donn alal ju bare; **fortunate**, am wërsëg; *how **fortunate***, moo ka am wërsëg!
forty, n., ñent fukk
forward, 1. adv., luy jëm kanam 2. v., luy dox jëm kanam, yónne (ab leetar)
foster, trv., yar
found, trv., taxawal, sanc; *founded on fact*, wax ju tegu ci dëgg gu wër peŋŋ
four, n., ñent
fowl, n., ngunu
fracture, 1. n., damm-damm 2. v., damm
fragile, adj., lu woyof
franchise, n., yoon gi lay may nga fal, wote
frank, adj., ku màndu, kuy wax dëgg, ku mata gëm
free, adj., ku dogoowul ak njaam gi dara, ab jàmbur; **freedom**, njàmbur
frequent, adj., lu tàmm di am, lu faral di am; **frequency**, baraay
fresh, adj., lu bees; *it is still **fresh** in my mind*, mu ngi sama xel ba léégi; *fresh from Dakar*, mu ngi ni di doora jóge Ndakaaru; *bread **fresh** from the oven*, mburu mu bees tàq; *in the **fresh** air*, ci pééx mi; *fresh water*, ndox mu neex; **freshness**, pééx
fret, iv., jaaxle
friction, n., riisu
Friday, n., àjjuma; *he's coming on **Friday***, mu ngiy dikk àjjuma; *Good **Friday***, besu jumaa
friend, n., xarit, xamle; *a **friend** of mine*, sama benn xarit; *to make **friends** with s.o.*, xaritook kenn, maroo
fright, n., *to take **fright***, ragal, tiit; **frighten**, tiital
frock, n., forok, garaambubbu forok
frog, n., mbott

from, prep., (*is not expressed in some instances*): ***from*** *Dakar to Wakaam*, Ndakaaru ba Wakaam, li ko dale Ndakaaru ba Wakaam; ***from*** *above*, jóge caków
front, n., kanam, jë
frontier, n., pegg, rëdd wi tàggale ñaari rééw
froth, n., purit
frown, iv., ŋeleju
fruit, n., doomu garab
fry, trv., firiir
fulfil, trv., def, wàcc li la war
full, adj., lu fees; ***full*** *to the brim*, fees dell; *(of pers) to be **full** up*, suur këll
function, n., aju, soppiku
funeral, n., rob, suul
funny, adj., lu reetaanlu, lu jara ree
furnish, trv., jox, joxe; ***furnished*** *room*, néég bu ñu meebale
furrow, n., waar, yoon, ñoola, laaña
fusion, n., ruy
futile, adj., lu amul njëriñ, lu amul manaa
future, n., suba, ëllëg, ci kanam, liy ñów; *in the **future***, bu ëllëgeetee, bu beneenee

gaiety, n., mbégte
gain, trv., gañe, tonni, yóbbu; *to **gain** weight*, yokku, gëna réy; *to **gain** popularity*, siiw, gëna siiw; *(in race) to **gain** on s.o.*, raw kenn
gait, n., doxin
gale, n., ngelawaan, ngelaw lu foor
gallant, adj., ku dëgër fit, jàmbaar
gallop, 1. n., njaab; *to go for a **gallop***, jaabal 2. v., jaab, jaabal
galore, adj., bare bay tuuru, lu ëpp bay tuuru, lu bare lool
gamble, trv., wuré xaalis, teg sa alal ci am po; **gambler**, kaartkat
game, n., po, wuré; *card **games***, kart; *to play the **game***, wuré yoon, dox yoon
gang, n., mbooloowu saay-saay; gurupu saay-saay
gap, n., pax, bën-bën, xar-xar, ubbeekuwaay; *his death leaves a **gap***, demam gi neen la fi bàyyi; *age **gap***, diggante ñaari at; *to fill a **gap***, fatt ab bën-bën, feccali
gape, iv., wóbbali; *to **gape** open*, ŋàppeeku
garage, n., gaaraas
garbage, n., mbalit; ***garbage** can*, siwó mbalit; ***garbage** truck*, woto mbalit; ***garbage** collector*, ankatu mbalit
garden, n., tool, sardeñ, sardeŋ
garlic, n., laaj
garment, n., yëre, pendal
garrulous, adj., ku bare wax
gas, n., ngelaw, giil, gaas, esaas
gate, n., bunt, (pl.) wunt
gather, trv., dajale, boole; *to **gather** (in, up, together)*, for (kayit); witt (ay xob), àjji (doomi garab); *to **gather** one's thoughts*, dajale say xalaat
gaunt, adj., xiibon, jeex tàkk
gaze, iv., xulli, jubal say gët, nee ja
gazelle, n., kewel
geld, trv., mbell, tàpp
genre, n., melo
generous, adj., ku tabe, yeewën; **generosity**, tab
genius, n., nànd, borom xam-xam, boromi may
gentleman, n., alaaji; *ladies and **gentlemen***, mbooloo mi, mbooleem jigéén ak góór
genuine, adj., dëgg; *it's **genuine** gold*, wurus dëgg la
germ, n., nji, sax-sax; **germinate**, sax
get, 1. trv., amal sa bopp, jël; *to **get** sth. for s.o.*, amal kenn dara; *to **get** sth. to eat*, wut, am loo lckk; *where did you **get** that?* foo jëlee lii? *I got this car cheap*, maa ngi jëndee (amee) woto bii ci lu yomb; *to **get** nothing out it*, ñàkka yóbbu dara; *If I **get** the time*, su ma amee jot; *you've **got** me this time!* bi yoon de jàpp nga ma! *I don't **get** you*, dégguma la bu baax; ***get** me?* yaa ngiy jëli? *to go and **get** s.o.*, jëliji kenn; *to **get** the children to bed*, tëral xale yi; *that **gets** us nowhere*, loolu du nu yóbbu fenn; *to **get** s.o. to do sth.*, defloo kenn dara; *to **get** oneself noticed*, mëna wonewu, feñal sa bopp, bari njistal; ***get** him to read it*, jàngloo ko ko

2. *to have* **got** *to,* war, laaj; *what have you* **got** *there?* lan nga yor foofu? *I haven't* **got** *any*, amuma ci; *it's* **got** *to be done*, dañu ko wara def, laaj na ñu def ko 3. [verb + si] *to* **get** *old*, màggetsi; *I'm* **getting** *used to it*, maa ngiy ko tàmmsi; *to* **get** *married*, séy; *to* **get** *dressed*, solu; *to* **get** *killed*, reylu sa bopp; *how do you* **get** *there?* nan nga fay demee? *he'll* **get** *here tomorrow*, suba la fiy agsi; *where have you* **got** *to?* fan ngeen tollu (ci ligééy bi?) *he* **got** *as far as saying*, dem na bay wax (ne); *to* **get** *to know*, xam, jota xam; *you'll* **get** *to like him*, (xaaral rekk) di nga ko mujjee bëgg; **get** *across*, jéggi, jàll; **get** *along*, topp sa yoon; *I'd be* **getting** *along*, war naa dem léégi; *to* **get** *along with s.o.*, déggóók kenn; *that's what I'm trying to* **get** *at*, ci laa bëgga dikk; *to* **getaway**, daw, rëcc; *to* **get** *down*, wàcc; *to* **get** *in*, dugg (ci biir kër); *to* **get** *on*, yéég (ci wotoraay, ci ków fas); *to* **get** *out*, génn; **get** *together*, daje; *to* **get** *up*, jóg

giant, n., ngand, deebal

giddy, adj., *to feel* **giddy**, miir

gift, n., maye

gild, trv., sóób ci wurus

ginger, n., jinjeer

giraffe, n., njamala

girdle, n., laxasaay

girl, n., xale bu jigéén, jànq; **girlfriend**, coro, xarit bu jigéén

girth, n., wër-wër; *(of pers) of great* **girth**, ku jekk taxawaay

give, trv., *to* **give** *s.o. sth.*, jox kenn dara; **give** *me Mr Njaay*, jottali ma góór gi Njaay; *to* **give** *s.o. five*, tëj kenn kaso lu mat juróómi at; **give** *him our congratulations*, nee ko nu ngi koy ndokkale; *to* **give** *sth. in exchange of sth.*, weccee lenn ak leneen; *what did you* **give** *for it*, lan nga ci fey; *to* **give** *orders*, joxe ay ndigal; *to* **give** *sth. some thought*, xalaat dara; *to* **give** *s.o. to believe, understand that*, gëmloo, yaakaarloo kenn ne; *to* **give** *away*, maye, séddale; *to* **give** *back*, delloo; **given** *that*, xam ne; *to* **give** *out a notice*, yëgle; **giver**, mayekat; *to* **give** *up*, dëddu, wacc, bàyyi; *to* **give** *up for*, waccal, bàyyil kenn dara; *to* **give** *up smoking*, bàyyi tóx

glad, adj., bég, kontaan; **gladness**, mbégte

glance, 1. n., catu bët; *at first* **glance**, bi mu door di gis, bi mu ko njëkkee gis 2. v., xoole catu bët, piis

glare, n., leer, leeraay

glass, n., weer, kaas; **glass** *of water*, weeru, kaasu ndox; **glasses**, lunet

gleam, n., leer, mclax

glide, iv., naaw

glitter, iv., melax

glory, n., ndam, jaloore; **to glorify**, taas; joobe, woy jaloorey kenn

glue, 1. n., kol, tayukaay; 2. v., tay, taqal *(to stain)*

gnash, v., *to* **gnash** *one's teeth*, yéy say bëñ, kobkobi, rakraki (ref. Rambaud)

gnat, n., yo

go, 1. iv., dem; *to come and* **go**, dem aka ñów; *to* **go** *to Ndar*, dem Ndar; *to* **go** *to the doctor*, dem seeti doktoor ; *to* **go** *on a journey*, tukki; *to* **go** *for a walk*, doxantuji; *there he* **goes**, mu nga nee di dem; *to **go** up, down, across*, yéég, wàcc, jàll (*or* jéggi); *to **go** into a room*, dugg cib néég; *to **go** behind s.o.'s back*, def lenn ci gannaawu kenn; *to **go** to school*, dem lekool, jàngi; *to get sth.* ***going***, doxalal dara; *get **going**!* ayca, wéyal! *when he gets **going** he never stops*, su xasee ba door du taxaw de, su xasee ba door, xamul bu ca yem; *to **go** well, badly*, (mu ngiy) dox, dox(ul); *what he says **goes***, li mu wax ay am; *it has just **gone** eight*, léégi la juróóm ñetti waxtu jib; *there were only five minutes to **go***, juróómi minit rekk a desoon; *the story **goes** that*, ñu ngiy nettali ne; nee nañu ne; ñu ngiy jàmbat; *that **goes** without saying*, ñépp xam nañu ne; *it **goes** without saying*, mu ngi des ci képp ne; *after I have **gone***, bi ma demee ba noppi; *it's all **gone***, jeex na tàkk; *my strengh is **going***, sama doole jaa ngiy wàññeeku; *to **go** for s.o.*, dem jëli kenn; *I'm **going** to do it*, dinaa ko def; *to **go** fishing*, dem nappi; *to **go** riding*, jaabali (horse); *to **go** to war*, xareji; *it won't **go** into my case*, xejul sama waxande; *it only **goes** to show*, lii wone na ne; *that just **goes** to show!* gis ngeen de; *to let **go***, wacc mu dem   2. *to be always on the **go***, koo xam ne foo ko fekk mu ngiy waaxu; *to be full of **go***, njaxlaf; *it's your **go***, yaa wara dox; *to **go** after*, topp, dàqi; *to **go** back*, dellu; *to **go** by*, jaar; *to **go** down*, wàcc; *to **go** in*, dugg

goat, n., béy, sikket

gobble, trv., jenj (njanaaw); wonn, mel ni kuy warax

God, n., Yàlla; *thank **God**!* alxamdulilaa, sant Yàlla

goggle, iv., regeju

gold, n., wurus

good, adj., baax; ***good** handwriting*, mbind mu rafet, rafet bind; *this is **good** enough for me*, lii doy na ma; *to have a **good** time*, fo bu baax; ***good** news*, xiibar yu neexa dégg; ***good** morning, **good** afternoon*, salaam maalekum; maalekum salaam (*peace be with you*); *this medicine is very **good** for coughs*, garab gi baax na lool ci sëqët; ***good** for nothing*, lu amul njëriñ; ***good** man*, góór gu baax; ***good** conduct*, jikkó ju rafet; *be **good**!*, na nga yaru nak, yarul nak! **good** *bye*, ba beneen; ***good**-for-nothing*, nit ku tekkiwul dëram; ***good**-hearted*, borom xol bu leer; ***good**-humored*, ku neexa dëkkal; ***good**-looking*, rafet taxawaay, jekk; **goodness**, mbaax; *for **goodness**' sake!* ndax Yàlla, ngir Yàlla! **good-night**, fanaan leen ak jàmm; **goods**, njaay mi, marsandiis yi

gore, trv., mbëkk kenn ba gaañ ko, mbëkk

gorge, iv., *to **gorge** oneself*, feesal sa biir

gorgeous, adj., lu rafet

gorilla, n., dàngin

gospel, n., kàddu biibal

gossip, iv., wax, coow, bari wax

gourmand, n., foqale, wonnkat

govern, trv., jiité, yilif; ***governing** body*, njiiti bànk yi walla sosyete; **governess**, mbindaan; **government**, nguur gi, guwernamaa; **governer**, guwernóór

grab, trv., jàpp, jafandiku (fenn)

graduate, iv., wattu, wàcc daara, am dippalom

grain, n., doom, pepp

grand, adj., mag; **grandchild**, sët bu góór, sët bu jigéén; **grandfather**, maam bu góór; **grandmother**, maam bu jigéén

grant, n., ndimbalum xaalis, may, maye

grass, n., ñax, gasoŋ; **grasshopper**, njééréér, bar, soccantal; **grassy**, ñaxe

gratify, trv., teral, bégal; **gratification**, teranga

grave, 1. n., bàmmel, xabru   2. lu am maanaa, lu am teggin, am solo; *gravedigger*, gaskatu bàmmel, suulkat

gravy, n., ñeex

graze, iv., lekk ñax

great, adj., lu mag, lu bare, lu am maanaa

greedy, adj., ku bëgge, ku foqale

green, adj., (*of grass*) tooy, wert

greet, trv., nuyu

grief, n., naqar, coono àddina, mettit, tiis

grill, trv., lakk (yàpp)

grind, 1. trv., wol, dëbb   2. ñawal (paaka)

ground, n., suuf; *sitting on the **ground***, toog ci suuf; **groundless**, lu amul bopp, amul geen

grove, n., goj

grow, 1. trv & i., sax, màgg 2. ji, saxal

grudge, n., *to bear s.o. a **grudge***, mere kenn

guest, n., gan

guide, n., njiit, wonekatu yoon

guild, n., mbootaay

guilty, adj., ku sikk, ki ñu teg sikk gi

gull, n., kirigééj

gullible, adj., ku neexa nax, ku yomba nax, ku yomba gëmloo dara

gulp, trv., guux, warax, wonn

gum, n., 1.   kol, tayukaay; **gum** *arabic*, daakànde; **gum** *tree*, garabu daakànde; **gumboot**, dàllu kawusu

gum, n., 2.   danq, ciiñ

gush, iv., suus, waaja bax; *to **gush** out*, nee pëll ci biti

gust, n., ngelaw lu diis

gut, n., butit

gyrate, iv., wër, wëndeelu

habit, n., jikkó; *to be in the **habit** of doing sth.*, tàmm di def dara; *to get into bad **habits***, jëll jikkó ju bon; **habitually**, nakajekk; *to habituate*, tàmmal
habitat, n., kër, dëkkuwaay, sanc
haggle, iv., waxaale; *to **haggle** about (the price of) sth.*, waxaale njëgu marsandiis mi
hail, trv., nuyu; *to **hail** from*, jóge, bàyyeekoo
hair, n., karaw, kawar; *to do one's **hair***, watu, xuufu; *to wash one's **hair***, raxas sa bopp; **haircut**, wateef; **hairdresser**, watkat, defarkatu bopp; **hairdo**, kuwafiir
half, n., genn wàll, digg; *two and a **half***, ñaar ag genn wàll; ***half** an hour*, genn wàll(u) waxtu; **half** *full*, fees ba ci digg bi; **half**-*and*-**half**, mocce-mocce, ku nekk genn wàll; **half** *breed*, njall; **half** *caste*, njall
hall, n., néég bu mag, saal bu mag
halt, n., *to come to a **halt***, taxaw
hammer, 1. n., marto; 2. v., daaj, fëgg (bunt bi) bu baax
hand, n., loxo; *to give s.o. a (helping) **hand***, may kenn loxo, dimbale kenn; *to be in good **hands***, nekk ci loxo yu wóór; *to give s.o. a good **hand***, tàccu kenn bu baax; *the matter in **hand***, mbir mi (ñuy waxtaane); *on the one **hand***, soo ko seetee ci wenn wàll wi; *on the other **hand***, teewul; *to do sth. out of **hand***, def lenn ci saa si; *to **hand** back*, delloo; **handbook**, tééré; *to **hand** down*, naabe (a tradition; ref. Rambaud)
handcuff, trv., jeng, kabla
handicapped, adj., lafañ (*physical handicap*), gàtt xel, nééw xel (*mental*)
handicraft, n., mecce, ligééyu loxo; **hand** *in*, yët; **handkerchief**, musuwaar; **hand** *out*, séddale; **handwriting**, mbindum loxo
handle, 1. n., njàppu (*bucket, pan*), ponk (*knife*) 2. v., defar, doxal, dawal, jëfandikoo; **handle**-*bar*, gidoŋ
handsome, adj., ku rafet, taaru, jekk; *a **handsome** man*, góór gu taaru
hang, trv., wékk, lonk, aj
hangar, n., àngaar
hanker, iv., *to **hanker** after sth.*, bëgg dara, namm lenn
happen, iv., xew; *don't let it **happen** again*, bul seetaanati loolu, bul bàyyeeti loolu mu xew; *if anything **happened** to you*, su la lenn daloon; *I **happened** to pass that way*, dama jotoon naa jaar ci yoon wii; **happening**, xew-xew
happy, adj., bég, kontaan; *to be **happy** to do sth.*, am mbégtéwu def lenn
harangue, trv., waar
harass, trv., sonnal, tànqal, lakkal
harbor, n., poor; **harbor** *master*, kàppiten, borom ñetti galoŋ
hard, adj., lu, ku dëgër; **hard** *work*, ligééy bu metti; *to be **hard** to please*, ku neexula bégal; *to think **hard***, xalaat bu baax
hare, n., lëg, ñombar (*rabbit*)
hark, iv., **hark!** dégluleen!
harm, n., mettit; *to do s.o. **harm***, gaañ kenn, tooñ kenn; *I see no **harm** in it*, gisuma lu ci aay; *you'll come to no **harm***, dara du la ci fekk, dara du la jot; *that won't do any **harm***, loolu yàqul dara; **harmful**, luy gaañe, lu aay

harmony, n., déggóó; *to live in perfect **harmony***, dëkk ci jàmm ak salaam
harness, 1. n., laxab (fas) 2. v., laxab
harpoon, 1. n., xeeju nappukaay 2. v., sànni xeej gi
harvest, 1. n., mbey 2. v., góób
hassle, trv., lakkal, tànqal
haste, iv., yàkkamti; **to hasten**, gaawantu
hat, n., mbaxane, laafa; *to take one's **hat** off*, summi sa mbaxane
hatch, trv., toj nen
hatchet, n., jaasi
hate, 1. n., mbañ, cibeel 2. v., bañ, sib, xaare
haughty, adj., (nit) ku bew, ku réy, ku yëg boppam
haul, trv., xëcc, diri, xëcc gaal
haunch, n., pooj; **haunches**, ginnaaw (*animal*)
have, trv., am; *he **has** no friends*, amul xarit; *I **have** nothing to do*, amuma lu ma def; *to **have** news from s.o.*, dégg (kenn); *to **have** tea*, àttaaya; *to **have** breakfast*, ndekki; *to **have** lunch*, añ; *to **have** a snack*, njogonal; *to **have** dinner*, reer; *to **have** a dream*, gént; *he will not **have** it that she is cute*, du nangu mukk ne dafa rafet; *rumor **has** it that*, nit ñaa ngiy wax ne, ñu ngiy jàmbat ne; *to **have** a house built*, tabaxlu (ab) kër; *to **have** to do sth.*, wara def dara; *I **have** lived in Dakar for 20 years*, dëkk naa Ndakaaru lu mat ñaar fukki at; *I **had** better say nothing*, maa noppi walaay, moo gën; *the **have**-nots*, baadoolo yi, ndóól yi, miskin yi, ñàkk alal yi, moslukat yi; *the **haves***, borom alal yi
hawk, n., jaxaay
hay, n., ngooñ, ñax
he, pron., moom, moo, na, da, etc., *what did **he** say?* lan la wax, lu mu wax? *here **he** comes*, mu ngi di ñów; ***he's** a honest man*, nit ku jub la; góór gu gore la; ***he** and I*, man ak moom; ***he** who believes*, képp ku gëm
head, n., bopp, njiit; **headscarf**, musóór
heal, trv., faj
health, n., jàmmu yaram, wér gu yaram
hear, trv., dégg; *to **hear** from s.o.*, dégg (xiibaru kenn); *I have never **heard** of such a thing*, mosumaa dégg lu mel noonu; *it was said in my **hearing***, ñu ngi ko waxee sama kanam; **hearsay**, dégg ñuy wax
heart, n., xol, digg; *in the **heart** of*, ci diggu
hearth, n., andu dóómu taal
heat, 1. n., tàngaay; **heat** *insulation*, dencukaayu tàngaay; **heat**-*insulating*, luy denc tàngaay 2. v., tàngal; **heating**, tàngalukaay
heath, n., sonjan
heathen, n., ceddo
heave, trv & i., yëkkati, yëkkatiku
heaven, n., jinaan, asamaan, àjjana, asamaaw; *to go to **heaven***, tàbbi àjjana, tàbbi jinaan
heavy, adj., lu diis
heckle, trv., yuuxóó waxkat bi

hectic, adj., lu yëngu, lu jaxasoo
hedge, n., tàppaat;
hedgehog, n., saaw
heed, trv., moytu, moytandiku
heel, n., suufu tànk
heifer, n., nag wu jigéén
height, n., guddaay
heir, n., dono, donnkat; *heir apparent*, ki wara donn
hell, n., safara
help, 1. n., ndimbal; *with the help of his friend*, ak ndimbalu xaritam 2. v., dimbale, may loxo
hem, n., urlé
hemp, n., yàmbaa
hen, n., ginaar
hence, adv., konbook, li ko dale (tey); *five years hence*, fileek juróómi at; *hence his anger*, looloo tax mu mer; **henceforth**, lu jëm ni ki tey, lu ko dale tey
henna, n., fuddën
her, pron., moom (see **him**)
herald, n., njiit, jottalikatu xiibaar, xalaat
herb, n., ñax
herd, n., gétt; *the herd instinct*, am xelu bokka defando lépp; *to herd together*, booloo dëkk; **herdsman**, sàmmkat
here, adv., fii, file; *in here*, ci fii, ci file
heredity, n., ndonnu njaboot; **hereditary**, lu ñu donnee ci kenn ci njaboot gi
heritage, n., ndono
hermit, n., nit ku beru; nit ku dugg xalwa
hernia, n., xuuxaan
hero, n., bàjjo
heron, n., xodd
hesitate, iv., am xel ñaar, waxtaan ak sa xel, jaax
heterogeneous, adj., barigiir
hew, trv., satt
hide, 1. trv., nëbb, làq, boq; **hide**-*and-seek*, dóór-dàqe 2. n., der
high, adj., lu kówe, am taxawaay
hike, iv., dox, doxantu, dox lu sore
hill, n., tund
him, pron., moom (*emph.*), ko (*object*); *do you love him?* nob nga ko? *I am speaking to him*, maa ngiy wax ak moom; *call him!* woo ko! **himself**, moom ci boppam, boppam; *by himself*, moom kenn rekk
hind, n., tànki ginnaaw
hinder, trv., tere, *to hinder s.o. from doing sth.*, tere kenn mu def dara
hinterland, n., jééri

hip, n., pooj
hire, trv., jël kenn mu ligééy; *on **hire***, lu ñuy luwé
his, pron., (is represented by the noun followed by one of these suffixes **-am, -aam, -eem, -oom, -óóm**); *his wife*, jabaram; *his friends*, ay xaritam
history, n., cosaan, xisa
hog, n., mbaam xuux
hold, trv., jàpp, ŋàbb, *to **hold** tight*, jàpp bu baax, jàpp bu dëgër; *to **hold** one's breath*, takk sa fit; *to **hold** between one's teeth*, ŋànk; *to **hold** tight*, ŋoy
hole, n., pax, kan, kàmb, leeñ (*big **hole***)
holiday, n., feet, bisu noppalu
home, n., kër, dëkk; **homecoming**, dellu sa dëkk; **homeland**, dëkkub juddu; **homeless**, ku amul kër; **homesickness**, nammeel; **homewards**, jublu kër
homogeneous, adj., genngiir
honest, adj., ku jub
honey, n., lem
honk, trv & i., (*of geese*) sab; (*of car*) korne
hood, n., tëjukaayu butéél, busoŋ, kàppotu woto
hoof, n., we (wewu rab)
horizon, n., rëddu asamaan ak suuf (walla gééj)
horn, n., béjjen
horse, n., fas
hospitable, adj., ku am teranga, borom teranga
hospital, n., oppitaal, barabu paj
host, n., gan
hostile, adj., ku kontar, bañ, (*to*), nekk noonu kenn
hot, adj., lu tàng
hour, n., waxtu; *an **hour** and a half*, benn waxtoog genn wàll; *half an **hour***, genn wàll waxtu; **hourly**, waxtu wu nee
house, n., kër; **household**, njaboot gi; **housemaid**, mbindaan
how, adv., naka, nan; ***how** are you?* na nga def; naka nga def?
howl, iv., yuuxu, sab, sarxolle
hug, trv., xoj; *to give s.o. a **hug***, dar kenn
huge, adj., lu mag, ngande, deebal
hum, iv., (*of insect*) bııw, (*of pers*) xandoor
human, adj., **human** *being*, nit; **humanity**, niti àddina bi
humane, adj., ku nité, ku am xol, ku am yermande, ku tabe
humble, adj., ku sell, ku suuféél boppam
humid, adj., lu tooy
humiliate, trv., ñàkkal, ñàkkloo kersa, wàcce
humor, n., *to be in a good **humor***, neex deret, bég; *to be in a bad **humor***, naqari deret
hump, n., xànj; ***hump**backed*, ku xuugé
hunchback, n., xuugé

hundred, n., tééméér; *a **hundred** and one*, tééméér ak benn; **hundredth**, téémééreel
hunger, n., xiif
hunt, trv., rëbb; **huntsman**, rëbbkat
hurdle, n., tàppaat, baaraas
hurricane, n., ngelaane
hurry, iv., gaaw
hurt, trv., gaañ; *to **hurt** one's foot*, gaañu ci tànk
husband, n., jëkkër, borom kër; ***husband** and wife*, jëkkër ak jabar
husbandry, n., sàmm
hush, iv., noppi, nee nuut
hut, n., néég, néégu ñax
hydraulic, adj., lu jëm ci ndox mi, lu ndoxe
hyena, n., bukki
hygiene, n., lu jëm ci sàmm setaayu yaram, **hygienic**, lu set
hymn, n., woy, mbaar, njolle
hyperbola, n., Math., xala dummóóyante
hypnotize, v., jat
hypocrite, n., naaféq
hypotenuse, n., janook-koñjub
hypothesis, n., wax ju teel, wax ju njëkk

I, pron., maa (at variance any of the following determiners, **naa**, **laa**, **dama**, **dinaa**..., can substitute for the pron. **I**. However the **A** conjugation is the one that puts more emphasis on the subject); *I'm singing*, maa ngiy woy; *it is I*, man la; *I too*, man it, man tamit; *here I am*, maa ngi nii; *I'll do it*, dinaa ko def; *he and I are great friends*, man ak moom ay xarit yu mag lanu.

ice, n., galaas
idea, n., xalaat, *it was not my idea*, duwoon sama xalaat
identify, trv., xàmmi; **identical**, lu niróó, lu méngóó
idiom, n., làkk
if, conj., bu; su; *if he comes, I will tell him*, su ñówee dinaa ko ko wax; *if I were you, I wouldn't stay here*, su ma doon yow, duma des fii; *if not*, mbaa, su dul noonu, walla (*or*); *if possible*, su mënee nekk, su mënee am; *if necessary*, su ko jaree, jar na; *if I am not mistaken*, su ma juumul; *If only I had known*, su ma xamoon de; *as if*, mel ni
ignite, trv., taal; *ignite switch*, taalukaayu làmp
ignoble, adj., ku bon, ku aay biir, ku ñuul xol
ignominious, adj., lu ruslu; **ignominy**, rus
ignore, trv., bañe faale, fàtte; **ignorance**, ñàkka xam; **ignorant**, ku xamadi, ku texet
ill, 1. adj., lu bon; *to be ill*, tawat, feebar; *ill health*, ñàkkum wër gu yaram 2. *to speak ill of s.o.*, jëw kenn, wax ci ginnaawu kenn; *ill bred*, ñàkka yaru, ku yaradiku; *ill treat*, ñàkka toppatoo
illegal, adj., lu dul yoon, lu awul yoon
illegible, adj., lu ñu mënula jàng
illegitimate, adj., lu dul yoon, lu araam
illicit, adj., lu dul yoon te ñu koy nëbb, lu awul yoon
illiteracy, n., ñàkkum mën njàng; **illiterate**, ku mënula jàng, ku amul njàng
illuminate, trv., leeral; **illuminated**, lu leer, boromi leer
illusion, n., njuumte
illustrate, trv., wone, faramfàcce
image, n., misaal
imagine, iv., xalaat, xalam, mébét; **imagination**, xalaat, xalam, janeer
imitate, trv., toppandoo, roy
immaculate, 1. adj., lu amul tàq-tàq, lu set wecc 2. lu moyul
immature, adj., lu ñorul; (*of pers*) ku màggagul, kuy def yëfu xale, ku ñoradi
immediate, adj., ci saa si; *in the immediate future*, ci saa si, ci tàng-tàng bi; *the immediate family*, njaboot gi gëna jege; **immediately**, ci saa si, lééegi-lééegi; *immediately on his return*, saa su ñówee rekk
immense, adj., lu réy, ngande, yaa
immerse, iv., nuur, nuuru, tëmb ci biir
immigrate, iv., gàddaay; **immigrant**, doxandéém
immobile, adj., lu jub xocc, lu yënguwul
immutable, adj., lu nu mënula weccee, lu nu mënula dindi
impair, trv., wàññi dooley (wer gu yaram)

impart, trv., jottali ay xibaar, maye xam-xam
impartial, adj., ku farul fenn
impatient, adj., ku mënula muñ, ku mënula xaar
impeach, trv., jiiñ, tàqal kenn workat; jortoo lu bon cib njiit
impel, trv., puus
impending, adj., luy xew ci lu gaaw
impenetrable, adj., lu ñu mënula dugg, lu ñu mënula daj
impiety, n., ñàkka jullite; **impious**, ku jullitewul
impinge, iv., jéggi yooni kenn
implore, trv., dagaan, ñaan, saraxtu
impolite, adj., ku yaradiku
importance, n., solo, maanaa; *to be of* **importance**, am solo; *that's not* **important**, amul solo
importune, trv., lakkal, sonnal; **importunate**, ku lakkale, ku soof
impossible, adj., lu mënta am, lu mënta nekk
impotent, adj., ku ñàkk kàttan, nit ku yoom
impound, trv., sisiir, jàpp, yóbbu (ab woto) furyeer
impoverished, adj., baadoolo, ku ñàkk alal, ku ndóól
impregnate, trv., biiral, ëmbloo, duggal ci boppu kenn (*s.o. with sth.*)
imprison, trv., duggal kaso, tëj
improve, trv., jëmal kanam, gëna baaxal; **improving**, gën di baax
impudent, adj., ku reew, ku ñaaw làmmiñ, ku ñàkk teggin
impulse, n., doole
in, prep., ci, ca; ci, ca biir; *in Dakar*, ci (biir) Ndakaaru; *in the water*, ci biir ndox mi; **in-between**, ci diggante; n., diggante; **in**-*depth*, lu xóót; **in**-*laws*, n., goro yi
inability, n., ñàkkum kàttan
inaccessible, adj., lu ñu mënula jot, lu neexula daj
inaccurate, adj., lu jubul
incarcerate, trv., tëj kaso
incense, 1. n., cuuraay, nemmali, gongo
incense, 2. trv., merloo
inception, n., ndoorte, tàmbali; *at the* **inception**, ca ba mu tàmbalee, ca ba mu dooree
incest, n., njaaloo
incident, n., ndogal
incline, iv., wàcc, banku; **inclination**; yobu; *to do sth. from* **incline**, yobu def lenn
include, trv., boole ci, ak, ak it
incoherent, adj., lu amul bopp amul geen
income, n., pey mi
incompetent, adj., ku mënul ligééyam, ku xareñul
incomplete, adj., lu matul, lu doyul
increase, trv., yokk

indebted, adj., ku bare ay bor, ku ameel dara; *I am* **indebted** *to you*, ameel naa la njukkal
indeed, adv., ndaxam, de, ci dëgg, dëgg-dëgg; *I am very glad* **indeed**, ndaxam kontaan naa lool
indelible, adj., lu dul far, lu ñu mënula fomp, lu dul deñ, gàkk gu ñu munula far
independence, n., endepandaas; **independent**, ku moom boppam; Math., lu ajuwul
indicate, trv., won, wone, joxañ
individual, n., mbindeef, nit, cam, kok
indolence, n., tayal gi; **indolent**, ku tayal
indoor, adj., ci biir
induction, n., Elec., jur, duggal; **inductor**, jurkat, duggalkat
infallible, adj., ku dul juum, lu amul njuumte
infant, n., xale, liir, bebbe
infect, trv., wàll; yàq xelu kenn
inferno, n., safara, sawara
infertile, adj., lu dul jur; (of woman) jaasir
infinite, adj., lu jeexul, lu gàppoodikku
infirm, n., ku amul kàttanu yaramam, ku làggi, lafañ
inflate, trv., mànq, ëf
inflection, n., caddaay
inflexible, adj., dëgër kënn, lu mënula banku, lu nee sadd
influenza, n., gërip
inform, trv., yëgal, xamal; **information**, yëgle
inhabit, iv., dëkk, dal
inhale, trv., muucu, nukki, xeeñtu
inherit, trv., donn; **inheritance**, ndono li, miiraas
inhibit, trv., nëbb, tere; **inhibition**, lu la sa xel tere
initial, adj., lu njëkk; **initially**, bu njëkk, bu njëkkoon, ca ndorte la
initiate, trv., njëkke, door, tàmbali dara
inject, trv., jam pusó, pikiir, ñakk (*to vaccinate*)
injunction, n., ndigal, *to give* **injunctions**, joxe ndigal
injure, trv., gaañ, lor kenn; **injury**, gaañ-gaañ
ink, n., daa, lànkar
inkling, n., *to have an* **inkling**, jortu, am xel ñaar ci dara; *he has no* **inkling** *of the matter*, xamul lu koy yoot
inland, adj., jééri, ci biir (dëkk bi)
inmost, adj., ci nu mu gëna xóóte; **innermost** *thoughts*, ay xalaat yu xóót a-xóót
innards, pl. n., butit
inner, adj., biir, ci biir
innocent, adj., set; *he was proved* **innocent**, setal nañu ko ci mbir mi
innovate, trv., yeesal, yeesalaat
innoculate, trv., ñakk, waksine

inoffensive, adj., lu dul gaañe
inopportune, adj., lu ñu deful ca waxtu wa mu jotee
inordinate, adj., lu ëpp, lu teggi tànk
inquire, trv & i., laajte; *to **inquire** the price of sth.*, laate njëgu lenn; *to **inquire** for s.o.*, laajte kenn; **inquiring**, ku dañ kumpa
inquisitive, adj., ku dañ kumpa; **inquisitiveness**, (dañ) kumpa gi
insane, adj., ku xelam yëngu, ku dof, ku ñàkk bopp
insect, n., yoo, gunóór
insecure, adj., lu wóóradi, lu wóórul bu baax
insensible, adj., ku yëgul dara, ku joxewul xelam ci dara
insensitive, adj., ku yëgul dara ci yaramam; ku yëgul ñeneen ñi mbaa naqar gi leen dal
inseparable, adj., lu ñu mënula tàqale, lu nee ràpp
insert, trv., duggal, roof
inside, prep., ci biir, ca biir
insight, n., gis-gis
insignificant, adj., lu amul maanaa, lu amul solo
insinuate, trv., wax xalaat gu ñaaw
insipid, adj., lewet
insist, iv., jàpp, dëgëral (ay kàddu); *since you are **insisting**, I am going to stay*, kom jàpp nga ci, dinaa toog
insolent, adj., ku reew, ku xamadi, ku ñaaw làmmiñ
insomnia, n., ñàkkum nelaw
inspect, trv., xool, yër, seet
installment, n., wersamaa, sas; *monthly **installment***, di fey weer wu nee
instant, n., saa, waxtu; **instantly**, léégi-léégi
instruct, trv., jàngal, sotti xam-xam (ci boppu kenn); *to **instruct** s.o. to do sth.*, wax kenn mu def lenn, digal kenn mu def lenn
instrument, n., këf ku ñuy jëfandikoo
insure, trv., wóóral, biral
intangible, adj., lu ñu mënula laal, lu loxo dajul
integrity, n., ngor, njub; *man of **integrity***, góór gu jub, góór gu gore
intellect, n., xel mu yaa; **intellectual**, boromi njàng, borom xel
intelligence, n., xel mu neex; **intelligent**, ku am xel, ku yaa xel
intelligible, adj., lu ñu mëna dégg, lu yomba xam
intend, iv., nar; *to **intend** to do sth.*, nara def dara
intensity, n., taraay
interchange, trv., weccoo
interest, 1. n., njëriñ; **interesting**, lu am njëriñ, lu am maanaa 2. v., neex, saf
interfere, iv., dugg; *don't **interfere** in s.o. else's business*, bul dugg ci lu sa yoon nekkul
intern, trv., duggal
interrogate, trv., laaj, cax
interrupt, trv., dog (kàdduy kenn), taxawal

interval, n., diggante
intimidate, trv., napp
into, prep., ci biir
intolerable, adj., lu ñu mënula seetaan, lu ñu mënula bàyyi mu am
intoxicate, trv., fërlóó, màndiloo
intricate, adj., lu jafe, lu lëj
introduce, trv., duggal; *to **introduce** s.o. to s.o. else*, nuyóóle kenn ak keneen
inundate, trv., taawal, feesal ak; *to be **inundated** with*, fees ak
invalid, n., lafañ
invariable, adj., lu dul soppiku
invective, n., xaste
invent, trv., sàkk, defar; *newly **invented***, lu ñuy sooga defar, sàkk
invert, trv., wëlbati, bittarñi, jàllarbi, jaaxaanal
inversion, n., jàllarbiku
invincible, adj., ku ñu munta daan
invisible, adj., ku ñu mënta gis, lu ñu mënta gis
invite, trv., woo; *to **invite** s.o. in*, woo kenn ci biir
invoke, trv., ñaan (Yàlla), dagaan, saraxtu
involve, trv., *to be **involved** in a fight*, bokk cib xeex
invulnerable, adj., ku tul, lu dul bënn
ion, n., Elec., fépprëcc
iron, 1. n., weñ, 2. feeru paasekaay; *to **iron***, paase
irradiate, trv & i., leer, tàkk, leeral
irreversible, adj., lu wàngarñikoo-dikku
irrigate, trv., as, suuxat, sotti ndox (ci tool yi), roose
irritate, trv., tànqal, merloo, ñëgloo, yokk meru kenn, xasan (góóm)
Islam, n., lislaam
island, n., dun
isolate, trv., féétale boor, wetal, ber
isosceles, n., Math., ñaari wet yem (*triangle*)
isothermal, adj., yem tàngaay
it, pron., *see the determiners*
its, poss. adj., *determined by the suffixes*, *-am*, *-aam*, *-oom*, *-eem*
itself, pron., moom ci boppam
ivory, n., bëñu ñay, iwaar

jab, 1. trv & i., sànni ab kurpeñ bu gaaw, door (ab) sandaŋ 2. *to jab sth. into sth.*, suruxal dara fenn, diigal,
jabber, iv., 1. sab 2. wax lu ñu mënula dégg
jackal, n., boy, till
jacket, n., bulusoŋ
jaded, adj., ku sonn lool, ku am coono gu metti ci ligééy bi muy def
jagged, adj., ñaw
jail, 1. n., kaso, kaaw 2. v., tëj kaso; **jailbreak**, rëccum kaso
jam, n., mbooloo; *to be in a traffic jam*, woto yu tancaloo ci tali bi; *to be in a j.*, 1. dugg 2. tanc; *to jam one's finger in the door*, tanc sa loxo ci bunt bi; *to jam on the brakes*, dëgëral say tànk ci fereŋ yi; **jam**-*packed*, fees dell
jam, n., konfitiir, njambaan; *jam jar*, potu konfitiir
January, n., saŋwiyé
jar, n., pot, bool, ndab
jaw, n., bëñu ginnaaw, kaabaab; **jaws**, ŋaam
jay, n., baxar; **jaywalker**, kuy jéggi tali te du xool fi muy jëm, ku dul moytu suy jéggi tali
jealous, adj., ku fiir; **jealousy**, piir
jeer, trv & i., *to jeer at s.o.*, fontoo kenn, tooñ
jerk, trv., yëngal, regregal
jersey, n., tirikó, mayo
jest, trv., reetanloo
Jew, n., yaawóót, yééfar
jewel, n., jaaroo (*ear, finger*), lam (*arm*); pl., takkaay
jinx, n., luy ume; *to jinx*, umu; ume
job, n., ligééy; *to do a job*, def ab ligééy; *to look for a job*, wut ligééy; *to know one's job*, mën sa ligééy; **jobless**, ñàkk ligééy
jockey, n., dawalkatu fas, sooke (Fr.), gawar
jog, 1. trv., may loxo 2. daw ndànk
join, trv & i., dajale, taqale, takk, bokk; *to join together*, booloo; **joiner**, minisé; **joinery**, mbaaru minise; *to join in*, bokk
joke, iv., maye, fo
journey, n., tukki
joy, n., mbegté; *joyful*, bég, kontaan
judge, 1. n., àttekat, awokaa 2. joxe sa xalaat; **judgement**, xalaat
July, n., weeru suwyé
jump, iv., tëb
junction, n., fu ñaari yoon dajee; *road junction*, karefuur
June, n., weeru suweŋ
junior, n., suq
just, 1. adj., *it's only just*, dëgg rekk la, yoon rekk la, lu war ñu def ko rekk la 2. *just here*, ci fii, ci file; *just by the door*, ci wetu bunt bi; *not just yet*, jotagul; *that's just it*, loolu sax la 3. *he has just called you*, léégi la la woo

justify, trv., setal, wóóral
juvenile, adj., wu xale, yëfu xale
juxtaposition, n., *to be in **juxtapostition***, dend, janoo

kaftan, n., xaftaan
kaolin, n., kew
keen, 1. adj., lu ñaw; *keen edge*, wet gu ñaw 2. ngelaw lu sedd guy, xiif gu metti 3. *to be keen on sth.*, bëgg, sopp (def) dara; *to be keen on s.o.*, nob kenn; *to have a keen ear*, neex nopp
keep, trv., xool, topp (ndigal), wàcc (digaale), feet, woor, am (butig), sàmm (xar, nag); *badly kept road*, yoon bu ñu toppatoowul; *(in shop) we don't keep wine*, du nuy jaay sëng; *he has his family to keep*, mooy dundal njabootam, moo yore njabootam; *to keep for s.o.*, dencal; *to keep s.o. waiting*, xaarloo kenn; *to keep s.o. from doing sth.*, tere kenn mu def dara; *what's keeping you?* lan moo la teree dikk? Lan moo la téyé ci yoon wi? *to keep quiet*, noppi; *to keep left*, jàdd sa cammoñ, làq sa cammoñ; *how are you keeping?* naka nga def? *to keep on doing sth.*, dëkk ci def dara, baña tàyyi ci li ngay def; *to keep on straight*, jubal sa yoon; *to keep away*, sore; *keeper*, wuutukat, saytukat; *keep off*, baña teg say tànk ci, baña laal; *keep off your hands!* bul laal!
kennel, n., mbaaru xaj
kerosene, n., petarool
kettle, n., satala
key, n., caabi
khaki, n., kaki
kick, trv., wéq; *kick up*, sëllax
kid, n., 1. doomu béy, mbote, tef 2. xale
kidneys, n., ndigg, roñoo
kill, trv., rey, rendi; *to kill oneself laughing*, kekku, ree bay bugga dee
kilo, n., kiló
kin, n., mbokk
kind, 1. n., melokaan, fasoŋ; *what kind of man is he?* ban fasoŋu nit la? 2. *a kind person*, nit ku baax
kindle, trv., taal, tàkk
kindred, n., mbokk
king, n., buur, fari (*queen*); **kingdom**, réewum buur
kiss, trv., fóón; *to kiss one another*, fóónante
kitchen, n., waañ; **kitchenware**, dab, ndab yi
kitten, n., muus mu ndaw
kleptomania, n., feebaru sàcc; **kleptomaniac**, koo xam ne loxoom du toog benn palaas
knave, n., kàccoor
knead, trv., defar, jaxase fariñu mburu
knee, n., óóm; *on one's knees*, sukk jonkan; *to go down on one's knees*, sukk, jonkan
kneel, iv., *to kneel down*, sukk, jonkan
knife, 1. n., paaka, saatu 2. jam paaka
knock, trv., fëgg, dóór; *to knock on the head*, woŋ ci bopp; **knock-knock!** koŋ-koŋ
knoll, n., tund

knot, trv., fas, takk

know, n., *to be in the* ***know***, yëg; v., yëg, xam; *as everyone* ***knows***, kom ni ko ñépp xamee; *I don't* ***know***, xamuma; ump na ma; *to* ***know*** *about sth.*, yëg lenn; *he had never been* ***known*** *to laugh*, kenn xamalukowoon ree; ***know*** *all*, xam lépp; *to* ***know*** *s.o. by his walk*, xàmme kenn ci doxinam

knowledge, n., xam-xam; *lack of* ***knowledge***, xamadi; **known**, ku ñu xam, ku siiw

kola, n., guró

koran, n., alxuraan, forxaan

labor, n., ligééy, ñaq (*perspiration, hard work*); *the* **Labor** *Party*, parti ligééykati; **laborious**, lu laaj ligééy, lu metti

lace, n., laase, takkukaayu dàll, fasukaayu dàll; *to* **lace** *up one's shoes*, fas say dàll

lacerate, trv., xotti, dagg, dog

lack, trv & i., ñàkk; *to* **lack** *for*, ñàkk dara

lad, n., xale bu góór, waxambaane

ladder, n., seel, geg

ladle, n., kuddu luus, luus

lady, n., jeeg, jigéén; *young* **lady**, jànq, xale bu jigéén, njagamaar; **ladies** *and gentlemen!* mbooleem jigéén ak góór; **lady**-*like*, ku jongama, jigéén ju jekk taxawaay ak doxin

lag, iv., *to* **lag** *behind*, yééxantu

lamb, n., mburtu, xar mu ndaw

lame, 1. adj., ku lagaj, lafañ; *to be* **lame**, di soox 2. v., lagajloo, lafañloo

lament, trv & i., xul, xultu

lamp, n., leer, làmp

land, 1. n., jééri, suuf; *by* **land** *and sea*, cików suuf ak gééj 2. dëkk, rééw 3. v., wàcc ci suuf, teer

lane, n., yoon, yoon wu ndaw

language, n., 1. lack, kàllaama 2. waxin; *bad* **language**, ñaaw làmmiñ

languish, iv., *l.* (*for*), yàkkamtee def dara

lap, n., pooj

large, adj., lu réy, yaa, ngande; *a* **large** *sum*, xaalis bu bare; **large** *family*, njaboot gu yaa

lash, 1. n., yar, karawaas 2. xef 3. v., caw, dóór

lash, 4. trv., takk, yeew

last, 1. adj., ku, lu mujje; *she was the* **last** *one to arrive*, moo mujjee agsi; *the* **last** *but one*, lu wees li mujje 2. **last** *Monday*, altine bi wees; **last** *year*, daaw; **last** *night*, biig, démb ci guddi; *the* **last** *time I saw him*, bi ma koy mujjee gis; *at (long)* **last**, mujje gi

last, iv., yàgg

latch, n., njàppu, loke

late, 1. adj., yééx, tarde; *I'm late*, dama yééx; *it's getting* **late**, mu ngiy guddi 2. *my* **late** *father*, ndem si Yàlla si sama baay; **lately**, yàggul

lather, n., pótit, purit

laugh, iv., ree, reetaan; *to raise a* **laugh**, reetaanlo; **laughable**, lu reetaanlu

laundry, 1. n., póót, mbàcc (*small l.*) 2. v., fóót, bàcc

lavatory, n., wanag, duus

law, n., yoon; *his word is* **law**, li mu wax ay yoon; *to be a* **law** *unto oneself*, jaar ci sa yoonu bopp; **lawcourt**, tiribinaal, kër siis, kër buur; **law**-*abiding*, kuy jaar yoon; **lawbreaker**, ku jéggi yoon, ku dul jaar yoon; **lawful**, luy yoon; **lawyer**, àttekat, àttekatu yoon, awokaa, siis

lawn, n., ñax

lay, trv., tëral, teg

lazy, adj., ku tayal

lead, n., bettex

lead, n., *to be in the* **lead**, nekk ci kanam, *to take the* **lead**, raw, jiitu; *to regain the* **lead**, roppi; *to* **lead** *the way*, jiitu; **leader**, njiit; **leadership**, njiital

leaf, n., xob

leak, 1. n., toqen, toq-toq 2. v., senn, toq, wal 3. fen, sennal

lean, iv., wééru, wékku

learn, trv., jàng, sàkku xam-xam, yëg (*news*); **learned**, borom xam-xam; **learner**, jàngkat; **learning**, njàng, njàngaan

lease, n., gaarànti

leash, n., njàppu xaj; *to* **leash** *a horse*, ŋalab aw fas

leather, n., der

leave, 1. n., **leave** *of absence*, koñse; 2. v., bàyyi, wacc; 3. jóg, dem, génn

leech, n., watar

leek, n., pooro

left, adj., càmmoñ, càmmoy

leg, n., tànk, yeel

legacy, n., ndono; *to leave s.o. a* **legacy**, waccal fi kenn dara

legal, adj., luy yoon, lu yoon sàntaane

legend, n., lééb

legislate, trv., dogal, diglé ay yoon

leisure, n., **leisure** *(time)*, jot; *to have* **leisure** *for reading*, am jotu jàng; *in my* **leisure** *moments*, saa yu ma amee jot, saa yu ma defulee dara; **leisurely**, adj., ku yàkkamtiwul

lemon, n., limoŋ

lend, trv., abal, lebal; *to* **lend** *s.o. a hand*, may kenn loxo; *to* **lend** *an ear*, déglu bu baax; **lender**, ablekat, leblekat

length, n., guddaay

lent, n., koor

leopard, n., segg

less, a., *the distance is* **less** *than I thought*, guddaay bi gën na tuuti li ma yaakaaroon; *eat* **less** *meat*, lekk tuuti yàpp; *in* **less** *than an hour*, ci lu matul benn waxtu; **less** *than six*, lu matul juróom benn; **lessen**, wàññi

lessee, n., lokateer; **lessor**, borom kër, borom néégu luyaas

lesson, n., saar, lesoŋ; *to take driving* **lessons**, jàng dawal; *let that be a* **lesson** *to you!* na la loolu jëriñ dara!

let, trv., 1. bàyyi (kenn mu def dara); *to* **let** *go of sth., to* **let** *sth. go*, wacc lenn mu dem; *when can you* **let** *me have it?* kañ nga ma ko mëna jox? *to* **let** *s.o. know about sth.*, yëgal kenn dara; *to* **let** *s.o. pass*, bàyyi kenn mu jàll; 2. **let** *us go!* nanu dem! *don't* **let's** *start yet!* bunu dooraguin; **let** *down*, wàcce, bett, jaame; **let** *in*, dugal; **let** *out*, génné

lethal, adj., luy reye

letter, n., leetar, bataaxal

liaison, n., càllal

liar, n., fenkat

liberal, adj., borom xel mu ubbeeku, ku laabir, ku yeewen
library, n., kàggu, dencukaayu tééré yi
licence, n., permi, patant; *driver's **license***, permi kondiir
lick, trv., mar
lid, n., kubéér
lie, n., fen, kàcc; *it's a pack of **lies***, ay feni neen la
lie, iv., 1. tëdd, jaaxaan; *he was **lying** on the floor*, mu ngi tëddoon ci suuf si 2. fen, kàcci, nar
life, n., dund, ndund; *it's a matter of **life** and death*, mbir maa ngi tegu ci ków dund ak dee; *to come to **life***, ximmi; *to take s.o.'s **life***, rey kenn, bóóm kenn; *to take one's **life***, xaru, bóómu, rey sa bopp
lift, 1. n., *to give s.o. a **lift***, yobbaale 2. yëkkati; *to **lift** one's head up*, yëkkati sa bopp; *to **lift** sth. down*, wàcce lenn
light, n., leer, limiyeer; *to **lighten***, leeral
light, adj., lu woyof
lightning, n., melax
like, adj., ni, ni ki; ***like** father, **like** son*, niru na baay ba, roy na baayam, samandaay na baay; *I want to find one **like** it*, dama bëgga am bu ni mel; *a woman **like** you*, jigéén ju mel ni (niróók) yow; *to be **like** s.o.*, mel ni kenn, niróók kenn, samandaay kenn
like, trv., bëgg, sopp
lily, n., tatt
limb, n., cër (cëru yaram, garab)
limbo, n., *to be in **limbo***, xewwi
lime, n., laso
limit, 1. n., pegg, gopp 2. v., àpp, àppal
limpid, adj., lu leer, set
line, 1. n., rëdd 2. raŋ
linger, iv., yééxantu, daagu, tambaambaalu
lingerie, n., póótu jigéén
link, trv., *to **link** together*, boole fas, taqale; *to **link** arms*, joxantey loxo
lion, n., gaynde; *lion cub*, doomu gaynde
lip, n., tuñ
liquefy, trv., ndoxeel
liquor, n., naan
liquid, n., dawdawaan
listen, trv., déglu
liter, n., ñaari walaat, liitar
litter, n., mbalit
little, adj., lu tuuti, *wait a **little** while!* xaaral tuuti
live, 1. adj., luy dund 2. v., dund; *to **live** by doing sth.*, dundee def dara
liver, n., res
livid, adj., lu furééku, lu furi; ***livid** with anger*, mer ba furééku

lizard, n., sindax
load, n., yen, yeb, *that's a **load** off my mind*, wàcce nga ma coono 2. trv., yeb, yen, sarse
loaf, n., mburu, miisu mburu
loaf, iv., *to **loaf** about*, doxantu
loan, 1. n., leb, leble 2. v., leble, lebal
lock, 1. n., loke, tëjukaay 2. v., tëj ak caabi
locust, n., soccantal, njééréér, bar
lodge, trv., dëkkal, dalal, (iv.) dëkk, dal
lofty, 1. adj., lu kawe, gudd, njool 2. (*of pers*) ku yëg boppam
log, n., matt
loin, n., **loins**, ndigg, reño; **loincloth**, sëru ndigg
loiter, iv., tambaambaalu, taxawaalu, doxantu
lonely, adj., lu wéét, lu nee cunduŋ; **loneliness**, wéétaay
long, adj., lu gudd, (*time*) yàgg
long, v., *to **long** for*, yééné def dara, bëgg def dara lool
look, n., *to have a **look** at sth.*, xool, yër, seet lenn; *let me have a **look***, ma xool; ***look** after*, seet, toppatoo, **look**-*alike*, niróówaale, samandaay; ***look** away*, dawale say gët; ***look** back*, xool sa ginnaaw; ***look** for*, seet; ***look** forward to*, fasyééné, di xaar te yàkkamti; ***look** in*, xool ci biir, yër, yërndu; ***look** up*, xool ci kaw
loose, adj., lu yolom; **loosen**, yolomal, fecci
lord, n., *the **Lord**!* Maam Yàlla
lorry, n., kamiyoŋ
lose, trv., réér, rééral
lotion, n., diw
loud, adj., luy sab, coow lu metti, coow luy jolli; **loudmouth**, réy-gemmiñ
lounge, n., saloŋ
love, n., mbëggeel, mbugeel, nobeel, cofeel; *for the **love** of God*, ndax (ngir) Yàlla; **lovable**, ku mata sopp; **lovely**, rafet, baax
low, adj., lu suufé, ci suuf; *to **lower***, wàcce, suuféél, wàññi
lubricate, trv., rataxal
luck, n., wërsëg, muur; *good **luck***, (am) wërsëg; *bad **luck***, ñakk wërsëg; *good **luck** to you!* Yàlla na nga am wërsëg; Yàlla na la Yàlla taxawu; *better **luck** next time*, muñal, dina baax (bu beneenee); **lucky**, ku am wërsëg
ludicrous, adj., lu reetaanlu
luggage, n., dëbës, bagaas
lull, trv., nax (liir bi mu nelaw)
luminous, adj., xuy, leer
lump, n., lump; *lump together*, boole, dajale
lunch, n., añ; *to have **lunch***, añ; *lunch time*, waxtu añ
lung, n., xëtër
lyric, n., woy, taalif

machine, n., wuutuloxo; noppal mbindeef, masin, mësin; *sewing* **machine**, masinu ñawukaay

mad, n., dof; *to be* **mad** *about sth.*, gëme; *to* **madden**, dofloo; **madness**, ndof

madam, n., jongama, soxna si

magazine, n., 1. mangasiin, butig 2. surnaal

maggot, n., sax, gesax

magic, n., luxus; **magician**, luxuskat

magistrate, n., awokaa, àttekat, siis

magnet, n., xëcckat, emaa

magnificent, adj., lu neex, lu saf

magnify, trv., yokk, réyal

magnitude, n., ngàndaay, réyaay

maid, n., jànq; *lady's* **maid**, jànq, mbindaan; **maiden**, jànq

mail, n., bataaxal, leetar; **mailman**, faktoor

maim, trv., dagg, lagajloo, lafañloo

maize, n., mboq

make, trv., defar, tabax; *God* **made** *man*, Yàllaa nu sàkk; *what's it* **made** *of?* lan lañu ko defaree? *what do you* **make** *of it?* lan moo ci sa xalaat? *to show what one is* **made** *of*, wone sa kàttan; *to* **make** *a friend of s.o.*, xaritook kenn; *to* **make** *peace*, jàmmoo, maroo; *to* **make** *a mistake*, juum; *to* **make** *one's escape*, rëcc; *to* **make** *$400 a month*, di feyeeku $400 weer wu nekk; *to* **make** *a name*, siiw; *to* **make** *s.o. happy*, béglóó kenn; *to* **make** *s.o. angry*, merloo kenn; *what* **made** *you say that?* lan moo la waxloo loolu? Lu tax nga wax loolu? *to* **make** *for*, jublu, jëm; **maker**, defarkat; **makeup** *cream*, kereemu toccamikaay

male, adj., bu góór; *male child*, xale bu góór

malicious, adj., ku bon, ku soxor

malinger, iv., feebar-feebarlu

mama, n., yaay, yaay bóóy

man, n., nit, góór, cam; *any* **man**, gépp góór, *no* **man**, du genn góór; *no* **man's** *land*, àllub neen; **manful**, nit ku ñeme, jàmbaar; **manservant**, bëkknéég

manacle, trv., jeng, kabla

manage, trv., jiité, yor, toppatoo; *to know how to* **manage** *s.o.*, xam nooy demalanteek kenn, xam nooy def ak kenn; *to* **manage** *to do sth.*, fexee def dara; *if you can* **manage** *to see him*, fexeel noo ko gisee; *he'll* **manage** *all right*, dina ci génn; **manageable**, lu nu mëna toppatoo, defar, ligééy

mandatory, adj., lu war, lu ñu wara def, lu ñeel kenn

mane, n., njañ, sëqu fas, karawu fas

mange, n., ràmm; **mangy**, ku ràmm

mangle, trv., 1. woñ (yere yi) 2. daggate, yàqate

mango, n., màngo, *mango(tree)*, garabu màngo

mangrove, n., mbugaan

manicure, n., toppatoowum loxo; *to give oneself a* **manicure**, dàgg say we

manifest, adj., lu leer, lu bët seede; *to **manifest** oneself*, wonewu
manifold, adj., lu bare, lu bari
manna, n., xééwalu Yàlla, maye Yàlla
manner, n., yoon, pexe, jikkó; ***manner** of speaking*, waxin; *in a **manner** of speaking*, maanaam, ci waxin; *I don't like his **manners***, jikkóóm neexu ma; *bad **manners***, jikkó ju bon; *good **manners***, jikkó ju baax; ***mannerly***, ku rafet jikkó
manual, adj., wu loxo; ***manual** labor*, ligééyu loxo, ligéeeyu maneebar
manure, n., angare, *farmyard **manure***, tos, ndéf
many, a., yu bare; ***many** a time*, lu baree-bare; ***many** of us*, ñu bare ci nun; *there were so **many** of them*, ñu bare lañuwoon; *too **many** people*, nit ñu bare; *a member too **many***, kenn ku ëpp ci mbooloo mi; *I have as **many** as you*, am naa kem li nga am, am naa lu tollook li nga am
mar, trv., yàq, yàqal (kenn mbégteem)
March, n., weeru mars
march, iv., dox, maaj, jóg
mare, n., wajan, fasu wajan
margin, n., wet, boor, tefes
mariner, n., mareñ
mark, n., mandarga, xàmmekaay
market, n., marse, ja
marriage, n., séy; *to **marry** (of parent)*, maye sa doom (*girl*); labat; ñaanal sa doom jabar (*boy*); *to m., to get **married***, takk jabar, séy (*lady*)
marrow, n., *(bone) **marrow***, yuur
marsh, n., seyaan, **marshy**, fu taa ak ndox
masculine, n., lu góór, lu góóre
mash, trv., mokkal, tas, defar piiré (pombiteer); ***mashed** potatoes*, piiré pombiteer
mask, trv., *to **mask** one's face*, nëbb sa kanam, muur sa kanam
mason, n., móólkat, masoŋ, tabaxkat
mass, n., mees
mass, n., laf, ja, jal; *the **masses***, mbooloo mi
massacre, n., rey; *to **massacre***, rey, bóóm
massage, trv., dàmp, bës (yaram); **masseur**, dàmpkat
master, n., borom; *to be **master** in one's own house*, nekk borom kër; *to be one's **master***, moom sa bopp, yore sa bopp; (*Sch.*) jàngalekat, ustaas, meetar; *to **master***, mën bu baax li ngay def, mokkal
masticate, trv., sàqami
mat, n., ndës, basaŋ
match, trv & i., tolloo, nekk benn; *to meet one's **match***, dajeek sa morom; *he's more than a **match** to me*, moo ma mën, moo ma ëpp doole; (*Sp.*) bëre, futbal; *to **match***, tollale, tollook, samandaay, méngalé
match, n., taalukaay, almet; **matchbox**, boyatu almet
mate, n., àndando; *to **mate***, boole (góór ak jigéén)

material, n., këfin, lu ñuy jëfandikoo; (*Tex.*) piis, tiisi, baxaay; *to* **materialize**, lu jota am, lu jota taxaw, sanc, def, àggale

maternal, adj., wu yaay

matriculate, iv., bindu, bind

matter, n., nenn, këf, mbir; *grey* **matter**, yuur; *to have plenty of grey matter*, am xel, muus; *it's no laughing* **matter**, jarula ree; *no* **matter**, ak nu mu mën di nee; *it's no great* **matter**, loolu du dara; *as* **matters** *stand*, fi yëfi tollu fi mu nee nii; *as a* **matter** *of fact*, ci dëgg, ndaxam; *what's the* **matter**? lu xew? lan la? *there is sth. the* **matter**, am na lu xew; *I don't know what's the* **matter** *with me*, xamuma lu ma jot; *it doesn't* **matter**, amul solo

mattress, n., pajaas, matla

mature, adj., lu ñor

maxim, n., wax, léébu, Wolof Njaay

maximum, n., kemtulaay kàttan

may, aux. v., *I* **may** *do it with luck*, mën naa ko def su ci sama wërsëg nekkee; *he* **may** *not be hungry*, mën na am xiiful; *how old* **might** *she be?* ñaata at la wara am? *be that as it* **may**, ak nu mu mën di nee; **may** *I come in?* mën naa agsi; **maybe**, xej na, mën na am, amaana

May, n., weeru me

mayor, n., Meer, Meeru dëkk bi

maze, n., yoon wu amul bunt, yoon wu neexula gis

me, pron., man, ma; *he told* **me** *so*, wax na ma ko; *listen to* **me**! déglu ma; *he's talking to* **me**, man lay waxal; *he's older than* **me**, moo ma mag; *dear* **me**! wóy man!

meagre, adj., ku xiibon, yooy

meal, n., fariñ (wu mboq)

meal, n., ñam; **mealtime**, waxtu lekk

mean, n., digg; **means**, pexe; *to find the* **means** *of doing sth.*, am pexewu def dara; *it's beyond my* **means**, loolu raw na samay pexe

mean, adj., ku barilewul, ab ndóól

mean, iv., 1. nar, nara def dara; *what do you* **mean** *to do?*, lan nga nara def? *I* **mean** *him no harm*, buggaluma ko lu bon 2. bëgga wax, tekkil; *what do you* **mean**? lan nga bëgga wax? *you don't* **mean** *it!* dangay kaf!

meaning, n., piri, firi; *what the* **meaning** *of the passage*? bayit bi lu muy firi?

meantime, adv., ci diggante wi

measles, n., ŋas

measure, n., matuwaay; *to take* **measures**, jël ay matuwaay; v., natt; *can you* **measure** *the length?* mën nga natt guddaay bi?

meat, n., yàpp; **meat** *eater*, lekk(k)atu yàpp

Mecca, n., Màkka

mechanics, n., doolerandu; *quantum* **mechanics**, doolerandatub kàttan ferñent; **mechanic**, mekaniseŋ

medal, n., midaay

meddle, iv., *to **meddle** with, in*, jaxasoo ci lenn, rax ci dara, boole sa bopp ci dara; *don't **meddle** in my affairs*, boolewuma la ci sama yëf; **meddlesome**, ku nangoo dugg ci lu nekk

mediate, iv., taxaw diggante; *to **mediate** a peace*, jubóóle, àtte; **mediator**, jubóólekat, àttekat, doxkatu diggante

medicine, n., garab, paj; *to study **medicine***, jàng mbiri jàngorook paj

mediocre, adj., lu nééw, yéés

medium, n., jaardigg

meet, trv & i., daje, dajeek, tase, taseek; *to go to **meet** s.o.*, gatanduji kenn; *I'll **meet** you at the station*, nanu daje ca gaar ba! *they **met** in 1990*, ñu ngi xamante ci atum 1990; *our eyes **met***, sunuy gët daje; **meeting**, ndaje; **meeting** *place*, penc mi; *to address the **meeting***, jël kàddu gi

melancholy, 1. n., tiis 2. adj., (*of pers.*) ku yërëmlu

melody, n., woy, baat, buum

melon, n., xaal

melt, iv., seey, ruy; *to **melt** into tears*, simbooy rongoñ; *to **melt** into*, seey, ruy; *to **melt** into the air*, naaw (ci ngelaw)

member, n., 1. cër, benn 2. mbokk; *he is a **member** of the family*, ci njaboot gi la bokk; **member** *of the audience*, seetaankat; **Member** *of Parliament*, Dippité; **member** *fee*, teg

mend, trv., jagal, defaraat

mentality, n., xalaat, xel

mentor, n., njiit

merchant, n., jaaykat, komersaa

merge, iv., rax, daje, booloo

merit, trv., jar, mat

merry, adj., bég, kontaan

mesh, n., mbaal

mesmerize, trv., jat, gëlëmloo, rééral xelu kenn

mess, n., salte, tilimaay; **messy**, lu tilim, lu salte

message, n., kàddu; **messenger**, ndaw

messiah, n., wàlliwa, wàlliyu

metal, n., weñ

metamorphose, n., soppi, soppaliku

meter, n., natt, kontóót (taxi)

meter, n., natt, meetar

method, n., jëfin

mew, iv., ŋeew (muus)

mews, n., wudd, gétti fas yi

mice, n. pl., ay janax

micro-, pref., tuuti; **microphysics**, nekktuutil; **microphone**, waxsuufé

middle, n., digg, diggante; *in the **middle** of*, ci diggu

midge, n., yuul

midget, n., kuus, ndaama, ngàttaan
midwife, n., saasfaam
might, n., kàttan, doole; *to work with all one's **might***, ligééy ak sa kemtulaay kàttan; ***mighty***, bare kàttan
might, (see may); **might**-*have-been*, nit ku alku, ku sànku, ku jaratul dara; ku mënoona tekki dara
mild, adj., (*of climate*) ndugg, fééx, sedd, (*of pers*) ku lewet
mildew, 1. n., (xob wu) booy, lakk, (weñ) wu xuur 2. v., xuur, booy
milk, 1. n., meew; *powdered **milk***, sungufu meew; 2. v., ratt (aw nag); **milkman**, jaaykatu soow
millet, n., dugub
million, n., junniy junni, milyoŋ; **millionaire**, boroomi milyoŋ
millipede, n., walaxnjaan
minaret, n., boppu juuma
mind, 1. n., xel; *to bear sth. in **mind***, def lenn ci sa xel, bañà fàtte lenn; *to call s.o. to **mind***, fàttaliku kenn; *he puts me in **mind** of his father*, baayam la may fàttali; *it went out of my **mind***, dama ko fàtte, sama xel a ci génn; *we are of the same **mind***, sunuy kàddu benn la; *to be in two **minds** about sth.*, am xel ñaar ci dara; *to change one's **mind***, wecce sa xel; *the person I have in **mind***, nit ki may xalaat, nit ki nekk ci sama xel; p*eace of **mind***, xel mu dal; *it never entered his **mind***, loolu musula dugg ci xel mi; *to be easy in one's **mind***, dalal sa xel; *that's a weight off my **mind***, loolu wàcc na sama xel; *to be out of one's **mind***, xel mu la réér 2. *never **mind** that!* fàtteel loolu; *never **mind** the money*, bul seet ci xaalis bi; ***mind** you*, ndaxam, xalatoon na loolu de; ***mind** your own business*, duggal ci luy sa yoon; ***mind** you don't fall*, moytula daanu; *I don't **mind***, defal lu na neex, defal li la doy; *don't **mind** them*, buleen faale, buleen toppatoo
mine, pron., sama bos, samay yos
mingle, trv., jaxase, rax, boole, jaxaasook, boolook
minimum, n., ci nu mu gëna tuutee
minister, n., ministar, làbbe
minus, prep., *ten **minus** two equals eight*, fukk soo ci wàññee ñaar muy juróóm ñett
minute, n., minit
minute, adj., lu tuuti, lu nééw
miracle, n., xééwal, lu nu tandu
mirror, n., seetu
miser, n., nit ku nay, ŋott
misfortune, n., ñàkkum wërsëg
misgiving, n., xel ñaar, ragal
miss, 1. n., *it was a near **miss***, 2. v., dama koo moy; *he never **misses***, du moy mukk; *to **miss** the point*, bañà dégg, ñàkka dégg wax ji; *you haven't **missed** much*, lu bare rawu la; *I **miss** you*, namm naa la; *I don't **miss** it*, maa ngi ceeg lu bare ba léégi; **missing**, ñàkk; *the **missing***, ñi réér
miss, 3. n., jànq

missal, n., kaamilu làbbe, tééréb làbbe
mission, n., *to go on a* **mission**, dox ay tànk
missive, n., leetar, bataaxal
mist, n., til, lëndëm; *to* **mist** *over*, réér ci lëndëm gi; **misty**, lu lëndëm, xiin; *it's* **misty**, dafa lëndëm, dafa xiin
mistake, 1. n., njuumte; *to make a* **mistake**, juum; *to do sth. by* **mistake**, juum def dara; *there is no* **mistake** *about it*, amul werante 2. *If I am not* **mistaken**, su ma juumul 3. *to* **mistake** *s.o., sth. for s.o. else, sth. else*, jaawale kenn, lenn ak keneen, leneen
mitigate, n., wàññi, woyofal (coono); **mitigating** *circumstances*, nééwal dooley xew-xew gi, wàññi coono àtte gi
mix, trv., jaxase; *to* **mix** *well*, ànd, déggóó; *to* **mix** *with the crowd*, jaxasook mbooloo mi; *person of* **mixed** *blood*, borom ñaari xeet, njall; **mixture**, njaxas; **mix** *up*, jaxase, jaxasoo
model, n., ràññiku; *to be a role* **model**, nekk ku ñu ràññe
module, n., seebere
moistness, n., gajfal
moment, n., saa, waxtu (*hour*); *wait a* **moment**!, *just a m.!* xaaral tuuti! négal tuuti! defal ndànk; *I have just this* **moment** *heard of it*, ci saa sii laa ko dégg; *a* **moment** *ago*, yàggul noonu, wees na tuuti rekk; *for the* **moment**, léégi nii
Monday, n., altine
money, n., xaalis
monkey, n., golo; *to* **monkey** *around*, golo-gololu
monogamous, n., borom benn jabar; **monogamy**, séyum benn jabar
monsoon, n., ngelawu nawet
month, n., weer; **monthly**, weer wu nekk
mood, n., *to be in a bad* **mood**, naqari deret, dikkale; *to be in a good* **mood**, neex deret; *he's in a* **mood** *for laughing*, reetan a ko dikkal
moon, n., weer
moor, n., *sandy* **moor**, sonjan; trv., takk, yeew (gaal)
mop, trv., fomp, fobeere
more, indef. pron., 1. **more** *than ten men*, lu ëpp fukki góór; *he's* **more** *than 30*, weesu na fanweeri at; *one* **more**, beneen 2. *I needn't say* **more**, jarul ma ciy yokk; *once* **more**, waat, ayca waat; *I don't want to go there any* **more**, buggatuma faa dem; *the* **more** *one has the* **more** *one wants*, loo gëna am tax ngay gëna bëgg; *all the* **more** *reason*, sàkkaa, tax sax; *I have no* **more** *money*, amatuma xaalis; **moreover**, teg ci, boole ci
morning, n., suba; *tomorrow* **morning**, suba ci suba si, ëllëg ci suba si; *the next* **morning**, gannaaw suba sa; *in the early* **morning**, ci baarunjël, ci njël; *good* **morning**, salaam maalekum! maalekum salaam!
morphology, n., yaram, taxawaay, melin
mortar, n., gënn
mortgage, n., njëgu kër; *to take out a* **mortgage**, leb loo jëndee kër
mortician, n., sangnééw, kuy toppatoo nééw yi
Moslem, n., jullit

mosque, n., jàkk
mosquito, n., yoo
moss, n., purit (*suds*), (*of plant*), ñax mu tooy
mother, n., ndey, yaay; **mother** *to be*, jigéénu biir, jigéénu ëmb; **mother**-*in-law*, goro (sa yaayu jëkkër walla sa yaayu jabar); **motherland**, sa dëkkub juddu; **motherless**, jirim, ku amul yaay
motor, n., doxalkat
mound, n., tund
mount, n., tund
mount, 1. iv., yéég, dajale 2. n., tegu fas, (v.) war (fas)
mountain, n., tund
mourn, trv., jooy; *to* **mourn** *for s.o.*, jooy ku dee; **mourner**, borom dëj; **mourning**, dëj
mouse, n., jinax, janax
moustache, n., sikkim, mustaas
mouth, n., gémmiñ; to open one's mouth, ŋaaŋ, ŋeppi
move, trv & i., 1. dandal, dandu; *to* **move** *(house)*, toxu 2. yëngu, yëngatu, yëngal; *to* **move** *in*, toxusi; *to* **move** *out*, toxuji
mow, trv., dagg, xuuf
much, adv., lu, bu bari
mud, n., ban bu tooy, poto-poto, binit; **mud** *hut*, néégu ban
mug, n., song (nit ak xeetu ngànnaay)
mule, n., berkelle, doomu fas ak mbaam; *stubborn as a* **mule**, dëgër bopp ni mbaam
multiple, adj., lu bari; *to* **multiply**, bareel, baril
mum, interj., **mum** *is the word*, neeleen nuut! neeleen miig!
munch, trv., sàqami
munitions, n., gànnaay
murder, trv., bóóm, rey; **murderer**, reykat, bóómkat
murmur, trv., ñuuramtu, wax ndànk
muscle, n., siddit, suux
muse, iv., mébét, xalam, gént, xalaat
music, n., woy, misik
Muslim, n., jullit
must, 1. n., *it's a must*, dafa war; 2. v., war; *you* **must** *be ready at 2:00*, war nga noppi ci ñaari waxtu; *you* **must** *hurry up*, war nga gaaw kat
mutilate, trv., dagg
mutiny, n., yëngu-yëngu (mbooloo)
mutual, adj., boole bokk, yem ci, ñaari wet
muzzle, n., gémmiñu rab
my, poss. pron., sama, samay (pl.)
mystery, n., kumpa; *to become a* **mystery**, ëlam; *it's a* **mystery** *to me*, loolu de dañ na ma kumpa

nab, trv., jàpp (sàcc)
nag, trv., lakkal (kenn), xas, tànqal; ***nagging***, ku bare ay, ku lakkale
nail, n., 1. we; ***nail*** *scissors*, dàggukaayu we, lewwikaayu we   2. pont; *to **nail** (sth. down)*, daaj
naive, adj., ku gaawa gëm
naked, adj., *(of pers)* yaramu neen; *stark **naked***, def yaramu neen, def taatu neen; *the **naked*** *truth*, dëgg gu wer peŋŋ
name, 1. n., tur; *full **name***, tur ak sant; *what's your **name**?* naka nga tudd? tur wi? *my **name** is Abdu*, maa ngi tudd Abdu, Abdu mooy sama tur; *to go by the **name** of*, di wuyóó ci tur sàngam; *to call s.o. **names***, saaga kenn;   2. v., tudd; *to **name** s.o. after s.o.*, tuddee; ***nameless***, lu amul tur; ***namely***, maanaam; ***namesake***, turandóó
nap, n., nelaw wu gàtt, *afternoon **nap***, nelaw bëccëg, noppaliku, siyest
nape, n., ***nape** (of the neck)*, doq, doqu ginnaaw
napkin, n., *(table) **napkin***, sëru taabal
narcissistic, adj., ku bëgg boppam
narrate, trv., saabal, nettali; ***narrator***, nettalikat
narrow, adj., (yoon wu) xat; *he had a **narrow** escape*, daf' koo moy; ***narrow***-*minded*, nit ku xat xel, nit ku texet
nasty, adj., 1. lu naqari, lu soof; *to smell **nasty***, xasaw; ***nasty*** *weather*, asamaan su neexul deret   2. *a **nasty** person*, nit ku soxor, ku ñaaw jikkó
nation, n., rééw
native, adj., ***native*** *country*, rééwum juddu; ***native*** *language*, 1. làkkum juddu   2. juddóó, sosoo, cosaanoo
nativity, n., juddu
natter, n., waxtaan, *to have a **natter***, waxtaan
nausea, n., xel mu teey, neer
navel, n., jumbax
navigate, trv & i., dawal gaal, dugg gaal; ***navigator***, borom gaal
near, prep., ci wetu, ci booru, jegeñ; *to come **near**, to draw **near**, to s.o.*, jegeñ kenn; *time is drawing **near***, waxtu waa ngiy waaja agsi; *come **nearer***; jegeñsil, toppasil, dandusil; ***near*** *death*, di waaja dee; *to be **near** the end*, di waaja jeex
neat, adj., set wecc; *(of room, style)* jekk; ***neatly*** *dressed*, solu ba jekk
necessary, adj., lu war; *it is **necessary** to do it*, dañu wara def; *if **necessary***, su warce, su ko jaree; *to do the **necessary***, def li war
neck, n., baat; ***necklace***, caq; ***necktie***, karawaat
need, n., soxla; *if **need** be, in case of **need***, su soxla si dikkee; *there is no **need** to go there*, soxlawul dem foofu; *I have no **need** of your help*, soxlawuma sa ndimbal; *to be in **need***, am soxla; ***needy***, borom soxla, kuy sàkkuy ndimbal
needle, n., pusó
negative, adj., dellu ginnaaw
neglect, n., sàggan, sàggane; *to be **neglectful** of one's duty*, sàggane say warugar
negro, n., nit ku ñuul

neigh, iv., ŋexal
neighbor, n., dëkkandoo
neither, adv., *he will neither eat or drink*, du lekk te du naan; *neither here nor anywhere else*; du fii ak fale it; *if you don't go neither shall I*, soo demul man it duma dem
neophyte, n., taalibe bu bees, ku bees ci mbooloo mi, ndongo lu bees
nephew, n., jarbaat bu góór
nepotism, n., jël say mbokk fal leen ci nguur gi
nerve, n., caas; *to be in a state of nerve*, mer; *to get on s.o.'s nerves*, lakkal kenn; *he lost his nerves*, àndul ak sagoom
nest, n., tàgg, tàggu picc
net, 1. n., caax, mbaal; 2. v., mbaal, napp ak mbaal
nether, a., suuf; *the* **Netherlands**, dëkki suuf, rééwi suuf
never, adv., mukk, (*or the negative "du" and the suffix "ati"*); *I'll never go there*, dootuma fa demati; *he never came back*, dellusiwaatul; *I shall never forget it*, duma ko fàtte mukk, duma ko fàtteeti mukk; **never** *mind*, fàtteel! **nevertheless**, teewul, teerewul
new, adj., bees; *what's new?* lu bees? *I'm new in this town*, wàcc bees laa ci dëkk bii; *dressed in new clothes*, sol yéré yu bees tàq; **newborn**, liir; **newcomer**, bees, kuy sooga agsi, **newly**, lu yàggula am; **newlyweds**, ñuy sooga séy; **new** *year*, at mu bees mi
news, n., xabaar, xibaar yi; *I have some news for you*, am naa xibaar yu ma lay jottali
next, a., bi topp, bi tegu, bi jege; *the next room*, néég bi ci topp; *the next day*, bes ba ca tegu, gannaaw suba sa; *next year*, déwén; *this time next year*, waxtu wii déwén; *the next chapter*, saar bi ci tegu, saar bi ci topp; *when I next saw him*, bi ma ko gisaate; *the people next doo*r, the next door; *neighbors*, sunu dëkkandoo yi
nibble, trv., ŋeeñ; fam., *to nibble at the bait*, màtt meeb bi, tàkk
nice, adj., ku baax, ku neex deret; *she's a nice-looking woman*, jongama la
nickname, trv., woowee
niece, n., jarbaat bu jigéén
night, n., guddi; *last night*, biig, démb ci guddi; *the night before*, bërka biig; *tomorrow night*, suba ci guddi; *in the night*, ci guddi gi
nine, card. numb., juróóm-ñent; **nineteen**, fukk ak juróóm-ñent; **ninety**, juróóm-ñent fukk
nip, trv., dompat; *to give s.o. a nip*, dompat kenn
no, adv., déét, déédéét; (*the verb is usually conjugated in the negative form*): *he has no heart*, amul xol; *he made no reply*, tontuwul; **nobody**, kenn
noble, n., géér, noobal
nobody, pron., kenn; *nobody is perfect*, kenn jagul; *nobody spoke to me*, kenn waxul ak man
nod, iv., liyaar; yëngal sa bopp nee waaw, nee waaw ak sa bopp
noise, n., coow; *to make a noise*, soow, sab
nominate, trv., fal, teg (*position*)
none, pron., kenn, lenn; *none at all*, du kenn, du lenn; *I know none of them*, xamuma kenn ci ñoom

nook, n., ruq; *in every **nook** and cranny*, ci ruq yépp
noon, n., diggu bëccëg; *the **noon** sun*, jantu-bëccëg
nor, conj., (see **neither**)
normal, adj., lu jaadu; n., Math., jaadu
north, n., kaw; *to travel **north***, tukki kaw; **northener**, kaw-kaw, waa kaw
nose, 1. n., bakkan; *to blow one's **nose***, ñendu; *to hold one's **nose***, taf, fatt say bakkan; *to speak through one's **nose***, waxee bakkan 2. v., xeeñtu
nostalgia, n., nammeef, nammeel; *to be **nostalgic***, namm
nostril, n., bakkan, paxu bakkan
not, adv., (*is expressed by the determiner, "**du**", or the suffixes "**-ul**","**-u**" when followed by the object pronoun*); *he will **not** come*, du ñów; *I think **not***, yaakaaruma ko
notable, adj., lu ñu xàmmi; n., (*of person*) kàngam
nothing, pron., dara; ***nothing** could be simpler*, dara gënula yomb lii; *it looks like **nothing** on earth*, niróówul ak dara; **nothingness**, neen, dara
notify, trv., xamal, yëgal
notion, n., xalaat
notwithstanding, prep., terewul, teewul, ak loolu sax teewul ne
nourish, trv., lekkal, leel, dundal
novel, adj., lu bees
November, n., weeru nowambar
novice, n., ku bees ci ligééy bi, àpparanti
now, adv., léégi, ci saa sii
nowhere, pron., fenn
nubile, n., ku mata sey
nude, adj., yaramu neen, taatu neen
null, adj., neen
numb, adj., ku xeram; *numbed with horror*, nit ku xeram
number, n., lim
numerous, adj., lu bari
nuptials, n., céétal gi
nurture, trv., lekkal, dundal, leel
nut, n., xoox; *cashew **nut***, xooxu darkase
nutrient, n., ñam, **nutritive**, luy maye doole, ñam gu baax ci yaram

oar, n., joowukaay, joow; **oarsman**, joowkat
oasis, n., seyaan
oath, n., waat; *to take an oath*, waat, giiñ
obdurate, adj., ku dëgër bopp, sob
obedience, n., déggum ndigal, lu jëm ci mbirum nangoo dégg ndigal; **obedient**, ku dégg ndigal, kuy dégg
obey, trv., dégg, déggal (*s.o.*)
obituary, n., *obituary notice*, tàgge
object, 1. n., këf, lëf, (pl.) yëf; *with this object*, jëm ci lu mel nii; *what is the object of all this?* lu tax lii yépp? 2. v., *to object to sth.*, weddi dara, baña nangu lenn; *to object to doing sth.*, lànka def lenn
oblige, trv., 1. tax, waral; *to be obliged to do sth.*, wara def dara 2. *to oblige a friend*, dimbali sa xarit; *can you oblige me with some change*, mën nga ma dimbali ci weccet; *to be obliged to s.o.*, ameel kenn dara, gërëm kenn ci li mu la defal; *to be under an obligation to s.o.*, ameel kenn ngërëm
oblique, adj., lu mbartal, lu pànt, wééru, lu dëng
obliterate, trv., raatale, seeyal, naawal, fomp
oblivion, n., *to sink into oblivion*, fàtte, naax; **oblivious**, kuy fàtte
obnoxious, adj., ku soof, ku neexula bëgg, ku neexa jéppi ndax ay jikkóóm
obscene, adj., lu ñàkk sutura, lu dul suturaal yaram
obscure, 1. adj., lu lëndëm; 2. v., lëndëmal, xiinal; *clouds obscured the sun*, xiin gi nëbboon na jant bi
observer, 1. n., toppkatu (yoon, ndigal) 2. v., xool 3. seetlu; **observance**, gis-gis; **observant**, ku mëna seetlu; *he's very observant*, ku mëna seetlu la, dara du ko rëcc
obsolete, adj., lu màgget, lu njëriñam wees
obstacle, n., gàllankoor, liy teere, luy tee; *to put obstacles in s.o.'s way*, tere kenn jàll, tere kenn mu def dara; *to be an obstacle to sth.*, gàllankoor
obstinate, adj., *obstinate as a mule*, dëgër bopp ni mbaam, texet
obstruct, trv., gàllankoor, xatal, fatt; *to obstruct the view*, teree gis, nëbb gis-gis; **obstruction**, fatt-fatt, gàllankoor
obtain, trv., am, amal sa bopp
obtuse, adj., nee lañ̃
obviate, iv., moytu, waaf, moy
obvious, adj., lu leer nàññ, lu leer, lu neexa gis
occident, n., sowu
occupy, trv., 1. dëkk 2. nangu ab dëkk, giiru ab dëkk; *occupied territory*, dëkk bu ay noon nangu 3. *this seat is occupied*, toogu bii, am na ku ci toog ba pare 4. **occupation**, ligééy, mecce; *what's his occupation*, lan lan ligééy? lan ay mecceem? **occupier**, lokaateer
occur, iv., 1. xew; *if another opportunity occurs*, su loolu xewatee; *don't let it occur again!* bum amati! bum xewati! 2. *it occurs to me*, dafa ma dikkal, sama xel a ngi ma nee; **occurence**, xew-xew

ocean, n., gééjug mbambulaan, gééj gu mag
October, n., oktoobar; *in October*, ci weeru oktobaar
ode, n., xasida, woy, taalif
odious, adj., ku bon
odor, n., xet, liy xeeñ; *to have a good odor*, xeeñ mbann, *to have a bad odor*, xasaw xunn; *odorless*, lu xeeñul
oesophagus, n., mbàq
of, prep., *(to mark the possessive the suffix -u (sg.) or -i (pl.) is attached to the possessee)*; *south of*, ci suufu; *the works of Seex Bàmba*, ligééyi Seex Bàmba; *made of wood*, bant lañu ko defaree; wu bant; *to think of s.o.*, xalaat kenn; *two of them*, ñaar ci ñoom; *there are several of us*, ñu bare lanu; *the best of men*, ki gën ci bindeef yi; *the one he loved most of all*, ki mu gënoona bëgg; *a friend of mine*, sama benn xarit; *it's no business of yours*, sa yoon nekku ci; *of late*, yàggul noonu
off, adv., *I'm off to Dakar*, maa ngiy dem NDakaaru; *where are you off to? foo jëm? fooy dem? they are off*, dem nañu; *to take off one's shoes*, summi say dàll; *off with your shoes!* summil say dàll! *he gave me $10 off*, wàññil na ma $10; *to take a day off,* noppaliku benn bes; *the ignition is off*, taalukaay bi fey na; *to finish off a piece of work*, àggali ab ligééy; *well off*, woomal, bare alal; *he's better off where he is*, fii mu nekk a gën (ci moom); *on and off*, luy dem di dikk, lu fey di tàkk
offend, trv., tooñ; *to be offended*, am lu la nàqari; *easily offended*, ku gaawa mer; offence, tooñ; **offender**, tooñkat
offer, trv., *jox*; *that's the best I can offer*, loolu laa mën, loolu laa la mëna jox; *to offer to do sth.*, dimbali, maye loxo, jàppal
often, adv., faral *(followed by an infinitive)*; *he often stops by*, dina fi farala jaar
oil, n., diw, diwlin, petarool
okra, n., kànj
old, adj., lu màgget, lu yàgg; *to grow old*, màgg; *to be getting old*, màgget; *old people, folks*, màgget ñi; *how old are you?* ñaata at nga am? *he's older than I am*, moo ma mag; *older brother*, mag bu góór; *the oldest child*, taaw bi; *in the old days*, bu njëkkoon, woon; *old fashioned*, lu màgget, lu xewwi
ombudsman, n., doxkatu diggante
omen, n., gaaf; *to take sth. as a good omen*, wërsëgoo lenn; *bird of ill omen*, picc mu aay gaaf; **ominous**, lu aay gaaf
omit, trv., tëb, wacc, fàtte; *to omit to do sth.*, fàttee def dara
omnipotence, n., kemtulaay kàttan; **omnipotent**, borom kemtulaay kàttan
omniscient, adj., ki xam lépp
on, prep., ci kaw; *to tread on sth.*, dox ci kaw dara, dëgg dara; *on the radio*, ci rajo bi; *on the way*, ci yoon wi
once, adv., benn yoon; *once only*, benn yoon rekk; *once more*, waat; *once and for all*, benn yoon mu jeex; *once in a while*, yenn saa yi; *once upon a time there was*, amoon na fii; *at once*, léégi-léégi, ci saa sii; *don't all speak at once*, buleen waxandoo

one, numb., benn, kenn, wenn, lenn, menn; ***twenty-one*** *years*, ñaar fukki at ak benn; *it's all **one***, lépp benn la; *chapter **one***, saar bu njëkk; *this **one***, (benn) bii; *which **one** do you like best?* ban nga gëna sopp? *the **one** on the table*, bi ci tabaal bi

onerous, adj., lu metti (ligééy)

onion, n., soble, *spring **onion***, soble (*Fr. ciboule*)

only, adj. & adv., 1. kenn, benn; kese, doηη; *you are the only one*, yow kenn la 2. rekk; *I have **only** three*, ñett rekk laa am; ***only** he can say*, moom rekk a ko mëna wax 3. *it's a beautiful dress **only** it's rather expensive*, robb bu rafet la waaye nak njëg li dafa jafe

open, 1. adj., lu ubbeeku, lu ŋàyyeeku; *in the **open***, ci biti; *in the **open** country*, ci àll bi, ci àllub neen bi 2. v., ubbi, ŋàyyi, ubbiku

operate, trv & i., dox, doxal; *to **operate** on s.o.*, oppeere kenn

opinion, n., xalaat; *in my **opinion***, ci sama xalaat; *to be entirely of s.o.'s **opinion***, bokk xalaat ak kenn; *what's your **opinion** of him?* lan mooy sa xalaat ci moom?

oppose, trv., jàkkaarle; **opposition**, jàkkaarle, jàkkaarloo

oppress, trv., noggatu, sonnal

optimist, n., ku wóólu li muy def, ku am kóólute ci boppam

option, n., tànn; *I have no **option***, amuma lu may tànn

opulence, n., alal ju bare; **opulent**, borom alal ju bare

or, conj., walla, mbaa; *either one **or** the other*, kenn mbaa keneen ki; *he can't read **or** write*, mënula jàng, mënula bind; *do it **or** else!* def ko mbaa dinga xam!

oral, adj., lu ñu wax, lu jóge ci gemmiñ

orange, n., soraas; **orange** *tree*, garabu soraas

orchard, n., tool

ordinary, adj., lu faral di am, lu yomb (mbir); *an **ordinary** man*, nit ku niróók ñépp; **ordinarily**, lu faral di am, lu tàmm di am, nakajekk

ordinate, n., Math., aj

organization, n., kurél, jataay, mbooloo; **organize**, def dara

orgy, n., boole, booloo, jaxasoo

orient, n., penku; **orientate**, jublu xebla, joxoñ kenn yoon wi

origin, n., cosaan; ***original*** *meaning of a word*, cosaanub kàddu

originate, trv & i., 1. bind, defar, sàkk, moom 2. sosoo, jóge, bàyyeekoo (*from, in*)

ornament, n., takkaay

orphan, n., *an **orphan** (child)*, jirim, baayo, ku ñàkk ndey, ñàkk baay

orthography, n., mbind

oscillate, iv., di yéég aka wàcc

ostrich, n., bànjóóli

other, adj., kenceen, beneen, leneen, meneen, seneen; (pl.) yeneen, ñeneen...; *the **other** one*, keneen ki, leneen li,...; *every **other** day*, ñaari fan yu nee; *some **other** day*, beneen bes; *the **other** four*, ñeneen ñent ñi; *the **others***, ñeneen ñi, ñi ci des, yeneen yi, yi ci des; *I could not do **other** than*, munumawoon def leneen lu dul; **otherwise**, neneen, gannaaw loolu; *he could not do **otherwise***, munuloona def neneen; *should it be **otherwise***, gannaaw loolu

ought, aux., war, laaj na; *one **ought** never to be unkind*, nit ki war na di baax fu mu ko fekk; *I thought I **ought** to tell*, dama yaakaaroon ne war naa la ko wax; *you **ought** to have seen it*, danga ko waroona gis; *that **ought** to do*, yaakaar naa ne li dina doy

our, poss adj., sunu, (pl.) sunuy; *our house and our garden*, sunu kër ak sunu tool; **ours**, sunu bos, sunu(y) yos; **ourselves**, sunu bopp

oust, trv., 1. *to **oust** s.o. from his post*, dàq kenn ci ligééyukaayam; folli kenn ci palaasam 2. wuutu kenn, dàq kenn

out, 1. adv., biti; *to go **out***, génn, *to throw sth. **out***, sànni lenn ci biti; *my father is **out***, sama pàppa dafa génn; ***out** there*, fee, fale; ***out** here*, fii, file; 2. *to lean **out***, wééru ci biti; *to hang **out** the washing*, weer póót mi; ***out** loud*, (wax) ca kaw; *you have put me **out***, danga ma nax; *it is **out** of my power to*, amuma kàttanu; ***out** of date*, xewwi, màgget; *times **out** of number*, ay yooni yoon; *to turn s.o. **out** of the house*, génne kenn ci kër gi; ***out** of curiosity*, ndax kumpa

output, n., delloo, jur

outrageous, adj., *to become **outrageous***, tàkkarnaase

outset, n., *at the **outset***, ci tàmbali gi, ci ndorte li; *from the **outset***, bi muy door

outside, adv., ci biti

outspoken, adj., kuy wax dëgg, ku gore ci li muy wax

oven, n., puur, fuur; *in the **oven***, ci fuur bi

over, prep., ci kaw; *to spill water **over** sth.*, sotti ndox ci kaw dara; *famous all **over** the world*, siiw ci àddina bi bépp; *to stumble, trip **over** sth.*, fakastalu cików dara; *we're **over** the worst*, lu dooni musiba wéy na fi mu nee nii; ***over** the phone*, ci telefon bi, ci waxsore bi; ***over** the radio*, ci rajo; *sitting **over** the fire*, toog ci wetu taal bi; *the house **over** the way*, kër gi (ñu) jano(ol); ***over** five years*, lu ëpp juróómi at; *he spoke **over** an hour*, wax na lu ëpp waxtu; ***over** and above*, teg ci; *he is Wolof all **over***, Wolof la ba jeex; *to read a letter **over***, jàng ab leetar ba mu jeex; *to do sth. all **over** again*, defaat lépp; *ten times **over***, fukki yoon yu tegaloo; *to lean **over***, wééru ci ków; *to fall **over***, daanu ci ków (suuf); *to bend sth. **over***, jubanti; *he is coming **over** tomorrow*, dina nu seetsi suba; ***over** there*, fee, fale; ***over** here*, fii, file; ***over** act*, ëppal; **overall**, lépp; **overanxious**, jaaxle ba mu ëpp; **overbalance**, wat, daaneel

overt, adj., lu ubbeeku, lu feeñ, lu ñépp mëna gis, lu nee feŋŋ

overturn, trv., wëlbati, këpp, wëlbatiku, këppu

overweight, adj., lu ñu peese mu ëpp; *to become **overweight***, réy, diis, pataa

overwhelm, vtr., muur, suul; *to be **overwhelmed** with work*, sonn ak ligééy; fees ak ligééy; **overwhelmed**, jàq, ku xelam jaax; **overwhelmed** *with joy*; bég ba mu ëpp; *of **overwhelming** importance*, lu bare maanaa

owe, trv., *to **owe** s.o. sth.*, ameel kenn dara; *I **owe** my life to you*, ameel naa la sama bakkan, yaa ma tere ñàkk sama bakkan; *I **owe** you an apology*, war naa la baallu; **owing**, amle gi; **owing** *to*, Yàllaak...; *it's **owing** to you I won*, yaa tax ma yóbbu ndam li

owl, n., xargééj

own, trv., 1. moom; *who **owns** this land?* ku moom suuf si? 2. *I **own** I was wrong*, xam naa ne maa tooñ 3. *his **own** money*, xaalisu boppam; *I saw him with my **own** eyes*, gis naa kook samay yaari gët; *I do my* **own** *cooking*, maay toggal sama bopp; *the house is my* **own**, kër gi maa ko moom 4. *my* **own**, sama bos; *I'm on my* **own** *today*, man kenn a nee

owner, n., boroom, (pl)   woroom

ox, n., nag wu góór, yëkk

oyster, n., yoxos

pace, n., tànk, jeego (*strides*); xél (*speed*); *to **pace** up and down*, jaabante
pack, 1. vtr., takk (say dëbës); feesal; iv., defar sa waxande, takk say dëbës 2. n., paket; ***pack** of lies*, ay feni neen; **package**, kóli; **packet**, paket
paddle, n., joow, joowukaay; *to **paddle** a canoe*, joow gaal
pagan, n., ceddo
pain, n., mettit, coono; *to be in great **pain***, sonn lool; *to cause **pain** to s.o.*, gaañ kenn; **painful**, lu metti; **painkiller**, luy wàññi mettit gi; **painless**, lu dul metti, lu mettiwul
pair, n., ñaar; *to work in **pairs***, ñaaroo
pal, n., xarit, àndandoo
palace, n., pale, kër njiitu rééw mi
palate, n., denqaleñ
palaver, n., wax, waxtaan, *at the **palaver** tree*, ca penc ma
pale, adj., ***pale** face*, kanam gu furi, kanam gu fureeku; *to turn **pale***, furi, furiku, fureeku
palisade, n., sàkket
palm, n., ***palm**-tree*, garabu tiir
palpable, adj., lu ñu mëna laal, làmb
pant, iv., xiixat
panther, n., saafando
pantry, n., dencukaayu ñam
paper, n., kayit; *identity **papers***, kayitu didantite
parabola, n., Math., xala
parade, n., defile
paradise, n., àjjana, jinaan
paragon, n., ***paragon** of virtue*, mbaax gu mata roy
parallel, adj., jublang, ànd, gàmbe
paralyze, trv., lafañloo; ***paralyzed** in one leg*, lafañe benn tànk; ***paralyzed** with fear*, tiit ba munoo yëngu
parasite, n., sibooru
pardon, 1. n., *beg your **pardon**!* lan nga wax? Lan? 2. v., baal
parent, n., waajur
parrot, n., seku
parry, trv., moy, moytu, (ab kurpeñ), waaf, wéyale
parsley, n., persi
part, 1. n., wàll; *to be **part** of sth.*, bokk ci dara; *for the most **part***, ci li ëpp; *in that **part** of the world*, (ca) foofa; *to take **part** in sth.*, bokk ci dara; *to take s.o.'s **part***, far ak kenn, faral kenn 2. v., séddale, xàjjale (*from*); *to **part** from s.o.*, tàggalikook kenn
participate, iv., *to **participate** in sth.*, bokk ci dara, boole sa bopp ci dara
party, n., parti
pass, trv &i., jàll, jaar, romb, wees (*time*); *I don't know what **passed** between them*, xamuma lu xew seen diggante; ***pass** me the salt*, jottali ma xorom si! *to **pass** round*, jàllale; *to **pass** one's exam*, jàll sa eksame; **passage**, jàllukaay; ***pass** away*, réér, dee, faatu; **passenger**, tukkikat, wojaseer; ***past***, lu wees, lu yàgg, lu wéy; *in the **past***, bu njëkkoon; *it's ten **past**

four; ñenti waxtu wees na fukki minit; *it's half **past***, genn wàll waxtoo jot; *she's **past** thirty*, weesu na fanweeri at; *to walk, go **past***, jaar, jàll, romb, jéggi (*a bridge*)

passage, n., jàllukaay; **passage** *of time*, xew-xewu jamano

passion, n., looy def te ëppal ci; **passionate**, ku ëppal ci li muy def; *to love s.o. **passionately***, nob kenn ba dof

passive, adj., ku yënguwul, ku njaxlaful

pasture, n., gétt, sàmmukaay

patch, trv., gaar, daax

path, n., yoon, ngir

pathetic, adj., lu yërëmlu, lu tiislu

patience, n., muñ; *my **patience** is exhausted*, munatumaa muñ; *to be **patient***, muñ, mëna muñ

patio, n., ëtt (kër), peroŋ

pause, n., taxaw tuuti

pave, trv, xàll (yoon wi); **pavement**, tortuwaar

pavilion, n., pawiyoŋ

paw, 1. n., tànk 2. v., wéq

pay, trv., fey; *to **pay** a debt*, fey bor; *to **pay** for something*, jënd lenn; *how much did you **pay** for it?* ñaata nga ko jëndee? *to **pay** s.o. a visit*, seeti, seetsi kenn; *it **pays** to do it*, jar na ko; **payment**, pey mi

peace, n., jàmm; *to make **peace** with s.o.*, marook kenn, jàmmanteek kenn; *to live in **peace***, dëkk ci jàmm; *to leave s.o. in **peace***, may kenn jàmm

peak, n., coll, cat, bopp

peanut, n., gerte, aarén

pearl, n., per; **pearl** *necklace*, caq

peasant, n., beykat

pebble, n., xeer, doj (*stone*)

peck, trv & i., *to **peck** at*, cof

pecuniary, adj., lu jëm ci mbirum xaalis

pedestrian, n., doxkat

peek, iv., *to **peek**, have a **peek** at*, yër, yërndu

peel, trv, xolli (soraas, pombiteer), fees, weef (*of skin*); **peelings**, xollit yi

peep, iv., yër, yërndu; **peeping** *Tom*, yërkat, yërndukat

pen, n., bindukaay, xalima

penance, n., *to do **penance** for one's sins*, fey say bàkkaar

pending, adj., dajeek, lu sotteegul; prep., balaa (loolu)

penetrate, trv & i., dugg, surux

penultimate, adj., topp ci ki mu mujje

penury, n., ñàkk gi

people, 1. n. coll., (pl. *peoples*) waa rééw, rééw; *the Senegalese **people***, waa rééwum Senegaal; *country **people***, beykat yi; *the King and his **people***, Buur ak i dagam; *young*

people, xale yi; *old **people***, mag ñi; ***people*** *say*, nee nañu, nit ñaa ngiy jàmbat 2. *to **people*** *with*, feesal ak ay nit 3. ñoñ; *my **people***, samay ñoñ

pepper, n., poobar; *black* **pepper**, poobar, *red, green* **pepper**, kaani salaat

per, prep., bu nee, bu nekk, yu nekk; *ten francs* ***per*** *kilo*, ñaari dëram kiló bu nee; ***per*** *day*, bes bu nee; ***per*** *cent*, ñaar fukk yu nee

perceive, trv., gis (*eye*), dégg (*ear*)

perch, 1. n., tàgg 2. v., tag

perennial, adj., ba abadan

perfidious, adj., ku mëna wore; ku bëgga di lor ñeneen ñi

perforate, trv., bënn

perform, trv., def lenn; **performance**, delloo

perfume, n., nemmali, gongo

perhaps, adv., amaana, mën na am, xej na

period, n., 1. Phys. dëppnéég 2. diir, waxtu; *for a* ***period*** *of three months*, ci diirug ñetti weer

perish, iv., dee, faatu; *it is* ***perishing*** (*cold*), dafa sedd guy

perjure, prv., *to* ***perjure*** *oneself*, teggi li nga waatoon, waat lu dul dëgg; *to commit* ***perjury***, fen ci ay waat, lekk waat

permanent, adj., lu nee faww

permission, n., *to ask for* ***permission***, tàggu, tàggoo, ñaan

permit, 1. trv., *to* ***permit*** *s.o. to do sth.*, bàyyi kenn mu def dara; ***permit*** *me to tell you the truth*, may ma ma wax la dëgg gi 2. n., permi

pernicious, adj., lu bon, lu aay

persevere, iv., góór-góórlu mu jëm kanam

persist, iv., *to* ***persist*** *in doing sth.*, dëgër ci li ngay def

person, n., nit, cam, kok, mbindeef, waay, (pl.) gaa; *in* ***person***, ci boppam

perspire, iv., ñaq; *bathed in* ***perspiration***, ñaq tooy xepp

persuade, trv., *to* ***persuade*** *s.o. of sth.*, wóóral, biral kenn dara; *he* ***persuaded*** *me not to do it*, moo ci génne sama xel; **persuasive**, lu wóór

pessimism, n., ñakkum kóólute ci sa bopp, ci li ngay def; **pessimistic**, ku wóóluwul boppam

pestle, n., kuur, rukk (*big* ***pestle***)

pet, n., rabu kër (xaj, muus, petax..)

petition, n., ndagaan

petty, adj., lu sew, lu ñàkk solo; **petty**-*minded*, nit ku sew jikkó

phenomenon, n., feeñ-feeñ, këfin

phone, n., waxsore, telefon; *on the* ***phone***, ci telefon bi

photo, n., nataal, foto

physics, n., nekk; **biophysics**, dundnekk

pick, trv., *to* ***pick*** *one's teeth*, soccu, sekkeretu, socc say bëñ; *to* ***pick*** *up*, tonni, fab, yëkkati, for; *to* ***pick*** *up s.o. on the way*, jaar jëli, jaar jelsi kenn

piece, n., (checkers) doom, piyoŋ

pierce, trv., bënn; *to have one's ears **pierced***, bënnalu say nopp
pig, n., mbaam xuux
pigeon, n., petax, pitax
pile, n., jal, tegale; *to **pile** up*, jal, tegale
pilgrim, n., ajikat; **pilgrimage**, aj; *to go on a **pilgrimage***, aji
pillow, n., njegenaay, ngegenaay
pimple, n., picc (kanam)
pin, n., péngu
pinch, trv., domp, dompat
pineapple, n., sanaana
pinnacle, n., cat, coll, bopp,ków
pipe, n., solom, tiyó, gënn (*smoking*); **pipeline**, solom, tiyó, kanaal
pistol, n., fetal
pit, n., kan, kàmb, pax
pit, n., xoox (màngo)
pity, n., yërmande; *to take **pity** on s.o.*, yërëm kenn; **piteous**, ku, lu yërëmlu
place, n., barab, palaas; *this is the **place***, fii la, fii mooy barab bi; *in another **place***, feneen, ca beneen barab; *in your **place***, su ma doon yow; *to take **place***, amee, xewee; *to put s.o. in his **place***, delloo kenn palaasam; *to take s.o.'s **place***, wuutu; v., *to **place***, teg, dëj, taaj
placid, adj., nit ku teey, sedd, ku yënguwul bu baax, ku jàpp ñjàmburam
plait, trv., létt, taxañ sa kawar
plane, 1. n., roppalaan, fofalnaaw, abiyoŋ 2. adj., lu maasalewu
plant, n., garab, (trv) ji, jëmbat
play, n., po; *to play*, fo, wuré; **player**, fokat, wurékat
plead, trv & i., lay, layoo
please, trv., saf (*taste*), soob, neex (kenn), bégal; *he's hard to **please***, neexula bégal; *(if you)* **please**! ci bu la neexee, ci bu la soobee; **please**, *don't cry*, ngalla bul jooy, leel noppil; **pleased**, ku bég, kontaan; *I'm very **pleased** he's coming*, kontaan naa ci li muy ñów; **pleasure**, mbégte, bànneex
pleat, trv., lem
plenary, adj., lu mat sëkk; **plenary** *powers*, kàttan gu mat sëkk
plenty, n., lu bare; *he has **plenty** of money*, am na xaalis bu bare; *in **plenty***, bu bare, bu baree-bare
plethora, n., coggal, lu bare bay tuuru, lu bare ba ëpp
plot, n., mbedd, parsel; *to **plot** against s.o.*, kompalóó kenn
plow, trv., ruuj, xàll xoon wi; **plowman**, beykat, ruujkat
pluck, trv., suqi, (ginaar), àjji
plug, trv., *to **plug** up*, roof, fatt
plumb, n., bettex
plunder, trv., sàcc
plunge, trv & i., nuural, nuuru
plus, prep., ak, boole

p.m. abbrev., lu weesu diggu bëccëg; *at four **p.m.***, ci ñenti waxtu ci ngoon
pocket, n., poos, jiba
poem, n., taalif, woy; ***poet***, taalikat, woykat, werekaan
point, n., **point** *of view*, xalaat, gis-gis; *the main **point***, solo gi; *I see your **point***, gis naa li nga bëgga wax; *in **point** of fact*, ci dëgg, wax-dëgg; *the* **point**, mbir mi; *the **point** is (that)*, (mbir mi) dafa di ne; *that's not the **point***, du loolu
poison, n., tooke, poson, daŋar
poke, trv., bëmëx kenn ak say baaraam, conc; *to **poke** fun at s.o.*, kekkantoo, fontoo kenn, mokke kenn, kiituwaale
polish, trv., rataxal, maasale, emale, siraas
polite, adj., ku yaru, ku sell
politics, n., politik; **politician**, politiseŋ
poll, n., ay laajte
polygamy, n., amum jabar yu bare
polyglot, n., ku mën kàllaama yu bari, ku dégg làkk yu bari
pompous, n., ku bari njistal, ku, lu xumb
ponder, iv., xalaat, mébét, xalam
pong, iv., xasaw
pontoon, n., waaf; **pontoon** *bridge*, mbana gi
poor, n., baadoolo, ndóól, moslukat; lu jagul (ligééy)
popular, adj., ku siiw, lu, ku ñépp xam
populate, trv., feesal ak i nit; **populated**, fees ak i nit
porcupine, n., saaw
pork, n., mbaam, yàppu mbaam
port, n., *naval, fishing **port***, poor, teeru, waax
portend, trv., listixaar
portion, n., wàll, fànn; *to **portion** out*, séddoo, séddale
portly, adj., ku am biir, ku am yaram
portrait, n., portale, nataal
positive, adj., lu jëm kanam
possess, trv., moom, am
possible, adj., lu mëna am; *it's **possible***, mën na am, xej na, amaana; *it's **possible** he'll come*, xej na dina ñów; *as early as **possible***, ci nu mu gëna gaawee; *it can't be **possible***, loolu mënula am
post, 1. trv., *to **post** up (bills)*, taf 2. **post** *office*, post; *to take a letter to the **post** office*, sànniji ab leetar; **postmark**, tampoŋ
post-, pref., *to **postdate***, bind lenn balaa bisam a jot; **postpone**, delloo lenn ba beneen yoon
posterior, adj., liy ñów, lu wees dara
pot, n., pot, ndab, (*for tea*) baraada; *coffee **pot***, kafceer
potato, n., pombiteer; *sweet **potatoes***, pataas; *mashed **potatoes***, piiré pombiteer
potential, adj., gu, lu am kàttan, lu am doole, maanaa

poultry, n., ngunu
pound, n., 1 liibar 2. v., dëbb, wol
pour, trv., tuur, tuuru, sotti, sotteeku, xelli (*tea in a cup*); *it's **pouring** down*, mu ngiy taw bu baax
poverty, n., ñàkk, toskare
powder, n., sunguf, puudar, dóóm
power, n., kàttan; *I'll do everything in my **power***, dinaa def lépp luy sama kàttan; ***powerful***, ku, lu am kàttan
practical, adj., lu am njëriñ; *of no **practical** value*, lu amul benn njëriñ
praise, trv., gërëm, woy, taas, tagg, joobe
prattle, iv., sab, waxa-wax, kuy wax te du noppi, ku mëna wax
pray, iv., julli, ñaan; *to **pray** for s.o.*, ñaanal; ***prayer***, jullit
preach, trv., waar, waaraate; ***preacher***, waaraatekat
precarious, adj., lu wóórul; *to make a **precarious** living*, dundee ci maaliforo, dunde ci neen
precede, trv., jiit, jiitu, jëkk
precious, adj., lu jafe njëg, lu njëg li metti, lu am maanaa
precipitate, trv & i., yàkkamti, gaawantu; *to **precipitate** things*, gaawal yëf yi
precise, adj., lu wóór, lu mat sëkk; ***precisely** so!* loolu sax la
predicament, n., *we're in fine **predicament***, tàkk nanu! fi mu nee nii dara doyu nu!
predict, trv., wax lii nara xew, wax liy ñów; ***prediction***, wilaaya
prefer, trv., gëna bëgg, sopp lenn, taamu (*to choose*); *to **prefer** sth. to sth.*, lenn gënal la leneen; ***preference***, ngëneel
pregnant, adj., *to be **pregnant***, ëmb, nekk jigéénu biir, biir, diis (*heavy*)
premature, adj., lu matul, lu waxtoom jotul
premeditate, trv., def lenn loo xalaat ba noppi, def lenn te tey ko
premium, n., warugar, neexal, ndawtal
preoccupation, n., li ub sa xel; *my greatest **preoccupation***, li gëna ub sama xel, li ma gëna jàpp
prepare, trv & i., waaj, waajal lenn, pare; *to **prepare** for departure*, paree dem
presence, n., taxawaay; *in the **presence** of*, ci kanamu; *to keep one's **presence** of mind*, dalal sa xel; ***present***, 1. nii taxaw (*here (I am) standing*); *to be **present** at a ceremony*, fekke, teewe ab xew-xew; *nobody else was **present***, keneen nekku fa woon; *some of you **present** here*, ñenn ci yeen ñi fi teewe; *at the **present** time*, léégi; *as things are at **present***, fi yëfi tollu léégi 2. maye, kado
preserve, trv., ñoŋal, denc
preside, iv., teewe, fekke; *to **preside** over a meeting*, teewe ab ndaje; ***president***, njiit, peresidaŋ
press, trv., woñ, tanc, nal (*fruit*), bës; ***pressing***, lu ñu yàkkamti
presume, trv & i., yaakaar; *he was **presumed** dead*, danu yaakaaroon ne dafa dee; ***presumption***, (sa) xalaatu bopp

pretend, trv & i., (*is often expressed by doubling the verb and the suffix* **lu**); *to* **pretend** *madness*, dof-doflu; *he* **pretended** *he was a doctor*, dafa tegoon boppam doktoor

pretty, adj., lu rafet, jekk

prevent, trv., gàllankoor, tere, tee; *to* **prevent** *s.o. from doing sth.*, teg nit ay gàllankoor, tere kenn mu def dara; **preventable**, lu ñu mëna të, lu ñu mëna moytu

previous, adj., li xew njëkk, li jiitu, li wees; **previous** *to my departure*, balaa may dem; **previously**, bu njëkkoon

price, n., njëg; *cost* **price**, li mu jar, njëg li

prick, trv., jam (pusó), bënn

pride, n., jom, fayda; *puffed up with* **pride**, fees ak jom ak fayda; *false* **pride**, réy mu tekkiwul

primary, adj., bu njëkk, bu jiitu

prime, adj., bu njëkk, bu soloom jiitu (*of* **prime** *importance*)

primitive, adj., lu njëkk

principal, adj., lu fullawu

prior, adj., lu jiit, balaa, lu wees

prison, n., kaso, kaaw

prize, n., yool, neexal, piri; *to win the* **prize** *(in lottery)*, gañe goroló̃ó bi

probable, adj., lu mëna am; *it's* **probable** *that he'll come*, mën na am mu ñów, xej na dina ñów; **probably**, xej na, amaana; **probability**, amaana

proceed, iv., *to* **proceed** *one's way*, topp sa yoon; *before we* **proceed** *any further*, balaa nuy sore; *to* **proceed** *cautiously*, def ndànk-ndànk; *I'll now* **proceed** *to another matter*, léégi ma jublu ci leneen; *things are* **proceeding** *the normal way*, yëf yaa ngiy dox; *sounds* **proceeding** *from a room*, coow luy jóge cib néég; **procedure**, jëfin, yoon wi, ni ñu ko wara defee (*the way it should be done*); **proceedings**, waxtaan; **proceeds**, njëgu njaay mi

proclaim, trv., yëgal, fal (*s.o. king*, kenn buur)

procrastination, n., di waaj aka waaj, bëttal loo mëna def tey

prodigal, adj., yàqkat, ku mëna yàq

profit, n., njëriñ, jur; *to turn sth. into* **profit**, jëriñloo dara, jurlóó dara; *to sell at a* **profit**, jaay génne ci dara; **profit** *margin*, liñ xëcc ci njaay mi; **profitability**, njëriñ li

profound, adj., lu xóót, lu xëccu, lu nëbbu

prohibit, trv., tere; *smoking* **prohibited**, dañuy tere tóx; *to* **prohibit** *s.o. from doing sth.*, tere kenn mu def dara

prolong, trv., xëcc, guddal, yokk

promise, trv., dig; *to make a* **promise**, dig, digé lenn

promontory, n., tund

prone, adj., tëdd jaaxaan, tëddee biir; *to be* **prone** *to (do)*, yobu def dara, bëgga def dara

proof, n., wóóral

propagation, n., jaljalaat

proportion, n., cërcëraat

propose, 1. trv., joxe sa xalaat, joxe ndigal; *what do you **propose** to do now?* lan nga xalaata def nak leégi? *man **proposes** and God disposes*, nit ay digé waaye Yàllaay maye 2. iv., labat, ñaan loxo (sa coro)
prosecute, trv., yóbbu kër buur
protect, trv., saytu, nëbb
protest, trv & i., *to make a **protest***, weddi
proud, adj., ku am jom; *to do oneself **proud***, réyal sa bopp
prove, trv., wóóral, biral; *it remains to be **proved***, dese naa wóór, wóóragul
proverb, n., leébu, wolof-njaay
provide, trv., *to **provide** s.o. with sth.*, jox kenn dara; *to **provide** for s.o.*, yore kenn, togg kenn (*support*); *to **provide** for oneself*, doylu; *to be well **provided***, am ba doyal; *he **provided** for everything*, moo joxe lépp; ***provided**, **providing** that*, su, bu; ***provided** when*, ndeem
providence, n., maye Yàlla, ndimbalu Yàlla
provision, n., dund gi; ***provision** must be made for*, war nanu bàyyi xel ci, war nanu desal
provoke, trv., tooñ, porowoke, *to **provoke** s.o. to anger*, merloo kenn, tooñ kenn
pry, iv., jééx, yër; **prying**, dañ kumpa
pudding, n., *rice **pudding***, sombi
pugnacious, adj., ku bare ay, ku bëgga xeex
pull, trv., xëcc; *to **pull** a gun*, génnee fetal; *to **pull** the door to*, xëcc, tëj bunt bi; *to **pull** sth. apart*, xotti, daggate, tàggale lenn; *to **pull** down*, daanel, wàcce; ***pull** off*, dindi
pulley, n., siga
pulse, n., naw; **pulsate**, (*of heart*) yëngu
pulverize, trv., suur
pump, trv., ëf, mànq, pompe; *to **pump** a tire*, pompe ab pono; *to **pump** up a well*, ŋacc ab teen
pumpkin, n., naajo
pun, n., kàll
punch, n., 1. bënnukaay, wekkikaayu pont 2. kurpeñ; *to **punch** s.o. in the face*, kurpeñ kenn ci kanam
punctual, adj., ku mëna sàmm waxtu, kuy agsi waxtu
puncture, n., bënn, bëtt (taab, pono)
punish, trv., yar, dóór, sadd
punt, trv., sëllax; *to **punt** the ball*, sëllax bal bi
puny, adj., yooy
puppy, n., xaj bu ndaw, doomu xaj
pupil, n., ndongo, taalibe, elew
purchase, 1. n., ***purchase** price*, njëg li ñu ko jëndee 2. v., jënd; **purchaser**, jëndkat, kiliyaan
pure, adj., lu set, neen (*empty*); ***pure** water*, ndoxum neen, ndox mu laab; **pureness**, setaay
purify, trv., setal, laab

purse, n., nafa

pursue, trv., topp; **pursuit**, *in **pursuit** of happiness*, topp sa bànneex

pus, n., dëtt, mbéér

push, trv., puus, bëmëx, bës

put, trv., 1. teg, taaj; *put it on the table*, teg ko ci taabal bi; *to **put** milk in one's tea*, def meew ci sa àttaaya; *to **put** s.o. in his place*, dello kenn ci palaasam; *to **put** the law into application*, doxal yoon; *to **put** a question to s.o.*, laaj kenn dara; *to **put** the case clearly*, leeral mbir mi; *put it to him nicely*, wax ko ko ni mu gëna jekkee; *to **put** an end to sth.*, sottal dara; *to **put** s.o. to bed*, tëral kenn; *to **put** s.o. to sleep*, tëral; *to **put** out to sea*, dugg gaal, dem gééj 2. *put aside*, wetal, teg ci wet gi; *put back*, delloo lenn ci palaasam; *put down*, teg ci suuf, wàcce; *to **put** down one's name*, bindu, bind sa tur; *put it down on my account*, def ko ci sama tur; *to **put** off*, delloo (ba beneen); *put on*, *to **put** on one's clothes*, sol say yere; *to **put** on one's shoes*, sol say dàll; *to **put** on weight*, réy, yokku, gëna am yaram; *would you **put** me on to M. Diop?* mën nga ma jottali góór gi Jóób? *put out*, tàllal, génne, dàq (*to **put** s.o. out of the house*); *put together*, boole, dajale; *put up*, yëkkati; *put up your hands*, yëkkatil say loxo; *to **put** a friend for the night*, dalal sa xarit benn guddi

puzzle, trv., jaaxal, lëjal; *to **puzzle** about, over*, jééma xam; **puzzling**, lu jafee-jafe, lu lëja-lëj, lu lééj

python, n., ñàngóór, jaani ñàngóór

quack, n., *quack doctor*, sëriñu tariyaax, sëriñu maaliforo, sëriñu tappale
quadrangle, n., ñenti wet, ñenti koñ
quadrilateral, n., ñentiwet
quadruped, n., borom ñenti tànk
quaint, adj., lu màgget
quake, iv., yëngu, lox
qualify, iv., wàcc li ngay def, xam, mëna def li ñuy laaj
quality, n., kalite
qualm, n., rus, reccu; *to have no qualms about doing sth.*, bañа rusa def dara
quandary, n., njàq; *to be in a quandary*, amoo foo jaar; jàq; sa xel ubbilu la benn bunt
quantify, trv., wax lu mu mat
quantity, n., dayoo, mat gi; *a small quantity*, lu tuuti; *in great quantities*, lu baree-bare; *unknown quantity*, lu ñu xamul nu mu tollu
quantum, n., kàttan ferñent; **quantum** *mechanics*, doolerandatub kàttan ferñent
quarantine, n., bedd; *to be in quarantine*, ku, lu ñu bedd, ku ñu ber
quarrel, n., xaste, xuló, ŋaayoo; *to try to pick a quarrel with s.o.*, wuta xulóók kenn; *they've had a quarrel*, dañu xulóó
quarry, n., 1. rabu àll 2. nit ku ñuy rèbb 3. karyeer 4. v., for doji karyeer
quarter, n., 1. ñenteel, ñenteelu wàll wi; *three quarters*, genn wàll ak ñenteel; *to divide sth. into quarters*, séddale lenn ñenti wàll 2. ñetti weer yu nekk; *a quarter of a hour*, ñenteelu waxtu, fukki minit ak juróóm; *the four quarters of the globe*, ñenti wàlli suuf si 3. wàll, karce
quasi, pref., xal na, daanaka
quaver, iv., lox, loxal (sa baat)
quay, n., kee, boppu teeru ba, buntu teeru
queen, n., buur bu jigéén
queer, adj., lu doy waar
quell, trv., dalal, seddal (sa xol)
quench, trv., dog mar gi, naan ba màndi
query, trv., laaj, weranteek sa xel
quest, n., wuti, seeti; *to go in quest of s.o.*, wuti, seeti kenn
question, 1. n., laaj, laajte; *to ask s.o. a question, to put a question to s.o.*, laaj kenn dara; *to answer a question*, tontu laaj gi, tontu ci li ñu la laaj; *list, set of questions*, limu laaj yi, laaj yépp; *without question*, amul werante 2. v., laajte, laaj sa bopp; **questionable**, lu jara laaj; **questioner**, laajtekat
queue, n., raŋ
quick, adj., lu gaaw; *the quickest way*, yoon wi gëna gaaw; **quicken**, gaaw, gaawantu, gaawal
quiescent, adj., lu nee tekk, nee selaw
quiet, adj., lu nee selaw, lu nee tekk, lu noppi
quip, n., xas, xaste, saaga, wax wax ju ñaaw, ñaaw làmmiñ

quit, 1. adj., *to be **quit** of s.o.*, tàggalikook kenn, amatoo looy def ak kenn, fatarñikook kenn, kitóók kenn 2. trv. & i., génn, jége fi nga nekkoon; *to **quit** one's job*, wacc, bàyyi sa ligééy
quits, adj., *we are **quits***, kitóó nanu
quiver, iv., lox
quiz, trv., cax
quorum, n., lim gi ñu soxla, wañña gi ñu soxla
quote, trv., dellu ci waxu keneen; *can I **qoute** you?* mën naa dellu ci li nga waxoon?

rabbit, n., ñombar; *buck* **rabbit**, ñombar bu góór; *doe* **rabbit**, ñombar bu jigéén; **rabbit** *hole*, paxu ñombar

race, n., rawante; *to run a* **race**, rawante, daw; *long distance* **race**, daw lu sore; **racecourse**, dawukaayu fas yi; *race horse*, fasu rawante, fasu kurs; **racer**, dawkat; **racing**, rawante, daw

race, n., xeet; *the human* **race**, nit ñi

radar, n., seetkatu jawwu ji, seetkat

radio, n., rajo

raffle, n., lotori, tombalaa

rag, n., sagar; **ragged**, ku rafle, ku sol ay sagari neen

rage, n., mer; *to be in a rage with s.o.*, mere kenn bu baax; *to be all the* **rage**, tàngat; **raging** *sea*, gééj gu mer

rain, n., taw; *it looks like* **rain**, asamaan si xiin na lool; *the* **rains**, nawet bi; *it's* **raining**, mu ngiy taw

raise, trv., yëkkati, taxawal; *to* **raise** *s.o. from the dead*, dekkil nit ku dee; *to* **raise** *s.o.'s hopes*, dëgëral yaakaari kenn; *to* **raise** *one's voice*, yëkkati sa baat

raisin, n., reseη

rake, n., rato; *to* **rake** *off*, buub ak rato

rally, 1. n., ndaje, mbooloo 2. v., dajale, daje, booloo

ram, n., kuuy, xarum kuuy

ramble, iv., doxantu, wër, wëri; *to go for a* **ramble**, wëri, doxantuji; **rambler**, doxkat

rampant, n., li xew léégi; *to be* **rampant**, xew léégi

rank, n., raη

rape, trv., siif, lekk xiig; **rapist**, siifkat

rare, adj., lu faralul; *it's rare for him to do that*, faralul di def loolu; *very* **rare**, (lakk yàpp gu) ñorul bu baax

rat, n., jinax; *rat poison*, posonu jinax

rather, adv., xaw, balaa caag, **rather** *pretty*, xaw na rafet; *I* **rather** *think you know him*, yaakaar naa ne xam nga ko; *I would* **rather** *leave*, maa dem a ma gënal; *I would* **rather** *you came tomorrow*, soo ñówoon suba mooy gën; balaa caag nga ñów suba; *I'd* **rather** *be liked than feared*, ñu bëgg ma moo ma gënal ñu bañ ma; *I'd* **rather** *not*, ma bañ ko def moo gën

raven, n., cééli

ravenous, adj., *to be* **ravenous**, xiif bay bëgga dee

raw, adj., lu ñorul; *raw meat*, yàpp wu ñorul

ray, n., ceneer

razor, n., rasuwaar, watukaay; *razor blade*, lañset

reach, 1. n., tolluwaayu loxo, lu loxo muna jot; *out of* **reach**, *beyond* **reach**, lu ñu munula jot; *beyond the* **reach** *of human intellect*, lu xel munula daj 2. trv & i., daj, àgg; *your letter* **reached** *me today*, jot naa sa leetar tey jii; **reach** *me my glasses*, jottali ma samay lunet; *to* **reach** *an agreement*, jota déggóó, digé; *to* **reach** *out*, tàllal say loxo

react, iv., yëngu

reaction, n., diggante

read, trv., jàng, yër; *he's reading Wolof*, mu ngiy jàng Wolof; *to read sth. aloud*, jàng lenn ca kaw; (*of pers*) *well read*, ku am njàng

ready, adj., waaj, pare; *to get sth. ready*, waajal dara

real, adj., dëgg; *for real*, ci dëgg, dëgg-dëgg; *real estate*, kër; dëkkuwaay; **reality**, dëgg; *you really must go*, ci dëgg danga wara dem

realize, trv & i., dëggal, amal; yëg (*to realize that sth. happened*)

realm, n., rééwum buur, diiwaan

realtor, n., jaaykatu kër

reanimate, trv., ximmiloo

reap, trv., góób; *you reap from what you sow*, loo (ci) góóbe gar ko

rear, 1. trv., sàmm, yar, boot ag njaboot, bey 2. (*of horse*) bajjantu

reason, n., 1. tax gi, li tax; *for reasons best known to myself*, li tax man rekk a ko xam; *for no reason at all*, dara taxul; *the reason why*, li tax; *with good reason*, ci yoon 2. xel; *to lose one's reason*, am xel mu la réér 3. *to reason with s.o.*, waxtaanee xel ak kenn

rebate, n., wàññig njëg, daanelug njëg li, wànteer

recall, trv., woowaat, fàttaliku; *I don't recall his name*, dama fàtte turam

recapitulate, trv & i., dellu ci li nga waxoon, waxaat ci lu gàtt

recede, iv., dellu ginnaaw; *his hair is receding*, karaw gaa ngiy jeex, mu ngiy leelsi

receipt, n., 1. rési; *to give s.o. a receipt*, jox kenn ab rési 2. jot; *upon receipt of your letter*, bi maa jotee sa leetar

receive, trv., jot, tuuse

recent, adj., lu weesuwul noonu, lu bees, lu yàggul noonu

reciprocate, trv., dimbalante; delloo ndimbal

recite, trv., tari

reckless, adj., ku dul moytu; *reckless driver*, kuy dawal te du moytu; *he spends recklessly*, du xool ni muy jaayee xaalisam

reckon, trv & i., xayma, wàññi; *a man to be reckoned with*, nit ku mata wóólu

recline, trv., wéér, tëddal, tëral (sa bopp ci dara); tëdd, jaaxan (*on*, ci)

recognize, trv., xàmme; *to recognize one's mistake*, xam ne yaa juum; *to recognize s.o. by his walk*, xàmme kenn ci doxinam

recollect, trv., fàttaliku; *to the best of my recollection*, su ma fàttalikoo bu baax

recommend, trv., yedd, digal; *to recommend s.o. for sth.*, yónni

recompense, trv., necxal, yool; *to recompense s.o. for sth.*, yool, neexal

reconcile, trv., jubóóle; *to be reconcilied*, jubóó, maroo; *to reconcile s.o. to sth.*, nanguloo kenn dara

reconsider, trv., seetaat, xalaataat

reconstruct, trv., tabaxaat, defaraat

recount, trv., 1. nettali 2. wàññaat, wàññiwaat

recoup, trv., *to recoup one's losses*, ñoddi li nga ñàkkoon

rectangular, adj., *rectangular triangle*, koñjub

recur, iv., amaat, dellusiwaat, xewaat

red, adj., xonq; *red light*, fëruus; **redden**, xonqal
redeem, trv., fey, jënd
redress, trv., jubbanti, defaraat
reduce, trv., wàññi; *to reduce speed*, wàññi say tànk, wàññi (sa) xél
refer, trv & i., wax lu jëm ci, wax lu taqalook; *to refer a matter to s.o.*, waxtaan ak kenn lu jëm ci; *I'm not referring to you*, waxuma la
refuge, n., nëbbuwaay, keruwaay
refuse, n., mbalit
refuse, trv & i., gàntu; *to refuse to*, baña
refute, trv., weddi
region, n., dëkk, njendi
regret, trv., reccu, tuub
reign, 1. n., nguur 2. v., toog ci jal bi
relate, trv., 1. nettali, lééb 2. bokk (ñaari yëf); *to relate two things*, boole ñaari yëf; *related to*, bokk ak; *he's related to us*, sunu mbokk la; **relationship**, mbokk; **relation**, Sci., jote
relative, adj., (*to*) lu bokk ak
relay, trv., awu
release, trv., bàyyi
relevant, adj., (to) lu jëm ci, lu bokk ak, lu jote ak
reliable, adj., ku, lu wóór, ku mata wóólu
reliant, adj., *to be reliant on s.o.*, ŋoy ci kenn, wóólu, dénk kenn sa bopp
relieve, trv., giifal, seddal, wàññi (coono)
religion, n., diiné; **religious**, ku jullité
relinquish, trv., bàyyi, wacc li nga doon def
relish, 1. n., cafte 2. trv., ñam; *to relish doing sth.*, bànneexoo def dara
reluctant, adj., *to be reluctant to do sth.*, ku xol mi nekkul ci def dara
rely, trv., *to rely upon s.o.*, wóólu kenn, wékku ci kenn
remain, iv., des, dese, *the fact remains that*, des na ne; *it remains to be seen whether*, dese naa gis segam; *to remain sitting*, dëju, toog; *to remain behind*, des ca gannaaw; **remainder**, desit, li des; *the remainder of his life*, li ko desee dund; *the remainder*, ñi ci des; **remaining**; *I have four remaining*, ñent a ma dese
remark, n., *to make a remark*, joxe sa xalaatu bopp, wax sa gis-gis; *to remark*, seet, seetlu
remedy, n., garab, paj
remember, trv & i., fàttaliku; *if I remember rightly*, su ma fàttalikoo bu baax; *do you remember me?* fàttaliku nga ma?
remind, trv., *to remind s.o. of sth.*, fàttali kenn dara
remiss, adj., ku bàyyiwul xel ci dara, ku sàggan
remorse, n., yermande; **remorseless**, ku amul yermande
remote, adj., lu sore, lu xëccu

remove, trv., dandal, toxal, dindi, teggi, deñal; *to remove one's make-up*, sëlamu, fomp sa kanam
remunerate, trv., fey (xaalis)
render, trv., delloo; *to render a service to s.o.*, dimbali kenn ci dara
renew, trv., beesalaat, yeesalaat
repair, trv., jagal, defaraat, reppaare; **repairer**, baay jagal
repatriate, trv., delloo kenn dëkkam
repeal, trv., trv., fomm, delloo, dàq
repeat, trv., defaat, waxaat, (expressed by the suffixes **-aat** and **-waat**, or **dellu** (**di**) plus the verb)
repent, trv & i., reccu; *to repent of sth.*, reccu li nga def
replace, trv., 1. tegaat lenn ci palaasam 2. wuutu, toogal (*to sit for*), awu
replenish, trv., feesalaat, feccaliwaat
replete, adj., lu fees
replica, n., niróóle
reply, n., tontu; *what do you have to say in reply?* lan moo di sa tontu? trv & i., tontu
represent, trv., *to represent s.o.*, taxawal kenn; wone, xayma
reprisal, n., xare, xeex
reproach, trv., sikk, jiiñ kenn dara; *beyond, above reproach*, ku amul lu ñu koy jiiñ, ku amul lu ñu koy sikk; *to reproach s.o. with sth.*, am lu ñuy sikk kenn
reprobate, n., kàccoor, ku amul njëriñ, ku tekkiwul dara
reproduce, trv., soppali, defaraat
reptile, n., rab yiy raam (sindax, barbatóór, jaan)
request, n., ndagaan; *to make a request*, dagaan, ñaan
require, trv., *to require s.o. to do sth.*, laaj, ñaan kenn mu def dara
rescue, trv., wallu, rammu, xettali
resemble, trv., niru, samandaay, niróók, mel ni; *to bear a resemblance to s.o.*, samandaay kenn, mel ni, niróók kenn
resent, trv., bañ, sib; *you resent my being here*, li ma toog fii neexul la
reserve, trv., denc; *to reserve sth. for s.o.*, dencal kenn dara; *to reserve a seat for s.o.*, tëyeel kenn palaas; *to reserve the right to do sth.*, may sa bopp yoonu def dara; **reserved**, nit ku nëbbu, ku sedd, ku dul wax lu bare
reshuffle, trv., tas (nguur gi) defaraat
reside, iv., dëkk
residue, n., desit; **residual**, li des
resilient, adj., lu dëgër, luy tàwweeku; (*of pers*) *to be resilient*, nit ku njaxlaf, nit ku dëgër
resistance, n., tëye
resistivity, n., tëyewin
respect, n., 1. *with respect to*, lu jëm ci 2. yar, teranga; *to have respect for s.o.*, teral kenn; *worthy of respect*, ku jara fonk, ku jara teral; **respectful**, ku am yar
respiration, n., noyyi
respite, n., *to work without respite*, ligééy bu amul noppalu

resplendent, adj., luy melax, luy tàkk, lu rafet
respond, iv., tontu; *to respond to sth.*, sopp dara, déggóók lenn; **response**, tontu
rest, 1. n., noppalu, toog benn palaas; *to set one's mind at rest*, noppal sa xel; *to take a rest*, noppaliku
rest, 2. n., desit, li des; *the rest*, ñi des; *the rest of us*, nun ñi des
restaurant, n., restoraŋ, fi ñuy jaayee ñam
restitution, n., *to make restitution of sth.*, delloo dara
restore, trv., defaraat, rafetalaat, beesalaat
restrain, trv., tëye, tere, tee
restrict, trv., wàññi, nééwal, yemale
result, n., resiltaa
resume, trv., dellu ci li nga doon def; *to resume one's seat*, dellu sa palaas, toogaat sa palaas; *to resume work*, dellu ci ligééy bi; *the meeting will resume at 5*, ndaje maa ngiy doraat ci juróómi waxtu
résumé, n., wax say jaar-jaar ci lu nééw, nettali lépp li am maanaa li nga def
resurrect, trv &i., dekki(l)
retail, n., njaayum detaay, njaayum waxaale, lu ñuy par benn
retain, trv., taxawal, jàpp (bu baax); *I can't retain anything*, fàtte naa lépp, munuma fàttaliku dara
retaliate, iv., feyu
retarded, adj., lu yééx, lu ñu yééxal; *mentally retarded*, borom xel mu neexul, ab nééw xel
retention, n., jàpp ci li ngay def; **retentive**, (ku mëna) fàttaliku
reticent, adj., ku noppi, ku tëju
retreat, iv., dellu gannaaw, wañño eeku
retribution, n., yar, àtte
retrieve, trv., yët, fori, feeñal
retrospect, n., *when I consider these events in retrospect*, su may fàttaliku xew-xew yile
return, 1. n., *the return to school*, ubbité ekool; *on my return home*, bi ma dellusee kër, bi ma wañño ikoo kër; *many happy returns!* yàlla na nga fekke déwén! *return (ticket)*, (sa biyé) dem ak dellusi 2. v., *(come back)* dellusi; *(go back)* demati, delluwaat; *to return home*, ñibbi; *they have returned*, dellusi nañu; *to return sth. to its place*, delloo lenn ci palaasam; **returnable**, lu ñu mëna delloo
reunion, n., ndaje; *family reunion*, njaboot gu dellu daje; **reunite**, boolewaat, boole
reveal, trv., feeñal; *to reveal one's identity*, wonewu, wax yaay kan
revel, iv., fo, mbumbaay, noos
revenge, trv., feyul; *to revenge oneself*, feyu
reverberate, iv., (coow luy) awu, jolli
revere, trv., sukkal, raamal, teral; **reverent**, ku mata teral
reverie, n., gént, xalaat gu sore
reverse, 1. n., *reverse side*, gannaaw 2. wuuté, *to be the reverse of s.o.*, wuutéék kenn; *in reverse (gear)*, dellu gannaaw 3. daaneel, wëlbati, wàngarñi; **reversible**, wàngarñiku

review, trv., seetaat, xoolaat bu baax
revise, trv., xoolaat, jàngaat, jubanti; Sch. nafar
revive, trv & i., dekki, ximmi, dekkilaat
revolt, iv., jóg; *to revolt against*, jógalal
revolution, n., jargandal, wër-wër; **revolutionize**, wecci ci nu mu gëna baaxe
reward, trv., neexal, yool
rib, n., wet
ribbon, n., pas
rice, n., ceeb, maalo; *rice pudding*, sombi; *rice plantation*, toolu ceeb; *white rice*, ñànkataŋ; *hard rice*, xóóñ
rich, adj., *(pers)* ku woomal, borom alal, *(soil)* bu am barke, bu baax, bu bare; *the riches*, borom alal yi; **riches**, koom, am-am
rick, n., gar mi
rickets, n., *to have rickets*, xiibon
rid, trv., fattarñi; *to get rid of*, fattarñiku, mucc ci *(to save oneself from)*
riddle, n., cax
ride, n., dawal (fas, woto, welo); *to go for a ride*, jaabali, dawali
ridge, n., cat, coll
ridicule, trv., kekkantoo, fontoo; **ridiculous**, lu reelu
rifle, n., fetal
rift, n., xar-xar
right, adj., jub, ndeyjoor *(side)*; Mth., *right angle*, koñ wu jub, koñjub; *to meet at right angles*, tase ci koñjub wi; *I thought it right to*, dama yaakaaroon ne jar na; *to do the right thing*, def liy yoon; *to be right*, wax dëgg; *you came at the right moment*, agsi nga waxtu; *quite right!* ci dëgg; *all right*, waaw, dàkkoor, déggóó nanu; *is it all right?* mbaa mu ngi dox? *right hand*, loxo ndeyjoor; *on the right side*, ci wetu ndeyjoor gi; *right and wrong*, mbaax ak mbon; *to be in the right*, am yoon, am dëgg, *to have a right to do sth.*, am yoonu def dara; *right-of-way*, am yoonu jàll njëkk; *human rights*, yooni mbindeef; *on your right*, ci sa ndeyjoor; *righteous*, lu jub
rigid, adj., dëgër këŋŋ
ring, 1. n., *(on finger)* jaaro baaraam 2. v., sab, mbiib, *(telephone, bell)*
rinse, trv., yalandi, lenxali, raxas, *to rinse one's hands*, raxas say loxo; *to rinse the dishes*, yalandi dab yi, lenxali ndab yi; *to rinse one's mouth*, galaxndiku
rip, trv., xar, ubbi; *to rip open*, sar; *rip-off*, sàcc; *rip-out*, xotti
ripe, adj., ñor; **ripen**, ñoral
rise, iv., jolli, jóg, *(of sun)* fénk; *to rise from the dead*, dekki; *(of parliament)* tas ndaje li; *to rise in revolt*, jógal, *(against)* jógalal; *to rise to the surface*, nukki, feeñ; *prices have risen*, njëg li yokku na
river, n., dex; **riverside**, takk
road, n., yoon
roam, trv & i., doxantu, wër
roar, iv., ŋar

roast, trv., lakk (yàpp), róti
rob, trv., sàcc; *to **rob** s.o. of sth.*, sàcc kenn dara
rock, n., doj
rod, n., bant, yat
rogue, n., saay-saay, kàccoor
roll, trv., bërëŋ; *to **roll** oneself over*, bërëŋu
roof, n., jank, palaafoŋ, boppu néég
room, n., néég, palaas
root, n., meññet
rope, n., buum
rosary, n., kurus
rot, n., nëb, yàqu; *to **rot** away*, nëb, yàqu, fënëx *(timber)*; **rotten**, lu nëb, yàqu
rotate, iv., 1. wëndéélu 2. wëndéél 3. wuutoonte; trv., wëndéél
rough, adj., dëgër këŋŋ, ñagas; ***rough** sea*, gééj gu mer, gééj gu yëngu; ***rough** weather*, asamaan su neexul
round, adj., lu wër, lu wërale, mbege *(circle)*; ***round** trip*, tukki dellusi; *in **round** figures*, limu ñaar; ***round** of applause*, tàccu; *to turn **round***, wëlbatiku
rouse, trv., *to **rouse** s.o. (from sleep)*, yee kenn
route, n., yoon; *sea **route***, yoon wi gaal yiy topp; *bus **route***, yoon wi wotobiis yiy topp
routine, n., ***routine** work*, ligééy bi ñu tàmma def; *daily **routine***, li ñu def bis bu nekk
row, 1. n., raŋ, toppante; *in **rows***, tegalewu, teglewu, raŋalewu; *three times in a **row***, ñetti yoon yu tegalewu; *in the front **row***, ci kanam 2. trv. & i., joow; *to go for a **row***, joowi; ***rowing***, joow gaal 3. n., coow lu bare, coow lu jëm kaw; *to have a **row** with s.o.*, xulóók kenn, tàppaasanteek; téésanteek kenn
rowdy, adj., ku bare coow, ku réy gat; **rowdiness**, tàppaas, coow
royal, adj., *the **Royal** household*, kër Buur; **royalty**, njabootu buur
r.s.v.p., abbrev., tontul ci bu la neexee; tontuleen ci buleen neexee, tontuleen ci buleen soobee' no ngi leen di déglu
rub, trv., riis, diw, forote; *to **rub** shoulders with other people*, buuxante
rubber, n., kawsu, *(India) r.*, daakànde; ***rubber** tree*, garabu daakànde
rubbish, n., jalu mbalit, sarwaan; ***rubbish** bin*, paanu mbalit
rudder, n., boppu gaal
rude, adj., ku ñaaw làmmiñ, ku yaradiku
rudiment, n., maanaam li nga xas jàng ci lépp looy waaja def
ruffle, trv., jaxaase, tas, ñagasal (sa karaw)
rugged, adj., lu ñagas
ruin, 1. n., *to fall in **ruins***, tas, tasaarewu, yàqatewu 2. v., toskareloo, tas yaakaar
rule, 1. n., yoon; *as a general **rule***, ci yoon, nakajekk; ***rules** and **regulations***, yooni (kër gi); *it is against the **rules***, àndul ak yoon; *under the **rule** of*, ci nguurug 2. trv., jiité nguur gi; ***ruler***, njiit, njiitu dëkk bi; *the **ruling** class*, mbooloo miy doxal rééw mi
rumble, iv., riir, *(of thunder)* dënnu, *(of stomach)* yëngu
ruminate, trv., sàqamiwaat (nag); *(of pers)* mébét

rumor, n., njàmbat li; *rumor has it that*, ñu ngiy jàmbat nee; *there's a rumor going round that*, ñu ngiy jàmbat ci dëkk bi nee

run, trv & i., 1. daw   2. *to run a race*, raw, rawante; *to run an errand*, dawalal   3. *I can't afford to run a car*, amuma njëgu lu ma toppatoo woto; **runner**, dawkat; *to run in*, tàggat

rural, adj., wàllu beykat

rush, iv., 1. gaawantu, dëgëral say tànk   2. trv., bëmëx, puus; *don't rush me*, bu(l) ma yàkkamti, bul ma gaawantu

rust, n., lu xuur; **rusty**, lu xuur

rustic, n., beykat; adj., lu bokk ci àddinay beykat

ruthless, adj., ku amul xol, ku dul yërëmaate

sabbath, n., Ecc., dibéér, dimaas; **sabbatical**, atum noppalu (wuw jàngalekat)
saber, n., jaasi; **saber** *cut*, (*scar*) ñaas
sabotage, n., yàq; trv., yàq; **saboteur**, yàqkat
sachet, n., mbuus
sack, 1. n., saaku; *to put sth. into* **sacks**, duggal lenn ciy saaku 2. trv., fam., dàq (ligééy)
sack, trv., yàqate, tasaare
sacrament, n., sééxal
sacrifice, n., sarax, maye, joxe; *to offer sth. as a* **sacrifice**, saraxe dara, maye dara; trv., saraxe, maye li nga soxla
sad, adj., lu tiislu, lu yërëmlu; *to make s.o.* **sad**, yërëmlo, tiislo; *to be* **sad** *at heart*, am tiis ag naqar; **sadden**, tiisloo, yërëmloo; **sadness**, tiis
saddle, n., teg (fas); trv., sëf (teg wi); *to* **saddle** *s.o. with sth.*, sëf kenn dara, yan kenn dara
safe, 1. adj., lu wóór; *to put sth. in a* **safe** *place*, teg lenn fu wóór-a-wóór; *in* **safe** *hands*, loxo yu mata wóólu; *it's not* **safe** *to leave him alone*, wóórul bàyyi ko fi moom kenn; *safe journey!* dem ak jàmm! 2. n., kofarfoor, dencukaayu xaalis, **safeguard**, trv., saytu, seet; **safekeeping**, n., *in* **safekeeping**, ci fu wóór; **safely**, adv., ci nu wóór; *to arrive* **safely**, àgg ag jàmm
sag, iv., (*of roof*) bànku, dëng, nooy, mbartal
sagacious, adj., ku nànd, ku xareñ
sage, n., mag, borom xam-xam, borom xel mu yaa
sail, 1. n., wiir (gaal); *to set* **sail**, dugg gaal, 2. iv., dugg gaal; *to* **sail** *around the world*, wër àddina beeg gaal; **sailboat**, gaal gu ànd ak wiir; **sailing**, dawal gaal; **sailor**, mareñ, dawalkatu gaal
saint, n., yaaram, wàlliyu
sake, n., *for God's* **sake**, ngir Yàlla; *for the* **sake** *of regularity*, ngir topp yoon, ngir aw yoon; *it's for your own* **sake**, looloo baax ci yow; *I forgive you for her* **sake**, baal na la ndax moom; *for goodness's* **sake**, ngir Yàlla
salad, n., salaat
salary, n., pay, saleer
sale, n., njaay; *to put sth. up for* **sale**, jaay dara; *on* **sale**, lu ñuy jaay; Com., *clearance* **sale**, wànteer; **sale** *price*, njëgu wànteer li; **saleable**, lu ñu mëna jaay; **saleroom**, jaayukaay, **salesclerk**, jaaykat; **salesman**, **saleswoman**, jaaykat
salient, adj., (*of angle*) lu cat li jóg taxaw, lu bopp bi génn lool, lu feeñ bu baax; lu xëcc bët
saliva, n., tëflit
sallow, adj., (kanam) gu xees pecc, xeereer
sally, n., waxum weddi; wax gu weddi xalaatu mbooloo mi
salon, n., néég, lettukkay; *beauty* **salon**, nééégu rafetal, saloη
salt, 1. n., xorom; **salt** *water*, ndoxu gééj 2. trv., xoromal, suy xorom; **salt**-*free*, lu amul xorom; **salty**, saf xorom
salubrious, adj., lu baax ci werug yaram, lu set
salute, n., nuyu; *to give a* **salute**, nuyóó

salvage, trv., musal, génnee ci coono
salvation, n., mucc; *to find salvation*, mucc ci dara
samaritan, n., rammukat; adj., lu ñu mëna wallu
same, adj. & pron., benn, boppam; *the same person*, cam si ci boppam, menn nit ki; *he's the same age as myself*, sunuy at benn la; noo tolloo at; *of the same kind*, ñoo bokk, benn lañu; *in the same way*, yoon wi ni mel; *I'd do the same thing*, kon dinaa defaat li ma defoon; *at the same time*, tey (*while*); (*is also expressed by the verbal suffix* **-ando**); *they all came at the same time*, ñoo ñówando; *it's all the same*, yépp benn la
sanctuary, n., 1. kiiraay; *to take sanctuary*, kiiru 2. kiiraayu rabu àll yi
sand, n., suuf, *choked up with sand*, fees ak suuf; pl., **sands**, n., been, suufu gééj, sàlleñ; **sandbag**, saaku suuf; **sand** *dune*, tundu suuf; **sandstorm**, ngelawu suuf; **sandy**, bari suuf
sandal, n., (dàllu) carax
sandwich, n., mburóók yàpp, sandwis; trv., tanc; duggal ci diggante
sane, adj., borom xel mu neex; *to be sane*, baña tàggalikook sa xel
sanguinary, adj., ba deret tuuru
sanguine, adj., lu jëm ci mbirum deret, lu niróók deret
sanitation, n., wer gu yaram, werug yaram; **sanitary**, adj., lu jëm ci mbirum set ag wer gu yaram
sap, 1. n., meen 2. trv & i., gor, daggee ci suuf; **sapper**, gorkat
sapling, n., garab gu ndaw
sarcasm, n., ñawaayu làmmiñ; **sarcastic**, adj., (làmmiñ wu) ñaw
sarcophagus, n., bàmmel bi denc nééw bu baña lakk
sardine, n., sardiñ; *tinned sardines*, poti sardiñ
sardonic, adj., *sardonic laughter*, xàqataay, ree bay kekku
sartorial, adj., lu ñu ñaw; *sartorial elegance*, jekk càngaay
sash, 1. n., metteel, esarp 2. n., palanteer buy wàcc
Satan, n., seytaane; **satanic**, adj., wu seytaane
satchel, n., kartaabal, saagu ekool
satellite, n., surga; *satellite state*, rééw mu meneen rééw di doxal
satiate, trv., suural; *to be satiated*, suur këll
satire, n., wax juy ñaawal li xew
satisfaction, n., 1. pey (bor) 2. mbég, mbégte; *to give s.o. satisfaction*, bégal kenn; *the work will be done to your satisfaction*, dinga bég lool ci ligééy bi; **satisfactory**, luy béglóó
satisfy, trv., bégal, béglóó, kontaanloo; **satisfied**, bég, kontaan
saturate, trv., feesal dell; *to become saturated with*, fees ak i
Saturday, n., aseer, samdi
saturnine, adj., ku noppi, ku dul wax lu bari
sauce, n., ñeex, soos; **saucepan**, kas(t)iloor; **saucer**, palaat wu ndaw
saunter, iv., *to saunter along*, tambaambaalu, doxantu
savage, adj., ku rabe, ku mbaame, ku sowaas

save, trv., 1. ñoŋal, musal, wallu kenn   2. denc, saxantal; *I've* **saved** *money*, denc naa xaalis; *to save up*, sakkanal, ñoŋal   2. prep., ba mu des

savior, n., wallukat, rammukat

savor, n., cafte, cafaay; trv., lekk; **savory**, lu neex, lu saf sàpp

saw, n., reefan (ref. Rambaud), si; *to saw up wood*, dagg bant

say, 1. trv., wax, ŋeppi; *to ask s.o. to say sth.*, ñaan kenn mu wax dara; *to say again*, waxaat; *it isn't* **said**, kenn du wax loolu; *what did you say?* lan nga wax? *to say yes*, nee waaw; *so he says*, loolu la wax de; *that's to say*, maanaam; *he has very little to say for himself*, wax ji bariwul; *you don't say!* xanaa déét! *it is* **said** *that*, nee nañu; *he's* **said** *to have been here*, nee nañu jaar na fi; *I should say not*, yaakaaruma ko; *didn't I say so!* waxoon naa (leen) ko; *let us say*, nan' wax ne   2. n., wax, kàddu, xalaat; *to have one's say*, wax sa xalaat; tàbbal say kàddu; **saying**, n., *there's no saying*, kenn munula wax ne; *as the saying goes*, Wolof Njaay nee na

scab, n., légét

scald, trv., baxal

scale, 1. n., waas; trv., waas (jës), socc (bëñ), setal   2. n., eskale, yéég, toppante   3. trv., yéég; *to scale wages up*, yokk, yéégal pey mi

scales, n., peesekaay, balaas

scalp, n., deru bopp; trv., lelli deru bopp bi

scamp, n., kàccoor, ku tekkiwul dara; *young scamp*, saay-saay bu ndaw

scampi, n., Cu., sipax

scan, trv., natt (talif), jàng, yër, seet

scandal, n., musiba, njaaxum, lu ruslu; *it's a scandal*, loolu ruslu na; *to create a scandal*, def musiba, def njaaxum

scant, adj., lu matul, lu tuuti, lu bariwul; *to have scant regard for*, may kenn tuuti cër; *with scant courtesy*, ag ñàkka yaru, ag ñàkk teggin; **scantiness**, matul gi, naaxis

scar, n., ñaas, trv., ñaasu, (b, iv.) ñaasu, njoccu, xoosu

scarce, adj., lu faralul, lu bariwul; **scarcely**, daanaka amul; *she could scarcely speak*, daanaka munuloona wax; *you'll scarcely believe it*, du neexa gëm; **scarceness**, ñàkk; *scarcity of rain*, ñàkkum taw; *scarcity of labor*, ñàkkum ligééy

scare, n., tiit; *you gave me a scare*, tiital nga ma; trv., tiital, xëbal; *to scare away*, dàq; *I don't scare easily*, gaawumaa tiit; **scarecrow**, dàq-picc; **scared**, tiit; *scary*, lu tiitlu

scarf, n., lëkkaay, fulaar, metteel

scarlet, ad., xonq (ni deret)

scarper, iv., daw rëcc, rëcc

scathing, adj., lu ñaw (làmmiñ)

scatter, 1. trv., tas, tasaare   2. iv., tas, tasaarewu

scavenge, iv., для mbalit

scent, n., nemmali, cuuraay, gongo, xeeñ; trv., xeeñtu

sceptic, adj., ku rafetul njort, koo xam ne li mu xamul doyul ko; ku am xel ñaar ci li ñu koy wax

sceptre, n., yatu buur, dooley buur, kàttanu buur

schism, n., tàggalewu mbooloo, tas mbooloo; **schismatic**, lu mëna xar
schist, n., Geol., xeeru kër
schizophrenia, n., ndofeel, feebaru kuy dégg ay baat ci jàwwu, feebaru ku jommi
scholar, n., fóóre, gëstukat; *he's no **scholar***, ab jaaxil la, ab kaaŋ la; *a very **scholarly** man*, borom xam-xam gu yaa; **scholarship**, xam-xam, gëstu
school, 1. n., daara, ekool, jàngu; *to go to **school***, jàngi, dem jàngi, 2. trv., jàngal; ***school** boy*, ndongo daara; **schoolmaster**, jàngalekat; **schoolteacher**, jàngalekat 3. n., (*of fish*) gééj gu jax
science, n., xam-xam; **scientific**, xamale gu wóór
scissors, n., *a pair of **scissors***, sisó, daggukaay
scoff, iv., ñaawalaate, mokke; *to **scoff** at s.o.*, ñaawal kenn
scold, trv., gerbil, gëdd, yuuxu, sëppu
scoop, 1. trv., *to **scoop** out*, tonni 2. n., tonnikaay
scope, n., bët, **electroscope**, bëtumbej
scorch, 1. trv., booyal, ruusal 2. iv., booy, ruus, lakk ba wow
score, 1. n., xoos-xoos, (*of sport*) ñaata moo dugg; *what's the **score**?* ñaata ñaata? ñaata moo dugg? (pl.) **scores**, coggal(u), gàngoor(i), lu baree-bari; **scores** *of people*, nit ñu baree-bari 2. trv., xoos, xosi, xolli, ñaas (b, sp.) duggal; *to **score** a goal* , duggal bii 3. iv., duggal
scorn, n., yabeel, cibeel; trv., yab, bañ, sib, alak
scorpion, n., jiit
scoundrel, n., saay-saay
scour, 1. trv., fomp, xoos, xolli, bomb; *to **scour** a saucepan*, bomb ab ndab; **scourer**, mbombu 2. trv., dox dëkk bi bépp, wër
scowl, iv., ñagasal sa kanam; *to **scowl** at s.o.*, xool kenn ak kanam gu ñagas
scraggy, adj., ku sew ruuj, ku jeex tàkk
scramble, 1. iv., doxee loxook tànk; *to **scramble** for sth.*, buuxante, buuxóó ngir am dara 2. trv., jaxase; ***scrambled** eggs*, nen yu wëlbati
scrap, 1. n., xott, lu tuuti; *to catch **scraps** of conversation*, jota dégg tuuti ci waxtaan wi, 2. pl., **scraps**, desit (ñam) iv., xeex, xulóó
scrape, trv., xoos, wokk; *to **scrape** one's feet along the floor*, xoos say tànk ci suuf, diri say tànk
scratch, 1. trv., xosi, wokk (ak we), (*of thorn*) jam 2. adj., lu ñu waajul def ko
scream, iv , yuuxu (ca kaw), sab; *to **scream** with laughter*, kekku, xàqataay; trv., *to **scream** oneself hoarse*, yuuxu ba sa baat dee
scree, n., màbb
screech, iv., xaacu, yuuxu ba muy riir
screw, n., wiis; trv., wiisé; *to **screw** sth. tight*, wiisé ba mu dëgër; **screwdriver**, turnawiis
scribble, n., mbind mu ñu munula jàng
scribe, n., bindkat
scrimmage, n., njaxasoo gi, buuxante
script, n., mbind

scrub, 1. trv., bomb, xoos; **scrubber**, mbombu; *scrub brush*, mbombu 2. n., ruujit, ñax; **scrubby**, ñaxe; **scrubland**, n., àll wu ñaxe

scruff, n., doq, doqu ginnaaw, fàllare; *to seize an animal by the scruff of the neck*, naj doqu ginnaaw gi, naj fàllare gi

scrumptious, lu saf sàpp, lu neex

scruple, 1. n., kersa; *to have no scruples about doing sth.*, ñàkk kersa ci li ngay def 2. iv., *to scruple to do sth.*, am kersawu def dara; **scrupulousness**, kersa

scrutinize, trv., yër, niit

scuff, trv., diri say tànk

scuffle, iv., xeex, jàppante, direeku

sculpt, trv., yatt; **sculptor**, yattkat; **sculpture**, n., yatt

scum, n., purit; *to take the scum off*, teggi, dindi purit gi; *the scum of society*, ñi ñu gëna sib ci mbooloo

scurf, n., karaasu bopp

scythe, n., gubukaay; trv., gub

sea, n., gééj; *by the sea*, ci wetu gééj gi, *ci tefes gi*; *sea fish*, jënu gééj; *heavy sea*, gééj gu fees; **seabird**, njanaawu gééj; **seafarer**, tukkikatu gééj, mareñ; **seafood**, ñamu gééj; **seafront**, tefes, takk, booru gééj; **seagull**, kirigééj, **sealion**, gaynde gééj; **seasick**, neer

seam, n., ñawu taqale

search, 1. trv., seet, jeex, yër 2. iv., wut, seet; *to search for sth.*, seet, wër dara; *searching*, wut

season, n., *dry season*, noor; *rainy season*, nawet; *to be in season*, lu waxtoom jot; *out of season*, lu waxtoom wees

seat, 1. n., toogu; *to take a seat*, toog 2. trv., wutal kenn fu mu toog, toogal kenn; *please be seated*, toogal, toogleen

secede, iv., jàmbu, bàyyi; *to secede from*, baña bokkati

seclude, trv., ber, bedd; *secluded*, fu nëbbu, lu beru

second, 1. adj., ñaareel; *the second of the month*, ñaareelu fanu weer wi; *every second day*, ñaari fan yu nee, ñaareelu fan wu nee; *second degree*, ñaareel bi aj 2. trv., ñaareel, jàppale, dimbali; *to second a motion*, dëgëral aw kàddu gu ñu tëral

secret, 1. n., ndéy, ndééy, nëbb 2. adj., *to keep sth. secret*, nëbb dara

sect, n., mbooloo

sector, n., waar

secular, adj., saayir

secure, adj., lu wóór; trv., teg fu wóór, denc fu wóór

sedentary, adj., ku toog benn barab, ku dul tukki

sediment, n., li taaju ci suuf (ndox)

sedition, n., jógal nguur gi

seduce, trv., jay, neexal, jënd kenn, waxal kenn ba mu wàcc

see, trv., 1. gis; *I saw him leave*, gis naa ko muy dem; *there's nothing to see*, amul dara luñ' fiy gis; *to see s.o. in the distance*, séén kenn; *he's not fit to be seen*, jarula wone; *as far as the*

*eye can **see***, xool ba gëlëm   2. dégg, xam; *I don't **see** the point*, xamuma li nga bëgga wax; *I **see***, gis naa, xam naa; ***see** for yourself*, yaay seet; *this is how I **see** it*, nii laa ko gisee; *if you **see** fit to leave*, soo bëggee dem   3. xool, seet; *I'll go and **see***, dinaa dem seet; *let me **see***, a/ ma xool, b/ xaral tuuti, négal   4. *to **see** to it that*, fexe (ba), wóórlu; ***see** to it that they do it on Thursday*, fexel ba ñu def alxames   5. seet, gise; ***see** you Monday!* nanu gise altine! ***see** you soon!* ba ca kanam! ***see** you tomorrow*, ba suba! *to go and **see** someone*, seeti kenn; **see about**, v., toppatoo, teg sa loxo ci dara;   **see off**, v., gunge; **see through**, v., gis lu nëbbu, jëli; *to **see** through it*, def ko ba mu jeex; **to see to**, v., toppatoo; *to **see** to everything*, lu nekk nga xool, toppatoo lu nekk
seed, n., pepp, doom, xoox; coll., nji
seek, trv., wut, sàkku; *to **seek** sth. from s.o.*, wut lenn ci kenn; *to **seek** advice*, wut ku la yedd
seem, 1. iv., mel ni, niróók; *how did he **seem** to you?* a/ nu mu defoon? b/ noo ko giseewoon? *she **seems** to understand*, mel na ni ku ko nànd; *I **seem** to have heard his name*, mel na ni dégg naa turam, yaakaar naa ne dégg naa turam   2. imp., *it **seems** to me that you are right*, yaakaar naa ne wax nga dëgg; *it **seemed** as though*, dafa meloon ni; **seemingly**, ci ni ñu ko gisee; **seemly**, adj., lu doy, lu baax
seep, iv. (*of liquids*) senn; **seepage**, n., senn-senn
seethe, iv., xëb, bax; (*of crowd*) yëngu; *the street is **seething** with people*, mbedd maa ngi fees dell ak i nit; *to be **seething** with anger*, mer bay bax
segment, n., wall, cër, fànn
segregate, trv., añaane, bodde, bedd
seismology, n., yëngu-yëngu suuf
seize, trv., jàpp; *to **seize** s.o. by the throat*, xoj; **seizure**, n., njàpp; Med., daanu
seldom, adv., lu faralul; *I **seldom** see him*, duma koy farala gis
select, trv., tànn; *they **selected** me*, bokk naa ci ñi ñu tànn, tànn nañu ma
self, n., bopp; *he's quite his old **self** again*, nekkaat na boppam; pron., **self**-*confidence*, wóólu sa bopp
sell, trv., jaay; *for how much are you **selling** it?* ñaata nga koy jaayee? *land to **sell***, suuf su ñuy jaay; **sell-by** (*date*), jaay balaa (waxtu); **seller**, n., jaaykat; **selling**, njaay; **selling off**, wànteer; **sell out**, v., jaay lépp; *it was a **sell** out*, lépp lañu jaay
semantic, n., njàngum tekki (wax, kàddu), junj
semblance, n., xarkanam; *to put on a **semblance** of gaiety*, bég-béglu; (*is expressed by doubled verbs followed by the suffix* **-lu**)
semester, n., juróóm benn weer
semi, pref., genn wàll
semonila, n., sànqal
send, 1. trv., yónni, yebal; *to **send** s.o. for sth.*, yónni kenn mu jëli dara; *to **send** a child to bed*, tëral ab xale; *to **send** s.o. on an errand*, yónni, yóbbante   2. iv., *to **send** for s.o.*, woolu; *I shall **send** for it*, dinaa yónnee ñu jëli ko; **send along**, v., *send him along*, nee ko mu ñów, yónni ma ko; **send away**, v., dàq; **send back**, v., delloo; **send down**, v., wàcce; **sender**, n., yónneekat; **send in**, v., duggióó; *to **send** in one's name*, yëgle sa bopp

senile, adj., lu màgget, kuy naax ndax màgget
senior, n., mag, ki gëna mag, li gëna mag; *he's two years* ***senior*** *to me*, moo ma mage ñaari at; **seniority**, mag, kibaar
sentence, n., Jur., àtte; *death* ***sentence***, àtteel dee; *life* ***sentence***, àtteel kaso gu dul jeex; *to pass a* ***sentence***, àtte; *to serve a* ***sentence***, tëdd kaso; trv., àtte
sententious, adj., kuy lóébu foo ko fekk
separate, adj., lu tàqalikoo, lu tàggaliku; trv & i., tàggali, tàqali; *he's* ***separated*** *from his wife*, dafa tàggalikook jabaram
sepia, n., daa (ji ab yerede di tuur)
September, n., weeru septambar
septuagenarian, n., ku am juróóm ñaar fukki at
sepulchre, n., xabru, bàmmel
sequel, n., tofo, li topp; *in* ***sequels***, toppante
sequence, n., toppante (ci yoon); *in* ***sequence***, toppante; *logical* ***sequence***, toppante ci yoon
seraglio, n., njàmbataan
serenade, n., woy, taas; trv., woy, taas, tàgg (kenn)
serene, adj, lu nee cell, lu yënguwul, lu teey
sermon, n., xutba
serpent, n., jaan
serrated, adj., niróók bëñi gaynde gééj *(shark)*
serum, n., péngu
serve, trv., ligééyal (sa borom); yakk (ñam); *(in shop)* toppatoo; *are you being* ***served****?* mbaa ñu ngiy lay toppatoo? *he* ***served*** *ten years in prison*, tëdd na fukki at kaso; Jur: *to* ***serve*** *on the jury*, bokk ci àttekat yi; *to* ***serve*** *in the army*, dugg karce, nekk karce; *if my memory* ***serves*** *me right*, su ma fàttewulee bu baax; *to* ***serve*** *in a shop*, nekk jaaykat; *to* ***serve*** *a dish*, yakk ñam; **servant**, n., mbindaan, bóóy; *civil* ***servant***, ligééykatu nguur gi; **service**, n., ligééy; *to do someone a* ***service***, dimbali kenn; *to be of* ***service*** *to s.o.*, jëriñ kenn; amal kenn njëriñ; **serviceman**, n., soldaar
servile, adj., ku nàngoo def jaam
servitude, n., njaam
set, n., mbooloo 1. trv., teg, taaj; *I haven't* ***set*** *eyes on him*, gisuma ko; *to* ***set*** *the table*, muur taabal bi; *to* ***set*** *a trap*, fiir; *to* ***set*** *sth. going*, doxloo dara; ; *to* ***set*** *someone to do sth.*, defloo kenn dara; *to* ***set*** *a man to work*, ligééyloo kenn 2. iv., *(of sun)* fénk, *(of milk)* way, far; *to* ***set*** *to work*, tàmbalee ligééy 3. adj., a/ ***set*** *face*, kanam gu ñagas; ***set*** *smile*, ree gu matul, b/ ***set*** *price*, njëgu lu dul deñ, c/ *to be dead* ***set*** *on sth.*, fasyééne def dara; ***set about***; *to* ***set*** *about doing sth.*, tàmbalee def dara; ***set apart***, v., ber; ***set back***, v., delloo ginnaaw, yééxal (ab montar); ***set down***, v., teg, taaj (ci suuf); ***set in***, v., door, tàmbali; ***set off***, v., sànni, bàyyi mu dem; ***set out***, v., defar bu baax; *his work is well* ***set*** *out*, ligééyam rafet na, (b1) tukki; *to* ***set*** *out in search of s.o.*, seeti kenn, wuti kenn
settee, n., kanape

settle, 1. trv., sanc, samp, faj (*problem*); *to **settle** one's affairs*, faj say soxla; ***settle** it among yourselves*, fajleen ko seen diggante; *nothing is **settled***, fajagunu dara, dara fajoogul 2. iv., sancu, sampu, toog; *to **settle** down in an armchair*, toog ci kaw siis; *to **settle** down in place*, sancu benn barab; *to **settle** down to work*, doora ligééy

seven, card. numb., juróóm ñaar; **seventeen**, card. numb., fukk ak juróóm ñaar; **seventeenth**, ord. numb., fukkeel ak juróóm ñaar; **seventh**, ord. numb., juróóm ñaareel; **seventieth**, ord. numb., juróóm ñaar fukkeel; **seventy**, card. numb., juróóm ñaar fukk; **seventy-one**, card. numb., juróóm ñaar fukk ak benn; **seventy-eight**, card. numb., juróóm ñaar fukk ak juróóm ñett

sever, trv., dogoo ak, dagg; *to **sever** connections with s.o.*, dogoo ak, bàyyiwante ak kenn

several, adj., lu bari; ***several** times*, yoon yu bari, yoon yu dul jeex, yooni yoon

sew, trv., ñaw; *to **sew** up a seam*, ñaw, boole ñaw; **sewing**, n., ñaw; ***sewing** needle*, pusó ñawukaay; ***sewing** cotton*, weñu ñawukaay; ***sewing** machine*, masinu ñawukaay

sewer, n., mbalka mu mag

sex, n., awra (*organs*); *to have **sex** with*, séy ak

shabby, adj., (yere bu) màgget, yàqu; *to look **shabby***, niróó ku ndóól

shack, n., néég, néégu ñax

shade, n., takkandeer, ker, keppaar; *in the **shade** of a tree*, ci keru garab, ci suufu garab, ci péexum garab, ci keppaar gi; *to put s.o. in the **shade***, nëbb kenn, yiir kenn

shadow, n., ker; *in the **shadow***, ci ker gi

shaft, 1. n., a/ njàppu, b/ ceneer (*sun-beam*), c/ jaad (*stretcher*) 2. n., Min., bënn

shaggy, adj., bari karaw, sëq karaw

shake, n., yëngu-yëngu; *to give sth. a good **shake***, yëngal lenn bu baax; *a **shake** of the head*, yëngal bopp; *to be all of a **shake***, lox, regregi; *to have the **shakes***, tiit bay lox 1. trv., gësam, yëngal, yental (ref. Rambaud); *to **shake** one's head*, yëngal sa bopp; *to **shake** one's fist to s.o.*, xàccal kenn sa loxo; *to **shake** hands with*, joxante loxook kenn 2. iv., lox; *to **shake** with fright*, tiit bay lox

shale, n., doj wu gaawa tas

shallow, adj., lu xóótul bu baax

shamble, iv., *to **shamble** along*, daagu

shambles, n., lu ñu jaxase; *it's a **shambles***, lépp a jaxaso

shame, 1. n., rus; *to put s.o. to **shame***,ruslóó kenn; *to blush for **shame***, rus ba xonx cuy; *without **shame***, ñàkk teggin 2. trv., ruslóó, ñàkkloo solo

shampoo, trv., *to **shampoo** s.o.'s hair*, raxas boppu kenn; *to **shampoo** one's hair*, raxas sa bopp

shape, 1. n., mbind, melo; *square in **shape***, mbidum ñentiwet; *to get out of **shape***, wecce mbind; bindu neneen; *to be in good **shape***, yaram jàmm 2. trv., bind, yatt (*wood*); *to **shape** up one's life*, jóg ci sa bopp

share, 1. n., wall, cër; *the lion's **share***, wàllu gaynde; *in equal **shares***, cër yu tolloo 2. teg, sas; *to pay one's **share***, fey sa sas; *to take a **share** in a conversation*, bokk ci ab waxtaan; *he doesn't do his **share***, du def ligééyam 3. a/ trv., séddale, cër; *to **share** sth. with s.o.*, séddoo lenn ak keneen, b/ iv., *to **share** in sth.*, bokk ci dara; *to **share** in s.o.'s grief*, tiisu kenn, bokk naqar ak kenn; **sharing**, bokk

shark, n., gaynde gééj

sharp, adj., lu ñaw *(of angle)* xat

shatter, trv., tojat, tasaare; iv., toj

shave, trv., wat, dag sikkim; *to **shave** off one's moustache*, wat sa sikkim

shawl, n., kaala, metteel

she, pres. pron., *(invariable with **he** in Wolof)*, moom, mu,

shear, trv., 1. gor; *to **shear** off a tree*, gor ab garab 2. wat, dagg (karawu xar)

sheath, n., mbar; ***sheath-knife***, mbar

sheathe, trv., takk geen (Fr.)

shed, 1. n., àngaar 2. trv., ñàkk (xob); *to **shed** one's clothes*, summiku 3. tuur (rongoñ); *to **shed** light on a matter*, leeral ab mbir

sheen, n., melax

sheep, n., xar; **sheepfold**, géttu xar; **sheepskin**, deru xar

sheer, iv., *(of car) to **sheer** away*, jàdd yoon, teggi yoon

sheet, n., 1. malaan, darab 2. kayit 3. seyaan

shell, n., xor, këll; *empty **shells***, xor

shelter, n., kiiraay; *to take **shelter***, kiiru, yiiru

shepherd, n., sàmm, sàmmkat

shift, trv., dandal lenn; iv., wecce palaas, toog feneen, dandu

shimmer, iv., melax

shin, 1. n., kanamu óóm 2. iv.. *to **shin** up a tree*, yéég ci kaw garab

shine, 1. iv., melax, leer; *the sun is **shining***, jant baa ngiy melax; *his face **shone** with hapiness*, kanam gee leeroon nàññ ak mbégte 2. trv., *to **shine** a light on sth.*, leeral dara, niit

shingle, coll. n., doj yu mag

ship, n., gaal gu mag; trv., yeb; **shipowner**, borom gaal

shirt, n., simis

shoal, n., jax (gééj gu jax)

shock, n., ***shock** of hair*, njañ

shoe, n., 1. dàll; *to put one's **shoes** on*, sol say dàll 2. wewu fas; **shoemaker**, wuude

shoot, trv., jam

shop, n., bitig; ***shop** assistant*, naaru bitig

shore, 1. n., takk, tefes 2. n., geg (bu mëna teye tabax bi)

short, adj. 1. lu gàtt; *a **short** way*, yoon wu gàtt; *a **short** man*, góór gu gàtt, ndaama 2. *of **short** duration*, lu yàggul, lu gàtt; *for a **short** time*, ci lu yàggul; *in **short***, ci lu gàtt 3. *to be **short** of money*, ñàkk xaalis; *I'm 25 francs **short***, juróómi dëram a ma dese; *they never went **short***, mësuñoo ñàkk dara 4. *to cut s.o. **short***, dagg kenn (ci bi muy wax); **shortage**, n., ñàkk; **shortness**, n., gàttaay; **short**-*sighted*, ku dul gis bu baax

shoulder, n., mbagg

shout, iv., yuuxu, sab

shovel, n., peel (Fr.), gasukaay; trv., gas
show, n., ja, jal; *to be on show*, lu ñuy wone; trv., wone
shower, 1. n., duus; *to take a shower*, sangu 2. trv., taw, tawal
shrew, n., (jigéén ju) pànk; **shrewish**, ku pànk
shrewd, adj., ku xareñ
shriek, n., xaacu, yuuxu (yuy bënn nopp); iv., xaacu; yuuxu bay bënn noppi nit ñi
shrill, adj., (coow luy) bënn nopp
shrimp, n., sipax
shrine, n., xabru yaaram, bàmmelu yaaram
shrink, iv., 1. wàññeeku, dellu; *my shirt has shrunk in the wash*, sama simis bi dafa dellu bi ma ko fóótee 2. dellu ginnaaw; *to shrink from doing sth.*, jomb def dara 3. trv., wàññi
shroud, n., sëru perkaalub nééw
shrub, n., garab gu ndaw; **shrubbery**, toolu garab yu ndaw
shrug, trv., *to shrug one's shoulders*, yëkkati say mbagg; yéégal say mbagg
shudder, n., yaram wu daw; *it gives me the shudders*, dafa daw(loo) sama yaram; iv., am yaram wuy daw
shuffle, trv., *to shuffle one's feet*, diri say tànk; Cards: *to shuffle the cards*, jaxase kart yi
shun, trv., daw; *to shun everybody*, daw ñépp
shut, trv., tëj, ub; *to shut one's mouth*, tëj sa gemmiñ; iv., tëju, ubu
shuttle, n., 1. kukk (ràbb) 2. demdikk; **to shuttle**, v., di dem aka dikk (diggante sa kër ak feneen)
sibling, n., *older sibling*, mag; *younger sibling*, rakk
sick, adj., tawat, feebar; *he's a sick man*, góór gu tawat la, ab jarag la
sickle, n., gubukaayu ñax
side, 1. n., wet, boor; *by someone's side*, ci wetu kenn; *side by side*, (nekk) wet ak wet; wetoo; *to split one's sides (with laughter)*, ree ba jàpp sa ndigg; *the right side*, wet gu baax gi, kanam gi, kaw gi; *the wrong side*, gannaaw gi 2. iv., *to side with s.o.*, far ak kenn, faral kenn
sidle, iv., *to sidle along*, doxee wet
sieve, n., tame; *he's got a memory like a sieve*, xel mi day naax
sift, trv., tame
sight, n., 1. gis, gis-gis; *to lose one's sight*, gumba; *to catch sight of s.o.*, séén kenn; *to lose sight of s.o.*, séén(ul) kenn; *I can't bear the sight of him*, gis ko neexu ma dara; *at first sight*, bi... njëkkee gis; *love at first sight*, (njëkka) gis nob; *to know s.o. by sight*, xàmme kenn 2. *to come into sight*, feeñ; *to be out of sight*, nëbbu; *to vanish out of sight*, réér; *out of sight out of mind*, lu la sore nga fàtte 3. gis; *it's a sight well worth seeing*, lu jara gis la; *it's not a pretty sight*, rafetul 4. trv., séén; **sighted**, n., njaccaar; *the sighted*, njaccaar yi
sign, n., mandarga, xayma
signify, trv., 1. tekki, firi; *what does it signify?* lu muy tekki? 2. iv., tekki, firi; *it doesn't signify*, tekkiwul dara; **significance**, n. a/ piri, tekki; *what's the significance of all this? lii lépp lu muy tekki?* b/ maanaa, solo; *of no significance*, lu amul solo

silence, n., noppi; *to keep silence*, noppi; trv., noppiloo; **silent**, adj., ku, lu noppi; (*of place*) wéét ba nee cunduŋ; *a silent man*, nit ku noppi
silhouette, n., takkandeer
silk, n., suwaa (Fr.)
silly, adj., dof; *silly answer*, tontu wu amul bopp; *you silly boy!* yow dof nga rekk
silo, n., sàq, seko
silver, n., (*metal*) xaalis; **silversmith**, tëgg
similar, adj., niróók, ni, samandaay (*to*)
simile, n., xiyaas, xayma
simmer, trv., siim
simper, iv., naañ, ree
simple, adj., lu yomb, lu yomb mbir; *as simple as ABC*, yomb ni naan ndox; **simple-minded**, jaaxil, borom xel mu nééw; **simplicity**, n., yomb mbir; **simplify**, v., yombal
simulate, trv., *to simulate sickness*, feebaar-feebarlu (*is expressed by a doubled verb followed by the suffix* -lu)
simultaneous, adj., lu xewando, lu amando (*the idea of simultaneity is expressed by the verbal suffix* -ando)
sin, n., bàkkaar, moy, sunooba; iv., moy; **sinful**, adj., *sinful person*, moykat; **sinner**, n., moykat, boromi bàkkaar
since, 1. adv., (*is not expressed in some instances*); *I've not seen him since*, booba laa ko gëja gisee; *ever since*, li ko dale booba; *long since*, yàgg na; *not long since*, yàggul noonu 2. prep., a/ *since his death*, bi mu deeweeg léégi; *he's been up since eight*, jóg na ci juróóm ñetti waxtu; *since when have you been here?* kañ nga fi? *since that*, ca boobale; *since I've been here*, bi ma fi nekkeeg léégi; *it's a long time since I saw her*, gëj naa ko gis b/ ndegam, segam; *since he's not of age*, ndegam atam matul; *I'll do it since I must*, dinaa ko def ndegam war na ma
sincere, adj., ku màndu, ku mëna wax dëgg; **sincerety**, n., màndu, dëgg
sine, n., Math., taxawin
sinecure, n., ligééy bu yomb, tappale
sinew, n., siddit, caas
sing, trv & i., woy; *sing me a song*, woyal ma; *to sing in tune*, woy bu baax; *to sing out of tune*; baña mëna woy; **singer**, n., woykat, ndaanaan
single, adj., kenn; *not a single one*, amul kenn; *I haven't seen a single soul*, gisuma kenn; *he's single*, amul jabar; *she's single*, amul jëkkër; *to single out s.o.*, singali kenn; taamu, tànn kenn; **single**-*handed*, (def ko) yow kenn; **single**-*minded*, dëgër bopp
sinister, adj., aay gaaf, lëndëm; *a sinistre-looking man*, góór gu lëndën kanam
sink, 1. iv., suux, surux, (*of ship*) diig; *to sink down*, wàññeeku; *the sun is sinking*, jant baa ngiy fénk 2. trv., suruxal, diigal, suuxal
sinuous, adj., lu bare jàdd-jàdd; (*of pers*) nit ku yaramam nangu
sip, trv., siitaatu
sir, n., góór gi; *yes sir!* waaw góór!
sister, n., mag bu jigéén; rakk bu gijéén

sit, 1. iv., toog; *to sit still*, toog benn barab; *to sit reading*, toog di jàng; *he sat through the whole play*, toog na seetaan ba mu jeex; *sit straight!* toogal toog wu jub; (*of hen*) *to sit on eggs*, bóóf 2. trv., toogal, *to sit on a horse*, war fas; *sit down*, toog

site, n., sanc; trv., sanc, fééteele, taxawal

situate; trv., fééteele (wax fu mu fééte); *situated*, fu mu fééte; **situation**, n., 1. mbir 2. (*job*) ligééy; *situations wanted*, wuti ligééy; *situations vacants*, mayey ligééy

six, card. numb., juróóm benn; *to be six*, am juróóm benn at; *there are six of us*, juróóm benn lanu; **six**-*sided*, juróóm benn wet; **sixteen**, card. numb., fukk ak juróóm benn; **sixteenth**, ord. numb., fukkeel ak juróóm benn; **sixth**, ord. numb., juróóm benneel; **sixtieth**, ord. numb., juróóm benn fukkeel; **sixty**, card. numb., juróóm benn fukk; **sixty-three**, card. numb., juróóm benn fukk at ñett

size, dayaay, tolluwaay; *to take the size of s.o.*, natt kenn; *all of a size*, yépp tolloo

skeleton, n., yaxu neen; *he's a real skeleton*, yaxi neen

skewer, n., dibi; trv., dibi, lakk (yàpp)

skid, iv., tarxiis

skilful, adj., xareñ; **skilled**, adj., xareñ

skim, n., 1. meew mu am niw 2. *to skim through a book*, jàng ab tééré jàng bu gaaw

skimp, trv., 1. ŋott (ci li ngay togg) 2. *to skimp one's work*, gaawantu sa ligééy

skin, n., der; trv., fees

skip, trv & i., tëb, jéggi

skulk, iv., rééri, daw nëbbu

sky, n., asamaan

slake, trv., *to slake one's thirst*, naan, màndal sa bopp

slam, trv., *to slam the door*, dóór bunt bi, tëj bunt bi bu baax; *to slam the door in s.o.'s face*, tëj bunt bi ci kaw kenn

slander, trv., jëw, fenal; **slanderer**, fenkat, jëwkat; **slanderous**, feni neen

slang, n., wax ju setul

slant, n., mbartal, ndëng, 1. iv., dëng, jubul, 2. mbartal, dëngal, wengal 3., *slanted eyes*, jéll bët; *slant-eyed*, jéll

slap, n., mbej, kuntaaba; trv., mbej; *to slap s.o.'s face*, mbej kenn

slash, trv., xar, dagg, xotti (kanam); *to slash a speech*, dagg wax ji; *to slash the price of sth.*, wàññi njëg li (ba jaratul dara)

slate, n., àlluwa, arduwaas

slaughter, trv., rey, rendi (jur gi); **slaughterhouse**, betuwaar

slave, n., jaam; *slave trade*, njaayum jaam; **slavery**, njaam gi; **slavishly**, nangu ni jaam

slaver, iv., yuut; *to slaver over*, yuut ci kaw

slaw, n., salaat; **coleslaw**, n., salaatu suppame bu ñorul

slay, trv., rey, bóóm, rendi; *slaying*, rey

sleep, n., nelaw; iv., nelaw, tëdd; **sleeper**, nelawkat

slender, adj., sew, tuuti; *our slender means*, li tuuti li nu dese

slice, dogit, daggit; trv., daggate, dagg; *to slice thinly*, dagg yu sew

slide, iv., tarxiis, ritax, bar, (*of land*) màbb; *he slide on the floor*, dafa tarxiis daanu ci suuf

slime, n., dawdawaan gu ritax; **sliminess**, rataxaay; **slimy**, lu ritax
sling, trv., fitt, sànni
slip, tarxiis, bar, ritax; **slippery**, lu ritax; **slipshod**, lu ñu ligééyul bu baax
slit, n., xar-xar; *skirt with a **slit** on the side*, sipp bu ñu xar ci wet gi; trv., xar; *to **slit** s.o.'s throat*, xar baatu kenn
slither, iv., detteel, detteelu; (*of snake*) raam
slobber, iv., yuut
slog, iv., *to **slog** away*, ligééy bu baax, njaxlaf ci ligééy bi
slope, 1. n., mbartal, dëngaay; ***slope** down*, wàccukaay; ***slope** up*, yéégukaay; *mountain **slopes***, bartali tund 2. iv., dëng; *to **slope** down*, wàccee wet; *to **slope** up*, yéégee wet; ***sloping** shoulders*, mbagg yu wàcc
slot, 1. trv., duggal, roof; *to **slot** a coin in*, duggal weccet (wi) 2. iv., dugg
sloth, n., tayal; **slothful**, doon ku tayal
slow, 1. adj., yééx 2. adv., ndànk-ndànk; *to go **slower***, dox ndànk, wàññi say tànk, def ndànk 3. trv & i., wàññi; yééxal; **slowly**, adj., ndànk-ndànk
sluggish, adj., ku yaafus, tayal
slumber, iv., nelaw (bu baax)
slur, n., xaste
sly, adj., ku muus, ku nànd
smack, trv., dóór, mbej (*on the face*), kuntaaba
small, adj., lu tuuti, lu ndaw, lu nééw
smart, 1. iv., lakk; *my eyes are **smarting***, sama bët yaa ngiy lakk (metti) 2. adj., ku mëna tontu
smash, trv., toj, dammat
smattering, n., am xam-xam wu nééw ci dara; xam (ci) tuuti
smear, n., gàkk; trv., gàkkal, tilimal
smell, trv & i., xeeñ, xeeñtu; *I can **smell** sth. burning*, maa ngiy xeeñ luy lakk; *the dog **smelt** at my shoes*, xaj wee ngi doon xeeñtu samay dàll; *to **smell** nice*, xeeñ lu neex; *it **smells**!* dafa xasaw
smelt, trv., 1. ruyal, seeyal, 2. jukki (weñ)
smile, 1. n., kanam gu leer, ree; *to be all **smiles***, am kanam gu leer nàññ 2. iv., ŋaañ, ree
smith, n., tëgg
smog, n., niis, til
smoke, 1. n., saxaar; *there's no fire without **smoke***, amul luy saxaar te tàkkul; *to go up in **smoke***, tàkk 2. trv & i., tóx, saxaaru; *I **smoke** a pipe*, gënn laay tóx; **smoker**, n., tóxkat
smooth, adj., ratax, ritax (*surface*), lu maasalewu; ***smooth** skin*, der bu nooy; *to make **smooth***, nooyal (karaw), maasale (suuf, yoon)
smother, trv., fotloo, xoj; iv., fot
smoulder, iv., lakk ndànk (*of fire*)
smudge, trv., taqal, tilimal, gàkkal
smuggle, trv., sàcc jàllale; iv., jàllale lu yoon santaanewul
snack, n., njogonal

snake, n., jaan
snap n., 1. sikkar, witax, wicax (baaraam) 2. toj; *there was a snap*, am na lu toj 3. *cold snap*, liw bu yàggul 4. trv., wicax say baaraam
snare, n., fiir; trv., fiir, jàpp ci pax
snatch, trv & i., jàpp, naj, teye
sneeze, iv., tisóóli
snivel, iv., jooyantu
snobbery, n., njistal
snooze, iv., yandoor, nelaw
snore, iv., xandoor, xaraŋ
snot, n., ñendaxit
so, 1. adv., a/ be, bu baax, lool; *he's so kind*, dafa baax be, dafa baax lool; *I'm not so sure about it*, wóóru ma bu baax; b/ ni, nii; *why do you cry so?* lu tax ngay jooy nii? *and so on and so forth*, nàngam ak sàngam, nàngam ak nàngam; *so to speak*, mën nañu nee loolu; *so saying*, ci noonu, noonu; *I think so*, yaakaar naa ko; *I'm afraid so*, ragal naa ko; *I told you so*, waxoon naa la ko; *so much so that*, ba nga xam ne; *is that so?* ci dëgg? *it's not so*, du noonu; *if so*, su fekkee loolu la; *how so?* naka la munee? ci naka? *perhaps so*, xej na, amaana 2. conj., konnak, konbook, kon; *so you are not coming?* konnak doo ñów; **so-and-so**, sàngam ak sàngam
soak, trv., sóób, xooj, sumb (*clothes*); iv., tooy xepp, sóóbu, tawte (*in the rain*); *soaked to the skin*, tawte ba tooy
soap, n., saabu; trv., saabu; **soapsuds**, pótit, ndox mu xëb
soar, iv., yokku, yéég, naaw jëm kaw
sob, iv., jooy
soccer, n., futbal
sociable, adj., ku nité
social, adj., wu mbooloo, wu nit ñi; *social system*, mbooloo
socialism, n., ndimbalu mbooloo; **socialist**, nitu mbooloo
society, n., mbooloo, kurél
sock, n., kawas
soft, adj., 1. lu nooy; *soft water*, ndox mu neex; *soft drink*, naan wu dul màndil 2. sedd; *soft voice*, baat bu sedd; *soft heart*, xol bu sedd, xol bu neex, xol bu rafet; *to become soft*, nooy, yaafus; **soften**, v., nooyal
soggy, adj., tooy xepp
soil, n., suuf; trv., tilimal, salteel; **soiled**, tilim
solar, adj., wu jant
solder, trv., boole mu nee ràpp, taqale
soldier, n., soldaar
sole, 1. n., waru dàll, testén (suufu tànk); trv., jagal ay dàll 2. adj., kenn; **solely**, adv., ndax rekk
solicit, trv., dagaan; *to solicit s.o. for sth.*, ñaan kenn dara; (*of prostitute*) cagatu, yóóstu
solicitor, n., Jur., awokaa, noteer

solid, adj., dëgër; *to become* **solid**, dëgër; **solidify**, v., dëgëral
soliloquy, n., waxtu; **soliloquize**, v., waxtu
solitary, adj., wéét, nekk yow kenn; **solitary** *confinement*, beru
soluble, adj., 1. lu mëna seey, luy seey 2. lu nu mëna fecci
solution, n., lijanti
solve, trv., lijanti
some, adj., kenn, benn, (pl.) ñenn, yenn
somebody, n. & pron., kenn
somehow, adv., nenn, neneen
someplace, adv., fenn
something, n. & pron., lenn; **something** *has happened*, lenn xew na; **something** *or other*, lenn mbaa leneen
sometimes, adv., yenn saa yi; yeneen saa yi
somewhat, adv., *(usually translated by the verb* **xaw**)
somewhere, adv., fenn; **somewhere** *else*, feneen; **somewhere** *or other*, xamuma fan
somnambulism, n., dox ciy nelaw; **somnambulist**, kuy dox ciy nelaw
somnolent, adj., gëmmentu, xeram, yandoor
son, n., doom bu góór
song, n., woy
soon, adv., léégi, ci lu yàggul; **soon** *after*, ba loolu weesoo rekk; **soon** *after four hours*, ba ñenti waxtu weesoo rekk; *he'll be here very* **soon**, dina ñów léégi léégi
soothe, trv., dëfal, wàññi coono, neexal xolu kenn; **soothing**, luy wàcce coono
sorcerer, n., dëmm
sordid, adj., texam, tilim
sore, 1. adj., luy metti; *that's* **sore**! day metti; *to be* **sore** *all over*, am yaram buy metti fépp; **sore** *throat*, xuréét, xurfaan 2. n., góóm, gaañu-gaañu; *canker* **sore**, sofe
sorrel, 1. n., xobu bisaab, bisaab bu xonq 2. n., (fasu) gélémbu
sorrow, n., tiis, coono, mettit, naqar; *this was a great* **sorrow** *to me*, lii dey tiis gu mag lawoon ci man
soul, n., ru; *with all my* **soul**, ak xol bu leer nàññ; *he's a good* **soul**, nit ku baax
sound, 1. n., coow; *there was not a* **sound** *to be heard*, coow jibuloon; *to turn up the* **sound**, yokk coow li; *to turn down the* **sound**, wàññi coow li 2. iv., jib, sab 3. adj., wër; *of* **sound** *mind*, am xel mu neex
soup, n., supp
sour, adj., lu forox, lu wex; *to turn* **sour**, forox
source, n., cosaan, (*water*) boppu dex
south, n., suuf
sow, trv., ji, jëmbat, góób; **sower**, n., beykat, jikat, jëmbatkat; **sowing**, n., njëmbat
space, n., 1. diggante 2. jawwu; **space** *flight*, tukki ci jaww ji; **space** *travel*, tukkim jawwu
spare, 1. adj., lu ëpp, li des; **spare** *time*, li des ci waxtu wi; *in my* **spare** *time*, waxtu wi ma defulee dara; **spare** *room*, néégu gan yi 2. trv., denc, rënk, saxantal
spark, n., ferñent, fett

sparkle, 1. n., ferñent, fett 2. iv., fett, takk, melax
sparse, adj., lu bariwul, lu lawul; *sparsely populated*, lu bariwul mbooloo
spate, n., wal, fees; *river in spate*, dex gu fees; *to have a spate of work*, fees ak ligééy
spatula, n., ruuxu
spay, trv., Vet., yàq butitu njur
speak, 1. iv., wax; *to speak to s.o.*, wax ak kenn; *I'll speak to him about it*, dinaa ko ko wax; *so to speak*, maanaam 2. trv., a/ *to speak the truth*, wax dëgg; *to speak one's mind*, wax sa xalaat, b/ làkk; *do you speak Wolof?* dangay làkk Wolof? **speaker**, n., waxkat, werekaan; **speak for**, v., waxal, taxawal; **speak of**, v., wax (lu jëm ci); *to speak well of*, wax lu baax ci; *it's nothing to speak of*, jarula wax; **speak out**, v., wax dëgg; **speak up**, v., wax ca kaw
spear, n., xeej
spectacles, n., (*glasses*) lunet
spectator, n., seetaankat
speculate, iv., wax njëkk; *to speculate about sth.*, wax wax gu njëkk ci dara; **speculation**, wax ju njëkk
speech, n., wax; *manner of speech*, waxin
speed, n., xél
spell, 1. n., móólu, alak; *to cast a spell on s.o.*, móólu kenn, alak kenn 2. trv., liifantu, jàng ay araf
spend, trv., jaay; *to spend one's money on sth.*, jënd, jaay sa xaalis ci dara; **spender**, yàqkatu xaalis, jëndkat
spick and span, adj. phr., set wecc
spider, n., jargoñ; *spider's web*, lëndu jargoñ
spill, trv., tuur (ndox)
spin, trv., nas (thread), wëndéél; *to spin sth. around*, wëndéél dara; *to spin round and round*, wëndéélu
spinach, n., bisaab
spine, n., ginnaaw, diggu ginnaaw
spit, iv., tëfli; trv., tëfli; *to spit sth. out*, tëfli dara; **spitting**, tëflit
split, n., xar-xar 1. trv., xar, xotti, dagg 2. iv., xar, dagg; *to split off*, tàggalikoo
spoil, trv., yàq; **spoiled**, yàqu; *spoiled child*, xale bu yàqu
spoon, n., kuddu
sport, n., po, wuré
spot, 1. n., a/ barab, b/ gàkk 2. trv. gàkkal, taxal
spouse, n., jabar, jëkkër
spout, n., bopp (baraada, robiné)
sprain, n., rëq; trv., rëq; *to sprain one's ankle*, rëq ci tànk
sprawl, iv., tëdd jaaxaan, jaaxaan
spray, trv., suuxat, as (*plants*)
sprinkle, trv., as, suuxat, suy (*powder*); **sprinkler**, asukaay, suyukaay
sprout, iv., (*of plants*) sax, sëq

spruce, adj., jëkk, jongama (*female*); *to* ***spruce*** *oneself up*, defaru ba jekk
spur, n., seebere
squabble, iv, xeex, xulóó; **squabbling**, xiiróó, naayoo, xulóó
squander, trv., yàq (xaalis)
square, n., ñentiwet
squash, trv., dëgg, dëggate, maasale
squat, iv., *to* ***squat*** *down*, sukk jonkan, jonkan
squeeze, trv., naj; trv., naj, bës, tanc
squiggle, n., mbind mu ñu munula jàng
squint, n., jéll bët; *he has a* ***squint***, dafa jéll
stab, trv., suuj; *to* ***stab*** *s.o. in the back*, suuj paaka ci ginnaaw
stable, n., wudd; **stabling**, géttu fas
stack, n., sàq; *to* ***stack*** *up*, dajale, jal
stadium, n., estaad
staff, n., yat, bant; (b, coll) mbooloowu ligééy
stagnant, adj., (*of water*) ndox mu taa; **stagnate**, taa
stain, n., gàkk, taq, tilim
stake, n., geg
stallion, n., (fasu) naarugóór
stamina, n., dëgëraay
stammer, iv., dër; **stammerer**, dër
stamp, trv., *to* ***stamp*** *one's foot*, dëgg, dëgg say tànk (b, n.) tembar (Fr.)
star, n., biddééw
starch, n., daakànde
stare, trv., xulli
start, 1. iv., door, tàmbali, sooke 2. trv., sooke, tàmbali, door; *to* ***start*** *doing sth.*, tàmbalee def dara; *he* ***started*** *it*, moom moo ko sooke; *to* ***start*** *up* (*a machine*) taal
startle, trv., tiital; *to* ***startle*** *s.o. out of his sleep*, tiital kenn ciy nelaw
starve, iv., *to* ***starve*** *to death*, xiif bay bëgga dee; trv., xiifloo kenn ba muy bëgga dee; **starvation**, xiif
stash, trv., *to* ***stash*** *sth. away*, nëbb dara (xaalis)
state, 1. n., a/ nekkin; *in a good* ***state***, nekk di baax; ***state*** *of health*, wër gu yaram; ***state*** *of mind*, nekkinu xel, xel ak xalaat, b/ rééw; *the* ***State*** *of Senegal*, rééwum Senegaal 2. trv., wax, taxawal, tëral; *as* ***stated*** *above*, ni ñu taxawale ci kaw; *I have seen it* ***stated*** *that*; gis naa fu ñu wax ne; Jur., *to* ***state*** *the facts*, tëral bir yi; **statement**, nettali, wax
static, adj., lu jengadi, lu bokk taxawaay
statistics, npl., limbari
statue, n., yatt; **statuesque**, adj., niróók lu ñu yatt; **statuette**, yatt wu ndaw
stature, n., taxawaay; *of big* ***stature***, ku am taxawaay
statute, n., yoon wi ñu tëral; ***statute*** *book*, tééré yoon; ***statute*** *law*, yoon yi ñu bind; **statutory**, yoon yi ñu digal, digal yi
stay, iv., des, toog; *to* ***stay*** *home,* des kër, toog kër; *to* ***stay*** *for dinner*, xaar ree

stead, n., *in s.o.'s stead*, nekkal fi kenn; *in your stead*, su ma doon yow
steadfast, adj., dëgër, takku (ci li ngay def)
steady, adj., dëgër, jàpp fu dëgër; *to keep steady*, baña yëngu
steak, n., daggitu yàpp, bistek
steal, trv., sàcc, këf; **stealer**, sàcc, sàcckat
steam, n., saxaar; *room full of steam*, néég bu fees ak saxaar; **steamship**, gaalu saxaar
steer, trv., dawal, jubal (gaal)
steer, n., nag wu ndaw, barmool
stem, n., car (garab); iv., *to stem from*, jógee ci
stench, n., lu xasaw
step, tànk; *to take one step*, dox benn tànk; *to turn one's steps towards*, jublu, jëm
sterile, adj., lu jaasir, lu munula jur; **sterility**, ñakka mëna jur, jaasir
sterling, adj., (xaalis) bu baax
stern, adj., ku jafe, ku lëndëm kanam
stew, n., cu; *beef stew*, cuwu yàpp, ragu
stick, n., yat, bant
stick, trv., jam, bës
stiff, adj., lu dëgër kënn; **stiffen**, dëgëral
stifle, trv., xoj, fotloo; iv., fot
stigma, n., légét, ñaas, mandarga wu des ci yaram; **stigmatize**, ñaas
still, 1. adj., lu nee temm, lu yënguwul; *to keep still*, baña yëngu; *still night*, guddi gu nee cunduŋ; 2. adv., ba léégi; *he's still here*, mu ngi fi ba léégi; *they are still playing*, ñu ngiy fo ba léégi 3. conj., teewul, terewul; *still I did see her*, teewul gis naa ko de
stilt, n., càkkaaba
stimulate, trv., cuq, may fit, may doole
sting, trv., jam, cuuj
stink, iv., xasaw
stipend, n., pey
stir, trv., yëngal
stirrup, n., dëggal (fas)
stitch, trv., ñaw, tapp
stoic, adj., ku ñeme coono
stoke, trv., xamb (taal)
stolid, adj., ku yééx
stomach, n., biir, mbàq, déq; *to crawl on one's stomach*, raamee biir, jiital biir di raam; *upset stomach*, biir buy metti; **stomachache**, biir buy metti
stone, n., 1. xeer, doj; *to throw stones at s.o.*, sànni kenn xeer 2. *stone cold*, sedd guy; *stone dead*, dee wow koŋŋ; *stone deaf*, tëx; *stone blind*, gumba; **stoned**, màndi
stool, n., toogu; *folding stool*, piliyaan
stoop, n., sëgg, xuugé, nooj; *to walk with a stoop*, dox sëgg; iv., banku, sëgg, nooj
stop, n., taxaw; *to put a stop to sth.*, yemale lenn; tas lenn (*event*); *to come to a stop*, taxaw; *bus stop*, arekaar, arebiis (Fr.) 1. trv., taxawal, tëj (robiné); *to stop up*, v., fatt, sëkk; *to*

stop *s.o. from doing sth.*, tere kenn mu def lenn; *I can't **stop** it happening*, munuma tee loolu; *it's **stopped** raining*, taw bi taxaw na 2. iv., taxaw, yem; ***stop** here!* yemal fii! *he didn't **stop** at that*, yemul ci loolu; *the matter won't **stop** there*, mbir du yem foofu; ***stop** by*, v., jaar seeti; **stopover**, v., jàdd fenn, taxaw

store, n., màngaseŋ

storm, taw, waame, ngelaane; **stormy**, xiin (asamaan)

story, n., nettali, lééb

stout, adj. (nit ku) taay

stove, n., toggukaay, reso

straight, adj., jub, jóg taxaw (*s. up*); ***straight** line*, rëdd wu jub; ***straight** answer*, tontu wu amul werante; *to put sth. **straight***, jubal, jubanti, (b, adv.) *keep **straight** on*, dox jëm kanam; *to walk **straight** in*, nee faax; tëb rekk dugg; ***straight** away*, adv., léégi-léégi, ci saa si; *to play **straight***, wuré yoon; **straighten**, v., jubal, jubanti; **straightforward**, adj., jub, màndu

strain, trv., xëcc, tàwwi; **strained**, lu xëccu, lu tàwweeku; ***strained** ankle*, tànk bu rëq

strange, adj., lu ñu xamul, lu leerul

stranger, n., gan, doxandeem

strangle, trv., xoj, fotloo; ***strangled** voiced*, baat bu dee; **stranglehold**, xoj ci baat

straw, n., ñax mu wow, ngooñ; ***straw** mattress*, lalu pajaas

stray, adj., ku réér

streak, n., leer; *the first **streak** of dawn*, leerug suba si

street, n., mbedd, yoon

strength, n., doole, kàttan; **strengthen**, maye doole

strenuous, adj., ku njaxlaf, bari njëriñ

stretch, trv., tàlli, tàwwi; iv., tàlleeku, tàwweeku; **stretcher**, balankaar (Fr.), jaad

stride, n., jeego, iv., dox ay jeego

strike, 1. n., gereew; *to come out on a **strike***, gereew

strike, 2. trv., dóór, fëgg; *to **strike** at s.o.*, dóór kenn, kurpeñ kenn; *to **strike** s.o.*, dugg kenn, song kenn; *(of plant), to **strike** (root)*, meññ; ***struck** by lightning*, ku melax gi daanu sa kaw; ***struck** with*, tiit; *to **strike** against sth.*, fakastalu ci kaw dara, mbëkk; *his head **struck** the pavement*, bopp bee mbëkku ci tali bi; *how did she **strike** you?* noo ko gisee? *he **strikes** me as being sincere*, niru na maak ku gore; (b, iv.) *(of clock)* jib; *it's just **struck** ten*, fukki waxtoo ngi sooga jib; **strike off**, v., dagg, dog; **stroke out**, v., dindi, teggi; **strike up**, v., tàmbalee woy; *to **strike** up a friendship with s.o.*, (tàmbalee) xaritook kenn; *to **strike** a converstion*, tàmbalee waxtaan; **strikingly**, adv., lu xëcc bët

string, n., buum; *ball of **string***, laxasu wëñ

stripling, n., xale bu góór

strive, iv., góór-góórlu, jééma def dara; *to **strive** for sth.*, jééma am dara; *to **strive** against*, xeex ak

stroll, iv., doxantuji, wëri; **stroller**, doxkat

strong, adj., am doole, am kàttan

structure, n., tabax; **structural**, jëm ci lu ñuy tabax

struggle, n., bëre, xeex; iv., bëre
strum, trv & i., xalam
stub, n., suuf, taat; taat; desitu sigaret (*cigarette*), taatu garab (*tree*)
stubborn, adj., dëgër bopp
stuck, pp., to get stuck, caŋ
stud, n., pont (yu) mag; tappukkaay, butoŋ (*shirt*)
student, n., ndongo daara, jàngkat, taalibe; **student** *organization*, kurélu dongo yi; *the* **student** *body*, dongo yi; *he is a good* **student**, ku mëna jàng la
study, n., njàngaan, njàng
stuff, n., nekkin
stumble, iv., fakastalu
stun, trv., miiral, xaañ
stunt, trv., wàññi, tuutil; **stunted**, wàññeeku, lu jeex
stupid, adj., dof; *don't be* **stupid**! bul dof! bul dof-doflu!
stutter, trv. & i., dër, gag
sty, n., géttu mbaam
suave, adj., lu saf, lu neex
subaltern, n., surga, suq
subject, n., dag (*King's*)
sublime, adj., lu sut bët, lu jéggi dayo
submerge, trv., feesal ak (ndox); iv., nuur, nuuru
subscribe, trv & i., nangu; *to* **subscribe** *to an opinion*, nangu li nit ñi wax; *I cannot* **subscribe** *to that*, munumaa nangu loolu
subsequent, adj., lu topp ci dara, lu wees dara; *at our* **subsequent** *meeting*, bi ñu dajewaatee
subservient, adj., ku nangoo def jaam
subside, iv., (*of ground*) maasalewu; (*of water*) wàcc, fer; (*of pers.*) noppi
subsistence, n., dund; *means of* **subsistence**, li ñuy dundee, dund gi
substance, n., nekkin
substantiate, trv., tëngóóm, biral
substitute, n., kuutaay, wuutukat, awukat
subtract, trv., wàññi, teggi, ñoddi
succeed, trv & i., wuutu, topp ci; *day* **succeeds** *day*, bis yi dañuy toppante; iv., jàll, def bu baax
such, adj., mel ni, lu mel ni, ni ki
suck, trv., muucu, macc, ŋacc
suds, n., ndox mu xëb
sue, trv., yóbbu kër buur
suffer, sonn, am mettit, porte pelent
suffice, trv & i., doy, doyal, doylu; *that will* **suffice** *for him*, lii dina ko doy; **suffice** *it to say*, des na ñu wax ne
suffocate, trv & i., fot, fotloo

suffrage, n., pal, baatu wote; *universal **suffrage***, baat yi yépp
sugar, n., suukar
suicide, n., xaru; *to commit **suicide***, xaru, bóómu
sulk, iv., ñagasal sa kanam, mer
sultan, n., sultaan
sum, n., boole; *total **sum***, boole tollu; *to **sum** up*, gàttal (wax ji)
summer, n., nawet
summit, n., cat, coll, puj
summon, trv., woolu
sun, n., jant; *the **sun** is shining*, jant bee ngiy melax; **sunrise**, sowu jant; **sunset**, penku jant
Sunday, n., dibéér, dimaas
supervise, trv., seet, saytu, wommat, jiit
supine, adj., 1. *(of pers.)* tëdd jaaxaan 2. lu nooy, lu yënguwul
supper, n., reer; *to have **supper***, reer
supplant, trv., wuutu, jël palaasu kenn
supple, adj., lu dul damm, lu neexa bank
supplementary, adj., yokkalante
supplication, n., ndagaan, ñaan
supply, trv., joxe, rawitaaye (Fr.)
support, 1. n., kenu; *moral **support***, nekk ci ginnaawu 2. trv., a/ faral, nekk ginnaaw, yenu, b/ tëngoom
sure, adj., lu wóór, *to be **sure** about sth.*, am lu la wóór, am lu la bir; *I'm **sure** of it*, wóór na ma, bir na ma; *I'm not so **sure** of that*, wóóruma bu baax; *I'm **sure** you are wrong*, wóór na ma ne du dëgg; *to be **sure** of oneself*, wóólu sa bopp; *to make **sure** of sth.*, biral dara; *in **sure** hands*, ci loxo yu wóór; *a **sure** thing*, mbir mu wóór; **surely**, ci lu wóór
surf, n., duus
surface, n., yaatuwaay, yaatu-yaatuwaay
surfeit, n., bari bay tuuru (ñam); *to have a **surfeit** of sth.*, lekk ba suur këll, regg
surmise, trv & i., wax njëkk
surname, n., sant
surpass, trv., jéggi, sar
surplus, n., li ëpp, li teggu
surprise, trv., bett, jaaxal; *to **surprise** s.o. in the act*, bett kenn muy def dara; *I'm **surprised** to see you*, yaakaaruma woon taseek yow; yow de danga maa bett; *I shouldn't be **surprised***, loolu jaaxalu ma; *I'm **surprised** at you!* jaaxal nga ma!
surround, trv., gaw, wër, séq; *he was **surrounded** by his friends*, ay xaritam a ko séqoon
suspend, trv., 1. wékk, langal 2. taxawal (ligééy) 3. dàqagum; **suspended**, lu ñu taxawalagum, ku ñu dàqagum
swallow, 1. trv., wonn, warax, wanaasu; *to **swallow** sth. down*, wonn dara 2. n., Orn., mbellar
swamp, n., dex; trv., feesal ak ndox; *to be **swamped** with work*, bari ligééy

swap, n., weccit; *to get sth. as a swap for sth.*, weccee lenn ak leneen; trv., wecce; *to swap places with s.o.*, weccee palaas ak keneen
swarthy, adj., xees (melo); yore melog fasu par
swear, trv., waat, giiñ
sweat, trv., ñaq
sweep, trv., buub, fomp
sweet, adj., saf suukar, neex
swell, iv., *to swell up*, funki, fokki, newwi; **swelling**, newwi-newwi
swelter, iv., tàng (ba munuloo yëngu); *sweltering heat*, tàngaay bu ëpp
swift, adj., gaaw; **swiftly**, ci lu gaaw; **swiftness**, gaawaay
swig, trv., guux
swim, trv & i., fééy
swindle, trv., nax kenn; *to swindle s.o. out of sth.*, nax kenn lekk ko; **swindler**, kàccoor
swine, n., mbaam xuux
swing, n., njoowaan; iv., njoowaanu
swipe, trv., dóór (balu futbal)
switch, n., El., taalukaayu làmp; *ignition switch*, caabi woto, taalukaayu woto; *to switch on*, taal; *to switch off*, fey
sword, n., jaasi
swot, n., gorkatu matt; trv., gor matt
symbiosis, n., njaxas
symbol, n., xayma
symmetry, n., safaanoo
sympathize, iv., *to sympathize with s.o.*, bokk naqar ak, tiisu kenn; *they called to sympathize*, dañu ñówoon jaalesi ma; **sympathy**, tiis
synonym, n., turandóó
synopsis, n., gattal (wax)
synthesis, n., yebaat
syrup, n., siró

table, n., taabal

taboo, n., lu ñu tere, lu ñu sib

taciturn, adj., ku noppi, ku laabir, ku dul wax lu bare

tact, n., *to be* **tactful**, xam bu baax li ngay def, ku lépp yomb

tactics, n., jëfin

tadpole, n., doomu mbott

tag, trv., taf ab xàmmikaay ci njaay mi

tail, n., geen; *tail of fish*, calgeen

tailor, 1. n., ñawkat, tayoor 2. trv., ñaw, defar ab kompale

take, trv., jël; *to* ***take*** *sth. from s.o.*, jëlee lenn ci kenn; *to* ***take*** *sth. off sth.*, teggi lenn; *to* ***take*** *hold of s.o.*, jàpp kenn; *to* ***take*** *s.o. by surprise*, bett kenn; *to be* ***taken*** *ill*, feebar; *to* ***take*** *a seat*, toog; *to* ***take*** *the wrong road*, réér ci yoon wi; *to* ***take*** *legal advice*, seeti ab awooka; *to* ***take*** *a nap*, nelaw tuuti, noppaliku; *to* ***take*** *a few steps*, dox tuuti, dox tànk yu gàtt; *to have one's photograph* ***taken***, portalewu, fotowu, nataalu; *to* ***take*** *sth. to pieces, apart*, wàcce dara (maanaam ab woto); ***take*** *it or leave it!* dangay jël mbaa nga bàyyi; *to* ***take*** *all responsibility*, nangu lépp lu xëppu saków; *he can't* ***take*** *a joke*, xamul fo; *I can't* ***take*** *it anymore*, dama doyal sëkk; *how old do you* ***take*** *him to be?* ñaata at nga yaakaar ne moom la am? *I* ***took*** *him for someone else*, dama ko jaawaatleek keneen, dama yaakaaroon ne keneen la; *it won't* ***take*** *long*, du yàgg; *he hasn't got what it* ***takes*** *to be a leader*, dese na koo nekk njiit; *to* ***take*** *oneself to bed*, tëddi; *I'll* ***take*** *you with me*, dinaa la yobbaale; *he* ***took*** *him across the road*, jàllale na ko tali bi; *to* ***take*** *after*, roy, jëlee ci; *to* ***take*** *away*, yóbbu, yóbbaale; *to* ***take*** *back*, delloo; *to* ***take*** *down*, wàcce, daaneel; *to* ***take***, duggal; *to be* ***taken*** *in*, def ba ñu nax la, naxlu sa bopp; *to* ***take*** *off*, dindi; *to* ***take*** *off one's clothes*, summi say yere; *to* ***take*** *out*, génne; *to* ***take*** *over*, wuutu

talc, n., puudar talk

tale, n., lééb; *to tell tales*, lééb

talent, n., xareñ; **talented**, ku xareñ

talk, n., 1. wax, baat; *he's all* ***talk***, wax rekk la mën, dafa bare wax; *there is some* ***talk*** *of his returning*, nee nañu dina dellusi; *there has been* ***talk*** *of it*, wax nañu ko; *it's all* ***talk***, loo lépp ay wax la; *small* ***talk***, wax ju sew; *double* ***talk***, wax ñaari wax; *baby* ***talk***, waxu xale 2. *to have a* ***talk*** *with s.o.*, waxtaan ak kenn 3. v., *to learn to* ***talk***, jànga wax; *now you are* ***talking***, yaa ngiy doora wax (wax ji); *what are you* ***talking*** *about?* lan ngay wax nii? *he knows what he's* ***talking*** *about*, xam na lu muy wax; ***talk*** *about luck!* bul xam ku am wërsëg (ni moom)! *to* ***talk*** *on the radio*, wax ci rajo bi; *to make s.o.* ***talk***, waxloo kenn; *to* ***talk*** *to oneself*, waxtu 4. *to* ***talk*** *Wolof*, làkk Wolof, *to* ***talk*** *politics*, wax waxi politik; *to* ***talk*** *oneself hoarse*, wax ba sa baat dee; *to* ***talk*** *s.o. into doing sth.*, waxal kenn ba mu def dara, dugal kenn ci def dara; *to* ***talk*** *s.o. out of doing sth.*, waxal kenn ba mu bàyyi li mu naroona def, tere kenn def dara; **talkative**, ku bare wax, ku réy làmmiñ; **talker**, waxkat; *to* ***talk*** *over*, waxtaan lu jëm ci

tall, adj., *(of pers)* ku njool, ku gudd; **tallness**, njoolaay, guddaay

tame, trv., *(animal)* yar, yaruloo

tamper, iv., wëlbati, wecce, laal loo warula laal

tan, trv., wulli, (deru xar); **tanned**, a/ lu ñu wulli, b/ yor melo der wu ñu wulli
tangible, adj., lu ñu mëna daj, lu ñu mëna laal ak loxo, luy dëgg
tangle, 1. n., jaxasoo, lëj-lëj; *to get into a* **tangle**, jaxasoo, lëj 2. *to* **tangle** *sth. (up)*, jaxase, lëjal
tank, n., dencukaay (ndox)
tantalize, trv., sonnal, tooñ
tantamount, adj., **tantamount** *to*, lu mat, tollook
tantrum, n., mer ba furi; *to get into a* **tantrum**, mer ba xamoo sa bopp, mer ba furi
tap, 1. n., robiné; **tap** *water*, ndoxu robiné 2. trv., bënn, jaarale ci ab bën-bën; *to* **tap** *a telephone conversation*, déglu waxtaanu ñeneen cib telefon
tap, trv & i., tàpp, fëgg; *to* **tap** *on the door*, fëgg, dóór ndànk bunt bi
tar, n., gudaroŋ
tardy, adj., ku, lu yééx
target, n., luñ nee ngééj, luñ diir; *to hit the* **target**, jam li ngay diir, *to miss the* **target**, moy
tarnish, trv & i., yàq, tilimal, yàqu, tilim; *to* **tarnish** *s.o.'s reputation*, yàq deru kenn
tarpaulin, n., baas, baasu jàngukaay
task, n., ligééy; *a hard* **task**, ligééy bu metti; *to carry out one's task*, def sa ligééy
taste, 1. n., cafte; *it has no* **taste**, saful dara, dafa sàppi; *it has a burnt* **taste**, mu ngiy saf lu xëm; *a* **taste** *of sth.*, ñam dara 2. v., ñam, mos; *to* **taste** *of sth.*, sopp dara
tattle, iv., wax, wax-a-wax, bare wax; **tattler**, ku bare wax
tax, n., juuti, lempo; **tax** *year*, lempo at mi; *to pay* **taxes**, fey juuti, fey lempo; **tax**-*collector*, juutikat
taxi, n., taksi
tea, n., àttaaya; **teacup**, kaasu àttaaya; **teapot**, baraada
teach, trv., jàngale, jàngal; *to* **teach** *s.o. sth.*, jàngal kenn dara; *he* **teaches** *Wolof*, wolof lay jàngale; **teacher**, jàngalekat; **teaching**, njàngaan
team, 1. n., làng, ekip 2. v., bokk def dara, far; *to* **team** *up with s.o.*, far ak kenn, làng ak kenn
tear, n., rongoñ; *to burst into* **tears**, tuur ay rongoñ, simbóóy rongoñ; **teardrop**, rongoñ
tear, 1. n., xotti-xotti 2. trv., xotti; *to* **tear** *sth. into pieces*, daggate; *this material* **tears** *easily*, piis bii daa gaawa xotteeku
tease, trv., tooñ, kiituwaale
teat, n., catu ween, boppu bibaroŋ
tedious, adj., lu metti, luy sonnalaate
teem, iv., *to* **teem** *with*, fees ak, jax ak (jën); *the rain was* **teeming** *down*, mu ngi doon taw taw bu metti, taw bi diisoon na lool
teenager, n., xale bu góór, xale bu jigéén bu tollu ci diggante fukki at ak ñent ak fukki at ak juróóm ñent, njagamaar
teeny(-weeny), adj., sew ruuj
telephone, n., waxsore, telefon
television, n., telewisoŋ; gisore

tell, trv., wax, nee, naan; *to tell the truth*, wax dëgg; *to tell s.o. sth.*, yëgal kenn dara; *can you tell me the way to the station?* mën nga ma joxoñ yoonu gaar bi? *I have been told that*, wax nañu ma ne; *I told you so*, waxoon naa la ko; *tell me another!* wax ko ñeneen; *I'll tell what happened*, dinaa la nettali li xew; *do as you're told*, defal liñ la wax; *I told him not to*, tere naa ko ko woon

temerity, n., sañ-sañ

temper, n., xel mu dal; *to keep one's temper*, dalal sa xel; *to have a bad temper*, ñaaw jikkó; *to be in good temper*, neex deret; *to be in a temper*, mer; *to put s.o. in a temper*, merloo kenn

temperature, n., yëgu tàngaay, tamperaatiir; *to take s.o.'s temperature*, jël tamperaatiru kenn; *to have a temperature*, tamperaatiir, feebar

tempest, n., tawu ngelaw

tempt, trv., jéém

ten, card. numb., fukk; **tenth**, fukkeel

tenacious, adj., ku, lu dëgër

tenant, n., lokateer, luyékatu néég

tenet, n., ponk, ngëm, xalaat ; *the tenets of Islam*, ponki lislaam

tense, adj., lu tàwweeku; tense moment, waxtu njàq

tent, n., mbaar; *to pitch a tent*, yëkkati ab mbaar, taxawal ab mbaar

tepid, adj., lu ndugg, ku sedd

term, n., waxtu, mujjeelu dara; *in the short term*, ci saa si, ci tàng-tàng bi; *to be on friendly terms with*, déggóóg; *to terminate*, jeexal, sotal

termite, n., max; *full of termites*, maxe

terrible, adj., lu ñaaw, lu bon, lu raglu

terrier, n., xaj

territory, n., dëkk

terror, n., 1. tiitange, lu raglu, luy tiitlóó 2. *to be the terror of the village*, xañ waa dëkk bi jàmm

test, n., cax; v., tariloo

testament, n., batale

testify, trv., seede, seedeel; *to testify to sth.*, fekke dara

tether, 1. n., jataŋu fas 2. trv., jataŋ

than, conj., (*is not expressed in a comparative*); *I have more than you*, maa la ëppale; *more than ten*, lu ëpp fukk; *more than once*, lu ëpp, raw benn yoon; *better than anyone*, gën képp; *any person other than himself*, képp ku dul moom ci boppam

thank, 1. n., *thanks*, ngërëm; *give him my thanks*, nee ko jërëjëf; *many thanks*, jaajëf, jërëjëf waay! 2. trv., gërëm

that, 1. dem. pron, bii, kii, lii, mii, etc., *who's that?* kii kan la? *is that all?* loolu rekk la? *that's where he lives*, fii la dëkk; *after that*, gannaaw loolu, ba loolu weesoo; *they all think that*, ñoom ñépp loolu lañu xalaat; *that is to say*, maanaam; *that's right!* dëgg la; *that will do*, lii dina doy (*opposed to this and these*) kii, kile, lii, lile, pl. ñii, ñile, yii, yile; *this is new and that is old*, bile bu bees la waaye bale dafa màgget 2. dem. adj., bii, bile, yii, yile, etc., 3. dem. adv., *that high*, guddee nii; *that far*, soree nii 4. rel. pron., bi, bu, ki, ku, ñi, ñu, lu, li, etc. *the letter that I sent you*, leetar bi ma la yónnee; *the man that I was talking to*, góór gi ma doon waxal; *(after expression of time) the night that we went out*, guddi gi nu génnee; *the moment that he had been at the hospital*, waxtu wi mu nekkee loppitaan 5. *(conj. introducing subordinate clause), it was for her that they fought*, moo taxoon ñuy xeex; *he's so ill that he can't work*, dafa feebar ba munula ligééy; *I wish that it had never happened*, su ma sañoon du am; *so that*, ngir, ndax, *come closer so that I can see you*, jegesil ndax ma mën laa gis

the, art., *(close)* bi, ki, li, mi, si, gi, ji, wi, pl. yi, ñi; *(far)* ba, ka, la, ma, etc., *the father and (the) mother*, baay bi ak yaay ji; *on the other side*, ci geneen wet gi; *he has gone to the fields*, dem na ca tool ya; *(demonstrative) I was away at the time*, waxtu woowa fekkoon na ma dem; *all the more (as)*, ni ki; *all the more reason*, sàkkaa

theft, n., càcc

their, poss. adj., seen, pl. seeni; *their father and mother*, seen baay ak seen ndey; *they have their own shop*, seen butigu bopp lañu yore; **theirs**, poss. pron., seen bos, seeni yos

them, 1. (pers. pron. object), *I like them*, sopp naa leen; *I shall tell them so*, dinaa leen ko wax; *speak to them*, waxal leen 2. stressed, *waxal ak ñoom*; *I'm thinking of them*, ñoom laay xalaat; *many of them*, ñu bare ci ñoom; *both of them, the two of them*, ñoom ñaar ñépp; *all of them, everyone of them*, ñoom ñépp; *none of them*, (du) kenn ci ñoom; *it's them*, ñoom la; **themselves**, ñoom ci seen bopp

theme, n., li waral wax ji, junj

then, adv., 1. booba, ca waxtu woowa 2. ba loolu weesoo, ba noppi; *now and then*, yenn saa yi; *what then?* lu ci tegu? *it's beautiful but then it is expensive*, rafet na waaye nak dafa jafe 3. *well, then go!* konbook wéyal! *then you should have told me*, su fekkee loolu la da nga ma ko waroona wax; *since then*, li ko dale waxtu woowaak lééegi; *between now and then*, ci diggante bi

thence, adj., jógee ci loolu

theorem, n., wone

theory, n., faramfàcce

there, adv., fee, faale, fa; *put it there*, teg ko fee; *he's still there*, mu nga fa ba lééegi; *who's there?* ku fa nekk? *here and there*, fileek fale; *that man there*, góór gale; *there is, there are*, am na; *there was once a king*, amoon na fi ab buur; **therefore**, konbook; **thereupon**, ci kaw loolu

thermometer, n., nàtt(t)angaay; **thermodynamic**, n., tàngdooleel

they, pers. pron., ñu, ñoo; *they are dancing*, ñu/ñoo ngiy fecc; *here they come*, ñoo ngi di ñów; *they know nothing about it*, xamuñu ci dara; *they say that*, ñu ngiy wax ne; *that's what they say*, loolu lañu wax

thick, adj., *(of mist)* dëll; *(of book)* réy, yaa; *(of pers)* tal; *(of liquid)* far; *(of forest, bush, hair)* sëq; *to thicken*, sëqal, faral

thicket, n., goj

thief, n., sàcc, sàcckat; *stop thief!* jàppleen, sàcc!

thigh, n., lupp

thin, adj., nééw, sew, tuuti; *to cut the bread in* **thin** *slices*, dagg mburu mi cër yu sew (nééw); *to grow* **thinner**, jeex

thing, n., 1. këf, lëf; pl. yëf; *what's that* **thing**? këf kile lan la? 2. *poor* **thing**! moom ndeysaan! 3. *how could you do such a* **thing**? nan nga mëna defee loolu? *he gets* **things** *done*, nit ku am njëriñ la; *to think* **things** *over*, xalaat lëf li; *the* **thing** *is this*, nii la demee; *the important* **thing** *is that*, li am maanaa mooy; *for one* **thing**, lu jiitu, balaa leneen; *and another* **thing**, teg ci; *it doesn't mean a* **thing** *to me*, tekkiwul dara ci man; fàttalikuwuma ko; *as* **things** *are*, fi yëf yi tollu

think, trv & i., xalaat, defe, gëm; *what are you* **thinking**? lan ngay xalaat? *to act without* **thinkng**, def te doo xalaat; **think** *before you speak!* xalaatal balaa ngay wax! *give me time to* **think**, may ma ma waxtaan ak sama xel (*to speak with one's mind*); *to* **think** *again*, xalaataat; *one would* **think** *he was sleeping*, ku ko gis dinga yaakaar ne dafa doon nelaw; *who would have* **thought** *it?* ku mënoona xalaat loolu? *just* **think**! seetal bu baax! *I* **thought** *it was over*, ma yaakaaroon ne sotti na; *it is* **thought** *that*, gëm nañu ne, yaakaar nañu ne; *I should* **think** *so*, yaakaar na ko; *do as you* **think** *best*, defal ni mu la gënale; *I little* **thought** *I would see him again*; xalaatumawoon ne dinaa ko gisaat; **think** *about, of*, xalaat dara; **think** *back*, xalam, jééma fàttaliku; **thinker**, xalaatkat

third, adj., ñetteel

thirst, n., mar; *to quench one's* **thirst**, wàcce mar gi; *to be* **thirsty**, mar

thirteen, card. numb., fukk ak ñett; **thirteenth**; fukkeel ak ñett

thirty, numb., fanweer; **thirty**-*three*, fanweer ak ñett; **thirtieth**, fanweereel

this, 1. dem. pron., pl. **these**, bii, bile, kii, kile, lii, lile; pl. yii, yile, ñii, ñile; *what's* **this**, lii lan la? *who's* **this**? kii kan la? *you'll be sorry for* **this**, dinga reccu lii, dinga ko reccu; *what good is* **this**? lii lu muy jëriñ? *after* **this**, bu weesoo lii, gannaaw lii; **this** *is what he told me*, lii la ma wax; **this** *is Mr Jóób*, nuyóól ak góór gi Jóób; **these** *are my children*, ñii, samay doom lañu; *listen to* **this**, déglul lii! 2. dem. adj., **this** *book*, tééré bii, tééré bile; *one of these days*, ci fan yile 3. dem. adv., **this** *high, as high as* **this**! guddee nii; **this** *far*, sore nii

thorn, n., dëg; **thorny**, bare dëg

thorough, adj., (*of knowledge*, xel mu) yaa; (*of work*, ligééy bu) set, baax; *to give a room a* **thorough** *cleaning*, defar néég bi ba mu set wecc; *to be* **thorough** *in one's work*, def sa ligééy ni mu waree; **thoroughbred**, fasu naaru góór, fasu piirsaŋ; **thouroughly**, bu baax-a-baax

those, dem., see that

though, conj., 1. (*is expressed by* -**lu** *in many instances with the redoubling of the verb*); *even* **though** *you'll laugh at me*, ak loo ma ree-ree; *even* **though** *you are not beautiful I still love you*, ak loo rafctul-rafetul tamit man nob naa la 2. *as* **though**, mel ni; *it looks as* **though** *he's gone*, dafa mel ne dafa dem; mel na ni dafa dem; *as* **though** *nothing had happened*, mel mi dara xewuloon,. 3. adv., ndaxam, waaye

thought, n., xalaat; *I can't read your* **thoughts**, mënuma la wax li ngay xalaat; *the mere* **thought** *of it*, xalaat ko sax; *he never gave it a single* **thought**, mosu ko xalaat; *to collect one's* **thoughts**, dajale say xalaat, dalal sa xel; *her* **thoughts** *were elsewhere*, xel maa ngiwoon feneen; *on second* **thoughts**, (bi ma ko) xalaataat(ee); *to have* **thoughts** *of doing sth.*, xalaata def dara; *it's the* **thought** *that counts*, xalaat ko doy na seede

thousand, numb., junni; *about a* **thousand** *people*, lu mat junni nit; *in* **thousands**, junni junni; **thousandth**, junneel

thrash, trv., caw, dóór; *to thrash s.o. soundly*; caw kenn caw yu metti; *to* **thrash** *out*, waxtaan, fecci ab lëj-lëj; *to* **thrash** *about*, wequ; **thrashing**, caw, yar

thread, n., wëñ; *sewing* **thread**, wëñu ñawukaay; **threadbare**, adj., *(of clothes)*, def ay sagar, màgget

threaten, trv., xëbal

three, card. numb., ñett; *to be* **three** *years old*, am ñetti at

threshold, n., jë, *to cross the* **threshold**, àgg ba ca jë ba; *on the* **threshold** *of*, ci jë bi

thrice, adv., ñetti yoon

thrift, n., li ñu saxantal; **thriftless**, ku mëna yàq; **thrifty**, ku mëna saxantal

thrill, trv., dawloo yaram; *to be* **thrilled**, am yaram wuy daw

thrive, iv., naat, luy dox bu baax; **thrives** *in all soils*, luy sax ci bépp suuf

throat, n., put, purux; *to cut s.o.'s* **throat**, dagg putu kenn, rendi; *to have a sore* **throat**, am put guy metti

throb, iv., *(of heart)*, am xol buy yëngu; **throbbings**, wéq

throes, n., mettit, coono

throne, n., jal, gangunaay, toogu buur, aras *(God's t.)*

throng, 1. n., mbooloo, gangoor 2. iv., booloo, daje, jaxasoo; *the room was* **thronged** *with people*, néég bi dafa feesoon ak nit

throttle, trv., xoj, fotloo, naj ci put

through, prep., ci, ci diggu; *to be on his way* **through** *Dakar*, jaar (biir) NDakaaru; *to look* **through** *the window*, xool ci palanteer bi; *to go* **through** *one's pockets*, jééx ci say biir poos; *to talk* **through** *one's nose*, waxee bakkan; *all* **through** *his life*, ci waxtu dund gi gépp; *to send sth.* **through** *the post*, yónne lenn ci post bi; *it's* **through** *me that he missed the train*, maa tax saxar gi raw ko

throw, trv., sànni

thug, n., saay-saay, kàccoor

thumb, n., baaraamu déy, baaraam bu gàtt; *he's all* **thumbs**, moo dëng loxo de; *to be under s.o.'s* **thumb**, nekk ci dogalu kenn; *she's got him right under her* **thumb**, mu ngi koy doxloo ni mu ko neexee

thunder, n., dënnu; *there is* **thunder** *in the air*, mu ngi xiin bay waaja taw; **thunder** *of applause*, tàccu yu bare; *it's* **thundering**, mu ngiy dënnu; **thunderbolt**, dënnu

Thursday, n., alxames

thus, adv., naka noonu, nii, nile, kon nak; **thus** *far*, ba léégi

tiara, n., peru baat

tibia, n., óóm

ticket, n., biyé

tickle, trv., ñoromtaan, textexaan, coqotaan

tide, n., gééj, duus; *high* **tide**, gééj gu fees; *low* **tide**, gééj gu fer

tidy, adj., (*of room*) jekk, am toppatoo; *clean and **tidy** room*, néég bu set te jekk
tie, 1. n., takkukaay, yeewukaay; *family **ties***, mbokk   2. trv., takk, yeew, boole; *to be **tied** with*, càllaalook
tiff, n., xulóó bu ndaw, xulóó bu ñàkk solo
tiger, n., segg; **tigress**, jigéénu segg
tight, adj., 1. daŋ, dëgër këŋ, tul, lu ngelaw mbaa ndox munula jaar   2. *to draw a cord **tight***, daŋal buum bi; ***tight** shoes*, dàll yu daŋ, dàll yu gàtt   3. adv., *shut **tight***, tëju bu baax; *hold **tight***, jàppal bu baax; **tighten**, daŋal; **tightfisted**, ku nay, ku gàtt loxo
tile, n., tuwil, karo
till, trv., ji, bey, ruuj, jas
till, adv., ba; ***till** now, **till** then*, ba léégi
tilt, n., dëngaay, bankuwaay; *to **tilt** up*, banku, dëngalu
timber, n., bant, bant bu ñu ligééy; ***timber** merchant*, jaaykatu bant
time, n., 1. saa, waxtu, taŋ; *in a short **time***, ci lu nééw; *to take a long **time** over sth.*, yàgg ci li ngay def; *for some **time** (to come)*, ci kanam tuuti; *for some **time** (past)*, yàgg na tuuti; *I haven't seen him for a long **time***, gëj naa ko gis lool; *he's taking a long **time***, mu ngiy yàgg, mu ngiy yééx; *all the **time***, saa su nee, waxtu wu nee; *when I have the **time***, waxtu wu ma amee jot; su ma amee jot; *there's no **time** to waste*, laajul yééxantu; *to waste **time***, yééx, yééxantu; *to make for lost **time***, dab waxtu wi; ***time** is up*, waxtu wi jot na   2. jamano; *in former **times***, bu njëkkoon, ca jamano yu njëkk ya; *in **times** to come*; ci jamano ji di ñów, ëllëg; *in our **times***, léégi, sunu jamano jii   3. *I was away at the **time***, booba nekkuma fa woon; *at that **time***, waxtu woowa, boobale; *at the present **time***, léégi nii; *at no **time***, mukk; *at **times***, yenn saa yi; *at all **times***, saa yu nekk; *between **times***, diggante waxtu; *at any **time** you like*, waxtu woo bëggee; *this **time** tomorrow*, suba ci waxtu wii; *from **time** to **time***, yenn saa yi; *from that **time** onwards*, jóge ci loolu; *all in good **time***, lu nekk dafa am waxtu   4. *what's the **time**?* ban waxtoo jot? ñaata waxtoo jot; *dinner **time***, waxtu reer; *to be ahead of, behind, **time***, teel, yééx; *to die before one's **time***, teela dee; *his **time** has not come yet*, waxtoom jotagul (jibagul, ñówagul)   5. *we had a good **time***, fo nanu bu baax; *to give s.o. a hard **time***, sonnal kenn   6. *next **time***, bu beneenee; ***time** and **time** again*, waataati waat; *two things at a **time***, defando ñaari yëf   7. *at the **time**;* a/ *is expressed by the verb and the suffix **-aale**);* b/ *at the **time** you must not forget that*, tamit waruloo fàtte ne
timid, adj., ku ragal, gaawa rus
timorous, adj., ku ragal
tiny, adj., lu tuuti, nééw
tip, 1. n., cat   2. trv., sottil dara; **tiptoe**, *on **tiptoe***, doxee cati tànk
tip, trv., neexal; *the **tip** is included*, neexal gi ci la bokk
tipsy, adj., *to get **tipsy***, màndi
tire, trv., sonnal; *tired*, ku sonn; *to be **tired** of sth.*, sonn ci dara
title, n., tiitar; *to have a **title***, am tiitar; ***title** holder*, mbër mi, sàmpiyoŋ bi; ***title** property*, kayiti kër
titular, adj., ku ñu fal

to, prep., *I'm off to Dakar*, maa ngiy dem NDakaaru; *I'm off to the market place*, maa ngiy dem marse; *the road to Diourbel*, yoonu Jurbel; *to the east*, jëm penku, yoonu penku; *to the right*, ca ndeyjoor ba; *to fall to the ground*, daanu ci suuf; *from morning to night*, ci suba ba ci ngoon; *ten minutes to six*, juróóm benn waxtu des na fukki minit; *to this day*, ba ci tey jii; *to pull to pieces*, tojate; *ambassador to the king*, ndawalu buur bi; *apprentice to a joiner*, àpparanti minisé; *the key to the door*, caabi bunt bi

toad, n., mbott

toast, n., mburu mu ñu lakk

tobacco, n., póón; **tobacconist**, jaaykatu póón

today, adv., tey

toe, n., baaraamu tànk; **toenail**, weewu tànk

together, adv., (*is expressed by the verb and the suffix* **-ando** *in various cases*); *to go together*, *to belong together*, bokk; *to bring together*, dajale, boole; *to act together*, defando; **togetherness**, bokkando

toil, n., ligééy bu metti

toilet, n., tuwalet; *toilet soap*, saabu tuwalet; *toilet paper*, kayitu fompukaay

token, n., 1. xàmmikaay, yoon; *by the same token*, ci noonu, konbook 2. xanjar

tolerate, trv., muñ, muñalaate; *I can't tolerate the noise*, munumaa muñ coow li; **tolerable**, lu nu muna muñ

tomato, n., tamaate, *tomato sauce*, soosu tamaate

tomb, n., bàmmel, xabru

tome, n., tééré bu mag, kaamil

tomorrow, adv., suba, ëllëg; *tomorrow night*, ëllëg ci guddi; *the day after tomorrow*, gannaaw ëllëg

tomtom, n., ndënd, sabar

ton, n., ton, junni kiló

tone, n., baat, coow; *tone of voice*, baat

tongue, n., làmmiñ 2. làkk

tonight, adv., tey ci guddi, tey ci ngoon

tonsil, n., xeeru baat

too, 1. adv., bu bari; *too many people*, nit ñu bare; *to work too hard*, ligééy bu baax, ligééy bu bari; *I've listened to him too much*, yàgg naa ko déglu; *I know him all too well*, xam naa ko bu baax-a-baax; *you are too kind*, danga baax ba mu ëpp 2. *I want some too*, man it bëgg naa ci

tool, n., jëfandikukaay, ligééyukaay; *to make a tool of something*, jëfandikoo dara

tooth, n., bën; *milk, first, t.*, bëñi feeñal; *to have a tooth out*, wekkilu sa bën; **toothache**, bën buy metti; **toothbrush**, boroosu bën; **toothless**, jaal (bombe); **toothpaste**, patu dantifiris; **toothpick**, soccu, soccukaay; **toothy**, faŋŋe

top, n., ków gi, kaw gi, cat li, coll gi, jubb (*of head*); *at the top of the tree*, ci ków garab gi, ci catu garab gi; *from top to bottom*, ci ków ba ci suuf; *from top to toe*, jóge ci bopp bi wàcc ci tànk yi; *put it on top of the other one*; dëj ko ci ków beneen bi; *top of the milk*, dax, niw

topple, trv & i., *to topple (down, over)*, daanu, jéll; *to topple sth. over*, jéll, daaneel dara

topsy-turvy, adj., lu jaxaso, lu wëlbatiku; *the whole world's (turned)* **topsy-turvy**, àddina bi dafa wëlbatiku léégi; *everything's* **topsy-turvy**, lépp a jaxaso léégi
torment, n., coono, mettit; *he suffered* **torments**, sonnaloon nañu ko lool
tornado, n., taw bu foor, tawu ngelaw
torpid, adj., xeram
torrent, n., taw bu foor, taw bu metti
tortoise, n., mbonaat; **tortoiseshell**, këllu mbonaat
torture, n., (see **torment**)
toss, trv., sànni ci kaw; *to* **toss** *sth. to s.o.*, sànni kenn dara, xaañ kenn
totem, n., xàmb
touch, trv., laal, làmb; *to* **touch** *sth. with one's finger*, làmb ak sa baaraam; *let's* **touch** *wood!* nanu laal bant! *don't* **touch**! bul laal! *the law can't* **touch** *him*, yoon munalu ko dara; **touchdown**, wadd, wàcc, daanu
tough, adj., lu dëgër, (*of pers*) ku dëgër, ku bare doole; **tough** *job*, ligééy bu metti; **toughen**, dëgëral
tour, n., *walking tour*, doxantu ci biir dëkk bi; *to go on a world* **tour**, wër àddina bi; *to* **tour** *a country*, wër rééw mi; **tourist**, tukkikat
tousle, trv., jaxase sa karaw; **tousled** *hair*, karaw gu jaxaso
tow, trv., yóbbu furyeer, rëmorke
towards, prep., jëm ci, ci; *he came* **towards** *me*, dafa ñów ci man
towel, n., sarbet, fompukaay
town, n., dëkk
toy, n., fowukaay; *to* **toy** *with sth.*, fo ak dara
trace, 1. n., tànk; *they could find no* **trace** *of him*, kenn jotula feeñal tànk yi 2. trv., a/ rëdd, b/ topp ay tànk
track, n., (see **trace**), yoon; *racing* **track**, yoonu dawukaay; yoonu rawante
tractor, n., ndaraan
trade, n., 1. ligééy, mécce; *he's a carpenter by* **trade**, minisé la; **trade** *union*, sendikaa, 2. koomers, jaayante ak jëndante, ligééyu jula 3. weccoo; *I'm* **trading** *in my shoes for new clothes*, maa ngiy wecce samay dàll ak yere yu bees; **tradesman**, marsaa, koomersaa
tradition, n., cosaan, aada, baax, baaxi maam
train, n., saxaar, wotoraay
traitor, n., workat; *to turn* **traitor**, wor say xarit, jàmbu say xarit; **traitress**, workat bu jigéén
trajectory, n., yoon
trample, trv., dëgg, dëggat, tojat
trance, n., *to fall into a* **trance**, daanu (rab)
tranquil, adj., lu ne selaw, lu toog benn barab, lu yënguwul; **tranquilize**, noppal, may jàmm
transcend, trv., jéggi, jàll, sar
transcribe, trv., bind
transect, trv., lelli

transfer, trv., dandal, wiiré, sànni
transform, trv., wecce, bindaat; **transformation**, binduwaat
transgress, trv & i., moy, def lu dul yoon; **transgressor**, moykat
transient, adj., lu dul yàgg
transit, n., 1. taranspoor 2. trv., yóbbu, yenu
transitory, adj, (see **transient**)
translate, 1. trv., firi, tekki; *the word is translated by*, baat bi lii lay firi, baat bi lii lay tekki 2. iv., tekki; *it won't translate*, kenn munu ko firi; **translator**, firikat, tekkikat; **translation**, piri
transmit, trv., jottali, tasaare ay xibaar
transmute, trv., wecce, soppali
transparent, adj., lu leer, lu ñépp mëna gis; **transparency**, leeraay
transpire, iv., ñaq
transport, trv., yeb, yenu, yóbbu (ay marsandiis, ay wojaseer); **transportation**, n., yeb
trap, n., fiir, fiirukaay; *to set a trap*, fiir; **trapper**, fiirkat
trapezium, n., ñaariwetlang
trash, n., 1. yëf yu amul maanaa, yëf yu amul njëriñ 2. mbalit; *trash can*, siwó mbalit; *to talk a lot of trash*, wax lu amul benn bopp
travel, n., tukki; **traveller**, tukkikat, wojaseer
traverse, trv., jéggi, dox ci digg bi; jàll, dog (jéggi)
treachery, n., wor gi
tread, 1. n., tànk; *to walk with measured tread*, dox ndànk-ndànk, xool say tànk 2. iv., dox, teg say tànk; *to tread on sth.*, dox ci ków dara, dëgg dara; **treadle**, pedaal
treason, n., wor gi
treasure, 1. n., alal; *treasure hunt*, rëbbum alal 2. trv., teral, may cër, fonk; **treasurer**, denckatu alal; **treasury**, fi ñuy denc alal gi; *the* **Treasury**, ministeer bi yor alalu (xaalisu) dëkk bi
treat, n., 1. lekk gu neex; *it's my treat*, maay fey tey 2. bànneex, feet 3. trv., *to treat with s.o.*, defalanteek kenn, waxaaleek kenn 4. *to treat s.o. well*, teral kenn 5. Med., faj; *to be treated in a hospital*, faju loppitaan; **treatment**, paj
treaty, n., digé, déggóó
treble, 1. adj., ñett, ñetti yoon 2. trv., soppaliku ñett
tree, n., garab; *fruit tree*, garab bu am doom; *to climb a tree*, yeég ci ków garab; *to be at the top of the tree*, nee ca collu garab ga; *family tree*, njaboot gépp, njabootu cosaan
trek, n., tukki gu sore te metti; *it's quite a trek*, sore na lool
tremble, iv., lox, yëngu
tremor, n., yëngu-yëngu, yëngu
tremendous, adj., lu réy-a-réy, lu baree-bare
trench, trv., gas kàmb gu mag, xar suuf si; **trenchant**, lu ñaw
trespass, iv., ruur, dugg ci kër jàmbur te amoo fa yoon
trial, 1. n., àtte; *to bring s.o. to trial*, àtte kenn 2. *to give s.o. a trial*, jéémlóó kenn dara
triangle, n., ñettikoñ; *rectangular triangle*, koñjub

tribe, n., mbooloowu benn xeet
tribute, n., galak, kubal (ref. Rambaud); 1. *to pay* **tribute**, fey kubal, galak   2. *to pay a* **tribute** *to s.o.*, woy, taas kenn
tributary, adj., bàyyeekoo, jóge, waloo (ci dex gi)
trice, n., *in a* **trice**, ci lu gaaw, xef bët
trick, n., *to play a* **trick** *on somebody*, nax kenn, rééral kenn, njublaŋ kenn
trickle, 1. n., mbaal   2. iv., toq; *water was* **trickling** *down the wall*, ndox maa ngi doon toqee cików miir bi
trifle, n., lu amul maanaa, lu amul solo; **trifling**, lu amul solo
trigger, n., gaku fetal
trim, n., 1. *in good* **trim** (*of pers*), am jàmmu yaram; *everything was in perfect* **trim**, lépp a jagoon; lépp a defaruwoon ba jekk; *in* **trim**, taxaw ba jekk; *out of* **trim**, dëng   2. *to have a* **trim**, wàññi sa karaw   3. trv., satt, wàññi, dag
trip, 1. n., tukki; *round* **trip**, tukki dem ak dellusi   2. iv., fakastalu; *to* **trip** *over sth.*, fakastalu ci kaw lenn; *to* **trip** *up*, juum; *to* **trip** *s.o. up*, fàdd, pàdd kenn
triple, adj., ñetti yoon
tripod, n., borom ñetti tànk
triumph, n., ndam; *he came home in* **triumph**, moo indaale ndam li
trolley, n., sareet
trot, 1. n., njaab   2. trv & i., jaab, jaabal
trouble, n., 1. mettit, mettitu xol, coono; *his* **troubles** *are over*, coonoom gépp teggeeku na; *what's the* **trouble**? lu xew? *the* **trouble** *is that*, coono gi moo di ne; jafe-jafe gi kay moo di ne; *to get into* **trouble**, duggal sa bopp ci coono; *to get s.o. into* **trouble**, duggal kenn ci coono; *to get s.o. out of* **trouble**, génne kenn ci coono   2. *to have heart* **trouble**, am xol buy metti; **trouble-free** *journey*, tukki gu amul benn rëq-rëq; *it's not worth the* **trouble**, jarula sonn, jaru ko   3. trv., sonnal, jaaxal, tànqal, baña noppal   4. **troubled**, (*of liquid*) lu nëx; ku jaaxle
trough, n., *feeding* **trough**, lekkuwaay, *drinking* **trough**, wëggu, naanukaay
trousers, n., (*pair of*) **trousers**, xargépp, pantaloŋ
truant, n., dawkatu jàng; *to play* **truant**, daw jàng
truce, n., jàmm; *to call a* **truce**, jàmmalante, jàmmoo, maroo
truck, n., kamiyoŋ; **truckdriver**, sofóóru kamiyoŋ
truculence, n., coxor, coxorte, mbon; **truculent**, ku soxor, ku bon, ku mbaame, ku aay
trudge, iv., dox ak coono
true, adj., luy dëgg; *that's* **true**, dëgg la; *truly*, ci dëgg, dëgg-dëgg; *I'm* **truly** *grateful*, maa ngi lay gërëm bu baax, maa ngiy sant (fu ma tollu)
truncate, trv., dagg, wàññi (wax ji, kàddu yi)
truncheon, n., liifu pólisé, ngulu
trunk, n., 1. yaram (wu garab), diggu yaram   2. bakkanu ñay
trust, 1. n., yaakaar, kóólu; *to put one's* **trust** *in s.o.*, yaakaar kenn, wóólu kenn   2. trv., yaakaar, wóólu; **trustful**, ku fees ak i yaakaar; **trustworthy**, ku mata yaakaar

truth, n., dëgg; *the absolute truth*, dëgg gu wer peŋŋ
try, trv & i., jéém; *to try one's best*, def li nga mën
tuck, 1. n., lem-lem 2. trv., lem ay lem yu sew; *to tuck one's legs under one*, lem, bank say tànk; *she tucked her arm under mine*, dafa jaarale loxoom ci sama suufu loxo; *to tuck a blanket round s.o.*, muur kenn ab mbàjj
Tuesday, n., talaata
tuft, n., jubb; **tufted**, am jubb
tug, trv &i., xëcc bu baax, ñoddi
tuition, n., njàng; *tuition fees*, peyi njàng mi
tumble, iv., *to tumble (down, over)*, rot, wadd, jéll, daanu; *to tumble sth. down, over*, waddal, daanel, rotal
tummy, n., koll, biir, déq; *tummy ache*, biir buy metti
tunnel, n., pax, bënn
turban, n., taŋlaay
turbid, adj., (*of liquid*) lu nëx
turbulent, adj., ku tëradi, ku jekkadi; ku dul toog benn bereb
turf, n., ñax, gasoŋ
turkey, n., kóppin
turmoil, n., yëngu-yëngu; *everything is in turmoil*, lépp a jaxaso
turn, n., 1. wër-wër 2. jàddukaay, wiiraas 3. *to take a turn in the field*, doxantu ca tool ba 4. *it's your turn*, sa yoon la, yaa wara dox; *in turn*, lu toppante; *to speak out of turn*, wax bu sa waxtu jotulee; *to take turns with s.o.*, weccante palaas 5. trv., wëndeel, jéll, wëlbati; *to turn everything upside down*, jaxase lépp; *turn your face this way*, xoolal boor bile, wëlbatil sa kanam fii; *he has turned forty*, am na juróóm-ñett fukki at léégi; *it's turned seven*, juróóm ñaari waxtu jot na; *turn off*, fey, tëj; *turn on*, taal, ubbi; *turn out*, génne (kenn) ci biti; **turnover**, wëlbati, wëndeel; *turn up*, yëkkati
turnip, n., nawe
turtle, n., mbonaat, maawo
tusk, n., bëñ (wu ñay walla mbaam àll)
tutor, 1. n., sakat, wonkat 2. trv., di sa ab taalibe
tweak, trv., dompat, xëcc; *to tweak, a boy's ears*, xëcc noppi xale
tweet, iv., (*of bird*) sab
tweezers, n., keppu, keppukaay
twelve, card. numb., fukk ak ñaar; **twelfth**, ord. numb., fukkeel ak ñaar
twenty, card. numb., ñaar fukk; **twenty**-*one*, ñaar fukk ak benn
twentieth, ord. numb., ñaar fukkeel
twice, adv., ñaari yoon, yaari yoon
twiddle, trv & i., *to twiddle with sth.*, fowantu ak dara, fontook dara
twig, n., caru (garab)
twilight, n., timis, marax
twin, 1. n., sééx 2. trv., boole, sééxal
twine, trv., fas, woñ, woñaar, wërale

twinkle, n., melax; *in a **twinkle***, xef bët
twitter, iv., sab
two, n., ñaar, yaar

U-turn, n., wiirikaay; *to make a **U-turn***, wiiri, wëlbatiku, jàdd
ubiquitous, adj., feeñ fépp
udder, n., yennat, ween (nag, xar)
ugly, adj., ñaaw, lu rafetul
ulcer, n., gum (ref. Rambaud)
ulterior, adj., luy ñów, luy tegu ci leneen; ***ulterior** motive*; luñ' nara def di ko nëbb; *without **ulterior** motive*, luñ amul xel ñaar
ultimate, 1. adj., lu mujje 2. n., *the **ultimate***, lépp; **ultimately**, adv., mujje gi
ultra, pref., lu ëpp, lu raw
umbilical, adj., jógee ci jumbax
umbrella, n., parasol, nëbbujant
umlaut, n., Ling., ñaari tombu kaw
umpire, n., arbiitar
unable, adj., amul kàttan; ñàkk kàttan; *to be **unable** to do sth.*, bañu mëna def dara; ***unable** to speak*, ñàkka mëna wax; *we are **unable** to help you*, munu nu laa dimbale
unabridged, adj., lu ñu gàttalul
unacceptable, adj., lu ñu mënula nangu
unaccountable, adj., lu ñu mënula faramfàcce
unaccustomed, adj., lu faralul; *(of pers.) **unaccustomed** to sth.*, ku tàmmul dara
unacquainted, adj., ñàkka xam; *to be **unacquainted** with s.o.*, ñàkka xam kenn
unadorned, adj., nee neen
unadulterated, adj., lu set wecc, lu amul njaxas
unaffected, adj., ku yëgul dara (ci yaramam)
unafraid, adj., ku ragalul, ku tiitul
unaided, adj., ku amul ndimbal; *he can walk **unaided** now*, soxlaatul ku ko dimbale mu dox
unalloyed, adj., lu amul njaxas
unalterable, adj., lu ñu mënula wecce, lu ñu mënula soppi
unambiguous, adj., lu amul werante
under, prep., ron, ci ron, ci suuf(u); *to swim **under** water*, fééy ci suufu ndox mi; *put it **under** that*, teg ci suuf fii; *he's **under** thirty*, amagul fanweeri at
understand, trv., 1. xam, dégg; *I don't **understand** Wolof*, dégguma Wolof; *to **understand** each other*, déggóó; *I can't **understand** it*, xamuma ci dara; *that's easily **understood***, lu neexa xam la 2. *to give s.o. to **understand** sth.*, xamloo kenn dara; *I **understand** you are coming to work here*, dégg naa ne dangay ligééysi fii; *that's **understood***, xam nañ' loolu 3. iv., dégg, xam, nànd; *now I **understand**!* léégi nànd naa; **understandable**, lu ñu mëna dégg
undesirable, adj., lu ñu bëggul, lu ñu soxlawul
undetected, adj., lu ñu séénul, lu ñu gisul; *to go **undetected***, romb te kenn gisu la
undetermined, adj., ku xamagul li mu bëgga def
undo, trv., 1. yàq dara; defaraat (lu ñu yàqoon); *you can't **undo** the past*, lu weesu wees na 2. fecci, tekki

undoubted, adj., lu ñu weddiwul
undress, trv & i., summiku, futtiku; summi
undrinkable, adj., lu ñu mënula naan
undue, adj., lu dul yoon
undying, adj., lu dul dee, lu nee faw
unearth, trv., sulli
uneatable, adj., lu ñu munula lekk
uneconomic, adj., lu dul maye xaalis
uneducated, adj., ku amul jàng, ku jàngul
unemotional, ku yëgul dara ci yaramam
unemployed, ku amul ligééy, ku ligééyul
unending, adj., lu dul jeex, lu nee faww
unenthusiatic, adj., ku njaxlaful
unenviable, adj., ku ñu ñeewul, lu ñu soxlawul bu baax
unequal, adj., lu yemul, lu tolloowul
unequivocal, adj., lu leer, lu amul werante
unerring, adj., lu wóór, lu amul njuumte
unethical, adj., lu baaxul
uneven, adj., lu maasalewul, lu tolloowul, lu tóól
unexpected, adj., lu ñu xaarul; *it was completely* **unexpected**, kenn xaaruloon lii
unexplained, adj., lu ñu faramfàccewul, lu ñu waxul
unfair, adj., lu dul yoon
unfaithful, adj., ku jullitéwul
unfamiliar, adj., ku ñu miinul, lu ñu xamul bu baax; *to be* **unfamiliar** *with*, ñàkka miin
unfasten, trv., tekki, fecci
unfold, trv., ubbi, lemmi, wone; iv., lemmiku
unforeseeable, adj., lu ñu mënula sééntu; **unforeseen**, adj., lu ñu sééntuwul
unforgettable, adj., lu ñu munula fàtte; **unforgotten**, lu ñu fàttewul
unforgivable, adj., lu ñu mënula baale; **unforgiving**, adj., ku dul baale
unformed, adj., lu amul mbind mu rafet
unforthcoming, adj., ku teye làmmiñam
unfortunate, adj., ku ñàkk wërsëg; *to be* **unfortunate**, ñàkk wërsëg; *how* **unfortunate!** ndeysaan!
unfounded, adj., lu taxawul
unfriendly, adj., ku ubbeekuwul, ku tëju
unheard, adj., lu ñu musta dégg; **unheard** *of*, kenn musta dégg loolu, déggal ma lii!
unheated, adj., lu ñu tàngalul, lu tàngul
unheeded, adj., lu ñàkk toppatoo, lu ñu toppatoowul; *his warning went* **unheeded**, ndaxam waxoon na ko de
unhelpful, adj., ku bariwul ndimbal
unhook, trv., wekki
unhoped, adj., **unhoped** *for*, lu ñu yaakaaruloon

unidentified, adj., lu ñu xàmmewul; ***unidentified*** *flying object*, njanaaw gu xàmmewul
unification, n., boole mu nekk benn; bennkeseel
uniform, 1. adj., bokk menn mbind 2. yere (wu ligééy)
unify, trv., boole mu nekk benn
union, n., 1. séy 2. mbooloo, kurél 3. *labor* ***union***, sendikaa
unique, adj., bennkese
unit, n., nattuwaay, bennkeseel
unite, trv & i., boole; booloo
universe, n., dajnekk
university, daara ju mag
unjust, adj., lu dul yoon
unkind, adj., ku soxor
unknown, adj., ku, lu ñu xamul
unless, conj, xanaa; ***unless*** *I am mistaken*, xanaa ma juum; ***unless*** *I hear to the contrary*, xanaa ma dégg leneen
unlike, adj., wuuté (ak), baña niróó (ak)
unlit, adj., lu lëndëm
unload, trv., yenni, yebbi
unlock, trv., tijji; *it's* ***unlocked***, tëjuwul, kenn koroosewu
unlucky, adj., ku ñàkk wërsëg
unmask, trv., feeñal, wone
unravel, trv., fecci, nocci (wëñ)
unreadable, adj., lu ñu mënula jàng
unrest, n., yëngu-yëngu, jógle; *social* ***unrest***, mbooloo mu jógle
unripe, adj., lu ñorul, lu ñoradi
unrivalled, adj., ku ñuy deeg, ku amul wujj, ku ñu wujjeegul
unroll, trv & i., lemmi, lemmeeku
unruly, adj., yaradiku
unsaddle, trv., tekki, wàcce tegu fas wi
unsafe, adj., lu wóórul
unsaleable, adj., lu lamb, lu ñu mënula jaay
unsalted, adj., lu saful xorom
unsatisfied, adj., ku bégul
unsaturated, adj., lu mëna seeyal ba léégi
unsavory, adj., ñàkk cafte, soof; ***unsavory*** *smell*, xasaw
unscathed, adj., lu ci dara yàquwul
unscientific, adj., lu ñàkk xam-xam
unscramble, trv., faramfàcce, leeral
unscrew, iv., rocceeku
unselfish, adj., ku tabe, ku añaanul; **unselfishness**, n., tab
unserviceable, adj., lu mënatul dox
unshrinkable, adj., lu ñu mënula wàññi

untangle, trv., fecci
untapped, adj., (*of resources*) lu ñu laalagul
unteachable, adj., ku ñu mënula jàngal dara
unthinkable, adj., lu ñu xaalaatul
untidy, adj., lu jekkul
untie, trv., tekki, fecci
until, 1. prep., ba; *until evening*, ba ngoon; *until now*, ba léégi; *not until*, (*neg. plus*) balaa; *he won't come until after dinner*, du ñów balaa reer; *I've never seen him until now*, tey laa koy sooga gis 2. conj., ba; *I'll wait until he comes*, dinaa xaar ba mu ñów; *I won't leave until he's recovered*, du ma fi jóge ba ba muy wër
untimely, adj., lu matul waxtu, lu waxtoom jotul; *to come to an untimely end*, ñakka dee waxtu
untouchable, adj., lu ñu dul laal
untranslatable, adj., lu mënula tekki, lu mënula firi
untrue, adj., lu dul dëgg
untrustworthy, adj., (*of pers*) ku matula wóólu, lu neexula gëm
untruth, n., fen, kàcc
unusable, adj., lu ñu mënula jëffandikoo
unusual, adj., lu faralul
unvarying, adj., lu soppikuwul
unveil, trv., feeñal, wone
unventilated, adj., lu ñàkk ngelaw, lu ngelaw li uppul
unwanted, adj., lu ñu bëggul
unwell, adj., ku tawat, ku wërul
unwrap, trv., lemmi
unwritten, adj., lu ñu bindul
unyielding, adj., lu dëgër këηη, lu dul banku
up, adv., 1. ci kaw, ca kaw, ków; *to go up*, yéég; *my room is three floors up*, sama néég a ngi ci ñetteelu taax bi; *to throw sth. up*, sànni lenn ca kaw; *to put one's hand up*, yëkkati sa loxo; *hands up!* loxo ca kaw; *to go up north*, dem kaw 2. *what are you doing up there?* lan ngay def foofu ca kaw? *up above*, ci kaw, ci kaw-a-kaw; *the moon is up*, weer wi feeñ na; *the new building is up*, àggale nañu tabax bi; *the river is up*, dex gi fees na 3. *to go up*, (*of prices*), yokku; *the thermometer has gone up*, natt-tàngaay bi yokku na; *to speak up*, wax ca kaw 4. *to be up*, jóg, yeewu; *to be up late*, baña teela yeewu; *to get up*, jóg, (Fam.) *what's up?* lu xew? *something's up*, am na lu xew; *what's up with him?* lu ko jot? 5. *time is up*, waxtu wi jot na 6. *where are you up to?* fan nga jëm nii? *up to now*, ba ci tey jii; *to be up to one's job*, mëna def sa ligééy
urbane, adj., ku yaru, ku am teggin
urchin, n., gone, gune
urgent, adj., lu amul xaar, solo gu yàkkamti; **urgency**, n., yàkkamti gi
urine, n., saw; **urinate**, iv., saw, seben
urn, n., and

us, 1. pers. pron., nun, nu; *he sees us*, mu ngi nuy gis; *give us some*, jox nu ci; *there are three of us*, ñett lanu; *we'll take him with us*, dinanu ko yóbbuwaale 2. emph. pron., nun; *between them and us*, diggante nun ak ñoom; *it's us*, nun la; *he wouldn't believe it was us*, munula gëm ne nun lawoon; *let us..*, nanu

use, n., njëriñ; *I'll find a use for it*, dinaa seet lu muy jëriñ; *to make use of sth.*, jëriñoo dara, (1, trv.) jëriñoo, ligééy ak; *are you using the knife?* danga jàpp ak paaka bi? *use your eyes!* ubbil say bët; **used**, adj., màgget, lu ñu jëriñoo ba noppi; **useful**, adj., lu am njëriñ; **useless**, adj., lu amul njëriñ; **usual**, adj., lu faral; **usually**, adv., nakajekk

usurer, n., lekkatu ribaa; **usury**, n., ribaa

usurp, trv., nangu yëfu jàmbur

utensil, n., ndab; *set of kitchen utensils*, dab yi

utility, n., njëriñ; **utilizable**, adj., lu ñu mëna jëriñoo; **utilize**, v., jëriñoo

utmost, adj., kemtulaay-kàttan, mujjee-mujje; *to do one's utmost*, def li nga mën, def sa kemtulaay-kàttan

utopia, n., Saarabaa

utter, adj., mat sëkk; *he's an utter stranger to me*, musuma koo gis

utter, trv., sànni ab kàddu; *he didn't utter a word*, waxul dara

vacant, adj., lu amul dara, lu nee neen; **vacant** *space*, àllub neen; (*at hotel*) *no* **vacancies!** fees na; **vacancy** *exists for a secretary*, danuy wut ab sekarteer; *to* **vacate** *office*, bàyyi sa ligééy; **vacation**, noppalu

vaccinate, trv., ñakk, waksiné; *to get* **vaccinated**, ñakku

vacillate, iv., jaax, am xel ñaar, waxtaan ak sa xel

vacuum, n., neen

vagabond, n., saay-saay, baadoolo bu tekkiwul dara

vagrant, n., kàccoor, saay-saay

vague, adj., lu leerul, lu xawa jaxasoo; *he was rather* **vague** *about it*, amu ci woon lu ko leer

vain, n., *in* **vain**, ci dara; *to work in* **vain**, ligééy ci neen; *it was all in* **vain**, jarukowoon de

valiant, adj., jàmbaar, ku góóre, ku dëgër fit

valid, adj., lu baax, lu nu nangul yoon, lu taxaw (*argument*); *it's* **valid** *for three months*, baax na pur ñetti weer; *to* **validate**, baaxal, yoonal

valley, n., xur

value, n., njëg

vanish, iv., naaw, réér, seey

vanity, n., jom

vanquish, trv., daan, yóbbu ndam li

vapor, n., saxaar

vary, iv., luy soppaliku, lu jëlul benn kanam rekk, luy wecceeku

variable, adj., luy soppiku

vase, n., and

vast, adj., lu yaa, lu réy; *his* **vast** *knowledge*, xam-xam gu yaa gi ci moom

veal, n., doomu nag, sëllu

vector, n., Math., jëmu

veer, iv., jàdd

vegetable, n., léjum

vehicle, n., wëtiir, woto, lépp luy daw ci tali bi

veil, 1. n., kaala, mëlfa, lëkkaay, muurukaayu kanam 2. trv., nëbb, muur, làq

vein, n., siddit, caas

velocity, n., gaawaay

vend, trv., jaay; **vending**, njaay; **vendor**, jaaykat

venerate, trv., teral; **venerable**, ku mata teral

vengeance, n., *to take* **vengeance** *on s.o.*, feyu

venial, adj., bàkkaar bu ndaw

venom, n., daŋar

vent, trv., *to* **vent** *one's anger on s.o.*, wàcce sa mer gi cików kenn

ventilate, trv., ngelawal, upp; **ventilator**, wantilaatóór

venue, n., barabu ndaje, penc

veracious, adj., luy dëgg; **veracity**, dëgg gi

verb, n., wax; **verbal**, lu ñu wax; **verbalize**, sotti ci ay kàddu

versatile, adj., ku am may ci lépp, ku xelam nangul lépp
verse, n., baatu taalif
version, n., tekki; *according to his* **version**, ci li mu wax
versus, prep., ak (*with*), kontar (Fr.)
vertical, adj., jub xocc
very, adv., lool; sax; *you are the* **very** *man I wanted to see*; yaay ki ma bëggoona gis; *this very day*, tey jii sax; *very black*, ñuul kukk; *very white*, weex tàll; *very red*, xonq coy; *very hot*, tàng jir; *very cold*, sedd guy; *very nauseating*, xasaw xunn; *very heavy*, diis gann; *very dark*, lëndëm kurus; *very bright*, leer nàññ; *very thin*, sew ruuj; *very clean*, set wecc; *very light*, woyof toll; *very dry*, wow koŋŋ; *very full*, fees dell; *very soft*, nooy nepp; *very tight*, dëgër këŋŋ; *very much*, bu baax, bu baax-a-baax
vex, trv., merloo, tànqal; *to be* **vexed** *with s.o.*, mere kenn, *to get* **vexed**, mer
vibration, n., yëngatu, yëngu-yëngu
vicar, n., làbbe
vice, 1. n., moy, bàkkaar; **vicious**, boroomi moy, ku soxor, ku bon, ku aay 2. prep., suq; ku toogal diw
victory, n., ndam; *to be* **victorious**, yóbbu ndam li, ub làmb ji
victuals, n., ñam gi, lekk gi
vie, iv., *to* **vie** *with s.o.*, wujjante ak kenn
view, n., gis-gis; *point of* **view**, xalaat, gis-gis; **viewer**, seetaankat
vigilant, adj., kuy moytu, kuy def ndànk
vigor, n., doole, **vigorous**, ku am doole, ku bare kàttan
vile, adj., ku bon, ku aay biir
vilify, trv., jëw (kenn), waxal (kenn) lu bon, weer kenn
village, n., dëkk bu ndaw, gox, sanc
villain, n., saay-saay; borom jikkó ju bon
vindicate, trv., faral, taxawu, suxlu; *to* **vindicate** *one's rights*, wax li nga yaakaar ne moo la war, taxawu say yoon
vinegar, n., bineegar
violate, trv., ñàkka topp li yoon sàntaane, moy yoon
virginity, n., xiig, ndaw; **virgin** *forest*, àllub neen
viril, adj., góore
virtue, n., njort, jort, njullit; *he has many* **virtues**, ku jullité la, ku rafet njort la, ku baax la
virus, n., sobe
viscosity, n., rataxaay; **viscuous**, lu ratax
visible, adj., lu ñu mëna gis, lu ñu mëna séén, lu feeñ; *to become* **visible**, feeñ
vision, n., gis-gis
visit, n., *to pay s.o. a* **visit**, (*going to*) nuyuji, seeti kenn; (*coming to*) nuyusi, seetsi kenn; **visitor**, gan
vital, adj., lu war (sunu) dund gi, lu am maanaa
vitamin, n., witaamin
vituperation, n., saaga, xaste; **vituperate**, saaga, xas

voice, n., baat; *to raise one's **voice***, yëkkati, yokk sa baat
void, n., neen, lu amul dara
volition, n., sañ-sañ, bëgg-bëgg; ***volition*** *of one's own will*, def dara ak bànneex
volume, 1. n., tééré; **voluminous**, lu bare, lu réy 2. n., Math., këmbaay
volonteer, n., wolonteer ; *to **volunteer*** *for sth.*, wolonteeru
voltage, n., Elec., wuuté aj
vomit, trv & i., waccu, gilli, yàbbi
vote, iv., sànni baat, wote; trv., fal
vow, trv., waat, giiñ
voyage, n., (*sea v.*) dugg gaal, tukki; **voyager**, tukkikat, wojaseer
vulnerable, adj., ku tulul
vulture, n., tan

waddle, iv., dox doxu kanaara, daagu
wade, iv., dox ci ndox mi, suux
waffle, iv., wax lu amul solo
wage, 1. n., pey mi; *to earn good* ***wages***, am pey mu baax 2. *to* ***wage*** *war*, xare, xeex
wager, 1. n., wurékatu xaalis, taytaylukat 2. trv., taytaylu
waggle, trv & i., *(of dog)* yëngal geen
waist, n., ndigg; *to watch one's* ***waist***, sàmm sa yaram; **waistband**, laxasaay
wait, trv & i., xaar, nég; ***wait*** *a moment!* xaaral tuuti! négal tuuti! *to* ***wait*** *for s.o.*, nég, xaar kenn; *what are you* ***waiting*** *for?* lan ngay nég? *to keep s.o.* ***waiting***, xaarloo kenn, négloo kenn; ***wait*** *and see!* xaaral ba xam!
wake, iv., yeewu, nelawadi; *to* ***wake*** *up*, yeewu; ***wake*** *up!* yeewul!; **wakefulness**, ñakkum nelaw; *to* ***waken***, yee (kenn)
walk, iv., dox; *to* ***walk*** *on all fours*, doxee ñenti tànk; *to* ***walk*** *with a limp*, soox; *I'll* ***walk*** *with you*, dinaa la gunge; *to* ***walk*** *home*, rung, ñibbi
wall, n., tabax, miir
wallet, n., kalpe, nafa, maxtume
wallow, iv., *(of animal)* xalangu, jaxasook suuf si; *(of pers) to* ***wallow*** *in blood*, sangoo deret
walnut, n., koko ron, ñuul
wan, adj., lu xawa furi
wander, iv., xandaalu, doxantu, wër xamoo foo jëm, tambaambaalu; *to* ***wander*** *about*, wëri; **wanderer**, xandaalukat, doxkat, wërkat
wane, *(of moon, power)* wàññeku
want, 1. iv., ñakk (dara); *to* ***want*** *for nothing*, baña soxla dara 2. trv., ñakk dara, soxla, bëgg lenn; *he* ***wants*** *rest*, dafa bëgga noppaliku; *this work* ***wants*** *a lot of patience*, ligééy bii dafa laaj muñ gu bare; *how much do you* ***want*** *for it?* ñaata ngay laaj?
wanton, adj., ***wanton*** *cruelty*, soxor te dara xiiru la ci
war, n., xare
warble, iv., sab
warm, adj., lu tàng; *to be* ***warm***, tàng; **warmth**, tàngaay
warn, trv., yëgal
warrior, n., xarekat
warthog, n., mbaam àll
wary, adj., *to be* ***wary*** *of sth.*, moytu lenn
wash, trv., raxas; *to* ***wash*** *oneself*, sangu; *to* ***wash*** *one's hands*, raxas say loxo; *to* ***wash*** *one's clothes*, fóót say yére; *to* ***wash*** *sth. clean*, raxas, fóót lenn ba mu set; **washbasin**, beñuwaar; **washbowl**, paan, baasin; *to* ***wash*** *up the dishes*, raxas ndab yi
wasp, n., nguri
waste, trv., yàq; ***wasted*** *by disease*, jeex ndax feebar; *to* ***waste*** *one's time*, sonnal sa bopp ci dara
watch, n., 1. *to be on the* ***watch***, seet, xool 2. montar 3. trv., seet, xool

water, n., ndox; *salt **water***, ndoxum xorom, ndoxu gééj; *fresh **water***, ndox mu neex, (*drinking **water***) ndoxu naan; *hot **water***, ndox mu tàng; *cold **water***, ndox mu sedd

wave, n., 1. (*in sea*) duus 2. trv., *to **wave** to s.o.*, yëkkati sa loxo (pur) nuyu kenn

wax, 1. n., xepp, linkañ (ref. Rambaud), (*in ear*) dëtt

wax, 2. iv., (*of moon*) yokku; *to **wax** and wane*, di yokkooka wàññeeku

way, n., yoon, ngir; *over, across the **way***, yoon wale; *to make **way** for s.o.*, may (kenn) yoon, xàllal yoon; *by the **way***, balaa may fàtte; *to show s.o. the **way***, won kenn yoon wi; *which is the **way** to the station?* fan mooy yoonu gaar ba? *to lose one's **way***, réér; *to go the shortest **way***, jël yoon wi gëna gàtt; *he went by **way** of Dakar*, Ndakaaru la jaaree; *to find a **way** out a difficulty*, am pexeem génn ci coono; *I'm trying to keep out his **way***, dama koy jééma moytu; *it's a long **way** from here*, sore na fi lool; **wayfarer**, rungkat, tukkikat; **wayside**, wetu yoon wi

way, adv., *it was **way** back*, loolu yàgg na lool; ***way** up the mountain*, caków tund wa; ***way** down in the valley*, ca suufu dex ga

wc, n., (abbrev., **water closet**) gaanuwaay, wanag

we, pron., nu, lanu, danu, noo, noo ngi; ***we** were playing*, danu doon fo, noo doon fo; *here **we** are*, noo ngi nii; ***we** had a wonderful time*, fo nanu bu baax; ***we** are Wolof, they are French*, nun, wolof lanu, ñoom, farañse lañu; ***we** Wolof*, nun wolof

weak, adj., woyof; *to grow **weak***, woyof, wàññeku, ñàkk doole

wealth, n., alal ju bare; *a man of great **wealth***, borom alal ju bare, nit ku woomal

wean, trv., feral ab liir

weapon, n., ngànnaay, xeetu ngànnaay

wear, 1. trv., sol, dalu; *he was **wearing** a hat*, dafa soloon ab mbaxane; *to **wear** oneself to death*, ligéeey bay waaja dee; *to show signs of **wear***, wone coono gu metti 2. *men's **wears***, yerey góór; **wearable**, lu nu mëna sol; *to **wear**away*, sol ba mu sagare; *to **wear**down*, jëfandikoo ba mu yàqu; **wearing**, luy sonnal, luy sonnalaate

weary, adj., sonn; *to grow **weary** of sth.*, sonn ci dara; *to be **weary** of life*, doyal ci àddina, ku àddina soof; **weariness**, coono

weasel, n., gunóór

weather, n., asamaan si; *what's the **weather** like?* naka la asamaan si mel?

weave, trv., ràbb; **weaver**, ràbbkat

web, n., piis; ***web** of lies*, feni neen; *spider's **web***, lëndu jargoñ

wed, trv., séétal, céétal, takk, séy; **wedding**, céét

Wednesday, n., àllarba

wee, adj., lu tuuti; *a **wee** bit*, lu tuutee-tuuti

weed, n., ñax mu bon mi

week, n., ayu bis, simen; **weekly**, ayu bis bu nee, juróóm ñaari fan yu nee

weep, iv., jooy; *to **weep** bitterly*, jooy jooy yu metti; *to **weep** for joy*, jooy jooyu mbégte 2. n., rongoñ

weigh, trv. & i., natt, peese; *to **weigh** sth. in one's hands*, natt ak sa suufu loxo

weird, adj., lu doy waar

welcome, 1. trv., gatandu, teral; *to welcome a piece of news*, bég ci xibaar yi (nga dégg) 2. n., teranga

weld, trv., suudé, tay; **welder**, suudékat

well, 1. n., teen, bënn

well, 2. adv., bu baax; *to work well*, ligééy bu baax; *very well!* baax na! 3. *as well*, it, tamit; *as well as*, ni ki, ni 3. *well, as I was telling you*, konbook, ci ni ma la ko doon waxee 4. adj., *to be well*, am yaram jàmm; *I'm not well*, dama tawat

west, n., sowu; **westerner**, waa sowu

wet, adj., tooy; *to get one's feet wet*, tooyal say tànk

whale, n., ngaaka

what, rel. pron., li, lu; *what he said is frightening*, li mu wax lu raglu na; *what is important is that you got your money back*, li am maanaa mooy ne jot nga sa xaalis; (interr.) lan, ban; *what time is it?* ban waxtoo jot? *what good is this?* ban njëriñ la lii di tekki? *what day of the month is it?* ban bes la, tey? (excl.) aka; *what an idiot he is!* mooy dof rekk! aka moo dof! *what a lot of people!* nit ñeeka bare! (rel. pron.) *what's done cannot be undone*, li am am na ba noppi; *what I need*, li ma soxla; *what I like most*, li ma gëna sopp; *come what may*, ak lu mëna xew; (interr. pron.) lan, lu; *what are you doing?* lan ngay def? looy def? *what is it?* lan la? *what's the matter?* lan moo xew? lan a xew? lu xew? **whatever** (pron.) *whatever you want*, lépp loo bëgg; *whatever it may be*, ak lépp lu mu mëna doon; **whatnot**, lu ma xamul

wheat, n., dugub

wheedle, trv., neexal, jay; *to wheedle s.o. into doing sth.*, jay kenn mu def dara; *to wheedle s.o. out of money*, neexal kenn ba mu joxla xaalis

wheel, n., ruu, ruuwu woto (Fr.)

wheeze, iv., am coonowu noyyi, xiixat; **wheezy**, ku am aasma

whelp, n., doomu rab; *lion's whelp*, doomu gaynde

when, inter. adv., kañ? *when will you go?* kañ ngay dem? (conj.) bi; waxtu wu; *when I was young*, bi maa nekkee xale; *when he was born*, bi mu juddóó; *when it's finished*, waxtu wu mu noppee, su jeexee; *when I think of what he said*, su ma xalaatee li mu wax; **whenever** (conj.) waxtu wu, saa bu; *I go whenever I can*, dinaa fay dem waxtu wu ma ko mënee; *come whenever you want*, ñówal saa yu la neexee

where, adv., 1. inter., fan, fu, *where am I?* fan laa nee? fu ma nee? *tell me where he is*, wax ma fu mu nekk; *where is the way out?* fan lañuy génnee? 2. rel. & conj., fu, fa, fi, ci; *I shall stay where I am*, maa ngi des fi ma nee; *go where you like*, demal fu la soob; *that's where you are mistaken*, fa nga juumee; *the house where I was born*, (ci) kër gi ma juddóó; *I can see it from where we are*, maa ngi koy séén fi ma tollu nii; **whereabouts**, n., a/ wet, boor; *do you know whereabouts the town hall is*, xam nga ban boor la kër Meer féétee? b/ fi kenn nekk; *no one knows his whereabouts*, kenn xamul fu mu nee; **wherever**, adv., fépp; *wherever I go*, fépp fu ma dem; *I'll go wherever I want*, dinaa dem fépp fu ma bëgga dem; *wherever you are*, fépp foo muna nee; **wherewithal**, n., njëg, xaalis; *I haven't the wherewithal to buy it*, amuma njëg li, amuma lu ma ko jëndee

whet, trv., ñawal, daas

whether, conj., ndegam, segam; *I don't know* **whether** *it's true,* xawuma ndegam dëgg la; *it depends on* **whether** *you are in a hurry or not,* mu ngi des ci ndegam danga yàkkamti walla déét; **whether** *he comes or not we'll leave,* mu ñów bana ñów dinanu dem

which, adj., 1. inter., ban, kan, (pl.) yan, ñan; **which** *color do like best?* ban melo moo la gënal? **which** *way shall we go?* ban yoon lanuy jël? **which** *one?* (*objects*) ban, (*pers.*) kan; **which** *one of you?* kan ci yeen? 2. pron., ban, kan, yan; **which** *have you chosen?* ban nga tànn? **which** *of you can answer?* kan ci yeen a mëna tontu? *I don't mind* **which**, bu nekk baax na; (rel. pron.) ki, ka, yi, ya, ñi, ña, bi, ba; *the book* **which** *is on the table*, tééré bi nekk ci kaw taabal bi; *things* **which** *I need,* yëf yu ma soxla; *the things* **which** *I need,* yëf yi ma soxla, (with prep.); (*the preposition is usually not translated*); *the house of* **which** *I was talking,* kër gi ma doon wax; *the box in* **which** *I put it,* boyat bi ma ko duggal; *the countries to* **which** *we are going,* rééw yi nuy dem; **whichever**, pron., képp ku, bépp bu; **whichever** *is good for him,* bépp bu baax ci moom

while, 1. n., diggante waxtu; *after a* **while**, ba tuuti weesoo; *in a little* **while**, ci kanam tuuti; *a little* **while** *ago,* yàgg na tuuti; *a long* **while**, lu yàgg; *for a short* **while**, lu xawa yàgg; *stay a little* **while** *longer,* toogal tuuti; *it will take me quite a long* **while** *to do that,* dina yàgg tuuti balaa ma koy def; *all the* **while**, waxtu wépp, waxtu woowee wépp; *once in a* **while**, yenn saa yi; *it's not worth our* **while** *waiting,* jarul nuy xaar 2. trv., *to* **while** *away the time,* weesal waxtu 3. conj., te, tey (*opposition*), ba, bi, fekk; **while** *he was there,* fekk mu nga fa woon, ba mu fa nekkee; **while** *this was going on,* ba loolu di am; *how can you talk* **while** *eating?* nan nga mëna waxee tey lekk?

whimsical, adj., bari jikkó
whimper, iv., jooyantu
whine, iv., xul, ñuuramtu
whinny, iv., (*of horse*) ŋexal
whip, n., yar, làbbali, karawaas
whisk, trv., (*of cow*) yëngal geen
whiskers, n., sikkim
whisper, iv., wax ci suuf, déy; *to* **whisper** *to s.o.,* déy kenn, wax ci noppu kenn
whistle, trv & i., mbiib, wólis
white, adj., weex; *the* **white** *races,* nit ñu weex ñi; *a* **white** *man,* nit ku weex, tubaab;
    whitehaired, bejjaaw; **white**-*collar worker,* ligééykatu biró; **whiten**, weexal, beexal;
    whiteness, weexaay, mbeex
whitlow, n., Med., yénnaat
who, pron., 1. inter., kan, ku; **who** *is that man?* góór gee kan la? **who** *is it?* kooku? kooku kan la? **who** *found it?* kan moo ko feeñal? ku ko feeñal? 2. rel., bi, ki, ñi, yi; *my friend* **who** *came yesterday,* sama xarit bi ñów démb; *those* **who** *don't work,* ñi ligééyul; **whoever**, pron., képp ku; **whoever** *finds it may keep it,* képp ku ko gis mën na ko denc
whole, adj., lépp, bépp; *he swallowed it* **whole**, da koo wonn lépp; **whole** *number,* lim gépp; **whole** *length,* guddaay bépp
whom, obj. pron., 1. inter., kan, ku; **whom** *did you see?* kan nga gis? koo gis? *of* **whom** *are we speaking?* kan lanuy wax? 2. rel., *the man* **whom** *we saw,* góór gi nu gis

whopper, n., lépp lu ngand, deebal, réy, mag-a-mag; *a **whopper** sandwich*, sàndis bu mag-a-mag

whore, n., caga, yóós

whose, 1. poss pron., moom (*to own*) (*also expressed by the possessive markers **-u**, **-i** and **-y**); whose is this?* ku moom lii? ***whose** daughter are you?* doomu kan nga 2. rel., (*is expressed by the marker **-am**); the pupil **whose** work I showed you*, xale bi ma la wonoon ligééyam

why, adv., 1. inter., lu tax, lan moo tax, ndax lan; ***why** didn't you say so?* lu tax waxoo loolu? ***why** not?* lu(y) tee? ***why** not tell her?* lu tee nga wax ko ko? 2. *that's the reason **why***, looloo tax; *I'll tell you **why***, dinaa la wax lu tax

wick, n., yuul

wicked, adj., ku soxor, ku aay biir, ku bon; **wickedness**, mbon

wide, adj., lu yaatu; **width**, n., yaatuwaay

widow, n., borom jëkkër ju dee; **widower**, n., borom jabar ju dee

wife, n., jabar, soxna; *she was his second **wife***, ñaareelu jabaram lawoon

wiggle, trv &i., yëngal, yëngu

will, 1. n., bëgg-bëgg, sañ-sañ; *to have a **will** of one's own*, xam li nga bëgg 2. *modal aux., past and cond., **would**; equivalent to the **dina** conjugation in future tenses); I **will** go there tomorrow*, dinaa fa dem suba; *I **will** tell him*, dinaa ko ko wax; *he could if he **would***, su ko bëggoon dina ko def; *just wait a minute, **will** you?* mën ngaa xaar tuuti? *he won't (**will** not) have any of it*, bëggula dégg lu ci jëm; ***won't** you sit down*, toogal! *accidents **will** happen*, kenn mënula moytu dogal yi; *he **will** have his little joke*, ku nangoo kaf la 3. *neg. aux. for future **du**); you **will** not die*, doo dee; *you **will** write to me, **won't** you?* dinga ma bind, xanaa? *I think he **won't** come*, yaakaar naa ne du ñów; **willingly**, adv., def ko mu neex la; **willingness**, n., coobare; **willpower**, n., kàttan gu ànd ak coobareem

wilt, iv., (*of plant*) booy

wily, adj., muus, nànd

win, n., ndam; trv & i., yóbbu ndam li, gañe; *to **win** a reputation*, siiw

wince, iv., yejj, woññam (ref. Rambaud)

wind, 1. n., ngelaw; *the north **wind***, ngelawu kaw; *the west **wind***, ngelawu penku; *high **wind***, ngelaw lu diis; *light **wind***, jaas; *to see which way the **wind** blows*, xool fi ngelaw li di jóge 2. trv., dog fit; *it completely **winded** me*, dafa dog sama fit gi; **windbag**, n., bariwax; *he's a **windbag***, dafa bari wax, day wax ci neen; **windbreak**, n., tëyengelaw; **windbreaker**, n., bulusoŋ

wind, 3. iv., wëndéélu, jàdd, woñaaru; trv., wërale; ***wind** down*, noppaliku

window, n., palanteer; **windowpane**, wiitar (Fr.)

wine, n., biiñ

wing, n., laaf

wink, n., xefbët; *in a **wink***, xef bët; iv., xefal say bët

wipe, trv., fomp; *to **wipe** one's eyes*, fomp say bët; *to **wipe** one's nose*, ñendu, fomp sa bakkan

wise, adj., ku mag, **wisdom**, mag

wish, 1. n., kééne, yééne; iv., *to **wish** for sth.*, yééne dara 2. trv., bëgg, sopp; *to **wish** to do sth.*, bëgga def; *I don't **wish** you to do it*, bëgguma nga def; *I **wish** I were in your place*, su ma sañoon wuutu la; *I **wish** I would not have done it*, maa ngiy reccu lu tax ma def ko; *to **wish** s.o. well*, ñaanal kenn

wit, n., xel; **witty**, ku am xel

witch, n., dëmm

with, prep., ak, ag; *to work **with** s.o.*, ligééy ak kenn; *he's staying **with** friends*, mu ngeeg xaritam yi; *is there s.o. **with** you?* danga ànd ak kenn?

withdraw, trv., delloo ginnaaw, ñoddi; *to **withdraw** money from the bank*, ñoddi xaalis bank, jël xaalis ci bànk bi; iv., dellu ginnaaw

wither, iv., *(of plant)* lax, booy; **withered**, *(of plant)* wow, booy

withhold, trv., teye, denc, nëbb, fat

within, adv., ci biir; *from **within***, jógee ci biir; *to keep **within** the law*, bañ a teggi yoon; *to live **within** one's income*, dund ak li nga am; ***within** an hour*, fileek waxtu; ***within** the next five years*, fileek juróómi at yiiy ñów

without, prep., *(does not have an equivalent but can be translated by the negative suffix -ul or else the verb bañ)*; *to be **without** food*, bañ a am loo lekk; *he arrived **without** money*, agsiwul ak xaalis; ***without** anyboby knowing*, te kenn xamul

withstand, trv., muñ; *can you **withstand** the heat?* mën ngaa muñ tàngaay bi?

witness, n., seere, seede; *to bear **witness** to sth.*, seede dara, seere dara; *(of pers)* seede; *to call s.o. as a **witness***, seedeloo kenn; trv & i., seede

wizard, n., luxuskat, jinné

wizened, adj., kanam ku wow koŋŋ

wobble, iv., dukkat, detteelu

woe, n., toroxte, dogal; **woebegone**, ku torox; **woeful**, lu yërëmlu

wolf, n., xaju àll

woman, n., jigéén

wonder, iv., jaaxle, jaax; iv., *I **wonder** why*, jaaxal na ma lu tax; *I **wonder** what I should do*, xawuma lu ma wara def

wood, n., bant, matt; **woodcutter**, gorkatu matt

woof, iv., baw

wool, n., karawu xar (ref. Rambaud)

word, n., wax, kàddu

work, n., ligééy; (1, iv.) ligééy; *to **work** hard*, ligééy bu baax; trv., ligééyloo; *he **works** his men too hard*, daf leen di ligééyloo ligééy bu metti; **workless**, ku amul ligééy, bañ a am ligééy; **workman**, kuy ligééyee loxo; **workshop**, mbaar

world, n., àddina; *in this **world***, ci àddina bii; *he's not long for this **world***, li ko desee dund yàggul; *to be alone in the **world***, wéét ci àddina

worm, n., sax, gasax, saan

worry, trv., jaaxal; *it **worries** me*, jaaxal na ma; *to **worry** oneself*, jaaxle; iv., jaaxle; *I'm **worried** about this*, lii jaaxal na ma; *don't **worry** about him*, bul sonnal sa bopp ci moom

worse, adj., lu yéés; *she's **worse** than him*, moo ko gëna yéés; *in **worse** condition*, ci nekkin wi gëna yéés

worship, trv., ligééyal, topp, jaamu

worth, adj., jar; *to be **worth** so much*, jar lu jafe; *that's **worth** sth.*, jar na dara; *it's not **worth** it*, jaru ko

wound, n., góóm, gaañ-gaañ; trv., gaañ

wrap, trv., ëmb, muur; *to **wrap** sth. in paper*, ëmb lenn ci kayit; *to **wrap** oneself up*, këfalu, muuróó lu diis, roggandiku

wrath, n., mer; *God's **wrath***, merug Yàlla

wreck, n., gaal gu diig; trv., diigloo

wrestle, iv., bëre; *to **wrestle** with s.o.*, bëreek kenn

wretch, n., miskin, baadoolo, moslukat

wrick, n., *to have a **wrick** in the neck*, am baat buy metti; am tortikóli (Fr.)

wriggle, iv., yëngu

wring, trv., woñaar, woñ; *to **wring** out the washing*, woñ yere yi; *to **wring** the neck of a chicken*, damm baatu ginaar gi; *to **wring** s.o.'s hand*, woñaar loxo kenn

write, trv., bind; *how is it **written**?* nan lañu koy bindee?

wrong, adj., lu dul dëgg, lu dul yoon, lu baaxul; *stealing is **wrong***, sàcc baaxul

wry, adj., lu woñaaru, lu dëng

x, n., nàngam, *for x number of years*, nàngami at;
X-ray n., **X-ray** *examination*, paase rajo; trv., paaseloo rajo; *to be **X-rayed***, paase rajo
Xerox, n., wuutuloxo **Xerox**; wuutuloxowu nataal; trv., soppali nataal
xylophone, n., balafoŋ

yak, iv., sab
yam, n., ñàmbi, pulóx
yankee, n., waa Amerik
yap, iv., *(of dog)* baw; *(of pers)*, coow
yard, n., Meas., yaar
yard, n., diggu kër; gannaaw kër
yarn, n., nettali, lééb; *to spin a yarn*, lééb, nettali
yawn, iv., wóbbali, óbbali; *to give a yawn*, óbbali
year, n., at; *next year*, at miiy ñów; *twice a year*, ñaari yoon ci at mi; *last year*, daaw; *a year ago last March*, weeru marsu daaw; *to be ten years old*, am fukki at; *the New Year*, at mu bees mi; *half year*, juróóm benn weer, genn wàll at; *all the year round*, at mépp; *year in year out*, at-o-at; *years ago*, am na ay at
yearn, iv., *to yearn for sth.*, yàkkamti, sééntoo def dara ci lu gaaw; **yearning**, soxla gu takku
yeast, n., lëwiir (Fr.)
yell, iv., gëdd, yuuxu, gërbal
yellow, adj., lu mboqe; *(of pers)* xeereer, xees pecc; **yellow** *fever*, ndete
yes, adv., waaw, waawaaw; *to say yes*, nee waaw, wax waaw; *to answer yes or no*, tontu waaw walla déét; *yes, of course*, waawaay; axakañ
yesterday, n., démb, biig; *the day before yesterday*, bërka démb, bërka biig; *yesterday morning*, démb ci suba; *yesterday evening*, biig ci guddi
yet, adv., 1. xaat; *not yet (is translated by the verbal suffix* **-agul***)*; *not yet started*, dooragul; *you needn't go just yet*, soxlawuloo dem léégi; *nothing has been done as yet*, defaguñu dara 2. teewul, terewul; *he'll win yet*, teewul dina yóbbu ndam li
yield, trv., maye, indi, *money that yields interest*, xaalis buy ñoddiloo xaalis; iv., maye yoon
yoghurt, n., yaawur
yolk, n., pedd (ref. Rambaud)
you, pers. pron., yaa, nga, yow; pl., yeen, ngeen, yeen; *(see Wolof conjugation)*; *you are very kind*, ku baax nga, danga baax; *there you are*, yaa ngoogu; *you all*, yeen ñépp
young, adj., xale, ndaw; *my younger sister*, sama rakk bu jigéém; *the youngest*, ki ci gëna ndaw; *he's younger than me*, maa ko mag; *the younger generation*, xale yi; *young lady*, janq; *the night is still young*, guddeegul; **the youngsters**, n., xale yi
youth, n., àddinay gone; *in his early youth*, bi muy tàmbalee màgg

zeal, n., njaxlaf; **zealot**, n., ku gëme, ku njaxlaf
zebra, n., fasu àll
zenith, n., coll, kaw asamaan
zephir, n., 1. ngelawu penku gu fééx; pééxum penku 2. piisu wittéén, jippir
zero, n., tus
zest, n., njaxlaf
zinc, n., seng
zip, n., *zip fastener*, fermetiir
zither, n., xalamu Endu
zombie, n., nit ku jommi; *he looks like a* **zombie**, mu ngiy niróók nit ku jommi
zodiac, n., mbindum asamaan
zone, n., barab; trv., séddale ay barab
zoom, iv., biiw

References

Aaron, Jane E., H. R. Fowler and Kay Limburg. 1992. *The Little Brown Handbook*. 5th ed. Harper Collins: New York.
Bokamba E., Omar Ka and Momodou Sarr. 1985. *Aywa ci Wolof*. Urbana-Champaign: University of Illinois.
Butt, Margot. 1977. *Dictionary of English Usage*. London: Collins.
Diagne, Pathé. 1971. *Grammaire de Wolof moderne*. Paris : Présence Africaine.
Diakhaté, Mbaye. Nd. *Taalifi wolof*. n.p.
Diop, Abdoulaye Bara. 1981. *La société wolof: tradition et changement : les systèmes d'inégalité et de domination*. Paris : Karthala.
-------. 1985. *La famille wolof : tradition et changement*. Paris : Karthala.
Diop, Boubacar Boris. 2004. *Doomi golo*. Dakar: Editions Papyrus.
Diop, Cheikh Anta. 1979. *Nations Nègres et Culture : de l'Antiquité nègre égyptienne aux problèmes culturels de l'Afrique noire d'aujourd'hui*. 3rd ed. Paris : Présence Africaine.
Dramé, Mallafé. 1986. *Tééréb waxtaan ci wolof ak soose*. Kampala : Bureau Linguistique Inter-Africain de l'OUA.
Fal, Arame. 1999. *Précis de grammaire fonctionnelle de la langue wolof*. Dakar : Université Cheikh Anta Diop.
Fal, Arame, Rosine Santos and Jean L. Doneux. 1990. *Dictionnaire wolof-français : suivi d'un index français-wolof*. Paris : Karthala.
Ka, Moussa. Nd. *Wolofali Sëriñ bi*. n.p.
Ka, Omar. 1994. *Wolof Phonology and Morphology*. Lanham: University of America.
Knox Helen, ed. 1984. *Harrap's Compact Dictionary*. London and Paris: Harrap Limited.
Manessy, Gabriel, and Serge Sauvageot, ed. 1963. *Wolof et Sérèr ; Études de phonétique et de grammaire descriptive*. Dakar : Université de Dakar, Faculté des lettres et sciences humaines.
Mbaye, Samba Diarra. Nd. *Taalif*. n.p.
Mushaf Al-Madinah An-Nabawiyah, ed. Nd. *The Holy Qur-an. English Translation of the Meanings and Commentary*. Al-Madinah Al-Munawarah: King Fahd Holy Qur-an Printing Complex.
Rambaud, Jacques B. 1903. *La langue wolof*. Paris: Imprimerie Nationale.
Sylla, Assane. 1980. *La philosophie morale des Wolof*. Paris : diffusion H. Champion.
-------. Nd. *Poèmes et pensées philosophiques wolof : de l'oralité à l'écriture*. Dakar : ACCT-IFAN/C.A.D.